Johannes Weinand

Rassmussen Band 4

Der Kopf des Drachen

Johannes Weinand

Der Kopf des Drachen

Thriller

Rassmussen Band 4

Impressum

Rechtsinhaber/Autor: Weinand Johannes, jd@weinand.vip
Covergestaltung: Constanze Kramer Constanze Kramer, coverboutique.de
Bildnachweise:©Shawn M. Kent, ©peerasak, ©Дмитрий Василега – stock.adobe.com ©dell640, ©kiuikson – depositphotos.com

Lektorat: Inga Heininger

© 2024 Johannes Weinand
        ISBN Softcover: 978-3-384-30134-5
        ISBN-E-Book: 978-3-384-30135-2

Druck und Distribution im Auftrag des Autors:
tredition GmbH, Halenreie 40-44, 22359 Hamburg, Germany

Bibliographische Informationen der Deutschen Nationalbibliothek: Die Deutsche Nationalbibliothek verzeichnet diese Publikation in der Deutschen Nationalbiographie, detaillierte bibliographische Daten sind im Internet über http://dnb.d-nb.de

Le Mount Stephan Hotel, Montreal

Es war ein durchaus angenehmer Flug, den der Profiler aus Deutschland, Bernd Rassmussen, hinter sich gebracht hatte.

Die Reise, die über Frankfurt führte, mit einem Zwischenstopp in Paris, war ohne weitere Schwierigkeiten verlaufen. Wie es bei solchen Langstreckenflügen üblich, hatte Bernd die 1. Klasse gebucht. So stand er jetzt ausgeruht vor dem Gepäckband und wartete auf seinen kleinen Reisekoffer, den seine Freundin ihm liebevoll gepackt hatte. So sollte er die Zeit auf dem internationalen Kongress für freie und angestellte Profiler gut gekleidet bestehen können.

Er hatte das Glück, dass seine Freundin Pauline Chen immer für die angemessene Kleidung sorgte. Dabei vergaß sie nie, der unauffälligen Note seiner Kleidung einen Punkt aufzusetzen, der gleich wieder als Hingucker durchging. Eine der Gaben, die er besonders an der jungen Frau schätzte.

So war es auch diesmal. Obwohl er einen 9 Stunden Flug hinter sich hatte, sah er aus, wie aus dem Ei gepellt. Dabei passte die neue, an der Grenze des extravaganten konditionierte Lederjacke perfekt zu seinem unauffälligen Äußeren. Pauline unterließ es auch nicht, ihm Verhaltensmaßregeln mitzugeben, die ihn unauffällig auffällig werden ließen. Die Verhaltensmaßregeln gegenüber einer hübschen oder hässlichen Zollbeamtin, oder einem einfachen oder arroganten Zollbeamten, gehörten genauso dazu, wie das gezielt selbstsichere oder unsichere Auftreten gegenüber anderen. Es war wie immer, wie ein Spiel, was die beiden spielten.

Für den Profiler war es zu einem Spiel geworden, diese Ratschläge auszuprobieren, und er zog den Hut vor der Findigkeit seiner Partnerin. Denn Pauline hatte ihn mit ihren Ratschlägen noch nicht enttäuscht.

Diese International Profiler Connection IPC, wurde das erste Mal und dann alle 2 Jahre von der IPA International Profiler Assoziation durchgeführt.

Für Bernd Rassmussen war es auch das erste Mal, dass er an solch einem Treffen von Spezialisten, die weltweit tätig waren, teilnahm. Sein Chef Georg Bauer, der Staatssekretär des Innenministeriums in Schleswig-Holstein, war nicht nur Vorgesetzter, sondern auch ein enger Freund. Er war der einzige Vorgesetzte des Teams um Bernd Rassmussen. Er hatte die Einladung für den Profiler bekommen. Aber wenn der Flensburger ehrlich zu sich selbst war, hatte er keine Lust zu solchen Veranstaltungen. Es war mehr die Stadt Montreal, die ihn reizte.

Seine Tante Kunigunde hatte sich mit dem Staatssekretär abgesprochen und ihn bei dem Kongress angemeldet. Als Chefin der anerkanntesten Sicherheitsfirma der Welt war sie interessiert daran, dass ihr Neffe die beste Ausbildung bekam, die nötig war. Er sollte später einmal der Vision folgen, ihre Sicherheitsfirma zu einer weltweit besten agierenden Detekteien, nach dem Vorbild Pinkertons, aufzubauen.

Die Verbindungen, die ihr Pauline Chen ermöglichte, indem sie eine Verbindung zu ihrer Organisation schaffte, hatte sie und ihre Agentur einen gewaltigen Schritt nach vorne gebracht, ihre Vision zu verwirklichen. Ihr war aber auch klar, dass dieses schmale Band des Vertrauens, das zwischen ihr und Pauline entstanden war, sehr brüchig war. Obwohl Pauline im Netz der Schatten genannt wurde, war die junge Frau immer noch abhängig von Anderen.

Taktische Spielchen konnte sie mit der jungen Frau nicht treiben. Es ging nur über den einen Weg und das war die Ehrlichkeit und das Vertrauen. Es war eine Verbindung, die immer wieder bestätigt werden musste. Würde sie einmal das Vertrauen brechen, bekäme ihre Vision Risse, deshalb behandelte sie Pauline wie ein rohes Ei. Für sie, eine gestandene Frau, war das eine ganz neue Erfahrung.

So befand sich Bernd immer noch wartend am Gepäcktransportband des internationalen Flughafens Pierre Elliott Trudeau von Montreal und beschäftigte sich mit einem seiner liebsten Hobbys, der Beobachtung und Beurteilung von Menschen.

Diese Gabe, die ihm mit in die Wiege gelegt worden war, gehörte zu ihm, wie die Nase zu seinem Gesicht. Es war ein Hobby, das er in seiner Vielfältigkeit bis zur Perfektion beherrschte. Dabei machte er sich schon keine Gedanken mehr darüber, was er sah, sondern richtete sich über die Signale aus, die die Probanden ihm sendeten. Für ihn als Profiler war es reines Training, und wenn er sich langweilte, trainierte er eben und es konnte sein, dass er oft trainierte.

Das leise Klingeln und Vibrieren, das er aus seiner extravaganten Lederjacke hörte, ließ ihn aus seinen Trainingseinheiten hochschrecken und zum I-Phone greifen. Er konnte sich schon denken, wer ihn hier in Montreal anrief, und so lief ein leises Grinsen über seine Lippen, als er die Verbindung herstellte.

„Hallo, mein Schatz, hat es dich mal wieder in den Überwachungsmodus verschlagen?"

„Ja sicher, mein Liebster. Ich muss doch wissen, dass du nicht anderen Frauen nachschaust. Dreh dich einmal um und winke zum Eingang. Ich habe dich voll im Blick, es entgeht mir nichts."

Bernd lachte und winkte müde zum Eingang. Die Leute, die neben ihm standen, schauten ihn verwirrt an, als sie in dieselbe Richtung schauten und niemanden zurückwinken sahen.

Bernd, der wusste, dass Pauline ihn nicht ohne Grund anrief, fragte ohne Umschweife: „Du rufst doch nicht ohne Grund an. Was ist los?"

„Einmal die gute Nachricht. Karl ist wieder zurück und top fit. Er sitzt schon wieder im Büro. Die zweite Nachricht, sie ist von unserem gemeinsamen Freund aus Kiel, Dr. Bauer. Er hat einen neuen Auftrag für uns, es geht um ausufernde Sub-Klonierung, kundenspezifische Zell-Klonierung und noch mehr. Eben alles, was man mit CRISPR verändern kann und gegen bestehende Menschenrechte verstößt. Es ist die beginnende Bio-Revolution, die sich breitmacht und Möglichkeiten aufzeigt, die die normale Evolution in den Schatten stellt. Dann hat Bruno Faller sich gemeldet. Du weißt ja, dass er wieder in Nigeria ist und an einem Impfstoff gegen Ebola arbeitet. Er schreibt: „Hallo Bernd, alter Freund, nachdem ich meine neue Spezialität entdeckt habe, macht es mir Spaß, das Weltgeschehen zwischen den Zeilen verfolgen zu dürfen. Ich möchte euch warnen, es sind Mächte am Werk, die die Bio-Revolution nach vorne treiben, ohne auf die Spezies Mensch Rücksicht zu nehmen. Das größte Problem sehen die riesigen Konzerne darin, dass Männer wie du, ihnen auf die Schliche kommen könnten. Deshalb ist ein Mordauftrag an alle führenden Profiler herausgegangen, die in der Lage sind, zukunftsorientiertes Profiling zu denken. Dabei ist auch dein Name gefallen. Ich habe noch nicht herausgefunden, wer die Auftraggeber sind, aber ich weiß, dass die ersten des Verbandes der IPA in Montreal sterben sollen. Pass auf dich auf, mein Junge. Wenn ich mehr weiß, werde ich Pauline über eine sichere Leitung informieren."

„Ich finde, das hört sich doch besorgniserregend an, und es passt genau zu dem neuen Auftrag von Georg Bauer. Ich weiß, dass ich dich von dem Treffen nicht mehr abhalten kann, Schatz, deshalb sei vorsichtig. Ich habe Verbindungen nach Montreal, wenn du willst, stelle ich dir ein paar Schatten zur Verfügung."
Bernd hatte aufmerksam zugehört, ohne seine Freundin zu unterbrechen. Der Geschmack in seinem Mund war fahl geworden, was ihm immer passierte, wenn eine neue Herausforderung an ihn herangetragen wurde. Für ihn war es nichts Neues, in Gefahr zu sein. Aber er erfasste, ohne weitere Informationen zu haben, dass sie es mit einer neuen Art von Verbrechen und Aufklärung zu tun hatten. Es ging nicht unbedingt darum, Verbrechen aufzuklären, sondern Verbrechen der Zukunft zu erkennen, um sie zu verhindern.
Gedankenversunken hatte er es verpasst, seinen Koffer vom Laufband zu heben, was ihm genug Zeit gab, seiner Freundin zu antworten.

„Sammle so viele Informationen zusammen, wie du bekommen kannst. Wir brauchen Konzernnamen und Einzelnamen. Dränge Benno nicht zu weiteren Informationen, er wird sich melden, wenn er etwas im Netz sieht. Es scheint, dass Dr. Bauer seinen Auftrag von Stellen hat, die vielleicht in das Problem involviert sind, oder Konkurrenten. Du kennst unser Spektrum zu denken. Mit Georg Bauer spreche ich, wenn ich wieder zu Hause bin. Dein Angebot einer Bewachung nehme ich gerne an, aber so unauffällig wie möglich. Ich liebe dich."

„Wird alles erledigt. Pass auf dich auf."

Die Verbindung wurde unterbrochen, und Bernd stand noch einen Moment wie paralysiert am Förderband, als er im letzten Moment seinen Koffer vom Band fischte und sich in Richtung Ausgang bewegte. Lächelnd ging er auf eine junge Zollbeamtin zu, legte ihr den Pass vor und ließ sich begutachten. Die Begutachtung fiel wohl positiv auf, denn sie fragte mit einem entwaffnenden Lächeln: „Was ist der Grund Ihres Besuches, Sir?"

„Wir haben eine Tagung des IPA, Vertiefung der französischen Sprache und natürlich etwas Sightseeing. Montreal soll wunderschön sein."

Mit einem gewinnenden Lächeln antwortete die junge Zollbeamtin: „Dann möchte ich Sie davon nicht abhalten."

„Danke, Madam."

Bernd war gerade im Begriff weiterzugehen, als er von einem baumlangen Schwarzen angehalten wurde, der hinter der jungen Frau stand. Der ihn zwar freundlich, aber auch sehr konsequent fragte: „Was ist die IPA?" Dabei sah Bernd nicht, wie er hinter der abgedunkelten Sonnenbrille fixiert wurde.

Bernd stellte seinen Koffer wieder ab, den er schon in der Hand hatte und erwiderte lächelnd: „International Profil Assoziation."

„Dann wünsche ich Ihnen eine erfolgreiche Tagung, Mr. Rassmussen."

„Sie kennen meinen Namen?"

Der Schwarze deutete auf den Scanner und lachte:
„Gelesen.“

„Danke, Sir.“

Bernd wandte sich grinsend ab und sah nicht mehr, wie
der Zöllner einige Worte in sein Schultermikro sprach und
dem deutschen Profiler noch lange nachsah.

Keiner bemerkte die instinktive katzenhafte Gewandtheit,
die der Profiler immer dann annahm, wenn er eine Gefahr
spürte. Nach außen unauffällig, sicherte er seinen Weg mit
Blicken, der ihn zum Taxi bringen sollte. Dann passierte
Bernd den Eingang des Flughafengebäudes und wurde
von der lauwarmen Sommerluft Montreals empfangen,
die sich noch von der Sonne verstärkt, an den
asphaltierten Flächen aufgewärmt hatte. Der Wind, der
vom Sankt–Lorenz-Strom kommend, den Flugplatz
querte, sorgte für frischen Sauerstoff und drückte den
Geruch von Kerosin in die Atmosphäre.

Bernd fühlte sich auf Anhieb wohl und nahm sich vor,
Montreal noch einmal mit seiner Freundin Pauline zu
besuchen. Aber die Konzentration hatte ihn sofort wieder
gefangen, und so stieg er in das Taxi ein, das als erstes in
einer langen Schlage stand.

„Le Mount Stephan Hotel, bitte. “

Der Fahrer, ein typischer Franzose, zwischen 50 und 60
Jahre alt, klein und kompakt mit einem Barett auf dem
Kopf, war sehr schweigsam, was Bernd verwunderte und
ihn noch vorsichtiger werden ließ. Er saß auf der
Rückbank, als sein I-Phone wieder klingelte. Sofort stellte
er die Verbindung her.

„Ja, Pauline.“

„Ich nehme an, dass du im Taxi sitzt. Wenn du
aussteigst, fotografier einmal die Nummer und schick sie

mir rüber. Ab dem Hotel bist du unter ständiger Überwachung."

„Ich nehme an, dass erst etwas passieren wird, wenn alle Profiler zusammen sind. Sorge bitte für eine lückenlose Satellitenüberwachung des Hotels und auch 2 Straßenzüge um das Hotel herum. Sobald ich da bin, werde ich mich mit dem Vorsitzenden in Verbindung setzen, der soll dann weitere Maßnahmen ergreifen."

„Ich werde sehen, was wir an Satelliten zur Verfügung haben. In deinem Hotelzimmer liegt unter dem Kopfkissen eine Glock. Wenn du die Stadt verlässt, wirst du sie am Flughafen, in der Herrentoilette, in den Mülleimer werfen. Sorge bitte dafür, dass du immer in den Ecken stehst und von mindestens zwei Seiten gedeckt bist. Aber das sage ich ja keinem Anfänger."

„Was sollte ich ohne dich machen?"

„Pass du auf dich auf. Wir haben hier volle Besetzung und passen auf dich auf."

Die Verbindung wurde unterbrochen. Bernd hatte leise gesprochen und während des Gespräches den Fahrer beobachtet, der zwar aufmerksam war, aber nach außen den Eindruck erweckte, sich nur auf die Straße und den Verkehr zu konzentrieren. Dem jungen Profiler aus Deutschland war klar, dass er bereits unter Beobachtung stand.

Der Verkehr war nicht so dicht, und der Fahrer bewältigte die Strecke von 12 Kilometern in 45 Minuten. Als sie vor dem Hotel Le Mount Stephan angekommen waren, bewunderte er die zeitgenössische Fassade. Dahinter verbarg sich ein modernes Hotelhochhaus, das mit allen Annehmlichkeiten eines First-Class-Hotels ausgestattet war.

Der Fahrer sprang aus dem Taxi und wollte Bernd die Tür öffnen, aber dieser hatte schon die Initiative ergriffen und war ausgestiegen. Wieder nach allen Seiten sichernd, sah er sofort, wo die Schwachpunkte waren. Bei einem Anschlag mit einem Gewehr, hatte man praktisch keine Möglichkeit, sich zu verteidigen. Er nahm sich vor, den Tagungsraum heute noch zu sichten.

Er bezahlte den Taxifahrer, gab ihm ein gutes Trinkgeld, nahm seinen Koffer und ging die Freitreppe hinauf. Ihm gefiel der Baustil, und er war gespannt, wie es von Innen aussah. Der rote Teppich, der ihn bis zum Eingang führte, endete vor einem älteren Herren in Livree, der ihn freundlich begrüßte und ihm dann die Tür aufhielt. Bernd trat ein und wurde fast von der üppigen Einrichtung, die sich dem zeitgenössischen Stil der Außenfassade anpasste, erschlagen. Fast alles in dunklem Holz gehalten, strahlte es eine Ruhe aus, die den Besucher automatisch leise sprechen ließ.

Mit wenigen Blicken hatte er den großen Raum gescannt, und trat in seiner ruhigen Art an die Rezeption, die gerade ein anderer Gast verließ. Genau wie man es aus Klischee eines alten Filmes kannte, stand ein älterer Herr hinter dem Tresen, der in einem sehr teuren Anzug gekleidet war. Neben ihm befand sich seine Assistentin. Beide strahlten Ruhe und Übersicht aus. Sie schauten ihn erwartungsvoll an, und als er eine imaginäre Grenze überschritten hatte, begrüßten sie ihn freundlich.

„Guten Tag, Sir. Willkommen im Le Mount Stephan Hotel. Wir hoffen, Sie hatten eine angenehme Anreise.“

„Vielen Dank. Mein Name ist Rassmussen, es wurde ein Zimmer für mich gebucht.“

„Ja, Bernd Rassmussen aus Deutschland?“

Bernd nickte nur und unterschrieb die Anmeldung, die ihm gereicht wurde.

„Sie sind zur Tagung der IPA hier?“

„Ja. Sind alle Teilnehmer, die zur Tagung eingeladen wurden, schon eingetroffen?“

„Ja, Sir. Die Damen und Herren warteten nur noch auf Sie.“

„Ich dachte, das Programm fängt erst morgen an.“

„Das ja, Sir. Mister Snider, der Vorsitzende der IPA lädt zu einem gemeinsamen Dinner ein, das um 17.30 Uhr beginnen soll.“

„Ist das auch im Tagungsraum?“

„Nein, Sir. Der Tagungsraum ist im Obergeschoss des hinteren Gebäudes, mit einem wunderbaren Blick über einen großen Teil der Stadt.

„Wo findet das Dinner statt?“
Der Empfangschef zeigte in eine bestimmte Richtung und sagte: „Dort, Sir. Es ist extra für die IPA hergerichtet worden.“

„Wunderbar, dann werde ich mich um 17.30 Uhr dort einfinden.“

„Die Leitung des Hotels ist glücklich, die IPA in ihrem Haus begrüßen zu dürfen. Wenn Sie irgendwelche Wünsche haben, lassen Sie uns es wissen, wir werden sie umgehend erfüllen“
Nach dem Austausch von Höflichkeiten übergab der Rezeptionschef die Schlüsselkarte und bemerkte noch: „Eines unserer schönsten Appartements, mit einer wunderbaren Aussicht. Der Boy bringt Sie hoch.“
Bernd nickte noch einmal dankend und folgte einem jungen Mann, der als Page in einer dezenten Uniform steckte. Als sie zusammen im Aufzug standen und nach

oben fuhren, steckte Bernd dem jungen Mann 20 kanadische Dollar zu.

„Sagt Ihnen die IPA etwas?"

„Ja, Sir. Die Tagung findet morgen statt."

„Ich brauche die Tagungsliste und die Zimmernummern der Teilnehmer."

Der junge Mann schaute Bernd zweifelnd an und blickte kurz auf den 20 Dollar Schein.

Bernd hatte verstanden, lächelte und sagte: „Dann gibt es noch einmal das Doppelte."

Ein Strahlen ging über das Gesicht des Pagen, er nickte und sagte: „Ich werde dafür sorgen, Sir. Wenn Sie noch etwas brauchen, fragen Sie einfach nach Morice."

„Ok, Morice. Haben noch mehr Teilnehmer nach den Zimmernummern gefragt?"

„Ja, Sir. 4 der Tagungsteilnehmer."

Bernd gab ihm noch einen 20 Dollarschein, den der junge Mann schnell in seiner Hosentasche verschwinden ließ.

„Unterstreich mir die Namen auf der Liste."

„Ja, Sir."

Der Aufzug war angekommen, und mit einem satten Schmatzen öffnete sich die Tür.

Morice ließ Bernd den Vortritt und bemerkte nur: „Rechts bitte, Sir. Es ist die 10. Etage. Über uns sind die Tagungsräume. Hier ist es."

Morice zauberte aus seiner fein gebügelten, kurzen Jackentasche eine elektronische Karte hervor und öffnete die Tür.

„Für Sie wurde eine Suite gebucht, Sir."

Bernd war schon einiges gewohnt, aber diese Suite war etwas Besonderes. Allein der Ausblick auf den Sankt-Lorenz-Strom war atemberaubend. Der Boy ließ Bernd einen Moment Zeit, um den Anblick zu genießen, bevor er ihn fragte: „Zufrieden, Sir?“

Bernd lächelte Morice an und sagte: „Keine Einwände, sehr exklusive.“

„Dann kümmere ich mich jetzt um die anderen Wünsche. Es wird nur einen Moment dauern, Sir.“

„Danke, Morice.“

Leise schloss der junge Mann die Tür. Bernd nahm sein I-Phone und wählte die Nummer von Pauline, die sich umgehend meldete.

„Ja, mein Schatz.“

„Ich bin jetzt in der Suite und bekomme gleich eine Liste der Teilnehmer. Es sind insgesamt 70, ich weiß aber noch nicht, wie viele im Le Mount gebucht haben.“

„Gib mir die Liste durch, wenn du sie hast.“

„Vier der Teilnehmer in diesem Haus haben nach den Zimmernummern der anderen gefragt, auch diese Namen bekomme ich.“

„Gut, hast du die Waffe gefunden?“

„Einen kleinen Moment.“

Bernd ging ins Schlafzimmer, schaute unter dem Kopfkissen nach und sah die Glock mit einem Schulterhalfter und Ersatzmagazin. Daneben lag ein winziger Ohrstöpsel.

„Ich habe alles gefunden. Wozu brauche ich die Ohrstöpsel?“

„Mit dem Ohrstöpsel bist du immer online. Er ist mit einem Mikro kombiniert. Meine Jungs in Montreal haben dich so in den nächsten drei Tagen voll auf dem Schirm. Das Zimmer ist sauber, keine Mikros oder Kameras.“

„Die Tagungsräume sind im obersten Stockwerk und drumherum Hochhäuser. Für einen Scharfschützen eine lächerliche Distanz, und es ist natürlich mitten in der City. Derjenige kann ohne Probleme verschwinden.“

„Wieviel Zeit hast du noch, bis du zum Dinner gehen kannst?“

Bernd schaute auf die Uhr: „Es sind noch 2,5 Stunden.“

„Gut. Ich habe noch eine schlechte Nachricht. Der Satellit steht uns nur 12 Stunden zur Verfügung, davon 6 Stunden in der Zeit, in der euer Meeting ist.“

„Dann müssen wir improvisieren. Hast du schon einmal darüber nachgedacht, dass sie uns beim Dinner auslöschen könnten?“

„Du meinst mit Gas oder Sprengstoff?“

„War nur so eine Idee von mir. Es gibt an den drei Tagen nicht so viele Möglichkeiten, uns auf einmal, alle aus dem Weg zu räumen.“

„Da ist etwas dran. Wie machen wir es?“

„Ich melde es der Polizei.“

Pauline zögerte einen Augenblick: „Nein, du bleibst aus dem Blickfeld aller, du bist nur ein einfacher Profiler. Ich regele das von hier aus, und du beobachtest deine Kollegen.“

„Wenn ich wüsste, wer sie sind.“

„Wenn ich die Liste habe, lasse ich dir eine Datei mit allen wesentlichen Merkmalen zukommen.“

In dem Moment klopfte es. Bernd unterbrach das Gespräch mit seiner Freundin und sagte: „Ja, bitte.“

Die Tür öffnete sich vorsichtig, und Bernd sah das breite Grinsen von Morice, der mit zwei Blättern in der Hand wedelte.

„Komm rein, Morice.“

Vorsichtig schloss Morice die Tür und gab Bernd die beiden bedruckten Schriftstücke. Bernd warf einen kurzen

Blick darauf und war erstaunt über die detailhaften Angaben der einzelnen Personen.

„Gute Arbeit, Morice."

Bernd griff in seine Hosentasche, gab Morice die vereinbarte Summe und legte noch ein fettes Trinkgeld drauf. Er mochte diesen Jungen, der ihm mit seiner aufgeweckten Art half, einige Hürden zu überwinden, die immer auftraten, wenn man ein fremdes Land besuchte. Morice bedankte sich artig und drehte sich schon um, um zu gehen, als Bernd noch etwas einfiel.

„Morice, du bist doch das Auge und Ohr des Hotels. Ist dir in der letzten Zeit irgendetwas ungewöhnliches aufgefallen?"

„Was meinen Sie mit ungewöhnlich, Sir?"

„Wir Profiler haben heute Abend ein Dinner, in einem der unteren Räume, hast du davon gehört?"

„Ja, Sir. Die Räume wurden extra für sie von Handwerkern hergerichtet. Das war vor 2 Tagen. Unser Chef legte Wert darauf, dass alles funktioniert, wenn Sie Ihre Tagung haben. Außerdem war es ein Vorschlag von Mr. Snider."

„Ist das üblich?"

„Nein, Sir. Das Hotel ist gerade erst gebaut worden, es funktioniert alles. Es war ein ausdrücklicher Wunsch von Mr. Snider."

Bernd gab Morice noch einen Schein und fragte ihn: „Sag mal, Morice, du sagtes, dass vier meiner Kollegen nach den Zimmernummern der anderen gefragt haben. Haben sie sie bekommen?"

„Nur Mister Snider, der hat aber auch direkt an der Rezeption gefragt. Die anderen waren nicht so großzügig wie Sie."

„Morice, das Gespräch hat nie stattgefunden. Solange ich hier bin, arbeitest du für mich. Am Ende wirst du noch einmal großzügig entlohnt.“

„Danke, Sir. Die Namen der Profiler, die mich wegen der Zimmernummern angesprochen hatten, habe ich unterstrichen. Und die Firma, die den Dinner-Raum gecheckt hat, brauchen Sie die?“

Erstaunt schaute Bernd ihn an: „Die hast du natürlich auch?“

Morice nickte heftig.

„Es ist eine stadtbekannte Servicefirma und heißt Lefebvre Service.“

„Wie kommt es, dass du dir den Namen so leicht gemerkt hast?“

„Ich musste helfen, das Werkzeug hereinzutragen und die Herren waren sehr unfreundlich.“

„Danke erst einmal, Morice. Halte Augen und Ohren offen.“

„Sir, wenn ich fragen darf, worum geht es?“

„Es geht allein um Menschenleben und das in diesem Haus.“

„Mein Mund ist verschlossen, Sir.“

„Danke, Morice. Jetzt geh, bevor man dich vermisst.“

Leise verließ der Boy die Suite, und Bernd machte sich daran, die Seiten, die Morice im gebracht hatte, zu fotografieren. Danach schickte er sie zu Pauline, als auf einmal das I-Phone klingelte. Bernd stellte die Verbindung her.

„Hallo, Pauline, ich hätte dich angerufen. Die Informationen müssten bei dir schon angekommen sein.“

„Kommen gerade an, Bernd. Ich werde sie sofort bearbeiten.“

„Der Raum, in dem wir unser Dinner einnehmen, ist ein paar Tage vorher präpariert worden. Es war eine Firma mit Namen Lefebvre Service. Alle weiteren Infos habe ich dir auf den Zettel geschrieben.“

„Ich habe noch eine Bitte, ich möchte, dass du dir einen Chip implantieren lässt, der dich jederzeit auffindbar macht. Ich will nicht, dass du in den weiten Wäldern Canadas verschwindest.“

„Wenn ich wieder in Deutschland bin. Ich glaube, das ist jetzt zu viel Aufwand.“
Pauline kannte ihren Freund und bedrängte ihn nicht weiter.

„Gut, wenn du das so siehst. Ich werde jetzt einen anonymen Anruf bei der Montrealer Polizei tätigen. Mal sehen, ob sie etwas finden.“

„Und ich werde mich einen Moment ausruhen.“

„Schiebe die Vorhänge zu den Hochhäuser zu. Man kann nie wissen.“

„Schon geschehen, halte mich auf dem Laufenden.“
Es dauerte keine 5 Minuten, als Bernd die Feuerwehr hörte, die sich gepaart mit Polizeisirenen vor dem Hotel versammelten und den Block um das Hotel abriegelte. Mehr zu sich selbst sagte er dann: „Mit ausruhen wird das wohl nichts.“
Er versteckte die Waffe im Tresor und wartete auf die kommenden Instruktionen. Es dauerte auch nicht lange, als es dezent an der Tür klopfte. Bernd öffnete und sah das grinsende Gesicht von Morice, der anscheinend mit einem wachen Verstand gesegnet war.

„Mr. Rassmussen, alle müssen sofort das Hotel verlassen, es ist eine Bombendrohung eingegangen. Da haben wir eine klare Direktive.“

Bernd fragte den jungen Mann: „Woher weißt du, dass es eine Bombendrohung war?"

„Das wurde mir von der Direktion gesagt. Ich glaube aber eher, dass es mit dem Raum zusammenhängt, der überarbeitet worden ist."
Bernd klopfte dem jungen Mann auf die Schulter und meinte lapidar: „Das sehe ich auch so, Morice, das sehe ich auch so."

„Ich muss jetzt noch den anderen Gästen Bescheid sagen, Sie melden sich bitte unten bei der Rezeption, damit sie die Anzahl der Gäste überprüfen können und die Anzahl derer, die das Hotel verlassen haben abstreichen können."
Bernd schloss die Tür der Suite und machte sich auf den Weg zum Fahrstuhl, der es aber nicht mehr schaffte, den Weg bis in den 11. Stock zu nehmen. Er schaute sich um und sah den Treppenaufgang, den er dann auch in Anspruch nahm. Nur wenige benutzten das Treppenhaus, der Rest der Gäste wartete lieber auf einen der Fahrstühle, die sich ins nächste Stockwerk durchkämpfen mussten.
In der Rezeption angekommen, nahm er die koordinierte Abwicklung mit Wohlwollen wahr. Neben dem Treppenaufgang stand ein uniformierter Polizist, der ihn gleich weiter zur Rezeption schickte, die ihn registrierten und sich tausendmal für die Unannehmlichkeiten entschuldigten, um ihn dann aus dem Haus zu schicken. In einiger Entfernung des Hotels war Absperrband gezogen, dahinter befanden sich die Hotelgäste und das Personal.
Bernd, der sich der Situation bewusst war und wusste, was für ein Stress jetzt bei der Polizei und der Feuerwehr ablief, nahm sich vor die Situation zu entschärfen. Er pfiff

nach einem Taxi und ließ sich zur nächsten Polizei-Wache fahren. Während der Fahrt telefonierte er mit seinem alten Freund Sergio Chessa vom FBI.

„Hallo Sergio, hier ist Bernd.“

„Hey Bernd. Wo bist du jetzt?“

„In Montreal, wir haben hier eine Tagung der Profiler aus aller Welt.“

Dann erzählte Bernd seinem Freund die ganze Geschichte von Anfang an. Er bat ihn, bei der Polizei in Montreal anzurufen, weil er die Situation entschärfen wollte und es für die Beamten eine schnellere Aufklärung gäbe.

„Kein Problem, Bernd. Ich habe Freunde in Montreal. Du wartest aber im Taxi, bis du abgeholt wirst oder bis ich dich zurückrufe.“

Das Taxi war mittlerweile bei der Polizei-Wache angekommen, und Bernd bat den Fahrer einen Moment zu warten. 5 Minuten später rief Sergio zurück und sagte: „Alles klar, Bernd. Ich habe die Jungs angerufen, du wirst gleich abgeholt.“

„Danke, Sergio, ich informiere dich. Grüß deine Frau und die Kinder von mir.“

„Mach ich und mach keinen Unsinn, deine Fälle sind immer sehr aufwendig.“

Bernd lachte, unterbrach das Gespräch und bezahlte den Taxifahrer. Dann stieg er aus und wartete an der Treppe zur Polizei-Wache. Es dauerte einen Moment, als eine kleine, im Hosenanzug gekleidete junge Frau auf den Profiler zukam und ihn sofort mit Namen ansprach: „Mr. Rassmussen aus Deutschland?“

„Ja, das bin ich.“

Sie gab ihm die Hand und stellte sich vor: „Ich bin Milva Bianchi. Unser gemeinsamer Freund Sergio hat mich angerufen und mit Glück hatten Sie die richtige Wache. Was kann ich für Sie tun?“

Bernd gefiel die offene Art der jungen Frau und sagte: „Es ist etwas kompliziert, sollen wir das nicht drinnen besprechen?“

„Natürlich, kommen Sie bitte mit.“

Es war ein Polizei-Revier, wie sie sich fast überall auf der Welt glichen. Nachdem sie die Sicherheitsschleuse passiert hatten, führte Milva den Profiler in ein geräumiges und modern eingerichtetes Büro und bot Bernd einen Platz in der Besucherecke an. Er setzte sich und schaute die junge Polizistin auffordernd an.

„Mr. Rassmussen, Sergio hatte ein paar Andeutungen gemacht, wie kann ich weiterhelfen?“

„Donna Bianchi.“

Milva lächelte ein gewinnendes Lächeln und sagte: „Signorina, Mr. Rassmussen, aber sagen Sie Milva zu mir, das mag ich lieber.“

„Ich bin Bernd. Sie haben das mit der Bombendrohung im Le Mount Stephan Hotel bestimmt gehört, was ja keine Bombendrohung war, sondern eine Information meines Büros aus Deutschland.“

„Der Fall untersteht mir zufällig. Sie haben recht, es war eine Information, die ziemlich konkret klang. Bernd, ich bin ein guter Zuhörer, legen Sie einfach los.“

So begann Bernd die Geschichte zu erzählen und endete schließlich auf dem Polizeirevier in Montreal. Eine kleine Pause trat ein, in der die Kanadierin überlegte.

„Zwei Sachen habe ich da. Das mit dem Informanten habe ich nicht verstanden, und es ist noch nichts gefunden worden.“

„Was hat Ihnen Sergio erzählt?“

„Das Sie merkwürdig sind, aber in 99% der Fälle recht haben."

„Hat er Ihnen dann auch erzählt, dass der Schutz meiner Informanten und meiner Leute absolute Priorität hat?"

„Das hat er."

„Ich möchte Ihnen nur sagen, dass die Möglichkeiten, über die ich verfüge, absolut abgefahren sind."
Milva lächelte und sagte: „Sergio hatte so etwas angedeutet. Da will ich auch nicht weiter in Sie eindringen. Aber wir haben noch nichts gefunden. Also, was sollen wir machen?"

„Erlauben Sie mir einen Anruf?"

„Bitte, Bernd."
Bernd wählte Paulines Nummer, die auch sofort die Verbindung herstellte und loslegte: „Na, mein Schatz, in Schwierigkeiten? Wolltest du der Montrealer Polizei Arbeit ersparen? Bernd, du bist zu gutmütig."
Bernd hob die Augenbrauen und die Schultern und sagte schuldbewusst: „Wenn mich einer kennt, dann bist du es. Wie weit bist du?"

„Wir haben einiges herausgefunden, du brauchst der jungen Frau auch nicht übersetzen, ihr Vater ist Deutscher, sag ihr, sie möchte einmal in die Kamera lächeln."

„Ich stelle auf laut, dann brauchst du nicht alles zweimal zu erzählen."
Bernd legte sein I-Phone auf den Tisch und sagte zu Milva: „Hören Sie einfach zu, es ist meine Freundin und meine Assistentin Pauline."
Bernd hatte auf die deutsche Sprache gewechselt und Milva schaute ihn erstaunt an, da wurde er aber schon von Pauline unterbrochen.

„Hallo, Milva, ich bin ganz einfach Pauline. Denke nicht darüber nach, was ich mache, wenn wir das hier besprochen haben, bin ich wieder aus dem System der Montrealer Polizei heraus. Schalte mal bitte deinen Computer ein.“

Milva war sprachlos, folgte aber der Anweisung und schaltete den Dienstcomputer ein. Es dauerte einen kleinen Moment, bis er hochgefahren war, in der Zeit sprach die junge Asiatin weiter: „Bernd hat mir einige Informationen zukommen lassen, die ich überprüft habe. Darunter auch die der Firma Lefebvre Service. Sie arbeitet zwar in Montreal, aber hat nie den Auftrag des Hotels bekommen, den Dining-Room zu restaurieren. Die Order ging zwar heraus, wurde aber abgefangen. Das Hotel hat ein ziemlich gutes Kamera-System, ich habe mich da reingehackt und das gefunden.“

Auf Milvas Computer erschien ein kleines Video, die die Arbeiter zeigte, wie sie ihr Werkzeug in den Dining-Room schleppten und direkt mit der Reparatur begannen. Da der Dining-Room keine eigene Kamera hatte, kamen die Aufnahmen von Seiten der Rezeption. Man sah, wie die Arbeiter schmale Leisten auspackten. Danach wurde die Tür geschlossen.

„Da es genug Fotos vom Dining-Room gibt, kann man sehen, dass es Leisten sind, die zur Umrandung des Kamins gehören. Auf dem Kaminsims steht eine alte Uhr, darin würde ich den Timer verstecken, der den Zünder aktiviert.“

Ohne ein weiteres Wort zu verlieren, griff Milva zum Sprechfunk: „Hier ist Milva Bianchi, wie weit seid ihr?“

„In dem angegebenen Raum wurde nichts gefunden, Chef.“

„Ist das Bombenkommando noch da?"

„Die packen gerade ein."

„Gib mir Jack."

Es raschelte, dann war Jack dran: „Hallo, meine kleine Blume aus Italien, wie sieht es heute Abend mit einem Essen aus?"

„Lass den Quatsch, Jack. Schmeiß alle aus dem Raum, nur du und ein Mann."

Jack war Profi, und an dem Tonfall hörte er die Ernsthaftigkeit des Befehls sofort aus dem Tonfall seiner Freundin heraus. Den Sendeknopf gedrückt haltend, hörten die Anwesenden die kurzen Befehle.

„Der Raum ist leer, Milva. Was jetzt?"

„Es ist besser, wenn ich dich einmal verbinde."

„Brauchst du nicht, Milva, ich bin schon in seiner Kopfkamera, ihr könnt jetzt alles mitverfolgen. Hallo Jack, hörst du mich jetzt?"

„Verdammt, wer ist das, Milva? Woher kennt sie die Frequenzen."

„Jack, das kannst du später versuchen herauszufinden, jetzt machen wir beide erst einmal unsere Arbeit und dann lädst du heute Abend Milva zum Essen ein. Ich sehe, dass du ledig bist, das Mädel ist ein gute Partie. Das Essen geht auf meine Rechnung, ich gebe euch das Restaurant noch durch. Auf dem Kaminsims ist eine alte Uhr. Lass sie so stehen, wie sie steht, öffne sie und versuche, ob du etwas mit dem Handspiegel sehen kannst, dabei gehst du schön in alle Ecken."

Jacks Kollege hatte ihm schon eine kleine Leiter zur Uhr gestellt, so kam Jack bequem an den Zeitmesser. Er öffnete sie vorsichtig und steckte eine lange dünne, bewegliche Stange durch die schmale Öffnung. Dazu erklärte er: „Da ist eine kleine Hochleistungskamera dran, die mit unserem Bildschirm verbunden ist."

„Wissen wir alles, Jack. Wir haben die Bilder auf dem Schirm. Bingo, du siehst da oben in der Ecke, da ist er, ein Fernzünder. Geh mal etwas näher heran."
Jack ging etwas näher ran.

„Jack, hast du so etwas schon einmal gesehen?"

„Nein, das ist modernste Technik. Das kann eigentlich nur Militär-Technik sein."

„Gut, schieß mal ein paar Aufnahmen. Ich frage einmal ein paar Leute. Damit ihr keine Zeit vergeudet. Ihr nehmt euch jeweils eine Nadel und prüft den Härtegrad der Leisten. Der ganze Raum hat dieselben Leisten, ihr holt euch also eine Probe von der anderen Seite. Ist es Sprengstoff, merkt ihr es, sind es Gaskanülen, merkt ihr es auch. Ich melde mich jetzt mal kurz ab."
Milva hatte konzentriert zugehört und schaute den Deutschen prüfend an.

„Bernd, erkläre mir das bitte."

„Das ist kompliziert."

„Sind sie in deinem Team alle so?"

„Ja, es ist ein besonderes Team. Ich bin Profiler und das in einer Sondereinheit."

„Und wieviel Gesetze hat Pauline jetzt in diesem kurzen Zeitraum schon gebrochen."

„Was wäre, wenn ihr heute Abend die Leichen von 70 namhaften Profilern aus dem Hotel schaffen müsstet? Ich glaube, der Zweck heiligt die Mittel."

„Dann käme ich heute Abend bestimmt nicht zu meinem Essen."

„Höchstwahrscheinlich nicht. Ich wäre dir verbunden, wenn das alles hier vorbei ist, uns nicht zu erwähnen. Es macht sich immer schlecht, wenn andere Dienste in einem fremden Land herumwurschteln. Außerdem gibt es uns nicht."

„Und was soll ich schreiben?"

„Besprich das heute Abend mit Jack beim Abendessen. Du hast die Geschichte gehört, wenn jemand so viel Aufwand betreibt, dann ist etwas Dickes dahinter. Jack soll seinen Kollegen nicht vergessen."

„Ich möchte jetzt wirklich nicht in deiner Haut stecken, Bernd Rassmussen."

Sie hörten ein leises Rauschen, und Pauline meldete sich wieder in ihrer bekannten lockeren Art, und sie fing sofort an zu sprechen.

„So, Kinder, seid ihr noch alle da?"

„Pauline", kam die ermahnende Antwort ihres Freundes.

„Ist ja schon gut, mein Schatz. Ich habe mal im Pentagon nachgefragt. Es ist aus der Hexenküche des NSA. Ein Doppelzünder, zuerst Gas, dann Sempex. Entfernst du den Zünder, geht das Dingen hoch. Es wird in der Reihenfolge abgebaut, wie es aufgebaut worden ist. Zuerst die Gaskartuschen, dann das Sempex, dann der Zünder. Hast du das gehört, Jack? Habt ihr die Nadelprobe gemacht?"

„Ja, liebe Unbekannte. Das Sempex ist so angelegt, dass der Raum wie ein Kartenhaus in sich zusammenfällt. Pauline, hast du ein Zeitlimit von Gas zur Sprengung."

„5 Minuten. Es ist nur einer der Sempexstangen über Funk mit dem Zünder verbunden, genauso wie die Gaskartuschen. Sie sind alle der Reihe nach geschaltet."

„Also muss es zwei Transponder geben, die das Signal des Zünders empfangen."

„Richtig, Jack. Trennst du den Transponder vom Objekt, ist er auch entschärft. Aber man muss den Transponder finden."

„Bill, markiere die Gaskartuschen mit rot, den Sprengstoff mit grün."

Von hinten hörten sie nur ein dünnes: „Ok."

„Wieviel habt ihr gefunden, Jack?"

„Jeweils 10 Kartuschen und 10-mal Sempex."

„Da wollte wohl einer den ganzen Stadtteil auslöschen. Wie findet ihr den Transponder?"

„Tragbares Röntgengerät."

„Ok, dann ist das jetzt deine Show."

„Danke, Pauline, wenn du mal hier in der Gegend bist, du hast einen gut bei uns."

„Nicht dafür, Jack. Bernd, ich gehe wieder aus dem Polizei-Netz heraus."

„Ok, Schatz. "

„By, Milva."

„Pauline."

Im selben Moment erschien die Adresse eines chinesischen Restaurants auf dem Bildschirm.

„Oha, deine Freundin lässt sich aber nicht lumpen, die beste Adresse in der Stadt."

„Sie hatte schon immer einen guten Geschmack."

Jetzt schaute Milva den Profiler anzüglich an und erwähnte so nebenbei: „Da ist was dran."

„Ich nehme an, dass du in den nächsten Tagen Informationen über die drei Attentäter bekommen wirst, eben mit allem Drum und Dran. Damit wirst du gut arbeiten können."

„Ok, Bernd, ich will noch einmal zum Tatort. Kann ich dich mitnehmen?"

„Ich fahre mit dem Taxi, es ist besser, dass man uns nicht in Verbindung bringt und ich kenne meine Kollegen, die hören die Flöhe husten und es soll keine Verbindung entstehen.“

„Das hängt wohl mit dem Berufsbild zusammen“, lachte die junge Frau. Sie brachte ihn noch zum Eingang, wo schon ein Taxi wartete.

„Ist es immer so aufregend mit dir und deiner Crew.“

„Mal mehr, mal weniger. Du weißt doch, wie die Gangster heute organisiert sind. Wir gehören einer Sondereinheit an, und nehmen uns gewisse Freiheiten heraus. Denn uns gibt es eigentlich gar nicht.“
Bernd stieg in das Taxi ein und ließ sich zu einem Einkaufscenter bringen, das in der Nähe seines Hotels lag. Dann schlenderte er langsam zu seinem Hotel zurück. Es standen nur noch einige Gäste hinter der Absperrung und einige wenige Schaulustige. Bernd gesellte sich gelangweilt dazu und beobachtete das Treiben, als sein Telefon leise klingelte.

„Pauline, mein Schatz. Ich stehe gerade vor dem Hotel und schau mir alles an.“

„Sie sind so gut wie durch. Hat alles bestens funktioniert. Wir haben alle 70 Teilnehmer durchgearbeitet, es bleiben noch 5 Personen über die interessant sind. Mit dir sind es dann 6 Personen. Ich schicke dir gleich die Dossiers der einzelnen Leute rüber auf dein Handy.“

„Ok, mach das. Ich glaube nicht, dass heute Abend unser gemeinsames Dinner stattfindet, ich werde mir etwas in der Stadt suchen.“

„Nimm den Chinesen, den ich für Milva ausgesucht habe, schnapp dir die anderen 5 Probanden und habt eine nette Unterhaltung. Ich reservier dir einen Tisch, außerdem seid ihr da sicher, es ist Familie."

„Mal sehen, ob ich die anderen 5 dazu überreden kann."

„Lass einfach deinen Charme spielen, aber sei bitte vorsichtig, die anderen drei Damen kann man als sehr attraktiv bezeichnen."

„Du schickst mich in die Höhle des Löwen, bist du meiner überdrüssig?"

Es war ein Ritual, das die beiden vollzogen, dass schon einen gewissen Automatismus hatte.

„Nur ein Test, mein Schatz", damit unterbrach Pauline die Verbindung.

Bernd nahm sein I-Phone und checkte die Mails. Die frische Mail von Pauline war die Oberste. Bernd öffnete sie und sah sich die anderen 5 Profiler an, dann verglich er die Bilder mit den Anwesenden und wurde in 4 Fällen fündig. Kurz las er das Profil derjenigen durch und stellte einige Parallelen zu sich selbst fest. Den einzigen, den er nicht finden konnte, war Robert Paul Snider, der Organisator dieser Tagung.

Zuerst wandte er sich an Betty Broer, eine Mulattin aus Florida. Er ging die paar Schritte zu ihr, schaute sie an und zeigte ihr das Bild auf dem I-Phone: „Hallo, Mrs. Broer, das sind Sie doch? Ich bin Bernd Rassmussen aus Deutschland."

Sie drehte sich, mit hochgezogenen Augenbrauen, etwas zu ihm herum und bemerkte nur: „Finden Sie, dass es der richtige Augenblick ist Frauen anzubaggern?"

Bernd lachte sein sympathischstes Lachen und antwortete: „Bestimmt nicht, Mrs. Broer."

Dann erklärte er ihr die Situation oberflächlich und deutete auf den Russen Pjotr Kusuczow, die englische

Halbindianerin Dakota Jones und die Französin Jeanne Batiste. Die Amerikanerin hörte zu und verstand sofort, dann teilten sie sich und gingen zu den Anderen. Ein kurzes aufklärendes Gespräch zeigte, dass die anderen 4 Tagungsteilnehmer in ihren Gedankengängen schon fast so weit waren, wie der deutsche Profiler, nur dass ihnen die wesentliche Details noch fehlten.

„Ich glaube nicht, dass heute noch ein Dinner stattfindet. Was halten sie davon, wenn wir heute Abend zusammen essen gehen und ich erkläre ihnen die weiteren Details?"
Zustimmendes Nicken war die Antwort.

„Gut, dann treffen wir uns heute Abend um 19.00 Uhr in der Lobby. Ein Tisch ist schon bestellt. Ich versuche, Mr. Snider noch aufzutreiben."
Mittlerweile war die Absperrung aufgehoben worden, und die Gäste strömten wieder in ihr Hotel. An der Rezeption empfing sie der Chef des Hauses, der sich für die ganzen Unannehmlichkeiten ausgiebig entschuldigte und den Tagungsteilnehmern mitteilte, dass das Dinner ausfiel. Bernd, der nicht mehr zuhörte, sah Milva aus dem Dining-Room kommen. Mit einem kleinen Sidestep stand er neben ihr: „Treffen wir uns heute Abend beim Chinesen, ich bringe ein paar interessante Leute mit?"

„Profiler."

„Ja."

„Das lasse ich mir nicht entgehen. Jack stört doch nicht dabei?"

„Ganz und gar nicht."

„Wir haben den ganzen Raum noch einmal abgescannt und nichts mehr gefunden. Ich möchte Ihnen noch einmal danken."

„Sorgen Sie bitte dafür, dass die Presse von unserem Treffen keinen Wind bekommt.“
Milva nickte nur bejahend, und Bernd wandte sich zum Aufzug. Dakota Jones und Jeanne Batiste standen schon drin und schauten Bernd auffordernd an. Der nur verstehend nickte. So sorgten die beiden dafür, dass sich die Tür nicht schloss. Mit einem kurzen Sprint erreichte er den Aufzug.
„Welches Stockwerk?“
„Elf, bitte.“
Sie hatten sich darauf geeinigt, dass sich alle mit dem Vornamen ansprachen, und Dakota schaute Bernd mit ihren dunklen Augen an und sprach schon fast in einem gutturalen Tonfall: „Elf, da sind doch die Suiten. Zahlt dein Büro das?“
Bernd lachte: „Selbstzahler, oder besser gesagt, jemand anderes zahlt für mich. Es ist etwas komplizierter. Wenn wir uns näher kennen lernen, werdet ihr es verstehen.“
„Bei dir ist alles etwas komplizierter. Du bist nicht im Internet zu finden, nirgends eine Notiz. Man hört nur, was der Polizeiweltfunk über deine Fälle erzählt, danach bist du eine Legende.“
„Legenden sind älter“, lachte Bernd leichthin: „Ich werde euch das heute Abend erklären. Es ist eben etwas komplizierter, dadurch aber auch sicherer.“
Dakota ließ ihre weißen Zähne blitzen und meinte leichthin: „Ich nehme an, dass du heute Abend von uns ins Kreuzverhör genommen wirst.“
„Das kann durchaus passieren.“
Sie trennten sich im Stockwerk sieben, und Bernd fuhr weiter nach elf und ging in seine Suite. Er setzte sich in einen der Sessel und dachte über den vergangenen Tag

nach, als es leise klopfte. Bernd öffnete vorsichtig die Tür, und Morice schlüpfte herein.

„Morice, was kann ich für dich tun?"
Der Profiler merkte sofort, dass der junge Mann aufgewühlt war und nicht wusste, wie er es sagen sollte.

„Komm, setz dich. Was ist passiert?"

„Ich wurde von einem der drei Männer angesprochen, die vor ein paar Tagen den Raum restauriert hatten. Er hatte mich wohl wiedererkannt. Dann fragte er ganz unbeteiligt, was passiert sei. Ich habe ihm gesagt, dass die Polizei einen anonymen Anruf bekommen hatte, ich aber nicht mehr wusste, da ich nur der Boy des Hotels bin. Mehr war nicht."
Bernd kramte sein I-Phone hervor und zeigte Morice drei Personen.

„War es einer von denen?"

„Der zweite, Sir."
Bernd gab ihm ein weiteres Trinkgeld und sagte: „Morice, das hast du genau richtig gemacht. Wir beide müssen nur schweigen, dann wird auch nichts passieren. Das sind sehr gefährliche Männer."

„Ja, Sir."

„Wo wohnst du?"

„Hier im Hotel, Sir. Meinem Papa gehört das Hotel, ich mache eine Lehre von der Pike auf."

„Das ist gut, Morice. Solange die Profiler hier im Hotel sind und tagen, bleibst du auch hier im Hotel. Schieb meinetwegen Sonderschichten, aber gehe nicht raus aus dem Hotel."

„Ja, Sir."

„Gut, verschwinde jetzt und denke daran, ich bin nur ein Gast."

Bernd entließ Morice aus der Tür, dann schaute er auf die Uhr und sah, dass er sich beeilen musste.

Er machte sich frisch, zog sich leger an, legte die Waffe an, was gar nicht seine Art war und betrachtete sich im Spiegel. Durchaus zufrieden, grunzte er zu seinem Spiegelbild: „Das Spiel kann beginnen.“

Es war wieder das Gefühl, das wie ein Schauer durch seinen Körper lief und so viel gefäßerweiternde Stoffe freisetzte, die ihn befähigten, andere Denkstrukturen anzunehmen, die ihm bisweilen irrationale Ergebnisse einbrachten.

Der Aufzug war frei, und so kam er schnell in das Foyer. An der Reception bestellte er ein Taxi für 5 Personen und erkundigte sich noch einmal nach Robert Paul Snider. Der sich zwar per Telefon gemeldet hatte, aber noch nicht erschienen war.

Nach und nach trudelten die 4 Profiler ein. Als sie alle beisammen waren, gingen sie gemeinsam zum wartenden Taxi. Bernd taxierte die drei atemberaubenden Schönheiten und Jeanne Batiste, die den anerkennenden Blick wahrnahm, fragte nur: „Zufrieden mit dem, was du siehst?“

„Perfekt.“

Dann wandte er sich an den Russen und fragte: „Pjotr, hast du in deiner Heimat die Möglichkeit, während der Dienstzeit mit drei so hübschen Kolleginnen auszugehen?“

Pjotr zwinkerte ihm zu und sagte nur: „Ich genieße es.“

Bernd gab dem Fahrer die Adresse. Die Fahrt führte durch die Stadt, an der neugotischen Kathedrale Notre-Dame vorbei, über die Kopfsteinpflaster der Altstadt zum Berg Mont Royal.

Auf halber Höhe des Berges war ein eingefriedetes Areal, auf das der Fahrer einbog. Es war hell genug, so dass die fünf die gepflegte Anlage sehen konnten. Das Restaurant war im chinesischen Stil so in den Berg gebaut, dass die Gäste einen direkten Blick auf den Sankt-Lorenz-Strom hatten.

Bernd bezahlte den Taxifahrer, und am Eingang wurden sie schon in Empfang genommen. Die ältere Frau wandte sich gleich an den deutschen Profiler: „Herr Rassmussen, vielen Dank, dass Sie mit Ihren Gästen unser bescheidenes Haus besuchen. Fräulein Chen hat alles für ihre kleine Gesellschaft arrangiert. Zwei Ihrer Gäste warten bereits auf Sie, bitte folgen Sie mir.“

Bernd bedankte sich auf Mandarin und wurde mit einem strahlenden Lächeln der alten Frau belohnt.

„Sie sprechen Mandarin, Mr. Rassmussen?“

„Nur ein wenig.“

„Ihre Freundin sagte, dass Sie immer den Bescheidenen machen, wir sollen vorsichtig sein.“

„Kennen Sie Pauline persönlich?“

„Ich habe sie mehrmals in China-Town gesprochen. Eine willensstarke junge Frau.“

„Sie sagen es.“

Beide lachten, weil Bernd einen etwas leidenden Ausdruck im Gesicht bekam. Mittlerweile waren sie zwei Stockwerke höher gekommen, und mit jedem Stockwerk verringerte sich die Anzahl der Tische. Während des Gespräches hatte Bernd seine Umgebung beobachtet und ihm fiel ein alter Mann auf, der allein an einem kleinen Tisch saß und einen kunstvollen Gehstock in der Hand hielt, den ein Drachenkopf zierte. Sofort dachte er an den Chinesen in London, der genauso wie dieser unbeobachtet beobachtete. Bernd nickte ihm zu und nahm ein kurzes Heben der Augenlider wahr.

Jetzt kamen sie in das dritte Stockwerk des Restaurants, das mit vier Tischen ausgestattet war. Zwei Tische auf jeder Seite der Treppe. Der Ausblick auf den Sankt-Lorenz-Strom war phänomenal.

Bernd, der direkt hinter der älteren Chinesin ging, sah, dass Milva und Jack schon da waren.

„Mr. Rassmussen, Pauline hat gebeten, dass das Stockwerk für Sie allein reserviert bleibt. Sie können also ohne Einschränkung Ihre Besprechung durchführen. Es stehen Ihnen alle technischen Mittel zur Verfügung.

„Vielen Dank. Ich nehme an, dass Pauline schon für alles gesorgt hat?"

„Das hat sie, bis ins Detail."

Dakota Jones stieß den Deutschen an, der neben ihr stand: „Du sprichst Mandarin?"

„Du auch?"

Die spontane Frage brachte Dakota Jones etwas aus dem Konzept, dann lachte sie aber: „Aus der Frage ergab sich die Antwort."

Mittlerweile waren sie an den Tisch getreten, und Bernd stellte Milva und Jack den Profilern vor. Die Bedienung brachte ein Begrüßungsgetränk und verschwand dann wieder lautlos.

Bernd nahm das Heft in die Hand und begrüßte jeden Einzelnen und stellte die Fachgebiete eines jeden vor. Die Gesichter der Beteiligten wurden immer länger, aber keiner stellte eine Zwischenfrage, was Bernd besonders gefiel.

„So, jetzt kennt jeder jeden und seine Spezialgebiete. Als einziger fehlt noch Mr. Snider, den wir auch nicht erreichen konnten. Jetzt gibt es zwei Möglichkeiten. Wir essen zuerst, und dann geht es weiter, oder wir bringen das Wesentliche jetzt auf den Tisch. Es ist Ihre Entscheidung."

Einhellig waren sie der Ansicht, zuerst den Arbeitsteil hinter sich zu bringen.

„Milva, ich bitte dich, einmal das wiederzugeben, was wir heute zusammen besprochen haben, damit die Anderen informiert sind."

Milva, erzählte in ihrer temperamentvollen Art, was passierte, als Bernd in ihre Revier kam. Lückenlos berichtete sie über jede Minute. Als sie fertig war, brachte die Bedienung eine Kleinigkeit chinesisches Finger-Food und neue Getränke. Dann begann Bernd zu berichten, von dem Punkt an, wo er auf dem Montrealer Airport stand. Lückenlos erzählte er alles, nur bei seinem Informanten Benno Faller hielt er sich bedeckt. So kam auch die Frage, als er fertig war, diesmal von Jeanne Batiste: „Wie kommt man an solche Informationen? Das ist ungewöhnlich."

Dakota Jones lachte ihr übermütiges Lachen, das im Gegensatz zu ihren kalt kalkulierbaren Augen stand, aber trotzdem ehrlich war.

„Passt auf, jetzt kommt es, jetzt sagt er", sie änderte ihre Stimmlage: „Es ist alles etwas kompliziert."

Wenn noch jemand Zweifel hatte, war das Eis gebrochen. Bernd ließ sie lachen. Nachdem es sich etwas gelegt hatte, gab er eine kurze Erklärung ab.

„Also, es ist wirklich etwas kompliziert. Wenn ich euch sagen würde, wie er das macht, könnte ich auch gleich seinen Namen sagen. Nur so weit, derjenige oder diejenige hat eine besondere Gabe, ich würde es als einmalig auf der

Welt bezeichnen. Das wir noch leben, ist sein oder ihr Verdienst."

In dem Moment klingelte das I-Phone von Bernd. Ein kurzer Blick, und er wusste, dass es seine Freundin war. Er stellte die Verbindung her und fragte: „Pauline?"

„Hallo, mein Schatz, Neuigkeiten. Geh mal an die Rückwand, auf Brusthöhe ist eine Schiebetür, die machst du auf, dahinter ist ein Computer, den schaltest du ein. Den Rest mache ich."

Bernd ging an die Rückwand und öffnete die versteckte Schiebetür, dann schaltete er den Computer ein und kurze Zeit später erschien Pauline Chen auf dem Monitor. So wie es ihre Art war, begrüßte sie die kleine Gesellschaft: „Hallo, Mädels, Jack, Pjotr, ich bin Pauline Chen, die Partnerin von Bernd. Kommen wir gleich zur Sache, damit euer Essen nicht kalt wird. Wir haben Informationen, dass der Anschlag, der heute im Hotel stattfinden sollte, allen Profilern galt, aber im Besonderen euch fünf. Weil ihr die Einzigen seid, die auch in der Lage sind, kommende Verbrechen zu Profilen. Das bedeutet, eine Einsatztruppe aus euch wäre in der Lage, geplante Verbrechen zu vereiteln. Für den Computer müsste dafür aber noch ein Algorithmus entwickelt werden, der die nötigen Infos spezifiziert. Wenn dieser Fall abgeschlossen ist, werden wir uns gemeinsam dem Problem stellen."

Hier unterbrach Bernd seine Freundin: „Was ist mit Snider?"

Pauline lächelte: „Tja, Snider ist ein Problem für sich. Snider ist nicht wie ihr, in einer staatlichen Festanstellung, sondern freier Profiler. Wir haben ihn überprüft. Snider hat keinen außergewöhnlichen Fall gelöst, keinen Fall, mit dem ein Verbrechen verhindert werden konnte. Aber er

hat einen guten Webdesigner, der ihn hochstilisiert hat und das in verschiedenen Stufen, bis dann die Polizei auf ihn aufmerksam wurde und ihn engagiert hat. Wir sind uns auch nicht ganz sicher, ob nicht einige Fälle getürkt waren. Eins ist aber sicher, er hat viele Freunde bei der Polizei. Irgendwann hat er dann die IPA gegründet, deren Vorsitz er eingenommen hat."
Betty Broer, die sich bis jetzt bedeckt gehalten hatte, fragte: „Was ist mit dem Geldfluss bei Snider und bei der IPA?"

„Ich habe die Frage von dir erwartet, Betty. Für die anderen, Betty Broer ist unser Spezialist in Geldfragen. Viele ihrer Fälle löst sie alleine über den Geldfluss. Um deine Frage zu beantworten, Sniders Einnahmen sind nicht unerheblich, aber der Geldfluss ist noch nicht nachvollziehbar, genauso wie bei der IPA. Da war die Zeit bis jetzt zu kurz, aber uns ist über den bisherigen Schriftverkehr aufgefallen, dass er eine sehr starke Verbindung zu Biotech-Firmen hat, die sich mit Gen-Technik, Zellklonisierung, Gensynthese und, und, und beschäftigen. Eben eine Technik der Zukunft.
Dakota Jones hob die Hand.

„Dakota, bitte."

„Pauline, noch einmal zu dem Anschlag. Snider wäre auch in dem Raum gewesen, also wäre er auch umgekommen."

„Ich weiß, dass es ein Schwachpunkt in meiner Analyse ist. Aber fragen wir einmal ganz einfach. Wäre er? Ihr wisst selbst, wieviel Mittel und Möglichkeiten es gibt, dem aus dem Weg zu gehen."

„Das ist wohl wahr", erwiderte Dakota.

„Jeanne, du hattest eine Frage?"

„Ja, was war das für ein Gas?"

Milva, die interessiert zuhörte, fühlte sich angesprochen: „Das haben wir in ein Militärdepot nach Toronto geschickt. Wir haben hier keine Möglichkeiten der Analyse."

„Ich wette 1000 Dollar, es wird nie in Toronto ankommen."

„Warum das denn nicht, Pauline?"

„Anhand der Spurenelemente des Gases können wir feststellen, wer es hergestellt hat. Aber sehr wahrscheinlich ist es aus einem Militärdepot, und da wird man es wieder hin verfrachten."

Milva hatte ihr Handy schon gezückt und telefonierte. Die Anderen konnten sich denken, mit wem sie telefonierte und warteten. Als Milva fertig war, legte sie das Handy konsterniert auf den Tisch und sagte: „Der Transporter wurde außerhalb Montreals überfallen und der Inhalt gestohlen. Die beiden Insassen wurden getötet."

„Dann hast du einen Maulwurf bei dir im Revier, Milva. Oder jemand hat unbewusst Informationen ausgeplaudert. Es ist nicht mehr versuchter Mord, sondern Mord."

Die kleine Gruppe war nachdenklich geworden, und Pauline ließ ihnen die Zeit.

„Wir waren aber noch nicht fertig. Wir haben natürlich auch die IPA gesichtet und mussten feststellen, dass es über euch fünf spezielle Dossiers gibt, die aber bei weitem nicht vollständig sind."

„Woher weißt du, dass sie nicht vollständig sind, Pauline?"

„Weil ich die vollständigen Dossiers habe. Außer Bernd haben alle andere Namen und Geburtsdaten, die Kindheit ist nicht vollständig, wie auch die Fälle wurden nicht klar dokumentiert. Es wurde da ziemlich schlampig gearbeitet, wenn man das so sagen kann."

Pauline lachte über die betroffenen Gesichter der Profiler und sagte frisch: „Mädels, stellt euch nicht so an. Ihr wisst es, ich weiß es und dabei belassen wir das. Außerdem stehen euch eure Namen gut."

„Pauline, du schüttest uns hier mit Informationen zu, die wir selbst nicht überprüfen können und in Wirklichkeit ist noch nicht viel passiert."

„Pjotr, für russische Verhältnisse, da magst du recht haben. Hier haben wir einen Doppelmord, vereitelter Bombenanschlag, Auftrag zur Tötung von Profilern, Diebstahl von Militäreigentum. Ich finde, das ist schon eine ganze Menge. Das ist aber noch nicht alles. Die drei Typen, die den Dining-Room präpariert haben, sind ehemalige Marines, vermisst in Afghanistan."

„An solche Informationen kommt man nur über das Pentagone", erwiderte Betty.

Pauline lachte und sagte nur: „Na und?"

„Du willst doch nicht sagen, dass du einen heißen Draht zum Pentagone hast?"

„Den habe ich, Betty."

Betty wandte sich an Bernd: „Bernd, sag etwas dazu."

Bevor Bernd antworten konnte, war Dakota zur Stelle, dabei verkniff sie etwas das Gesicht und sagte: „Leute, das ist etwas kompliziert."

Die Spannung, die sich aufgebaut hatte, löste sich sofort und Bernd bestätigte: „So ist es. Nehmen wir noch einmal alle Fakten zusammen, dann können wir sagen, dass wir durch Paulines Recherche am Leben geblieben sind, aber über uns immer noch ein Tötungsauftrag schwebt. Es

liegt jetzt an uns, wie wir darauf regieren. Wir haben es hier mit Spezialisten zu tun und kennen den Auftraggeber noch nicht, aber wir sind in Gefahr.
Morgen sehen wir das erste Mal Snider, da können wir ihn befragen. Kennt einer von euch den Mann?"
Alle schüttelten verneinend den Kopf.

„Gut, dann habe ich noch eine Frage. Wollen wir zusammenarbeiten? Wenn ja, brauchen wir einen Leader. Wenn nicht, ist jeder für seine eigene Sicherheit verantwortlich. Ich kann mir natürlich vorstellen, dass ihr erst eure Vorgesetzten informieren müsst, es ist aber auch so, dass ihr als Profiler einen Sonderstatus habt. Was ihr daraus macht, ist eure Entscheidung."
Jeanne Batiste, die anscheinend ein Kopfmensch war und nach außen emotional kalt, wobei ihre Augen sie Lügen straften, stellte einfach fest: „Analytisch gesehen, sehe ich es so, dass wir zusammenarbeiten müssen und Bernd der Leader ist, weil er die besten Kontakte von uns allen hat. Die Frage ist, wie verfahren wir weiter?"
Auch hier nickten die anderen wieder zustimmend.
Da mischte sich Pauline wieder ein: „Eine vernünftige Entscheidung, Leute. Ich bin der Meinung, dass unser Gegner sehr schnell reagieren wird, deshalb müsst ihr von der Bildfläche verschwinden und das wird nicht nur körperlich sein, sondern auch im Netz werdet ihr nicht mehr auffindbar sein. Dann bekommen alle, für die Zeit des Falles, einen Chip implantiert, mit dem wir immer wissen, wo ihr seid. Dann bekommt ihr von uns spezielle Computer, mit denen ihr arbeiten könnt, alle anderen Computer sind für euch out. Was wir für den Fall brauchen, ist euer Denken, deshalb werden wir euch schützen. Das heißt, ihr fahrt nach Hause und steht unter

Beobachtung, bis der Chip drin ist. Dann bekommt ihr neue I-Phone, ein eigenes Konto und, und, und. Seid ihr damit einverstanden?"

Wieder schauten sie sich irritiert an und nickten.

„Gut, mir langt das Kopfnicken. Irgendwelche Fragen?"

„Wer bezahlt das alles?" fragte Pjotr.

„Wir. Außerdem werden eure Vorgesetzten noch über euer Wegbleiben informiert werden."

„Das mag bei euch funktionieren, aber nicht im schönen Russland", lachte Pjotr.

Jetzt lachte Pauline: „Schau dir das an, Pjotr, wir haben etwas vorgearbeitet."

Die junge und hübsche Halbchinesin verschwand vom Bildschirm und machte einer blonden Russin Platz.

„Hallo, Pjotr, das hier ist eine Aufzeichnung. Du unterstehst so lange dieser neuen Einheit, bis der Fall geklärt ist. Wenn du den Bildern nicht traust, ruf mich an."

Pjotr hatte sein I-Phone schon in der Hand, tippte eine Nummer ein, die Verbindung stand sofort: „Swetlana, ich habe gerade ein Video gesehen, ist das Wahrheit?"

„Ja, Pjotr, mach es einfach. Du bist bis auf weiteres von allen Pflichten entbunden. Wenn ihr Hilfe braucht, ruft nur mich an, keinen anderen."

„Ich habe verstanden."

Pjotr unterbrach die Verbindung und sagte: „Ich bin jetzt euer Mann."

Pauline erschien wieder auf dem Bildschirm.

„Die anderen Zustimmungen habe ich in den nächsten 24 Stunden. Was haben wir für euch? Alle Recourcen, die wir haben, stehen zu eurer Verfügung. Bei einigen ist es so, dass ihr mich extra fragen müsst, weil das Recourcen sind, worüber ich nur Zugriff habe."

Dakota hob den Arm.

„Dakota?“

„Was für Recourcen können das denn sein, auf die wir keinen Zugriff haben?“

„Einsicht in weltweite Konten, und wenn es der König von Saudi-Arabien wäre, wäre es kein Problem. Satellitenzugriffe, Zusammenarbeit mit verschiedenen Geheimdiensten, natürlich auch dem Pentagon, Sicherheitsfirmen, Safe Häuser und noch einige Sachen mehr.“

„Wart ihr das damals, mit Ebola und dem Assuan-Staudamm?“

„Ja.“

„Verdammt, ich bin bei euch. Wenn nur 10 Prozent von dem stimmt, was gemunkelt wird, war das der Hammer.“ Paulines Gesicht wirkte noch immer etwas gelangweilt, als sie sagte: „Eins habe ich noch, wenn sich einer von euch an meinen Kerl ranmacht, bekommt er es mit mir zu tun. So, das war erst einmal alles. Ich wünsche euch einen schönen Abend und lasst es euch schmecken.“
Pauline unterbrach die Verbindung, nicht ohne ihrem Freund noch einmal zuzuwinken.
Dakota, die direkt neben Bernd saß, fragte: „Ist sie wirklich so gefährlich?“

„Ohne zu übertreiben, unter den 10 gefährlichsten Frauen der Welt, da nimmt sie Platz 2 ein und ihre Schwester Platz 3.“

„Wer hat Platz eins?“

„Die Dame kenne ich auch, ich sage dir aber nicht, wer sie ist.“
Es wurde ein netter Abend. Obwohl es viele Fragen waren, die die Profiler, Milva und ihr Freund Jack noch

auf dem Herzen hatten, es gab keine Dienstgespräche. Sie hatten sich einiges zu erzählen, und das Essen war hervorragend. Relativ rechtzeitig machten sie sich dann wieder auf den Weg zum Hotel, auch dort verschwanden sie direkt in ihren Zimmern.

Morgens trafen sie sich, wie ausgemacht, gemeinsam im Frühstücksraum. Das gerade die kleine Gruppe an einem gemeinsamen Tisch saß, fiel keinem weiter auf. Trotzdem wurden sie von manch neugierigen Blick gestreift. Auch beim Frühstück war kein Robert Paul Snider anwesend. Nach dem Frühstück gingen sie gemeinsam zum Tagungsraum, wo sie das erste Mal Paul Snider zu Gesicht bekamen.

Circa 1.80 m groß, korpulent, machte er nicht den Eindruck eines trainierten Polizisten. Eine alte Nickelbrille auf der Nase, die klein und dick war, machte aus seinem Gesicht einen Vollmond, der noch von dem Haarkranz unterstrichen wurde.

Was Bernd aber im Besonderen interessierte, waren seine Augen. Bis jetzt schenkte der Geheimnisvolle den Neuankömmlingen keine Beachtung, sondern sortierte seine Papiere.

Betty Broer und Dakota Jones steuerten auf eine der vorderen Reihen zu, um sich zu setzen.

Bernd, der einen Moment am Eingang stehen geblieben war, analysierte den Raum und kam zu dem Ergebnis, dass der sicherste Platz, im linken vorderen Bereich war. Geschützt von einer Palme, war der Platz von einem der umliegenden Hochhäuser nicht einsehbar. Bernd machte Betty und Dakota darauf aufmerksam, und so bewegte sich die kleine Gruppe zu der Palme und sie setzten sich. Bernd, der jetzt erst einmal die richtige Muse hatte, Snider zu beobachten, bemerkte die unruhige und fahrige Art, wie der Mann sich bewegte, dann schaute er das erste Mal auf und musterte die anwesenden Teilnehmer. Als er feststellte, dass die Stühle noch nicht alle besetzt waren, senkte sich sein Blick wieder.

Dieser Moment des Hochsehens langte Bernd, um seine Beurteilung abzuschließen. Er sah eine menschliche Ratte vor sich. Dann wurde er in seiner Betrachtungsweise unterbrochen, als er die Stimme Paulines in seinem Ohr-Mikro hörte.

„Guten Morgen, mein Schatz, hörst du mich.“

Ohne die Lippen zu bewegen, antwortete Bernd. Sein Nachbar Pjotr schaute ihn merkwürdig an, und Bernd deutete auf sein Ohr.

„Laut und deutlich.“

„Gut, ich wollte nur die Verbindung checken.“

„Wir sitzen jetzt im Tagungsraum und harren der Dinge, die da kommen.“

„Bist du aus der Schusslinie?“

„Soweit es ging.“

„Gut, dann lasse ich dich jetzt in Ruhe. Der Satellit ist über euch.“

Pjotr beugte sich zu Bernd und fragte: „Na, wieder die Freundin-Mitarbeiterin, was sieht sie für den heutigen Tag?“

Bernd erkannte sofort an der Art des Tonfalls, dass der Russe noch nicht richtig auf seiner Seite stand. Trotzdem antwortete er: „Wir rechnen mit einem weiteren Anschlag.“

„Nach demselben Schema?“

Bernd nervte diese Art der Fragerei, so antwortete er etwas härter, wie er eigentlich wollte: „Höre mir einmal genau zu, Pjotr, dich zwingt keiner, bei uns mitzumachen. Es muss auch nicht richtig sein, was wir analysiert haben, aber solange das Gegenteil nicht bewiesen ist, halte ich mich an der Vorsicht fest. Es ist deine Entscheidung, ob du dabei sein willst oder nicht."

Pjotr merkte, dass er den Mann aus Deutschland auf dem falschen Fuß erwischt hatte und schwieg dazu. Kurze Zeit später war der Saal bis zum letzten Platz besetzt.

Ohne noch einmal hochzuschauen, aber seine neben ihm liegende Uhr im Blick, begann Paul Snider, ohne jemanden anzusehen, mit einer näselnden Stimme zu sprechen.

„Guten Tag, meine Damen und Herren. Vielen Dank, dass Sie alle zu der ersten Tagung der IPA erschienen sind. Es geht mir darum, einen Standard unter den Profilern zu entwickeln, der allen die gleichen Möglichkeiten gibt, auf die modernsten Untersuchungsmethoden zuzugreifen."

Als wäre der Punkt nach dem Satz das Zeichen gewesen, klirrte das Dachfenster, und der Kopf Sniders platzte wie eine überreife Melone. Das Geschoss, das dafür sorgte, dass Snider keinen Kopf mehr auf den Schultern hatte, traf in der dritten Stuhlreihe eine Frau im Hals, in der vierten einen Mann im Brustkorb, in der fünften einen Mann im Unterleib und in der sechsten zertrümmerte es einem weiteren Mann das Knie.

Bernd nahm die Situation in Zeitlupe wahr, und sein Blick glitt wieder zu Snider, der immer noch, mit den Händen auf dem Tisch aufgestützt, stand.

Der durch das entstandene Loch, in der Scheibe der Glass Front einsetzende Durchzug, sorgte dafür, dass sich der Geruch von Urin, Kot, Blut und Gehirn, sofort im Raum verbreitete.

Bernd sah, dass Snider aller seiner Muskelfunktionen beraubt, sich in die Hose gemacht hatte und jetzt, wie in Zeitlupe, in sich zusammenfiel. Es dauerte nur einen Moment, und die Polizisten hatten hinter umgestürzten Tischen Stühlen und Vasen Deckung gesucht. Jetzt erst nahm der Profiler das Schreien der Verletzten wahr und die Stimme Paulines in seinem Ohr.

„Was ist passiert, Bernd?"

„Ein Anschlag im Tagungsraum. Wie wir es angenommen haben. Es muss aus einem der umliegenden Hochhäuser gekommen sein. Ich kann aber noch nichts genaues sagen."

„Wieviel Schuss hast du gehört, und wie war der Eintrittswinkel?"

„Wir haben keinen Schuss gehört. Vielleicht arbeitet der Schütze mit Schalldämpfer. Sehr wahrscheinlich zwei Schuss. Eintrittswinkel kann man als relativ flach bezeichnen. Snider hat es erwischt, er stand etwas erhöht. Drei Stuhlreihen weiter wurde eine Frau am Hals getroffen, nächste Reihe Brustschuss, nächste Reihe Unterleib und dann Knie. Momentan gibt es keinen weiteren Beschuss."

„Ok, wir gehen ab dem 20-zigsten Stockwerk auf Suche. Versuche das Projektil zu sichern, wenn alles vorbei ist. Seid vorsichtig."

Der Raum hatte sich mittlerweile bis auf 30 Personen geleert. Die, die noch da waren, hatten sich hinter irgendwelchen Möbelstücken verbarrikadiert und wagten nicht herauszukommen.

Die kleine Gruppe lag immer noch beisammen. Bernd sondierte die Lage und sagte zu Pjotr: „Überzeugt, mein Freund?"

Ein zwanghaftes Kopfnicken war die Antwort und dann fragte er: „Und was jetzt?“

„Jetzt sichern wir den Raum.“

„Wie hast du dir das gedacht?“

Die Schreie der Verletzten waren inzwischen in leises Wimmern übergegangen. Keiner wagte es, sich zu den Verletzten zu begeben, die immer noch in einer eigenartigen embryonalen Haltung da lagen, aber den Schutz der Stühle vor sich hatten.

Bernd stand auf, weil der Schütze die Ecke der kleinen Gruppe nicht einsehen konnte. Dann sah er ihn, den kleinen roten Punkt, der sich suchend durch den Tagungsraum tastete.

„Pauline, Laser.“

„Roger.“

„So, meine Damen und Herren. Erinnern wir uns daran, was die Polizei uns gelehrt hat. Der Schütze ist immer noch da, er sucht mit seinem Laser nach bestimmten Personen und diese Personen sind wir, unsere kleine Gruppe. Ihr bleibt alle hinter eurer Deckung liegen und achtet nicht darauf, was gleich passiert. Wenn die Vorhänge zugehen, verschwindet ihr in den Flur.“

Der mit dem Schuss in den Unterleib, drückte seine Hände auf die Wunde, um den Schmerz erträglicher zu machen. Er presste zwischen den Zähnen hervor: „Verdammt, und was ist mit uns?“

„Euch holen wir sofort raus.“

Dakota, die mittlerweile auch stand, fragte: „Was hast du vor, Bernd?“

Bernd lächelte sie geheimnisvoll an: „Dakota, ich teste jetzt, ob wir zusammen funktionieren.“

„Wie willst du das denn anstellen?“

„Während ich mich als Köder präsentiere, versorgt ihr die Verwundeten und Pjotr spurtet zum Eingang und sorgt dafür, dass der Vorhang vorgezogen wird und das alles pronto."
Bernd deutete auf den elektrischen Schalter, der am Eingang in der Wand steckte.

„Das machst du nicht", hörte er nur Paulines Stimme.

„Wie ihr euch vorstellen könnt, hat meine Freundin etwas dagegen", mit den letzten Worten nahm er das Ohr-Mikro aus dem Ohr und steckte es in die Tasche. Dann stellte er die ultimative Frage.

„Macht ihr mit?"
Alle nickten.

„Dann los."
Bernd hatte sein Jackett ausgezogen, und alle sahen, dass er eine Pistole trug, aber er ließ seinen neuen Partnern keine Zeit zum Nachdenken. Er sprintete los, und kurz nachdem er in das Blickfeld des Schützen gekommen war, bewegte sich der Laser in seine Richtung. Bernd wusste, dass ein guter Scharfschütze unter einer Sekunde brauchte, um sein Ziel zu erfassen. Der deutsche Profiler ließ dem Schützen keine Zeit, während er seinen ganzen Körper zeigte oder eine Rolle machte, immer folgte ihm der Laser. Als Bernd fast das Ende erreicht hatte, nahm der Schütze einen Vorhaltepunkt und löste auf halber Höhe den Schuss aus. Aber der junge Mann aus Deutschland hatte damit gerechnet und mit einer Rolle den ersten Gang beendet.
Wegkatapultierende Glassplitter ritzten seine Haut auf und zerrissen sein Hemd, aber er stand sicher in der Deckung auf der anderen Seite neben den anderen Profilern, die ihn erstaunt ansahen.

Er stieß einen jungen Mann an und sagte: „Die erste Runde ging an mich."

Ein kurzer Blick in die Runde zeigte ihm, dass keiner der Partner mehr in seinen Ausgangspositionen war. Betty, Dakota und Jeanne waren zu den Verletzten gerobbt und hatten jeweils den neben ihnen stehenden Stuhl umgeworfen, so hatten sie Deckung, und der Schütze, der sich nur auf Bernd konzentriert hatte, hatte nicht mitbekommen, dass noch mehr im Raum passierte. Pjotr lag hinter ein paar Stühlen, direkt vor dem Schaltkasten für die Vorhänge.

„Seid ihr alle bereit?"

Alle nickten einstimmig.

„Ok, dann los."

Der Schütze, der anscheinend damit gerechnet hatte, begann sofort mit seinem Beschuss und setzte immer einen Schuss hoch und einen tief. Mit dem letzten Schritt erwischte es den Profiler an der Wade und ließ ihn nicht mit einer kunstvollen Rolle den Gang beenden, sondern er fiel wie ein Sack Kartoffeln in die Deckung. Ein Blick auf seine Wade zeigte ihm, dass er Glück gehabt hatte. Ein großer Splitter hatte die Hose zerfetzt und war in der Wade stecken geblieben. Aber sie hatten ihr Ziel erreicht, der Vorhang schloss sich behäbig. Sofort schaltete sich automatisch das Licht ein.

Die drei Frauen kümmerten sich um die Verletzten und bekamen sofort Hilfe von anderen Tagungsteilnehmern.

Bernd, der immer noch in der Deckung lag, merkte jetzt erst den Schmerz in seiner Wade. Von da an ging alles schnell. Jemand hatte die Polizei gerufen und Milva, Sanitäter im Schlepptau, stand sichernd im Türrahmen. Bernd steckte sein Mikro wieder in das Ohr, und sofort hörte er die Stimme seiner Freundin: „Bernd, verdammt noch mal, melde dich.“

„Hallo, mein Schatz, was bist du so aufgeregt, es ist doch kaum etwas passiert.“

„Das machst du nicht noch einmal, uns abhängen. Ist Milva schon da?“

„Steht in der Tür und sichert.“

„Sie braucht nichts mehr zu sichern, wir haben den Schützen.“

Jetzt war es Bernd, der erstaunt war: „Wieso habt ihr den Schützen?“

„Die Jungs aus dem Pentagon haben mir einen Militärsatelliten zur Verfügung gestellt, ich meine, ich hätte ihn mir auch so genommen. Als ich dem alten Eisenfresser Dalton unser Problem schilderte, hat er mich an Lawrenz verwiesen, er sollte mir dann den Code geben. Na, ja, ich gab ihm dann den Code, und er raufte sich jetzt noch die Haare. Der Rest war nur noch Kindergarten.“

Bernd hörte seine Freundin leise lachen, dann rief er zu der Polizistin: „Milva, der Raum ist sicher. Der Schütze ist überwältigt.“

Die Sanitäter kümmerten sich sofort um die Verletzten, und Dakota, Jeanne und Betty wurden abgelöst. Pjotr hatte sich auch schon zu der kleinen Gruppe gesellt, als Milva sie erreichte. Sie machte gerade den Mund auf, als ihr Handy klingelte.

„Hat Milva gerade ein Telefonat bekommen?“

„Ja, sie hört angestrengt zu. Ich muss dir was beichten. Meine neue Hose hat den Einsatz nicht überlebt, wir müssen irgendwann shoppen gehen.“

„Und du?“

„Ein paar Kratzer und sonst nichts.“

Jean Batiste, die sich das nicht weiter anhören wollte, griff zum Ohr des Profilers und nahm ihm das Mikro weg, steckte es sich selbst ins Ohr.

„Hallo, Pauline, ich bin's, Jeanne. Dein Kerl ist lebensmüde, das einmal vorneweg. Aber er ist verdammt gut, außerdem hat er uns hier den Arsch gerettet und er sieht aus wie ein Schweizer Käse und blutet aus allen Ecken und Kanten. Ja, ich schicke dir ein Foto. Möchtest du ihn noch einmal haben?"

Jeanne lächelte und gab ihm das Ohr-Mikro wieder: „Das gibt eine Reise, Bernd Rassmussen. Was Leichtsinnigeres gibt es ja wohl nicht."

Bernd, der seine Pauline kannte, lächelte nur und sagte zu Jeanne: „Weißt du, Jeanne, wie so eine Strafe bei Pauline aussieht?"

Jeanne schüttelte nur vorsichtig mit dem Kopf.

„Ich muss mit ihr shoppen gehen. Die Bestrafung liegt mehr darin, wenn sie euch alle mitnimmt."

Alle lachten, und Bernd steckte das Mikro wieder an sein Ohr, als Milva ihr Handy wegsteckte und Bernd böse ansah.

„Bernd Rassmussen, du hast verdammt weitreichende Kontakte. Bevor ich den Arzt an dich ranlasse, erkläre mir einiges. Vor allen Dingen, warum trägst du eine Waffe?"

Der Arzt, der keine Rücksicht auf die Worte Milvas nahm, drängte sich an ihr vorbei und betrachtete Bernds viele kleine Wunden am Oberkörper, als er das Hemd mit einigen schnellen Schnitten des Skalpells vom Körper entfernt hatte, sagte er nur lapidar: „Die kleinen Scherben müssen wir mit dem Mikroskop im Hospital versorgen."

Dann deutete Bernd auf seine linke Wade, in der immer noch die handtellergroße Scherbe steckte. Wieder kam das

Skalpell zum Einsatz, und der Profiler hatte ein kurzes und ein langes Hosenbein.

„Das muss genäht werden. Das ist aber nicht vom Fensterglas. Das Fensterglas ist Sicherheitsglas, die geben nur kleine Wunden", er schaute sich im Raum um und deutete auf eine große Glas-Vase, die zerstört am Boden lag: „Das ist der Übeltäter."
In dem Moment sah Bernd Morice an der Tür stehen, er winkte ihn zu sich: „Morice, hier ist die Karte meiner Suite. Ich brauche eine neue Hose und ein neues Hemd. Lass mir das bitte ins Krankenhaus bringen."

„Wird sofort erledigt, Mr. Rassmussen."

„So, Milva, jetzt gehöre ich dir."

„Woher weißt du, dass der Attentäter überwältigt worden ist?"

„Von meiner Freundin. Sie hat es mir eben gesagt."

„Woher wisst ihr, wo der Attentäter war?"

„Meine Freundin hat das organisiert."
In dem Moment klingelte das Handy von Milva. Sie stellte die Verbindung her, hörte einen Moment zu und stellte auf Lautsprecher. Auf der anderen Seite hörten sie Pauline, die sofort anfing, die Situation zu erklären. Als sie fertig war, standen die anderen da und waren sprachlos. Außer Milva, die sofort nachhakte: „Mädel, alles gut und schön, ich werde mit meinem alten Freund Sergio über euch sprechen. Aber eine Frage habt ihr mir nicht beantwortet. Wer hat den Killer flachgelegt und in welchem Appartement ist er überhaupt?"

„Die Stimme Paulines wirkte ganz ruhig, als sie sagte: „Wohnung 28012, 28. Stock, die Tür ist leicht zu finden, sie hängt etwas in den Angeln. Ihr könnt euch Zeit lassen, zwei Wachen stehen davor, sie haben nichts damit zu tun, also lasst sie bitte in Ruhe. Kann ich mich darauf verlassen?“

Die Frage war mehr eine Feststellung.

„Wir müssen ihre Personalien festhalten.“

„Milva, alles oder nichts.“

„Willst du mich erpressen?“

„Du hast doch eben einen Anruf bekommen. Warum willst du ihn aushebeln?“

„Ist ja gut. Aber, wer hat ihn flachgelegt, jetzt frage ich dich, Bernd?“

„Ich kann mir denken, wer es war, aber ich weiß es nicht.“

„Pauline?“

„Er nennt sich Samurai“, beantwortete sie die Frage.

„Können wir ihn befragen?“

„Er ist schon nicht mehr hier.“

„Verdammt noch mal, so geht das nicht“, sie wurde dabei recht laut: „Ich behalte deinen Knecht hier, bis er verrottet. Unerlaubter Waffenbesitz, Anstiftung zum Mord, unterlassene Hilfeleistung und die anderen Anklagepunkte macht der Staatsanwalt.“

„Milva, Signorina Milva, wir kennen doch alle ihr wunderbares italienisches Temperament.“

Alle drehten sich zur Tür, in der ein kleiner glatzköpfiger, dickbäuchiger Mann stand, der die Kommissarin freundlich anlächelte.

„Scheiße, Oberstaatsanwalt Lorenzo Russo.“

Lorenzo Russo kam mit wenigen Schritten auf die kleine Gruppe zu und wedelte mit einem Briefkuvert vor seiner Nase herum.

„Sie haben weitreichende Verbindungen, Herr Rassmussen. Ich musste mich heute Morgen schon mit ihrem Staatssekretär Dr. Bauer, dem FBI und der UNO herumschlagen. Ihr Team hat ja wohl nur gute Reputationen. In diesem Kuvert steckt ein Fax der UNO, in der die kanadische Regierung gebeten wird, alle Ermittlungen gegen Sie einzustellen und jede Unterstützung zuzusagen."

Bernd, der langsam Schmerzen in der Wade bekam, sagte nur: „Vielen Dank für Ihre Bemühungen, Mr. Russo. Ich möchte aber so schnell wie möglich ins Krankenhaus, damit man den Ballast aus meinem Körper nimmt."

Die Sanis drängten sich an Milva und dem Oberstaatsanwalt vorbei, die tuschelnd in der Nähe standen, und während Bernd auf die Liege aufgeladen wurde, kam Milva noch einmal zu dem Profiler und fragte: „Bernd, du hast mir die Frage nach dem Samurai noch nicht beantwortet."

Bernd grinste und wollte antwortete, als er schon im Ansatz von Dakota Jones unterbrochen wurde: „Milva, ich muss dir sagen, dass das etwas kompliziert ist und bestimmt längerer Erklärung braucht." Dabei machte sie ein wichtiges Gesicht, nicht ohne einmal mit einem Auge zu zwinkern.

Die kleine Gruppe der Profiler lachte, und Bernd winkte die Kommissarin noch einmal zu sich: „Milva, du bekommst alle Untersuchungsergebnisse von uns. Eine Bitte habe ich noch, schick Pauline Fotos von dem Projektil, sie hat Möglichkeiten, etwas über die Geschichte der Waffe herauszufinden, die sonst keiner hat. Wenn sie mich wieder zusammengenäht haben, komme ich noch einmal auf dem Revier vorbei und wir klären alle offene Fragen."

Milva nickte nur und wandte sich wieder ihrer Arbeit zu.

An die anderen Profiler gewandt, sagte er: „Es wird nicht lange dauern, geht bitte nicht aus dem Haus. Ihr habt gesehen, wie schnell die Bande reagiert.“

58

Flughafen Frankfurt

Nachdem Bernd im Hospital in Montreal versorgt worden war, machte er sich direkt auf den Weg in das Revier von Milva. Seinen Körper zierten eine Menge Pflaster. Die Wunde an der Wade wurde genäht und mit einem festen Verband fixiert.
Im Revier angekommen, wurde er gleich zu Milva durchgewunken.

„Na, Milva, wieder etwas beruhigt?"

„Na, Bernd, wieder zusammengeflickt? Es tut mir leid, wenn ich so harsch war, aber mit dieser Art von Voraussageverbrechen hatte ich noch nicht zu tun und es geht bei euch alles so schnell."

„Das kann ich nachvollziehen, Milva. Aber genau das ist meine Arbeit, und deshalb hat mein Team so viel Reputation, was durchaus nicht jedem Politiker gefällt."

„Ihr habt eine interessante Arbeitseinstellung."

„Was kann ich noch für dich tun?"

„Das meiste habe ich mit Pauline, deiner Freundin, deinem Schatten, deine Muse geklärt. Sie ist sehr interessant, aber ich habe nichts im Netz über sie und euch gefunden."

„Das ist Absicht, und wie ich Pauline kenne, wirst du bald nichts mehr über Betty, Pjotr, Dakota und Jeanne finden können. Sie werden in der Zukunft wie Schatten sein."

„Eine Frage habe ich noch. Wer ist der Samurai?"

„Wenn ich dir sage, ich weiß es nicht, glaubst du mir das?"

„Nein."

„Aber es ist so."

Zweifelnd schaute Milva den Profiler an, der lächelnd vor ihr saß, als das Telefon klingelte. Sie nahm verärgert ab und bellte in die Muschel: „Ich habe euch doch gesagt, ihr sollt mich nicht stören."

Dann hörte sie aber zu, ihre Augen wurden zu Schlitzen und dann knallte sie den Hörer auf.

„Was ist los?"

„Unser Gefangener ist befreit worden. Es gab ein Blutbad."

„Sie sind schnell. Jetzt weißt du, an welchen Fällen ich arbeite. Wir wissen, dass es alte Marines oder Seals sind, die immer noch Verbindung zu ihren Einheiten haben. Ihr Wahlspruch, wir lassen keinen zurück. Da weißt du, wo du ansetzen musst. Habt ihr schon Aufnahmen von dem Kerl?"

„Es sind Amerikaner, da habe ich keine Macht. Nein, beim Fototermin ist es passiert."

„Wende dich an Sergio. Wir halten dich auf dem Laufenden. Ich muss jetzt los, meine neuen Kollegen einweisen."

„Was passiert jetzt mit denen?"

„Sie kommen in ein Safe-House, mit Vollverpflegung und allem, was man zum Recherchieren braucht."

„Wie kommt man an so viel Mittel und Macht?"

„Keine Macht, Milva, darum geht es nicht. Ich nutze nur die Gegebenheiten, die mir gegeben werden."

Milva stand auf und gab dem Profiler die Hand: „Pass auf dich auf, mein Freund und bleibe am Leben."

„Wenn wir den Fall überstanden haben, bekommst du eine Einladung, das machen wir immer so. Wir halten dich auf dem Laufenden, und wenn du einmal etwas an Informationen brauchst, auch illegales, kontaktiere

Pauline", dabei zwinkerte er der Wahl-Kanadierin zu und verließ humpelnd den Raum. Milva schaute noch eine ganze Zeit lang auf die geschlossene Tür, dann setzte sie sich und begann mit ihrer Arbeit und sagte leise zu sich selbst: „Auf zu neuen Ufern."

Bernd stieg in ein Taxi, das ihn schnell und unkompliziert in das Hotel brachte.

Im Foyer wurde er schon von den vier Profilern erwartet. Dakota Jones, war wie immer die erste: „Na, Bernd, was machen die Löcher in deinem Körper?"

„Alles wieder dicht. Hat euch Pauline schon informiert?"

„Ansatzweise. Ich komme immer noch nicht mit der Schnelligkeit, mit der ihr handelt, klar."

„Da wirst du dich jetzt umgewöhnen müssen, Betty. Ihr seid momentan das Wertvollste, was wir haben."

In dem Moment lief Morice an der kleinen Gruppe vorbei: „Morice", dabei winkte der Profiler den jungen Pagen zu sich.

„Mr. Rassmussen?"

„Ist alles geregelt?"

„Wenn die Damen und Herren wollen, können wir loslegen. Das Team wartet schon im Spa-Bereich."

„Danke, Morice, wir kommen gleich."

„Bernd, was hast du mit uns vor?"

„Bis ihr in euren Safe-Häusern seid, werdet ihr keinen Schritt ohne Bewachung machen, und jetzt gehen wir in den Spa-Bereich, dann werden wir euch unsichtbar machen."

Kopfschüttelnd folgten sie dem Profiler. Im Spa-Bereich angekommen, erwartete sie schon ein kleines Team von chinesischen Maskenbildnern.

Ein älterer Mann begrüßte das kleine Team: „Meine Damen, Pjotr, wir werden euch jetzt verwandeln. Wenn sie in den Safe-Häusern angekommen seid, können sie die Masken abnehmen. Es wird ihnen allen gezeigt, wie sie mit dem Material umgehen müssen.“

„Ich darf vorstellen, der Samurai. Ihr braucht euch nicht an sein Gesicht gewöhnen, selbst ich kenne seine wahre Identität nicht. Ihr seht, dass eure Koffer gepackt sind und bereits da stehen. Ihr bekommt neue Ausweise, Konten, Checkkarten und alles, was man für ein normales Leben braucht. Wenn ihr in euren neuen Sicherheitsbereiche kommt, werdet ihr euch einem speziellem Training unterziehen, physisch wie psychisch. Fragen?“
Dakota, die, die am gefühlsbetontesten unter den Profilern war, fragte zweifelnd: „Sag mal, Bernd, ist das alles nötig?“

„Dakota, ich garantiere dir, dass du keine 24 Stunden am Leben bleibst, wenn du uns jetzt verlässt. Aber, es ist deine Entscheidung. Außerdem habe ich euch gesagt, dass ihr momentan das Wertvollste seid, was wir haben. Es geht darum, wie ihr denkt und dann handelt. Ihr seid analytisch und zukunftsorientiert, dabei hat jeder von euch eine eigene Spezifikation. Betty ist auf Geldfluss spezialisiert, Pjotr auf Bandenkriminalität, Jeanne ist der Kopfmensch, kalt und zielorientiert, und du, du hast von allem etwas, was dich dann aber auszeichnet, dass du in der Lage bist, Ergebnisse auf die Gefühlsebene herunter zu dividieren, was uns wieder zu neuen Lösungsansätze führt. Wir sind zusammen Nitroglyzerin und gefährlich für jedes geplante Verbrechen, weil wir in der Lage sind, zukunftsorientierte Verbrechen, vorauszudenken.“

Jetzt wurde die Stimme des Profilers glashart, und er hatte die Aufmerksamkeit aller, als er sagte: „So, jetzt entscheide dich, dann gibt es kein Zurück mehr. Entscheidest du dich gegen uns, verschwindest du jetzt sofort und wirst von uns nie wieder kontaktiert. Du entscheidest dich für uns, ist es wie eine Wiedergeburt, die gefährlich ist, aber nicht uninteressant. Ihr werdet an Fällen arbeiten, von der die Öffentlichkeit nie etwas erfahren wird. Also?"

Dakota, die sich immer auf ihre Ausstrahlung verlassen konnte, merkte, dass sie damit bei diesem Mann nicht ankam. Seine Analyse ging ihr durch den Kopf, und dass er sie als richtigen Partner wahrnahm. Dann sah sie das Ergebnis vor sich und war froh, einen Mann getroffen zu haben, der ihre Leistung wollte und nicht auf ihre hübsche Larve hereinfiel. Ihre Antwort fiel klar, deutlich und kalt aus, es war nichts mehr von ihrer gefühlsbetonten Art anzumerken: „Danke, Bernd, ich bin dabei, ohne wenn und ohne aber."

Wie auf Kommando hoben sich drei Daumen und lachten die junge Engländerin an.

„Es geht in den nächsten Tagen nur um eure Sicherheit. Der Samurai wird dafür sorgen, dass ihr an euren Bestimmungsort sicher ankommt. Der erste Kontakt wird mit Pauline sein, von sonst keinem. So, jetzt habe ich keine Zeit mehr, mein Flieger wartet nicht auf mich."

Bernd ging zu dem Samurai, wechselte mit ihm noch ein paar Worte, dann grüßte er noch einmal in die Runde und verschwand. Im Foyer traf er Morice.

„Sir, Ihre Koffer sind schon im Taxi."

Bernd legte seine Hand schwer auf die Schulter des jungen Mannes und schaute ihn an: „Morice, du hast mir sehr geholfen, ich stehe in deiner Schuld. Wenn du einmal Hilfe brauchst, hier ist meine Karte."

Unter der Karte, mit einer Büroklammer befestigt, waren ein paar große Scheine, die der junge Mann dankend annahm.

„Danke, Sir, es waren zwei aufregende Tage mit Ihnen." Die beiden gaben sich die Hand, dann verschwand Bernd nach draußen, setzte sich in das wartende Taxi und sagte zum Fahrer: „Airport, bitte."

Der Flug verlief problemlos, und so landete Bernd in Frankfurt. Sofort ging er zum Schalter und fragte den jungen Mann, der hinter dem Schalter saß: „Ich hatte Hamburg gebucht."

„Es tut uns leid, Herr Rassmussen, aber in Hamburg wird gestreikt. Die Maschinen wurden alle umgeleitet. Soll ich Ihnen ein Hotel buchen?"

„Danke, nein. Ich nehme mir einen Leihwagen und fahre nach Hamburg."

Bernd wandte sich ab, nahm sein I-Phone und stellte die Verbindung mit Pauline her: „Hast du schon gehört, ich bin in Frankfurt, sie haben uns hierhin umgeleitet. Ich nehme mir einen Leihwagen, wenn ich abfahre, sage ich dir Bescheid."

„Ok, Schatz, unsere Küken sind alle gut angekommen. Sitzen jetzt in unserem Safe House und gewöhnen sich erst einmal ein."

„Ok, ich bin jetzt beim Autoverleiher, melde mich gleich noch einmal."

Schnell hatte Bernd ein Auto gebucht und machte sich auf den Weg zum Parkplatz. Was dann passierte, war nahezu klassisch. Der Profiler ging an einem neuen Vito vorbei, der auf dem Parkplatz stand, als eine Frauenstimme ihn

anrief: „Einen kleinen Moment, Herr Rassmussen, wir haben ihnen den falschen Schlüssel gegeben."
Bernd drehte sich um und hörte in dem Moment ein leichtes Schaben, dem er aber keine Bedeutung zuordnete. Der Schmerz, der ihn dann im Nacken traf, ließ ihn in sich zusammenfallen. Aber anstatt hart aufzuschlagen, wurde er aufgefangen und merkte gleich einen leisen Stich im Hals, der ihn dann vollends ins Land der Träume schickte. Die drei Männer zogen den leblosen Körper gekonnt in den Vito und schlossen die Schiebetür, die junge Frau setzte sich auf den Beifahrersitz und sagte zu dem Fahrer: „C'était la partie difficile, Raphael, maintenant au château." (Das war der schwierige Teil, Raphael, jetzt zur Burg). Nehmt ihm das I-Phone ab und schmeißt es aus dem Fenster."

Flensburg

Pauline Chen saß mit Karl Weber und Manni Lamla zusammen im Büro der Alten Post und unterhielten sich.

„Ich habe bei diesem Fall ein ganz mieses Gefühl."

„Wieso Fall, Pauline? Klär uns bitte auf."

„Bernd hatte etwas erwähnt, dass wir einen Fall auf den Tisch bekommen, der mit Zellklonisierung, Gensynthese, maßgefertigte Promutagene, DNA-Klonisierung und so weiter zu tun hat."

Manni lachte und sagte: „Muss man so etwas kennen?"

„Bernd ist dabei in Kanada ein internationales Profiler Team zusammenzustellen, das in die Zukunft planen kann."

„Erkläre uns das einmal."

Pauline lachte und bemerkte lapidar: „Ihr wisst doch, wenn der dicke Fisch nicht zu Bernd kommt, geht Bernd zum dicken Fisch. Ich schätze, dass er in Kanada in einen neuen internationalen Fall der DNA-Klonisierung geschlittert worden ist."

„Das bedeutet?"

„Irgendeine Bande hat etwas Großes vor, denn sonst würden sie die Profiler, die in die Zukunft denken können, um dadurch Verbrechen zu verhindern, nicht ausschalten wollen. Bernd hat reagiert und die Initiative ergriffen und innerhalb von 24 Stunden ein Team zusammengestellt, das diese Befähigung in sich trägt, zukunftsorientiert zu denken."

Pauline machte eine Pause, schaute auf die Uhr und sagte kurzerhand: „Bernd hätte schon längst anrufen müssen", dann nahm sie das Telefon und wählte die Nummer ihres Freundes. Nachdem es sechs Mal durchgeklingelt hatte, wurde abgenommen, und eine fremde Stimme meldete sich. Pauline wurde stocksteif, und die Luft in dem Büro begann dünn zu werden.

„Straßenmeisterei Frankfurter Flughafen."

„Entschuldigung, kann es sein, dass ich mich verwählt habe?"

„Das kann ich Ihnen nicht sagen", antwortete eine sympathische männliche Stimme auf der anderen Seite: „Wir haben dieses I-Phone gefunden, es lag hier im Blumenbett."

Pauline wurde es eiskalt, als sie reagierte, war es ein Automatismus.

„Hier ist die Kripo aus Schleswig-Holstein, Sondereinheit für Kapitalverbrechen. Das I-Phone gehört meinem Kollegen, der sehr wahrscheinlich entführt wurde. Sie handeln jetzt genau nach meiner Anweisung. Sie halten das I-Phone so wie Sie es jetzt haben, wenn Sie eine saubere Tüte haben, stecken Sie es da rein und bringen es sofort zur Flughafenpolizei. Wie war ihr Name?"

„Willibald Hefner."

„Herr Hefner, haben Sie mich verstanden?"

„Ja, natürlich. Wir sind schon auf dem Weg."

„Sie sind ein guter Mann, Willibald. Es geht hier um ein Kapitalverbrechen. Sie bleiben bei der Flughafenpolizei, wir melden uns da."

„Ok."

Pauline legte auf: „Ich habe es doch gesagt, das ist ein scheiß Tag."

Paul Weber hatte sofort begriffen und stellte direkt die Verbindung zu der Flughafenpolizei her, und es kam sofort eine Verbindung zustande.

„Pauline, die eins.“

Pauline stellte mit zitternden Händen die Verbindung her.

„Flughafenpolizei Frankfurter Flugplatz, wie kann ich Ihnen helfen?“

„Kripo Flensburg, Sonderermittler. Mein Kollege Bernd Rassmussen ist gerade entführt worden. Sein I-Phone wurde von der Straßenmeisterei gefunden und wird jetzt zu Ihnen gebracht. Entweder er bringt es so oder in einer Tüte. Bitte nicht anfassen, wegen der Fingerabdrücke. Wenn die Herren kommen, bitte festhalten, ich habe noch einige Fragen. Rufen Sie mich zurück.“

„Pauline, die zwei, Dr. Bauer.“

„Bauer, Staatssekretär, Innenministerium Kiel.“

„Georg, hier ist Pauline. Bernd ist gerade entführt worden. Wir haben nicht viel Zeit. Ruf in Hessen an und sorge dafür, dass die Flughafenpolizei funktioniert, mehr brauchen wir erst einmal nicht.“

„Erledige ich sofort.“ Pauline hatte schon aufgelegt und hörte die letzten Worte des Staatssekretärs nicht mehr.

Jetzt merkte sie erst, dass sie am ganzen Körper zitterte, als der Leiter der Hauptwache Timo Schröder das Büro betrat. Er wandte sich an Manni: „Was hat sie denn?“

„Bernd ist entführt worden.“

„Scheiße“, ohne darüber nachzudenken, setzte er sich an den Schreibtisch, nahm Paulines Hände in seine und sagte: „Jetzt pass mal auf, Mädel. Wir wissen alle, wie du zu ihm stehst. Also, wenn du ihm helfen willst, stell deine Emotionen hinten an und arbeite mit deinen Talenten.“

Pauline, die kurz vor einem Tränenausbruch war, nickte und sagte nur: „Danke, Timo“, dann wischte sie sich einmal über die Augen und es war so, als hätte sie etwas weggewischt, was da nicht hingehörte. Dann klingelte das Telefon. Mit einem schnellen Griff hatte sie den Hörer in der Hand und meldete sich, dabei war ihre Stimme fest und klar: „Kripo, Flensburg."

„Flughafenpolizei Frankfurt. Kann ich mit einer Pauline Chen sprechen?"

„Am Apparat."

„Die von der Straßenmeisterei sind jetzt hier und haben eine kleine Tüte mit einem Handy abgegeben."

„Ok. Haben Sie von ihrem Ministerium Bescheid bekommen?"

„Mein Kollege spricht gerade mit denen."

„Dann geben sie mir bitte denjenigen, der das I-Phone gefunden hat."

„Hefner."

„Herr Hefner, darf ich Sie Willibald nennen?"

„Wenn ich Sie Pauline nennen darf."

„Natürlich. Wer von der Straßenmeisterei hat das I-Phone angefasst?"

„Ich allein und nur an der Seite, man sieht ja genug Tatorte."

„Das ist gut, Willibald. Dann bist du derjenige der seine Fingerabdrücke abgeben muss."

„Kein Problem."

„Hast du das Handy liegen sehen, oder hast du gesehen, wer es weggeworfen hat?"

Pauline merkte sofort, dass sie es mit einem Mann zu tun hatte, der sich nicht wichtig nahm, sondern helfen wollte. So ließ sie ihn einfach erzählen und unterbrach ihn nicht.

„Es war so, dass wir an der Straße arbeiteten und von der höher gelegenen Straße das I-Phone auf die Rabatte fiel. Wir dachten zuerst, dass es der Fahrer verloren hatte, aber es wurde in hohem Bogen von der Fahrerseite aus dem VAN geworfen.“

Pauline schlug das Herz höher, Willibald war ein Glücksgriff.

„Willibald, Farbe, Marke und Kennzeichen, wenn du das hast, lade ich dich zu einem Urlaub in Flensburg, mit allem piep pa po ein.“

„Das wird dann nichts, Liebe. Schwarz, Mercedes Vito, Kennzeichen aus Frankreich, mehr weiß ich nicht.“

„Danke, Willibald, du hörst von mir.“

„Pauline, die drei.“

„Wer, Manni?“

„Der Autovermieter.“

„Der Autovermieter?“

„Der Autovermieter.“

Pauline hob den Daumen in Richtung zu Manni und drückte dann die Taste Drei: „Kripo Flensburg, Pauline Chen.“

Eine junge Frauenstimme antwortete: „Frau Chen, was kann ich für Sie tun?“

„Vor circa 60 Minuten war ein junger Mann bei Ihnen und hat ein Auto gemietet, Bernd Rassmussen, ein Kollege von mir. Er ist entführt worden.“

„Und das wissen Sie jetzt schon?“

Spitz antwortete Pauline: „Ja, das wissen wir jetzt schon. Meine Frage. Ist der Parkplatz von Ihnen videoüberwacht?“

„Natürlich, bei der Flotte, die wir draußen stehen haben.“

„Wie läuft das bei Ihnen ab. Wird der Kunde zu dem Auto gebracht, oder wird ihm nur gesagt, da steht der Wagen, hier haben Sie die Schlüssel?“

„Der Kunde bekommt den Schlüssel ausgehändigt und geht allein zu seinem gemieteten Auto."

„Dann bitte ich Sie, zu überprüfen, ob das Auto noch da steht."

„Ich schicke sofort jemanden rüber."

„Derjenige soll den Boden überprüfen, ob der Schlüssel vielleicht da liegt."

„Mach ich."

Pauline hörte ein kurzes Flüstern, dann meldete sich die Stimme wieder: „Ich kann Ihnen jetzt gleich Bescheid geben."

„Das ist gut. Wie lange speichern Sie ihre Daten, die Sie mit der Kamera aufnehmen."

„3 Monate. Soll ich Ihnen die Aufnahmen von heute zukommen lassen?"

„Das wäre nett, mein Kollege gibt Ihnen gleich die E-Mail-Adresse durch."

Pauline übergab den Hörer an Karl, der sich weiter mit der jungen Frau unterhielt. Als er auflegte, sagte er: „Der Angestellte hat den Schlüssel gefunden. Der Vertrag wird uns rübergeschickt, und die Videosequenz müsste jetzt auf deinem PC sein."

Pauline öffnete ihr Mail-Fach und hatte die neue Mail des Autoanbieters gleich an erster Stelle. Sie öffnete den Anhang, sofort hatten sich Karl und Manni hinter sie gestellt.

Was sie jetzt sahen, war eine Entführung aus dem Lehrbuch. Abwarten, bis das Opfer auf der richtigen Höhe ist, mit einigen Worten ablenken, Elektroschocker ansetzen, dann eine Spritze mit irgendwelchen betäubenden Substanzen, hereinziehen in den VAN und Abfahrt.

„Bekommst du die junge Frau näher herangezoomt, Pauline?“

„Kein Problem, aber sie hält den Kopf tief. Mit der normalen Gesichtserkennung bekommen wir da kein klares Bild. Ich gebe die Aufnahme mal weiter an meine Freunde, vielleicht haben die noch ein paar Möglichkeiten, das Gesicht besser hervorzuheben. Das Autokennzeichen ist auch nicht zu erkennen.“

„Hätten sie ihn töten wollen, war das eine gute Gelegenheit. Also wollen sie etwas von ihm wissen“, bemerkte Manni.

„Das gibt uns Zeit. Aber trotzdem verstehe ich nicht, wie offensichtlich sie das gemacht haben. Mit einem Störsender hätten sie die Kameras ausschalten können.“

„Richtig, Karl, aber sie hatten keine Zeit, weil sie damit rechneten, dass in Montreal alle draufgehen. Hier ist eine Mail von Milva aus Montreal.“
Pauline öffnete den Anhang und hob erstaunt die Augenbrauen: „Merkwürdig, die Fingerabdrücke des Toten Snider stimmen nicht mit dem wirklichen Snider überein. Aber die Gesichtserkennung sagt etwas anderes.“
Sie wurden von ihren Gedankengängen unterbrochen, als das Telefon klingelte, Manni nahm ab und hörte einen Moment zu, dann legte er wieder auf.

„Manni, was ist?“

„Sie haben den schwarzen VAN gefunden, brennend.“

„Wo.“

„Auf einem leerstehenden Fabrikgelände im Osten der Stadt.“

„Zeugen?“

„Hat noch keiner nach gesucht.“
Pauline hatte schon wieder das Telefon in der Hand.

„Georg, ich brauch einen Helikopter. Zwei unserer Leute müssen nach Frankfurt."

„Ich kümmere mich darum. Habt ihr schon Ergebnisse?"

„Spärlich, aber Ansatzpunkte. Sorg bitte dafür, dass die Spurensicherung vorsichtig vorgeht."

„Mach ich."

„Karl, du und Bille, ihr checkt das Betriebsgelände. Das sind meistens Treffpunkte von Drogensüchtigen, Dealern oder Partymakern. Seid vorsichtig und nehmt Geld mit, wenn ihr einen bestechen müsst. Ich melde euch bei der dortigen Kripo an."

Bille, die in einem angrenzenden Büro saß und von allem noch nicht mitbekommen hatte, schaute hoch und sah, dass Karl sie zu sich winkte.

„Was ist Karl, ich mache gerade den Bericht vom letzten Fall fertig."

„Bernd ist entführt worden, wir müssen nach Frankfurt."

Die Überraschung dauerte nur ein paar Sekunden, mit einem schnellen Seitenblick auf Pauline, griff sie nach ihrer Jacke und sagte: „Erklär mir alles auf dem Weg."

Das Telefon klingelte: „Pauline, der Heli muss gleich da sein, halte mich auf dem Laufenden."

„Georg, du hast doch von dem Anschlag in Montreal gehört. Der Vorsitzende der IPA war nicht Snider. Das Gesicht stimmte, die Fingerabdrücke nicht."

Einen Moment war es still, dann hatte Georg Bauer eine Eingebung: „Pauline, schreib der Kripo in Montreal, sie sollen einmal eine DNA vom Gesicht nehmen und eine DNA vom Körper."

„Wieso das denn, Georg?"

„Hat mit dem neuen Fall zu tun, mit dem ich euch beauftragt hätte. Subklonisierung. Ist nur so eine Eingebung.“

„Danke für den Tipp.“

Manni, der noch immer dasaß, den Kopf in die Hände gestützt und nachdachte, nuschelte nur zu sich selbst: „Ich habe es.“

„Was hast du, Manni?“

„Ich weiß, warum sie ihn lebend brauchen.“

„Ich höre.“

„Sie wollen wissen, wo die anderen vier Profiler sind. Der Einzige, der alle vier Standorte kennt, ist Bernd, du und der Samurai.“

„Ein Standort, Manni, nur ein Standort. Vier verschiedene Flüge, aber ein Standort. Aber du bist ein Genie, genau das ist es. Mit Bernd haben sie dann aber eine harte Nuss zu knacken.“

„Gib dich keinen Hoffnungen hin, Pauline, jede Nuss ist zu knacken, auch wenn sie Bernd Rassmussen heißt. Wir müssen schnell und richtig handeln und denken.“

„Manni, setz dich mit Karla in Verbindung, sie ist momentan in Urlaub. Sie soll alles herausfinden, was es mit der Subklonisierung zu tun hat. Ich informiere alle anderen vom Team.“

„Denk an Kunigunde. Ihre Leute arbeiten in den Sicherheitsbereichen der Firmen, die medizinisch forschen. Sie sollen die Ohren offenhalten.“

„Eine gute Idee.“

Als sie allein war, merkte sie erst, wie sie letzten Momente geschlaucht hatten, sie dachte bei sich, dass es jetzt wichtig war, das Adrenalin hochzuhalten, sonst würde sie durch die Gedanken an ihren Freund nur abgelenkt werden.

Schnell stellte sie eine Verbindung zu Milva her und wurde sofort durchgestellt. Sie erklärte ihr die Problematik der Subklonisierung.

„DNA-Feststellung ist kein Problem, es dauert nur." Pauline schaltete schnell: „Ich gebe dir eine Adresse, da schickst du die Proben hin, in 10 Stunden hast du das Ergebnis. Das kostet euch keinen Cent."

„Dafür bekomme ich nie eine Genehmigung."

„Da kümmere ich mich darum. Schick die Proben einfach los."

Frankfurt Ost

„Französisches Kennzeichen, und dann brennen sie im Osten Frankfurts das Auto ab? Merkwürdig", bemerkte Bille.
Es war erst einmal die letzte Bemerkung, bevor sie aus dem Helikopter stiegen, der auf dem leerstehenden Fabrikgelände gelandet war.
Der Pilot hatte ihnen schon vorher Bescheid gesagt, dass er für den Rückflug erst einmal tanken musste, so startete er wieder und verschwand hinter dem leerstehenden Gebäude.
Die Kripo Frankfurt und die Spurensicherung warteten schon auf das Team aus Flensburg. Bille und Karl merkten sofort, an den abweisenden Gesichtern, dass es den Kollegen nicht passte, dass eine Sondereinheit aus der Provinz in ihrem Garten wilderte.
„Überall dasselbe, es geht nicht um die Sache, sondern nur um eigene Befindlichkeiten", bemerkte Karl Weber: „Bille, was hälst du davon, du nimmst die Jungs und Mädels an deine ausladende Brust und teilst ihnen mit deinem umwerfenden Charme mit, wer hier das Sagen hat?"
„Und du?"
„Mein Spezialgebiet, ich schau mich einmal in dem leerstehenden Gebäude um. Du siehst an den Graffitis, dass hier sehr reger Verkehr herrscht. Da wird sich etwas finden lassen."
Bille nickte nur und stolzierte davon. Bei der kleinen Gruppe Ermittler angekommen, blieb sie stehen und sah einen nach dem anderen auffordernd an: „Was ist los, Leute, ihr schaut mich an, wie die Pennäler ihr Opfer.

Aber ich nehme an, dass ihr von euren Bossen Bescheid bekommen habt, kommen wir also zur Sache.“

„Was ist Sache, Schätzchen?“

Bille machte eine lässige Handbewegung in Richtung der jungen Frau, die sie mit Schätzchen tituliert hatte, schaute die Kerle in der Runde an und fragte: „Der Boss?“

Einer der Polizisten schüttelte mit dem Kopf und deutete auf eins der drei Autos, die in einiger Entfernung standen. Bille hob lässig den Daumen, drehte sich um und ging in die Richtung der Autos, nachdem sie zwei Schritte gegangen war, drehte sie sich noch einmal um und deutete mit dem Finger auf die junge Polizistin: „Hör einmal genau zu, Mädel. Ihr Weiber mögt ja alle in dieser großen Stadt lesbisch sein und Kolleginnen mit Schätzchen ansprechen, ich sehe zwar nicht so aus, bin es aber nicht. Bei uns nennt sich das Kollege, und wir zollen uns gegenseitigen Respekt. Das bedeutet, nennst du mich noch einmal Schätzchen, hau ich dir eins vors Fressbrett. Hast du mich verstanden, Kollegin?“

Bille drehte sich wieder um und sah nicht mehr, wie sich die junge Frau versteifte und etwas erwidern wollte. Sie wurde aber von einem Kollegen abgehalten, der wohl etwas mehr Menschenkenntnis hatte.

Ein kleiner älterer Mann stieg aus einem der Autos, kam lächelnd auf Bille zu, reichte ihr die Hand und fragte: „Bille Brodersen aus Flensburg, internationale Sondereinheit mit umfangreichen Sondervollmachten?“

„Ja.“

„Ich heiße Jan Schmidt und bin der Leiter der Bande da. War ja eine knackige kurze Ansprache, die Sie da von sich gegeben haben. “

„Nordisch einfach.“

Bille mochte den Mann, der in keiner Weise das arrogante Verhalten seiner Kollegen an den Tag legte, sondern sie mit einer beruhigenden Art anlächelte.

„Ich habe noch nie von ihrer Abteilung gehört."
Bille lächelte ihn an und sagte aufklärend: „Jan, uns gibt es auch nicht. Wir sind so eine Art Feuerwehr. Feuerwehr ist vielleicht falsch, Geister."

„Das habe ich schon vom Innenministerium des Bundes gehört und ihre Kollegin, Fräulein Chen hat auch schon angerufen und mich soweit über den Fall aufgeklärt, wie sie es verantworten konnte. Der Fall, wenn er sich so entwickeln sollte, entspricht ja eine ganz neue Version des Verbrechens. Sagen Sie mir eins, war das Ihre Abteilung, die den Fall mit dem Assuan Staudamm aufgeklärt hatte? Es kursieren da die wildesten Gerüchte unter den Kollegen."
Bille lächelte nur und nickte. Jan, der das Nicken sah, drang nicht weiter in die junge Frau ein und fragte: „Wo geht Ihr Kollege hin?"

„Er sammelt Informationen."

„Da waren meine Leute schon drin, da ist nichts. Nur Matratzen, leere Spritzen, Schlafsäcke und Müll."

„Wir warten hier, bis er wiederkommt, und dann sehen wir, was er zu sagen hat. In der Zwischenzeit können sie mir die Erkenntnisse mitteilen, die Sie über den Brand herausgefunden haben."
Jan Schmidt akzeptierte die Meinung der Flensburgerin und kam gleich zur Sache: „Also, nachdem die Feuerwehr die Spuren alle weggespült hatte, wenn überhaupt welche da waren, konnten wir feststellen, dass die Kennzeichen fehlen und alle Seriennummern entfernt worden sind. Da hat einer ganze Arbeit geleistet."

Die beiden hatten mittlerweile die anderen erreicht. Jan, der seine ganzen Informationen an die Flensburger Ermittlerin weitergegeben hatte, fragte neugierig: „Was ist so Besonderes an dem Bernd Rassmussen?"

Bille lächelte versonnen: „Die Frage kann ich dir nicht beantworten, da bin ich befangen. Er hat mir mal das Leben gerettet, da hatte man mich in einem Kanalrohr festgebunden und davor und dahinter Minen ausgelegt, das Wasser stieg, denn das Rohr war mit der Förde verbunden. Für mich ist er der Ermittler, der mit einem besonderen Talent gesegnet ist."

„Was ist aber Besonderes an ihm?"

„Sein Führungsstil, seine Überzeugungskraft, seine Verbindungen, sein Wissen, sein Teamgeist. Er sagt immer, dass wir eine Mannschaft sind, und er ist der Leader."

„Superman", bemerkte die junge Polizistin abwertend. Bille Brodersen lächelte die junge Frau an und sagte mitleidig: „Vielleicht ist er der Supermann", dann ging sie mit wenigen Schritten auf die junge Polizistin zu und sprach sie mit einer Schärfe an, die die junge Frau bei jedem Wort zusammenzucken ließ: „Sie haben doch mit Sicherheit von dem Anschlag in Montreal gehört? Da sollten 70 Profiler vergast werden. Nur durch seinen Instinkt und sein retrogrades Denken, war er in der Lage den Anschlag zu vereiteln. Dabei ist er fast selbst draufgegangen. Fragen Sie meinen Kollegen, der wird Ihnen dieselbe Antwort geben."

„Bemerkenswert" lächelte Jan Schmidt.

„Was?", kam es mit einer Schärfe und Aggressivität aus dem Mund der Flensburgerin, die einige zusammenzucken ließ.

„Wie ein Team zu seinem Chef steht. Habe ich mir immer gewünscht."

In dem Moment trat Karl Weber aus dem Gebäude und kam lächelnd auf die Gruppe zu.

„Bille, wir können wieder los. Ich habe alles im I-Phone. Die Leute da drin waren sehr hilfsbereit". An die Polizisten gewandt, ließ er sich noch zu einer Bemerkung hinreißen: „Nette Leute."

Konsterniert schaute Jan Schmidt den Ermittler an: „Wie, Sie haben alles im I-Phone?"

„Einer der Leute da drin hat den Autowechsel aufgenommen und hat das auf mein I-Phone überspielt, damit ist unsere Aufgabe hier erfüllt."

Abrupt drehte sich der Chef der kleinen Gruppe um und fragte seine Mitarbeiter: „Da kommen zwei Ermittler aus Flensburg, sind 10 Minuten hier und haben alle Informationen, die sie brauchen, um eine Spur aufzunehmen. Wer war in dem Gebäude?"

Einer der Ermittler meldete sich und die junge Polizistin. Der Blick, den ihr Chef ihnen zuwarf, war eisig, als er sagte: „Wenn man über Supermänner urteilt, sollte man seine Arbeit erst einmal richtig machen. Ihr könnt wieder ins Revier fahren, wir haben heute Abend ein Brainstorming der besonderen Art, und ich erwarte alle da."

Wie die begossenen Pudel verschwand die kleine Gruppe.

„Na, das gibt ja wohl eine Reise", bemerkte Karl Weber lapidar.

„Davon können Sie ausgehen. Wie verfahren Sie jetzt weiter?"

„Wir schicken die Aufnahmen in unser Revier, wo sie Fräulein Chen sofort bearbeiten wird. Wenn wir in Flensburg ankommen, wissen wir schon mehr."

„So schnell arbeitet in Deutschland keiner."
Während Karl sprach, hatte er die Bilder, die ihm übermittelt worden waren, nach Flensburg geschickt und Bille den Heli geordert. Karl gab die Telefonnummer von Pauline dem Beamten und sagte: „Rufen Sie in 30 Minuten an und fragen Sie nach dem Ergebnis, dann wissen Sie wie schnell wir arbeiten."
Sie sprachen noch einen Moment über belanglose Sachen und Jan Schmidt wartete so lange, bis sie den Heli hörten, dann verabschiedete er sich und wünschte ihnen viel Glück.

Zentrale Flensburg

„Verdammt gute Arbeit, ihr zwei.“
Pauline saß noch an ihrem Computer, als Bille und Karl das Büro betraten. In der Ecke des geräumigen Büros saßen Dr. Georg Bauer, der Staatsekretär des Innenministeriums in Kiel und Chef der Sondereinheit um Bernd Rassmussen. Außerdem Dr. Schmidt Karla, die Pathologin und Forensikerin des Teams und Manni Lamla, der Sonderermittler des Teams.

„Und, schon etwas herausgefunden, Pauline?“

„Das kann man wohl sagen. Wir haben hier Thomas Petit, ehemaliger Legionär, Kleinganove, aber ein übler Schläger, ledig. Raphael Thomas, ehemaliger Legionär, Bäcker aus Reims, verheiratet. Rene Durand, ehemaliger Legionär, verschiebt Drogen nach Frankreich, ledig. Da ist da noch Abegail Simon, keine weiteren Einträge. Nach der Kleidung zu urteilen, kommt sie aus gutem Haus und aus dem Bewegungsablauf ist nicht zu erkennen, ob sie mit einem der drei leiert ist.“
Bille, die konzentriert zuhörte, fragte unvermittelt: „Sag mal, Pauline, hast du schon die Ergebnisse deiner Kollegen über die Gesichtserkennung da?“

„Ja, nach dem Vergleich ist es dieselbe Person:“
Pauline ließ die Aufnahme von der Entführung noch einmal abspielen.

„Was sagt sie da? Kannst du das Bild noch etwas drehen?“

„Die Technik macht es möglich. Tatsächlich, sie sagt etwas.“

„Sie ist Französin, also spricht sie Französisch. Wir müssen jemanden haben, der das von den Lippen ablesen kann."

Pauline überlegte einen Moment, dann lächelte sie: „Da habe ich etwas. Schnell hatte sie den kleinen Film auf das Mailprogramm kopiert, ein paar Worte dazu geschrieben und abgeschickt. Danach schickte sie noch eine SMS ab. Die anderen schauten ihr gespannt zu der jungen Frau, bis es Georg Bauer nicht mehr aushielt: „Erzähl uns etwas, Pauline."

„Bernd hat doch das Profiler Team zusammengestellt. Da ist eine Französin dabei, Jeanne Batiste. Die soll sich das mal ansehen."

Zufrieden lehnte sich Georg wieder zurück: „Wie lange kann das dauern?"

„Nicht lange, ich habe eine SMS an das Safe House geschickt, dass sich Jeanne das sofort anschauen soll."

Verbissen starrte Pauline auf den Bildschirm, bis sich auf einmal ihre angespannten Gesichtszüge lösten. Schnell war sie im Mail Fach und hatte den Anhang geöffnet, dann las sie laut vor: „Das war der schwierige Teil, Raphael, jetzt zur Burg."

„Wir suchen also eine Burg."

„Was ist mit Schlössern?", fragte Manni.

„Für Schlösser haben die Franzosen ein eigenes Synonym, es heißt dann serrur", schaltete sich Karla Schmidt in das Gespräch ein.

„Wenn es Franzosen sind, warum haben sie ihr Auto im Osten von Frankfurt geparkt?", spekulierte Manni.

„Wie gesagt, sie hatten nicht viel Zeit und mussten improvisieren. Außerdem stufe ich die Vier als nicht sehr intelligent ein, sonst hätten sie sich nicht ein Fabrikgelände, ausgesucht, dass von Junkies überbevölkert war, und sie damit rechnen mussten, gesehen zu werden. Dass sie aufgenommen worden sind, war eben Glück."

„Das sehe ich auch so, Karl. Und wenn ich eine Deutsche Burg aussuche, nehme ich auch deutsche Entführer, rein aus ökonomischen Gründen."

„Nehmen wir deine Denkweise, Bille. Wie würdest du verfahren?"

„Falsche Denkweise, Georg. Ich arbeite als längster Teamteilnehmer mit Bernd zusammen. Wir nehmen die Denkweise von Bernd an, wenn wir überhaupt dazu in der Lage sind. Bernd würde als erstes ganz einfache Ermittlerarbeit machen. Für mich stellt sich die Frage. Wo liegt Reims? Wieviel Burgen sind in der Nähe? Wie kommt eine Verbindung zu den Burgen zustande? Wie ich sehe, arbeitet Pauline schon daran."

„Bille, ich hatte denselben Gedankengang. Der Bereich um Reims nennt sich Grand Est und es gehören dazu der Elsass, die Ardennen, Lothringen und die Champagne. Es gibt dort 119 Burgen und Kastelle, die noch erhalten sind. Welche Verbindung haben die Legionäre?"
Karla Schmidt antwortete spontan: „Entweder sind es alte Verbindungen, oder er ist ein Lieferant für Brot. Das würde die Anzahl der Burgen und Kastelle erheblich vermindern."

„Also müssen wir hin, um etwas zu erfahren."

„So sieht es aus, Karl. Der nächste Flugplatz ist Betheny, ein stillgelegter Militär-Stützpunkt."

„Wer von uns ist in der französischen Sprache so gut, dass er alles übersetzen kann?"

„Kommissar Louis, der Freund meiner Schwester. Georg, kannst du das alles in die Wege leiten?"

„Ja, das wird kein Problem sein."

Georg Bauer, der Staatssekretär des Innenministeriums stand auf und begab sich in das Nachbarbüro, um alles Nötige in die Wege zu leiten.

Dr. Karla Schmidt, die mittlerweile aus dem Urlaub gekommen war, stand auf und ging zu Pauline: „Was ist mit der Überwachung der Grenzübergänge?“

„Wenn sie einen offiziellen Übergang nehmen, dann haben wir sie. Ich hatte den Zoll schon informiert. Nehmen sie einen der kleinen, nicht kontrollierten Übergänge, kommen sie nach Frankreich, ohne das es einer merkt.“

„Louis war schon auf dem Weg“, sagte der Staatssekretär erstaunt, als er das Büro betrat.

„Ich weiß“, erwiderte Pauline lächelnd: „Familie ist immer schnell, du solltest es auch nur mit seinem Büro klären, damit Louis keine Probleme bekommt. Jetzt brauchen wir noch etwas zum Fliegen“, wie selbstverständlich hatte Pauline die Organisation an sich gerissen.

Georg Bauer stand auf: „Für unseren besten Ermittler ist uns nichts zu teuer. Ich sorge für eine Maschine. Wer soll alles mit?“

„Karl, Karla und ich. Manni und Bille bleiben erst einmal hier, falls wir uns teilen müssen.“

„Was für eine Ausrüstung?“, fragte Karl.

„Alles, was wir für einen harten Einsatz brauchen.“

Militärflugplatz Betheny, Reims

Die kleine private Düsenmaschine landete auf der 2011 geschlossenen Militärbasis Betheny und stellte sich neben einen alten ausrangierten Mirage Kampfjet.
Als die kleine Gruppe um Pauline Chen ausstieg, wurden sie schon von Katharina und Louis, der Zwillingsschwester Paulines und ihrem Freund, begrüßt.
Nach der kurzen Begrüßung fragte Pauline, die die beiden schweren Taschen sah: „Hast du alles mitgebracht?“
„Alles dabei, Schwesterherz. Ich bin wie immer eure Lebensversicherung.“
„Gut, dann lass uns los.“
„Wir haben zwei Autos, beide geländegängig. Das sollte man in dieser Gegend wohl haben, meinte Louis.“
In dem Moment klingelte das I-Phone von Pauline.
„Pauline Chen.“
„Grenz-Gendarmerie, Schreckling. Wir haben hier Ihren gesuchten Wagen. Wie sollen wir weiter verfahren?“
Pauline war auf einmal hellwach: „Haben Sie die Personalien von dem Fahrer festgestellt?“
„Ja, ich schicke Ihnen die Daten.“
Es dauerte nur einen Moment, bis die Daten da waren. In der Zwischenzeit informierte sie ihr Team über den Anruf. Dann öffnete Pauline das Mail Fach und las laut vor: „Luke Durand, 22 Jahre alt, Bäcker von Beruf. Das Bild stimmt mit den drei Typen auch nicht überein. Wie verfahren wir?“
Louis meldete sich als erster: „Eine routinemäßige Kontrolle des Fahrzeuges. Er ist mit Sicherheit nicht drin. Sie haben ihn umgeladen. Wir lassen ihn fahren.“

Die anderen nickten zustimmend, und Pauline stellte die Verbindung wieder her: „Ganz normal. Sie überprüfen, den Wagen, mit einem Blick in die Ladebucht. Wir machen von hier aus weiter."

„Verstanden. Sollte noch etwas sein, informiere ich Sie."

„Danke."

Sie gingen zusammen zu den Autos, in dass sie ihr Material einluden.

„Wir fahren zusammen in die Bäckerei und werden uns da umschauen. Wir müssen uns nur sicher sein, dass kein Anruf rausgeht, der die Entführer warnt. Ihr kennt das Procedere. Wenn wir erfahren haben, was wir wollten, bleibt ein Teil der Crew im Bäckerladen und sorgt dafür, dass nicht telefoniert werden kann. Das machen dann Karla und Karl. Wenn wir den Standort von Bernd genau wissen, bekommt ihr von uns Bescheid, in der Zeit sucht ihr nach Beweismaterial."

Die Betroffenen nickten, dann stiegen sie ein und fuhren ab. Es hatte sich schon in den letzten Fällen gezeigt, dass es ein Team war, das, wenn Bernd nicht da war, Pauline den Leader-Posten übernahm. Der Weg von Flugplatz zur Bäckerei in Reims war nicht weit. Es war einer der heruntergekommenen Stadtteile von Reims, in der sich die Bäckerei befand. Kopfsteinpflaster und schiefe Bürgersteige, zeigten den Besuchern, dass es sich noch um den alten Stadtkern handelte, der vor allen Dingen im ersten Weltkrieg nicht zerstört worden war. Die engen Straßen waren von Kleinfahrzeugen und Transportern so zugestellt, dass die beiden Fahrzeuge langsam an der Bäckerei vorbeifahren konnten.

Der erste Eindruck zeige den Autoinsassen eine heruntergekommene Bäckerei, bei der hinter dem Tresen eine unsaubere Vettel, die nicht vorhandenen Kunden bedienen sollte.

Dann fuhren die beiden Autos weiter und passierten die Straße, die zum Hinterhof des Grundstückes zeigte. Ein großes Tor versperrte den Eingang.

Louis, der sich schon im Vorfeld über Google Mapp über die Örtlichkeiten informiert hatte, hatte die örtliche Polizei verständigt. Er ging zu den beiden unauffälligen Autos, begrüßte die Männer und Frauen und gab ihnen ein Funkgerät.

„Alles, was da aus dem Rattenloch rauskommt, einfach festnehmen. Die Aktion startet, wenn wir euch Bescheid geben“, dabei deutete er auf das Funkgerät.

Einer der Beamten fragte: „Also bleiben wir nur hier draußen stehen?“

„Wenn das Tor aufgeht, kommt ihr herein.“

Der leitende Beamte nickte nur und überprüfte seine Waffe. Louis lächelte leicht und sagte leichthin: „Seid vorsichtig mit den Scheißdingern und richtet sie nicht auf meine Leute, denn dann seid ihr schneller tot, als ihr furzen könnt.“

Der leitende Beamte wagte einen Blick zu den beiden Geländewagen und sah die beiden Halbasiatinnen, die ihren Arm lässig auf das heruntergelassene Fenster liegen hatten und lächelte Louis an und fragte zweiflerisch: „Die beiden hübschen Mädels?“, Karla hatten sie noch nicht gesehen.

Louis wandte sich um und sagte: „Ich habe dich gewarnt, Kollege.“

Louis setzte sich in einen der Geländewagen, und sie fuhren wieder zur Front des Bäckerladens, dann sprach er in sein Funkgerät: „Es geht los, Kollegen.“

Jetzt ging alles sehr schnell: „Katharine war als erste draußen und sprang mit einem Schritt über den Ersatzreifen auf das Dach des einen Geländewagens und legte sich mit ihrem Scharfschützengewehr auf das Dach in Positur. Louis, Pauline, Karl und Karla, waren mit wenigen Schritten im Verkaufsraum und sicherten die verschiedenen Türen.

Keineswegs erschreckt, wollte die alte Vettel in einem Hinterraum verschwinden, aber mit einem schnellen Schritt war Pauline bei ihr und hielt ihr die Glock an den Kopf: „Stopp, hier stehen bleiben. Karla, übernimm sie“, dann stellte sie ein kleines Gerät auf den Tisch: „Das bleibt hier stehen und wird nicht angefasst.“

Louis schaute sie verwundert an und fragte: „Wofür ist das, Pauline?“

„Es sendet ein Störsignal aus. Im weiteren Umkreis des Hauses kann jetzt keiner mehr telefonieren.“

Sie drängten die Frau in eine Ecke und deuteten ihr an, ruhig zu sein. In dem Moment riss die alte Vettel ihren fasst zahnlosen Mund auf und fing so laut an zu schreien, dass Pauline sich zusammenreißen musste, um sich nicht die Ohren zuzuhalten.

Als würde man einen Reisverschluss öffnen, liefen die folgenden Ereignisse im Sekundentakt ab.

Die vier Ermittler hörten nur das Klirren der Schaufensterscheibe, als eine Kugel aus Katharinas Scharfschützengewehr die Scheibe durchschlug und in der Brust des Angreifers, der mit Pistolen feuernd, aus der Bachstube kam, steckenblieb. Im Hof hörten sie das Feuer aus Maschinenpistolen, während die alte Vettel meinte, dass Pauline abgelenkt war. Mit einer schnellen Bewegung, die man der Alten nicht zugetraut hatte, nahm sie eines der vielen Brotmesser und wollte es Pauline in den Unterleib stechen.

Pauline, in Ermangelung von Platz, drang auf die Frau ein und stach ihr, mit aller Wucht, den Lauf der Glock in die Leber. Der Stich war so heftig, dass die Frau wie ein Taschenmesser in sich zusammenfiel und sich vor Schmerzen krümmte.

Das Feuer, das aus der Backstube kam, wurde immer heftiger und zentrierte sich auf die Tür zu dem Verkaufsraum. Alle hörten die Anweisung von Katharina, die leise, aber klar sagte: „Ihr bleibt alle da, wo ihr seid, und nehmt mir Louis aus der Feuerzone, wenn die Tür fällt, ist er als erster dran."

Louis, mittlerweile aus seiner Schockstarre erwacht, sprang in Richtung Pauline und landete auf der alten Vettel, die, nachdem der Körper des Mannes auf ihr gelandet war, nur noch einen Seufzer ausstieß und dann ohnmächtig wurde.

„An deiner Reaktionsfähigkeit muss meine Schwester aber noch arbeiten."

„Konnte ich wissen, dass es hier gleich hart auf hart geht?"

„Papperlapapp, Louis, ich will nicht, dass meine Schwester ihren Lover verliert. Bei uns musst du immer mit so etwas rechnen. Wenn das noch einmal passiert, bist du draußen."

Louis hatte den Ernst in der Stimme von Pauline Chen verstanden und er nickte nur. Katharina hatte mittlerweile ihr Feuer im Sekundentakt auf die Scharniere der Tür gerichtet, dann hörten alle: „Ihr bleibt, wo ihr seid, jetzt gibt es noch einen Schuss, dann fällt die Tür nach Innen. Lasst sie schießen, ich komme dann rein."

Sie hörten noch einen Schuss aus dem Gewehr Katharinas, dann fiel die Tür nach Innen und das Dauerfeuer nahm schlagartig zu.

Katharina hatte sich einfach vom Dach heruntergerollt und landete auf ihren Füßen. Schnell war die junge Frau in den toten Winkel gelaufen und über die zerstörte Schaufensterscheibe in den Verkaufsraum gehuscht.

Ohne ein Wort zu sagen, verstanden sich die Geschwister. Den anderen gaben sie ein Zeichen zu warten, während beide neben dem Türrahmen zum Back-Raum gebückt standen. Jede hatte in einer Hand eine Schock-Blend-Granate, nach einer kurzen wortlosen Verständigung, warf Katharina kurz und Pauline lang, um den Raum, den sie ja nicht kannten, in seiner ganzen Größe mit den Blendgranaten abzudecken.

Die kurzen Lichtblitze und die zwei Knalle waren für sie das Zeichen. Zuerst die Geschwister, dann die anderen, nutzten den Moment der Feuerpause, um den Raum zu stürmen. Dabei gingen die beiden jungen Frauen ohne Kompromisse vor und betäubten vier der fünf Männer, die anscheinend alle den Beruf des Bäckers ausübten. Der fünfte lag mit ausgebreiteten Händen auf dem Boden und gab keinen Ton von sich.

Die anderen drei sicherten die drei Türen, die von der Backstube abgingen. Immer noch hörten sie vom Hof Maschinengewehrfeuer.

„Louis, hol die alte Vettel hier rein und gib mir das Funkgerät.“

Louis warf Pauline das Funkgerät zu und stellte sofort die Verbindung zu: „Was ist los bei euch?“

„Starke Gegenwehr, wir kommen nicht weiter.“

„Wir helfen euch. Wieviel Verteidiger?“

„Wir konnten vier zählen.“

„Wenn wir sagen, jetzt, stellt ihr das Feuer ein. Verstanden?“

„Verstanden.“

„Karla, du passt auf die Bande auf.“

Mittlerweile hatte Karl Weber die Männer und die Frau mit Kabelbindern gefesselt. Die Alte sabberte schon wieder herum, und Pauline ging zu dem Mann, der nicht ohnmächtig war: „Kennst du Raphael Thomas?“

„Fick dich, Alte.“

Pauline, total entspannt, hörte im Hintergrund immer noch das Feuer der Maschinenpistolen. Der Geruch, der verbrannten Gase, mit dem Geruch frisch gebackener Croissants, oder dem langen frischen Baguettes, ließ eine Stimmung aufkommen, die an der Konzentration aller zehrte.

„Das meintest du doch nicht im Ernst?“

Dann nahm Pauline ihr kurzes Schwert, hakte es am kurzen Ärmel des Mannes ein, schnitt den Ärmel auf und sah das Zeichen der siebenflammigen Granate, bei den anderen wiederholte sie den Schnitt.

„Alle von der Legion. Das ist interessant, also ganz harte Hunde.“

Dann plärrte das Funksprechgerät: „Wie lange braucht ihr noch, uns geht die Munition aus.“

Pauline wandte sich an Louis: „Sparmaßnahmen bei der französischen Polizei?“

Dann sagte Pauline in das Sprechgerät: „Sind gleich da.“

Karl Weber hatte inzwischen die drei Türen überprüft: „Pauline, die geht ins Büro, die in den Keller, habe ich abgeschlossen, falls sich da welche aufhalten und die, dabei zeigte er auf die mittlere Tür, geht auf den Hof.“

„Schon überprüft?"
Karl schüttelte verneinend den Kopf.
Katharina warf ihrem Freund das Gewehr zu: „Gib uns Feuerschutz. Pauline und ich gehen links und rechts rein, du hälst die Mitte sauber."
Wie selbstverständlich nickte Louis.
Vorsichtig ließ Katharina die Tür aufschwingen und sah vor sich eine große Lagerhalle, in der allerlei Gerätschaften standen. Am Ende der Halle sah sie eine Türöffnung, die mit schweren Plastikstreifen zugehängt waren, aus denen immer noch vereinzelte Schüsse zu hören waren.
In ihrem Sichtfeld befand sich kein Gegner, so beschlossen beide auf ein Zeichen die Halle zu betreten. Schnell und leise hatten sie sich um den Türpfosten bewegt und hockten hinter dem Türrahmen in der Halle. Nach allen Seiten sichernd, schauten sich die beiden Frauen um, Pauline deutete mit dem Finger nach oben, wo ein großes Schwerlastregal die ganze Breite der hinteren Hallenwand einnahm. Dann hörte sie die Stimme des Anführers.
„Jean, hol uns Munition und die beiden Ofenrohre. Mit den beiden Panzerfäusten werden wir denen richtig einheizen, und dann hauen wir hier ab."
Pauline duckte sich hinter vier aufeinandergestapelte Mehlsäcke. Während Katharina zu ihrem Ausgangspunkt in der Backstube zurückkehrte.
Jean huschte gebückt durch den Plastikvorhang und ging gerade auf die Tür zur Backstube zu, dabei gab er mit dem Daumen das Ok-Zeichen zu den Regalen. Ahnungslos schritt er durch die Tür und wurde gleich von Katharina empfangen, die ihm ihr Samurai Schwert an den Hals

setzte. Jean blieb stocksteif stehen, überrascht, den Gegner in der Backstube zu sehen.

Katharina lächelte den jungen Mann an, nahm ihren Finger an den Mund und deutete ihm an zu schweigen. Sofort war Karl da, fesselte ihn mit Kabelbindern und verklebte den Mund mit Tape. Danach huschte Katharina wieder in den anderen Raum und nahm das Zeichen von Pauline wahr, die nach oben auf das Regal zeigte.

Pauline war aus ihrem Versteck wieder herausgekommen und schlich zu ihrer Schwester.

„Wieviel?“

„Einer oder zwei.“

„Wie machen wir es?“

„Überraschungsangriff mit der Pistole.“

Katharina nickte nur und brachte sich wieder in Stellung. Auf ein Zeichen von Pauline, bewegten sie sich vier Schritte nach vorne, drehten sich und nahmen die beiden Männer, die tatsächlich auf dem Regal mit kleinen tschechischen Maschinenpistolen warteten, ins Visier. Die beiden waren so überrascht, dass sie vergaßen, den Abzugshahn zu drücken.

Dann erinnerte sich der eine an seinen Auftrag, der für ihn tödlich endete. Katharina hatte, ohne mit der Wimper zu zucken, abgedrückt. Der Zweite ließ vor Schreck seine Waffe fallen. Pauline rief leise: „Louis“, der sofort kam und den zweiten Mann vom Regal holte.

Pauline, die das Funkgerät hatte, aktivierte es und sagte: „Feuer einstellen, wir kommen jetzt.“

Beide hatten ihr Samurai Schwert in der einen Hand und ihr Pistole in der anderen Hand. Vorsichtig schoben sie die Plastik-Lamellen des Eingangs zur Seite und schauten argwöhnisch hinaus.

Was sie sahen, erstaunte sie nicht weiter. Wie gut ausgebildete Soldaten lagen oder standen die vier Legionäre sicher hinter ihren Deckungen, die von der Straße nicht einsehbar waren.

Wie abgesprochen, wechselten sie sich im Schusswechsel ab, so dass ihre Gegner es nicht wagten, die eigene Deckung zu verlassen. Alle waren mit Maschinenpistolen ausgerüstet und hatten Handgranaten am Gürtel eingehakt. Ersatzmagazine lagen neben ihnen auf dem Boden. Das Eingangstor war offen und hing aber in den Angeln, und ein von vielen Kugeln durchsiebter Transporter versperrte noch zusätzlich den Ausgang. In der Ferne hörte man Polizei, Feuerwehr und Krankenwagensirenen.

Die Aufmerksamkeit der Legionäre war nur auf die Straße gerichtet, so bekamen sie nicht mit, wie die Zwillinge, archaisch anzusehen, mit einem Samurai-Schwert in der einen Hand und der Glock in der anderen Hand, aus dem Viereck der Öffnung traten. Breitbeinig, das Schwert vom Körper abgewinkelt, den Blick konzentriert auf ihre jeweiligen Gegner fixiert, beobachteten sie das Geschehen.

Einer der vier feixte, nachdem eine Zeit lang kein Schuss gefallen war: „Den Jungs ist bestimmt die Munition ausgegangen.“

Dabei schaute er Beifall heischend nach rechts und nahm aus dem Augenwinkel die beiden Frauen war, die sich bis dahin noch nicht gerührt hatten. Er nickte seinen Freunden zu, die sich auch umdrehten.

Schlagartig war die Luft schwer geworden, und die Vögel, die sonst so zahlreich in den Hinterhofgärten sangen, hatten ihr zirpen eingestellt.

Die vier begriffen sofort, dass sie es mit einem anderen Kaliber Gegner zu tun hatten, wie es die schon fast harmlosen Gendarmen aus der Provinz waren, die händeringend darauf warteten, dass das Einsatzkommando eintraf, und sie aus ihrer misslichen Position ablöste.

Der Geruch, der sich jetzt breitmachte, war eine Mischung aus frischem Croissant, Schweiß, Urin und Tod.

Obwohl sich die Geschwindigkeit der Zeit nicht veränderte, hatten alle Beteiligten das Gefühl, dass sich eine Sekunde auf hundertstel Sekunden aufteilte und sich die Bewegungen im Zeitraffer abspielten. So nahm Katharina wahr, wie ein Tropfen Schweiß die Stirn des einen Legionärs verließ und sich langsam dem Erdboden näherte.

Katharina musste lächeln, als ihr der Film, Spiel mir das Lied vom Tod, mit seiner prägnanten Musik, in Sekundenschnelle durch den Kopf ging. In dem Moment drehte der letzte den Kopf, und der erste öffnete den Mund, um etwas zu sagen, im gleichen Augenblick schwenkte er mit seiner MP herum und sah den Tod auf sich zukommen.

Pauline hatte den Bewegungsablauf geahnt und ihr Samurai-Schwert aus kurzer Distanz auf den Legionär zufliegen lassen, wo es durch den geöffneten Mund, den Kopf an einer Kiste, die hinter im lag, festnagelte. Der Legionär merkte schon nicht mehr, dass er starb und all seinen Körperfunktionen beraubt, kotete er sich ein und seine Blase entleerte sich still. Der Geruch von Urin verstärkte sich so, dass er den Geruch von knackfrischen Croissants in sich aufnahm.

Zeitgleich reagierte Katharina. Da sie näher an ihrem Gegner stand, brauchte sie nur drei Schritte zu machen, um ihn zu erreichen. Ihr Samurai-Schwert bohrte sich genau zwischen Elle und Speiche der schießenden Hand, über den Handwurzelknochen. Mit einem leichten Dreh durchschnitt sie die Fingermuskeln, die gerade bereit waren, den Abzugshahn durchzudrücken. Erstaunt schaute der Legionär auf die schmale, aber tiefe Wunde, die keine Schmerzen verursachte, als ihm schon die Scheide bewegungslos am Hals hing, die andere Hand an der Glock zielte sie auf ihren zweiten Gegner, der überrascht, bewegungslos verharrte.

Bei Pauline lief der Einsatz nicht so problemlos ab. Ihr zweiter Mann gab sich dem Gefühl hin, noch eine kleine Chance zu haben. So positionierte Pauline ihm eine Kugel in die Schulter, die die MP hielt, die daraufhin polternd zu Boden fiel.

„Noch eine Bewegung und ihr seid alle drei tot, aber bestimmt nicht im Himmel", resümierte Katharina.

Karl und Louis, die die beiden Frauen zur Genüge kannten, kamen aus dem Vorraum der Bäckerei und fesselten die drei Männer. Im gleichen Moment war das Einsatzkommando eingetroffen, ohne sich über die Situation zu erkundigen, stürmten sie den Hof und forderten alle, die Waffen trugen, auf, sich hinzulegen und die Waffen abzugeben.

Die Zwillinge und die beiden Ermittler waren dazu aber nicht bereit und stürmten, ohne darüber nachzudenken auf das Einsatzkommando zu. Schnell in ihren Bewegungen, fast schattengleich, hatten sie die ersten vier vermummten Polizisten entwaffnet und Katharina und Pauline hielten zwei weiteren ihre Samurai-Schwerter an den Hals, was die Männer sofort in Schockstarre verbleiben ließ.

Ohne außer Atem zu sein, hörten alle die leise und scharfe Stimme Paulines: „Wenn hier heute noch mehr sterben sollen, müsst ihr uns das sagen. Wir haben kein Problem damit."

„Hört auf, verdammt noch einmal, alle. Das sind Kollegen", war auf einmal eine Stimme hinter der Mauer zum Hof zu hören.

Pauline unbeeindruckt, sagte nur: „Ihr steckt jetzt eure Waffen weg und das ganz langsam."

Die Leute vom Einsatzkommando reagierten sofort und steckten ganz langsam die Waffen weg, dann erst reagierten die Zwillinge, Louis und Karl Weber.

Dann traten zwei Männer hinter der Mauer hervor. Das eine war der Einsatzleiter der Gendarmerie, der andere der Einsatzleiter des Sonderkommandos. Der Mann von der Gendarmerie hob entschuldigend die Schultern und sagte: „Sie müssen entschuldigen, wir hatten keine Zeit zur Information."

„Ging ja noch einmal gut", erwiderte Louis in seiner ihm eigenen Ruhe.

In dem Moment hörten sie die keifende Stimme von Karla Schmidt und zwei Männer des Einsatzkommandos flogen in hohem Bogen aus dem Viereck der Öffnung, leicht abgebremst durch den Vorhang aus Plastikstreifen.

„Wenn ihr vermummten Affen mir an die Wäsche wollt, oder in irgendeiner Form die Gefangenen mitnehmen wollt, könnt ihr mich mal kennenlernen", mit den Worten trat sie durch die Öffnung, machte einen kleinen Schritt zur Seite und stellte dem nachfolgenden Polizisten den Fuß, der dann im hohen Bogen die Rampe heruntersegelten: „Anfänger. Na, ihr Lieben, Auftrag beendet?“

Die Hüfte leicht abgeknickt und eine Hand in die Hüfte gestützt, die Haare etwas durcheinander, stand sie da, wie das leibhaftige Sexsymbol.

Nur Karl Weber sah es etwas anders und flüsterte, aber so, dass Karla es hören konnte: „Die Walküre des Nordens“, wofür er von der Ärztin einen bösen Blick einfing.

Die beiden Einsatzleiter gingen auf Louis zu und fragten ihn: „Wer ist der Verantwortliche für diese Aktion?“

Louis deutete auf Pauline: „Mademoiselle Chen.“

Die beiden Männer gingen zu Pauline und fragten: „Mademoiselle Chen?“

Pauline nickte und sagte: „Ja.“

„Mademoiselle Chen, war das nötig? Sie wissen, dass sie sich auf fremden Territorium befinden und hier keine Befugnisse haben?“

Pauline nickte aufreizend: „O ja, Monsieur, das weiß ich. Ich entschuldige mich auch dafür, und ich weiß, dass das nicht reichen wird. Aber hier geht es um meinen Kollegen, der entführt wurde und sehr wahrscheinlich nach Frankreich. Auch das wird nicht reichen. Deswegen haben wir uns bei ihrem Innenministerium rückversichert. Ich nehme an, dass sie in Kürze die Information bekommen werden. Lassen sie mich aber meine Arbeit machen, wir sind hier noch nicht fertig.“

„Wieso noch nicht fertig, Mademoiselle?“

„Einer der Männer erwähnte, dass sie, wenn sie ihre Leute mit Panzerfäusten beschossen hätten, verschwinden würden. Das bedeutet, dass ein Rattenbau immer mehrere Ausgänge hat. Außerdem haben wir noch keine Panzerfäuste gefunden. Ich nehme weiterhin an, dass sie irgendwo ein Waffenlager haben.“

In dem Moment klingelte das Handy des Leiters der Spezialeinheit. Er schaute auf die Nummer und wurde eine Nuance fahler, als er antwortete: „Sondereinheit, Rousseau.“

Dann hörte er nur noch zu und sagte: „Ja, Herr Minister“, dann reichte er das Handy an Pauline weiter, die sich auf die fast flüsternde Stimme konzentrierte: „Fräulein Chen, ich freue mich, dass wir wenigstens einmal über Handy Kontakt miteinander haben. Ich bedanke mich für Ihren Einsatz und werden natürlich alle weiteren Einsätze, die Sie auf dem Territorium Frankreichs planen, unterstützen, genauso wie es in der Vergangenheit war. Ihr französischer Kollege, ich glaube Louis heißt er, wird über seine Dienstelle alle nötigen Vollmachten bekommen. Ich wünsche Ihnen viel Erfolg, dass Sie ihren Kollegen bald wiederhaben.“

„Danke, Herr Minister.“

Pauline gab das Handy zurück und sagte zu dem Einsatzleiter, dabei legte sie ihre feingliedrige Hand auf dessen Schulter und sagte: „Ich wäre Ihnen sehr verbunden, wenn Sie mir ein paar Ihrer fähigen Leute überlassen. Ihre Jungs sollen das Rattennest ausräuchern, dabei wäre es hilfreich, wenn Sie feststellen könnten, ob der Besitzer der Bäckerei noch ein weiteres Grundstück in dieser Straße besitzt.“

„Ich kümmere mich sofort darum, Mademoiselle Chen.“

„Für Sie, Monsieur Rousseau, Pauline“, dabei konnte Pauline einen atemberaubenden Augenaufschlag nicht vermeiden.

Pauline drehte sich zu den Einsatzkräften, die sich mittlerweile um die kleine Gruppe scharten. Sie erklärte ihnen die Situation und die Möglichkeit, dass es einen Ausgang über den Keller gab. Dabei unterstrich sie noch einmal die Gefährlichkeit der Bande, mit der sie es zu tun hatten.

Karl Weber und Karla Schmidt hatten mit einiger Hilfe von Männern des Sondereinsatzkommandos dafür gesorgt, dass alle Gefangenen nach draußen geschafft wurden.

Dann halfen sie Katharina, die Männer und die Frau zu fotografieren, Fingerabdrücke abzunehmen und die DNA zu entnehmen. Pauline ging nach dem Gespräch mit dem Einsatzleiter in das Büro der Bäckerei, schaltete den Computer ein und sah die Kundenkarteien durch. Als sie gefunden hatte, was sie suchte, lud sie alles Relevante ab und ging zu ihren Leuten und holte den Einsatzleiter der Sondereinheit dazu. Sie schaute den Mann von der Sondereinheit auffordernd an.

„Sie hatten recht, Mademoiselle Chen. Die Bande hatte im Keller ein Waffenlager. Es gibt seit dem 1. Weltkrieg Verbindungen der einzelnen Häuser über Tunnel. Auch da hatten Sie recht. Es gibt ein Haus, sieben Häuser weiter, das auch zur Bäckerei gehört. Da standen mehrere schnelle Fluchtautos und ein weiteres Waffenlager. Das Grundstück war bewacht, aber wir konnten es ausheben."

Jetzt begann Pauline: „Ich habe die Gesichter durch den Scanner laufen lassen, zwar sind noch nicht alle Ergebnisse da, aber die vier, die wir bisher überprüfen konnten, sind für tot erklärt worden und hier unter anderem Namen wieder aufgetaucht. Es ist dieselbe Vorgehensweise wie in Montreal.

Wir rütteln hier an einem Rätsel, dessen Tragweite wir noch nicht abschätzen können. Dann gehört zu den Kunden dieser Bäckerei ein Schloss, das Chateau de sur Marne. Kennen Sie das Monsieur?"

„Ja, es ist in Privathand, in Vandieres. Circa 40 Kilometer von hier."

„Das ist unser nächstes Ziel."

Vandieres

Die Strecke von Reims nach Vandieres hatten sie schnell zurückgelegt. Bevor sie den kleinen Ort erreichten, bogen sie in einen Feldweg ab. Pauline hatte Monsieur Rousseau gebeten, dass seine Leute Zivilkleidung anzogen. So war es dann, dass die Leute vom Einsatzkommando später ankamen.

Karl Weber, Karla und Katharina waren schon losgegangen, um das Dorf zu Fuß zu erkunden.

Als Touristen erweckten sie keinen Verdacht und konnten sich ungehindert durch die Straßen bewegen. Als sie alle nötigen Informationen gesammelt hatten, gingen sie auf der anderen Seite des Dorfes heraus, und Katharina informierte Pauline: „Du kannst uns jetzt abholen, wir haben alles Wissenswerte."

Kurz danach traf sie ein, und sie stellten sich auf einen anderen Feldweg, von dem sie noch einen besseren Blick auf das Dorf und die Gegend hatten.

„Das Chateau ist sehr stark bewacht, auch wenn es nach außen nicht so aussieht."

„Wieso ist ein Chateau so stark bewacht, ist das hier in Frankreich normal, Louis?"

„Natürlich nicht. Es ist auch kein Chateau mit unermesslichen Reichtümern. Sie haben etwas zu verbergen."

Karla, die sich im Auto etwas nach vorne beugte, fragte Pauline, die an ihrem Computer hantierte: „Kannst du den Code des Computers nicht von hier aus knacken, Pauline?"

„Das ist nicht das Problem, Karla. Es dauert nur zu lange. Es ist mit einem übergeordneter militärischer

Standard versehen. In das Gebäude kommen wir auch nicht.“

Rousseau war mittlerweile mit seinem Team eingetroffen und gesellte sich zu den anderen.

„Und, Probleme?“

„Ja, und auf die Schnelle nicht zu lösen.“

Pauline erklärte dem Einsatzleiter die Problematik. Karl Weber, der mit dem Fernglas das Dorf um das Chateau schon eine Zeitlang beobachtete, unterbrach die beiden: „Wenn wir Glück haben, kommt da gerade die Lösung auf den Schlosshof gefahren.“

„Lass sehen, Karl.“

Karl gab Pauline das Fernglas, die es dann auf das Chateau richtete. Ein Lächeln umspielte ihre Lippen, als sie die Bewegung auf dem Hof des Schlosses wahrnahm: „Ich glaube, das Glück ist uns hold.“

Monsieur Rousseau hatte mittlerweile sein eigenes Fernglas aus seinem Einsatzwagen geholt: „Ein Lieferwagen. Halt, das ist ja der Lieferwagen aus der Bäckerei von Raphael Thomas.“

„Und noch viel besser Monsieur. Das ist der Lieferwagen, der unseren Chef transportiert hat. Ich nehme an, dass sie ein Kommunikationsverbot verhängt haben und dadurch noch nichts vom Sturm auf die Bäckerei gehört haben.“

„Und wie geht es jetzt weiter, Mademoiselle?“

„Jetzt warten wir, und wenn der junge Bursche wieder aus dem Schloss kommt, dann werden ihre Leute sein Auto kapern und wir werden sein Handy kontrollieren. Der Rest der Truppe wartet hier. Ich könnte mir vorstellen, dass dann eine kleine Truppe zu dem Versteck fährt.“

„Ihr Wort in Gottes Ohr, Mademoiselle“, mit den zweifelnden Worten von Monsieur Rousseau, teilte er vier seine Männer ein, die den Transporter abfangen sollten.

Chateau de Vic sur Aisne

Das erste Mal, als Bernd aufwachte und außer dem Dröhnen in seinem Kopf bemerkte, dass er umgefrachtet wurde, zeigte ihm, dass er noch lebte, was ihn ungemein beruhigte. Nicht, dass er die Beruhigung gemerkt hätte, aber es war der Instinkt, der ihn ruhiger atmen ließ.
Der kurze Lichtblitz, der seine Augen blendete, ließ einen leisen Schmerz bis in sein Gehirn dringen, förderte aber seine Aufmerksamkeit. Dann hörte er die Worte: „Er wird wach."

„Er schläft auch gleich wieder. Es ist sowieso sein letzter Weg."
Immer noch wie paralysiert, musste er die Umquartierung in einen Bodybag klaglos über sich ergehen lassen. Trotz seiner prekären Situation lächelte er gequält, als er sich die Frage stellte, ob die Entführer einen gebrauchten Bodybag genommen hatten.
Schnell und professionell hatten sie ihn umgeladen, dabei achtete die Bande nicht darauf, ob sie ihn verletzten. Das Umladen in den Bodybag, erledigten sie im Transporter, dann legten sie ihn, in dem neuen Transportmittel, in einen Sarg, und Bernd stellte befriedigt fest, dass er jetzt wesentlich weicher lag, dann hörte er noch: „Stellt das Gas an."
Die drei Atemzüge merkte der Profiler schon nicht mehr, als er in eine wohlige Ohnmacht fiel.
Das Summen in seinem Gehirn schwoll zu einem Orkan an, als Bernd Rassmussen langsam wieder in die Wirklichkeit zurücktrudelte. Gewaltige Kopfschmerzen, die von einem Brechreiz begleitet wurde, zwangen ihn die Augen zu öffnen. Nach Luft schnappend, hörte er nur die

Worte: „Ich dachte schon, er wäre hinüber, und ihr Idioten hättet ihm eine zu hohe Dosis gegeben."

Immer noch verschwommen, erkannte der Entführte nichts, als ihn eine helle Lampe in die Augen schien, um seine Pupillenreaktion zu testen. Langsam wurde sein Blick etwas klarer, und er nahm sein Umfeld in Umrissen wahr.

„Monsieur, er ist gleich soweit."

Außerhalb des Sichtfeldes des Profilers, hörte er wieder dieselbe Stimme, die er schon einmal gehört hatte: „So, ihr verschwindet wieder, nehmt den Sarg mit, den Bodybag lasst ihr draußen liegen. Ich melde mich wieder. Abegail, du hilfst dem Doc, und du bleibst auch hier."

„Ja, Monsieur."

Bernd hörte das Quietschen einer schweren Tür. Er konnte aber die eine genannte Person nicht sehen, die sprach. Langsam kamen seine Körperfunktionen zurück, und er hatte den Geruch von heißem Öl in der Nase.

Er lag auf dem Rücken. Auf ein grob gehobeltes Brett hatten sie ihn gelegt, die Arme waren über dem Kopf zusammengebunden. Aus dem Augenwinkel erkannte er den Sarg mit dem Bodybag, der gerade angehoben wurde.

„Und, verdammt noch einmal, ölt diese scheiß Scharniere, das Geräusch tut einem ja richtig weh."

Dann wandte sich die Stimme an den Arzt.

„Doc, wie weit ist er? Ich habe nicht Lust die ganze Zeit in diesem scheiß Loch zu verbringen."

„Es ist gleich soweit, Monsieur Snider."

„Doc, du wiederholst dich."

Bernd, der mittlerweile wieder ziemlich klar sehen konnte, sah sich die Wände genauer an und resümiertem, dass es ein ziemlich altes Gemäuer sein musste.

„Ja, Herr Rassmussen, mir entgeht es nicht, dass Sie immer wacher werden. Jetzt möchten Sie gerne wissen, wo sie sind."

Bernd versuchte zu sprechen, aber nur ein Krächzen kam über seine Lippen.

„Gib ihm etwas zu trinken, er hat mir etwas zu sagen." Sofort gab der Mann, der als Doc bezeichnet wurde, Bernd einen Schluck Wasser zu trinken. Der Profiler nahm einen langen Schluck und ließ es in kleinen Portionen durch seine ausgedörrte Kehle rinnen. Geduldig wartete der Mann, der ihm jetzt gegenüberstand und ihn maliziös anlächelte. Dabei strich er mit seinen frisch manikürten Händen leicht über sein schon schütteres Haupthaar.

„Ja, Herr Rassmussen, da staunen Sie, mich gibt es noch."

Bernd dachte angestrengt nach und allmählich lichtete sich der Vorhang in seinem Gedächtnis und er erkannte den Vorsitzenden der IPA, Robert Paul Snider.

„Von den Toten auferstanden, Mr. Snider?"

„So hat man mir von Ihnen erzählt, immer einen sarkastischen Scherz auf den Lippen."

„Wir sind in Frankreich?"

„Richtig, Herr Rassmussen, im Chateau de Vic sur Aisue, es wird ihr letzter Aufenthaltsort auf Erden sein. Dafür verbürge ich mich."

Bernd, der wohl begriffen hatte, was der Mann sagte, ließ sich aber davon nicht beeindrucken. Sein Gehirn arbeitete schon wieder mit einer gewissen Präzision. So begann er eins und eins zusammenzuzählen.

„Da ich ja nicht mehr viel zu erwarten habe, erzählen Sie mir bitte, wieso und warum ich hier bin, und wieso sie leben und eigentlich wesentlich jünger aussehen, wie Ihr Double?"

„Tja, Herr Rassmussen, Sie haben, ohne es zu wissen, mit einem einzigen Schachzug unser Projekt in Montreal zum Einsturz gebracht. Das zeichnet Sie wirklich aus, und macht Sie ungemein gefährlich. Als Profiler wissen Sie ja auch, dass Personen, die mit ihrem Instinkt arbeiten und auch dabei noch erfolgreich sind, äußerst gefährlich sind. Wir wollten alle Profiler umbringen. Aber im Endeffekt ging es nur um Sie und die vier anderen, die Sie versteckt haben, und da sind wir schon bei der Sache. Meine Auftraggeber wollen wissen, wo diese vier Profiler sind, und meine Aufgabe ist es, diese Orte aus Ihnen herauszukitzeln. Dann kommen wir zur zweiten Frage. Doc, beantworten Sie diese Frage, Sie können das fachlich besser."

„Danke, Monsieur Snider."
Der Arzt machte eine Kunstpause und begann dann: „Tja, Herr Rassmussen. Was wissen Sie über Zellklonisierung und Mutagenese?"

„So gut wie nichts, Doc."
„Die Mutagenese ist die Erzeugung von Mutationen im Erbgut von Lebewesen, hier im speziellen von Menschen. In der biologischen und medizinischen Forschung sowie in der Züchtung wird die Mutagenese eingesetzt, um bestimmte Eigenschaften zu erreichen. Zell-Klonierung ist die Methoden zur Gewinnung identischer DNA. Es ist die Voraussetzung für das Klonen. Das Ziel des Klonens ist, die Herstellung genetisch identischer Organismen, so beschränkt sich die moderne Klonierung auf die exakte Herstellung identischer Moleküle der DNA. Wenn Sie verstehen, was ich meine", kam noch als letzter Satz, der

seine Stellung als Forscher in einer arroganten Weise unterstrich.

Überheblich schauten die beiden Männer den Profiler an.

„Wie habt ihr das mit dem zweiten Snider in Montreal hinbekommen?"

„Wieso, das verstehe ich nicht", erwiderte Snider.

Bernd dachte kurz nach, entweder stellte er sich dumm, oder er wusste wirklich nichts.

„Snider, wenn sie der richtige Snider sind. Ich hatte so eine Ahnung, so haben wir zwei DNA-Tests machen lassen. Einmal vom Gesicht und einmal vom Körper. Was war das Ergebnis? Zwei verschiedene DNA in einem Körper."

Snider und der Arzt schauten ihn entgeistert an.

„Intuition ist der Zauber des Profilers. Ich wusste, dass Sie gefährlich sind, Herr Rassmussen. Die ganzen Dossiers über Sie, sah ich als übertrieben an. Ich muss meine Meinung ändern."

Das Gespräch lief ab wie unter Freunden, in einem leisen und freundschaftlichen Ton. Trotzdem merkte jeder die Schärfe, die diese Unterhaltung mit sich brachte. Für Bernd ging es darum, Zeit zu gewinnen und seinen Gegner so zu reizen, damit er weitere Informationen preisgab.

„Wie haben Sie es geschafft, dass zwei verschiedene DNA zusammenpassen?"

„Ein komplizierter Vorgang, der mit der Methode CRIPS zusammenhängt, die sogenannte Genschere."

„Was ist Ihr Lohn, Snider?"

Jetzt lachte Snider schon fast hysterisch: „Schauen Sie mich an, Herr Rassmussen, ich werde von Tag zu Tag jünger. Das ist ewiges Leben."

„Erklären Sie mir das bitte, Snider."

„Die Firma, für die ich arbeite, arbeitet an vielen Fronten und ist sehr erfolgreich dabei. Wenn da nicht die Ethikkommission der UN wäre, die viele dieser Techniken verbietet. Dabei ist es die Zukunft. Sagt Ihnen die Rote Königin Hypothese etwas, Herr Rassmussen?" Bernd schüttelte nur verneinend den Kopf.

„Es ist aus dem schönen Märchen Alice im Wunderland."
Eine evolutionäre Veränderung ist notwendig, nicht um die Angepasstheit zu erhöhen, sondern um sie überhaupt aufrecht zu erhalten, genauso wie Alice und die Rote Königin rennen mussten, so schnell sie konnten, ohne irgendwo anzukommen. Wir erwarten daher, dass in stabilen Habitaten im Laufe der Zeit Angepasstheit erreicht wird und daher ein evolutives Gleichgewicht vorherrscht. So ein Gleichgewicht wird jedoch durch die Evolution bei anderen Arten gestört, so dass physikalische Stabilität nicht zwangsläufig ein evolutives Gleichgewicht fördert. Aber kommen wir zu dem Märchen: Wenn Alice später darüber nachdachte, kam sie nie dahinter, wie alles angefangen hatte: alles, woran sie sich erinnern konnte, war, dass sie Hand in Hand rannten und dass die Königin so schnell lief, dass sie alles geben musste, um mitzuhalten. Und trotzdem schrie die Königin ständig: „Schneller! Schneller!" Aber Alice hatte das Gefühl, dass sie nicht mehr schneller rennen konnte, dabei bekam sie nicht mehr genügend Luft, um es der roten Königin zu sagen. Das Seltsamste dabei war, dass die Bäume und die anderen Dinge in der Umgebung nie ihre Position änderten, wie schnell sie sich auch immer bewegten, sie schienen nie irgendetwas überholen zu können. „Ich frage

mich, ob sich alle Dinge mit uns bewegen“, dachte die verwirrte Alice. Und die Königin schien ihre Gedanken zu erraten, da sie schrie: „Schneller! Versuche nicht zu reden! Hier siehst du, musst du so schnell rennen, wie du kannst, um auf derselben Stelle zu bleiben. Wenn du woanders hinwillst, musst du zweimal so schnell rennen!“
Das ist der ausschlaggebende Satz, Alice ist nicht doppelt so schnell gelaufen, sie hat einen Sprung gemacht und damit ihre Umgebung verlassen, sie hat sich in die Zukunft bewegt. So ist es auch mit der Forschung in Sachen Zell-Klonierung, Mutagenese, maßgefertigte Promutagenese und, und, und. Unsere Firma hat den Sprung geschafft und hat die physikalische Stabilität hinter sich gelassen und ist in der Zukunft gelandet.“

„Das erklärt aber nicht, warum Sie jünger werden, Snider.“

„Genau das erklärt es, Herr Rassmussen. Man muss frühzeitig die Abfallprodukte des Körpers attackieren, die sich über den Stoffwechsel angehäuft haben und die dem Körper das Leben schwer machen. Dadurch bringt man einen 60- jährigen in den biologischen Zustand eines 30-jährigen. Das wiederholt man alle 30 Jahre.“

„Unmöglich“ zweifelte Bernd Rassmussen.

„Sagen Sie das nicht“, verbesserte Snider den Profiler: „Theoretisch gibt es sogar mehrere Möglichkeiten. In der unter dem Brustbein sitzenden Thymusdrüse trainiert und sortiert das Immunsystem seine Abwehrzellen aus. Nach dem Jugendalter verkümmert sie und verwandelt sich langsam in Fettgewebe. Was jemanden dann nicht nur anfällig für Krebs, Entzündungen und Infekte macht, sondern auch noch Autoimmunreaktionen fördert, die den eigenen Körper bekämpfen. Es ist uns gelungen, den

Verfall der Thymusdrüse zu stoppen und sogar den Vorgang des Verfalls rückgängig zu machen. Somit ist die zentrale Rolle des Körpers zu altern, gestoppt. Hier sehen Sie das Ergebnis."

Snider breitete gut gelaunt die Arme aus und lachte den Profiler an. Während Snider weiter sprach, hatte Bernd die Umgebung beobachtet. Da er flach lag, konnte er nicht viel sehen, aber er bemerkte, dass es ein runder Raum, aus grob behauenem Stein lag, an dessen Wand sich mehrere Nischen befanden, die mit modernen Lampen bestückt waren, die den Raum voll ausleuchteten. Neben ihm, auf einem Serviertisch, lagen verschiedene Spritzen und Skalpelle. An einer Wand stand ein großer, mit glühender Holzkohle gefüllter Gitterkorb, in dem mehrere mittelalterliche Werkzeuge steckten, die durch die Hitze glühten. Außer Snider und ihm, waren noch der Doc, Abegail Simon und ein grobschlächtiger Legionär im Folterkeller.

Snider hatte Bernd Rassmussen beobachtet und grinste gehässig: „Na, Herr Rassmussen, sind Sie die Chancen am Ausrechnen, wie Sie hier verschwinden können? Aber machen Sie sich keine Gedanken, ab der Grenze verliert sich Ihre Spur. Sie kommen hier nicht mehr heraus."

„Was soll dann das ganze Procedere, Snider? Sie wollen wissen, wo die anderen vier Profiler sind. Das werden Sie von mir nie erfahren."

„Herr Rassmussen", bemerkte Snider mitleidig: „Sie haben es hier mit Leuten zu tun, die in die Zukunft planen. Das Projekt Profiler gehört genauso dazu, wie die anderen Projekte, von denen ich Ihnen erzählt habe. Die wissen genau, durch ihre Verbindungen in die höchsten Stellen, was für Aufträge sie bekommen. Es war damit zu rechnen, dass Ihr Freund, Dr. Georg Bauer, den Auftrag bekommt, unsere Organisation zu zerschlagen. Und so war es auch, so haben wir schnell, aber ich muss zugeben, überhastet reagiert, was uns in der Zukunft nicht mehr passieren wird."

„Warum gerade dieser Ort?"

„Ich bin Nostalgiker, ich liebe das Mittelalter, die Burgen, die Kämpfer, die Gerechtigkeit, die Foltertechniken, und da werden sie es mit mir zu tun bekommen."

„Eine Frage hätte ich da noch, Snider. Sie sind kein Profiler?"

„Richtig, Herr Rassmussen. Die Planer haben mich in diese Position gehievt. Ich war zwar Polizist, mit einem gewissen Hang zur Verselbstständigung, aber mehr auch nicht. Die Voraussetzungen waren für die Planer eben exzellent, und ich durfte mein Naturell ausleben und bin hier gelandet."

Die anderen hatten sich, während Snider sprach, nicht bewegt. Bernd merkte, dass sie Angst vor dem Dämonen in Snider hatten. Dann kam auch die messerscharfe Anweisung: „Zieht ihn aus und bindet ihn."

An Bernd gewandt, wieder mit der Stimme eines Lammes: „Sie wissen, Mr. Rassmussen, nackte Menschen sind in sich verletzlicher, wie angezogene? Es wird auch bei Ihnen so sein."

Der Doc und Abegail machten sich daran, mit den Skalpellen die Kleidung des Profilers vom Körper zu schneiden. Abegail, die das Hemd von der Schulter des Profilers schnitt, sah das eigenartige Tattoo und fragte neugierig: „Was ist das für ein Zeichen, Herr Rassmussen?"

„Das ist das Zeichen der Inagawa-kai, eine Untergruppe der vier großen Yakuza Familien in Japan. Sie wissen, was Yakuza sind?"

Sie fuhr leicht mit dem Finger über das kleine Tattoo: „Ich dachte immer, Yakuza sind am ganzen Körper tätowiert."

„Das sind sie auch, Abegail. Ich gehöre auch nicht den Yakuza an. Ich habe einmal einem ihrer Bosse einen Gefallen getan, was ihm das Leben gerettet hat, so wurde ich zu einem Ronin, ein Samurai ohne Herrn. Er verpflichtete sich damit, wenn ich von fremder Hand getötet werde, alle die, die mit meinem Tod zu tun haben, auszulöschen. Sie wissen, was das für Sie bedeutet?"

„Sie wollen mir Angst machen, Herr Rassmussen?"

„Viel schlimmer, Abegail, du hast Angst."

„Was erzählen Sie da, Herr Rassmussen. Yakuza? Abegail, lass dir keine Angst einjagen. Bindet ihn fest, dann zieht den Ring hoch und präpariert ihn so weit, dass er die Nacht hängen kann."

Abegail, der Doc und der Legionär beeilten sich, den Anordnungen Sniders nachzukommen. Der Legionär, der anscheinend keinen Namen hatte, nahm jeden einzelnen Finger der linken Hand, bog ihn auf und fesselte ihn mit einem dünnen Lederriemen an einen dicken Eisenring fest. Die Fesseln waren so stramm, dass Bernd den Arm um keinen Millimeter bewegen konnte, so verfuhr er auch mit der rechten Hand.

Langsam konnte sich Bernd vorstellen, was der ehemalige Polizist vorhatte. Nachdem Abegail und der Legionär mit dem oberen Teil fertig waren, banden sie eines dieser dünnen Lederbänder an dem dicken Zeh des rechten Fußes fest, befestigten das Band, indem sie es einfach um den Eisenring schlugen. Dann zum anderen Fuß weiterführten, aber vorher wiederum am Eisenring befestigten, um ihn dann am dicken Zeh des linken Beines festzuknoten. Dann erst lösten die beide die vier Eisenklammern, die die Arme und Beine in gespreizter Stellung hielten.

Wenn er dachte, es könnte nicht schlimmer kommen, irrte sich der Profiler, denn er konnte durch sein eingeschränktes Sichtfeld nicht sehen, dass eine starke Eisenkette zur Decke führte, die von dem vierschrötigen Legionär, über eine Kurbel gespannt wurde und so hob sich langsam der Ring und mit ihm der Profiler. Als der Ring endlich frei hing, rastete der Legionär die Kurbel ein.

„Hängt noch eine frische Gasflasche unter den Öl-Topf, das wird dann bis zum Morgen reichen. Er soll sich nicht beschweren, dass ihm kalt war."

Bernd merkte, wie er anfing zu schwitzen und der Mund trockener wurde. Er versuchte, die Finger zu bewegen, um etwas Durchblutung durch die Adern zu jagen, aber es gelang ihm nur eingeschränkt.

„So Doc, öffnen Sie seine Wunde und an der anderen Wade machen Sie dasselbe. Achten Sie aber darauf, dass er mir nicht über Nacht verblutet."

„Die Wunde wird sich nach einiger Zeit wieder schließen."

Der Arzt nahm sein Skalpell und öffnete mit einem schnellen Schnitt die geklammerte Wunde des Profilers. Dann zog er noch einmal das Operationsmesser durch die Wunde, um den schon zusammengewachsenen Teil wieder zu trennen. Sofort schoss das Blut an der Wade entlang, als der Arzt einige kleinere Adern durch schnitt. Bernd merkte den Schmerz, der aber nicht so heftig war, weil der Riss genau zwischen den beiden Bäuchen der Wade lag. Trotzdem knurrte er kurz auf.

Als der Arzt die andere Wade anfasste, spreizte er mit Daumen und Zeigefinger die Mitte der Wade und machte einen tiefen Schnitt über die Faszie der beiden Muskelbäuche. Auch hier schoss sofort Blut über seine Hände, um dann in einem schmalen Rinnsal weiter zu bluten und über das Lederband auf den Boden zu tropfen.

„Wohl Chirurg gewesen, Doc", bemerkte der Profiler aus zusammengepressten Zähnen.

„Eigentlich Forscher, aber schneiden mache ich auch ganz gerne."

„Verschwindet jetzt."

Bernd sah die Anwesenden, wie sie aus der Folterkammer verschwanden und Snider stellte sich vor ihn und sagte fast zischend: „Herr Rassmussen, ich will nur wissen, wo sich die anderen Profiler befinden. Bis morgen werden Ihnen die Finger abgestorben sein. Ach ja, dann haben wir noch Ratten hier. Ich sage Ihnen, die mögen Menschenfleisch. Sie können auch schreien, der Raum ist schalldicht verbaut. Ich habe dafür gesorgt, dass Sie nicht frieren", dabei deutete er auf den großen Topf mit Öl.

Ohne sich weiter um seinen Gefangenen zu kümmern, drehte sich Snider um, ging um den Profiler herum und verschwand.

Kurz danach kam der Legionär wieder herein, wechselte die Gasflasche aus und verschwand, ohne ein Wort gesagt zu haben.

Der Legionär hatte die Flamme etwas höher gestellt, so dass auch das Öl wärmer wurde. Der Dampf, der dabei entstand, legte sich beißend auf die Augen des Profilers, der sie sofort schloss. Den Eisenkorb hatte er noch bis oben voll Holzkohle geschüttet, die auch sofort Feuer fing. Das Licht hatten sie ausgestellt, und so brannte nur noch die Notbeleuchtung und die Gasflamme, sowie die Holzkohle spendeten mäßiges Licht.

Bernd schossen die merkwürdigsten Gedanken durch den Kopf, dabei blieb er an einem Bild von Leonardo da Vinci hängen, den vitruvianischen Menschen. So sah er sich, nackt, Arme und Beine gespreizt. Er schob die Bilder, die ihn in dieser qualvollen Situation begleiteten, auf die vermehrte Hormonausschüttung, die die Schmerzen verursachten.

Von den Anstrengungen des Tages gezeichnet, nickte er immer wieder ein. Dazu kam noch der Blutverlust über die beiden Wunden, von denen er nicht wusste, ob sie sich schon wieder geschlossen hatten. Allmählich nahm das Taubheitsgefühl in den Fingern zu und verstärkte sich noch durch einen merkwürdigen ziehenden Schmerz. Der Profiler wusste nicht, wieviel Zeit inzwischen vergangen war. Waren es Minuten, waren es Stunden? Als ihn ein leises schabendes Geräusch aufschrecken ließ. Zuerst sah er nur den leisen schnellen Schatten, und er hatte Mühe, ihm mit den Augen zu folgen. Dann blieb dieser kleine schnelle Schatten stehen und Bernd analysierte eine fette Ratte, die in keiner Weise Scheu vor dem vor ihr hängenden Mann zeigte. So saß dies kleine Tier vor dem großen Mann, schaute ihn aus den kleinen Knopfaugen an, bewegte seine Nase und putzte sich. Fasziniert schaute der Profiler den kleinen Nager an und überlegte, wie er ihn sich zunutze machen konnte. Dann nahmen die Ereignisse ihren Lauf, ohne dass der Mann aus Deutschland Einfluss nehmen konnte, begann der kleine Nager sein Werk.

Mag sein, dass die blut- und schweißdurchtränkten Riemen, die die Beine auseinanderhielten, ein Leckerbissen für das kleine Tierchen waren, jedenfalls begann es sofort daran zu nagen. Der Profiler verhielt sich regungslos, um den kleinen Retter nicht zu verjagen, dann spürte er den erleichternden Ruck, der anzeigte, dass der Riemen durchgenagt war. Mit einigen schnellen Beinbewegungen löste der Profiler die Lederriemen vollends von der Eisenstange, und so hingen die Beine nach langer Zeit erstmals nicht mehr in gespreizter Haltung. Der kleine Retter hatte sich schon davongemacht und stand jetzt vor dem Loch, aus dem es gekommen war. Es schaute sich noch einmal um, und Bernd hatte das Gefühl, dass das kleine Tier genau wusste, was es gemacht hatte.

„Jetzt nur ruhig bleiben", flüsterte er zu sich selbst. Dann nahm er alle Kraft zusammen, hob die Beine, und hangelte sie über die gebogene Eisenstange. Damit konnte er das erste Mal seine Finger entlasten und sofort schoss das Blut durch die leeren Gefäße. Bernd musste sich zusammenreißen, weil der dadurch entstehende Schmerz, ihn zu übermannen drohte. Dann kehrte aber wollige Wärme in die Finger zurück.

So hing er eine Weile und genoss das Leben in seinen Fingern.

Keinen Laut verursachend, beugte er sich zu seiner rechten Hand und nagte, wie die Ratte vor ihm, Lederriemen für Lederriemen durch, bis seine rechte Hand frei war.

Ein warmes Glücksgefühl übermannte ihn, als er mit der freien Hand, die Riemen an der anderen Hand löste, dann hangelte er sich vorsichtig nach unten und wäre beinahe in sich zusammengeklappt, als seine Füße den Boden berührten.

Vorsichtig ging er ein paar Schritte, bis sich seine Muskulatur wieder an die Bewegung gewöhnt hatte. Dann prüfte Bernd, wie warm das Öl war und steckte die Hände in das fast heiße Gebräu. Zuerst Schmerzen, dann wohltuende Wärme durchströmten seine Hände und die Muskulatur bedankte sich, indem er die Finger fast schmerzfrei bewegen konnte.

Er wischte die Hände an seinem zerfetzten Hemd ab und schaute sich die beiden Wunden an, die mittlerweile aufgehört hatten zu bluten. Dann nahm er die Operationspflaster, die unter dem Serviertisch lagen, drückte die Wunden zusammen und fixierte sie mit den Pflastern.

Der trockene Mund erinnerte ihn daran, dass er unbedingt Flüssigkeit zu sich nehmen musste. Bernd sah sich suchend im Kerker um und fand in einer Ecke drei Wasserflaschen, von denen nur eine halbleer war. Es war dieselbe Flasche, aus der er zu trinken bekommen hatte. Er öffnete sie und trank sie leer, dann widmete er sich erst dem Raum. Er sah sich die Tür an, die nach innen aufging und fixierte sie mit einer Holzbank, so dass er von der Seite nicht mehr überrascht werden konnte.

Dann schaute er sich nach Waffen um, das einzige, was er fand, waren zwei Skalpelle und eine handliche Kette.

Jetzt endlich, seiner Nacktheit bewusst, sah er sich nach seiner Kleidung um. Die Shorts konnte er vergessen und die Hose hatten sie an den Seiten aufgetrennt und den Gürtel vorher entfernt. Bernd fädelte den Gürtel wieder in die Schlaufen und zog dann die Hose an. Stück für Stück fühlte er sich besser, und er merkte die zurückkehrende Energie, die durch seinen Körper strömte. Zwar müde, aber aufmerksam, sichtete er jetzt den Raum nach der zweiten Tür. Da der Bereich zum Suchen eingeschränkt war, hatte er sie schnell gefunden. Sie war schmal und ließ sich durch einen einfachen Mechanismus bewegen. Dahinter führte eine schmale Wendeltreppe in die Höhe. Bernd sah vom zentralen Punkt der Treppe aus in die Höhe und konnte das Ende der Treppe nicht ausmachen, weil an der Spitze der Treppe die letzten Lampen defekt waren. Was er aber sah, waren vier Podeste, die von der Wendeltreppe zu der inneren Mauer führten. Bernd dachte nach, es schien, dass der Folterkeller tief im Erdboden eingelassen worden war und sich dann die Stockwerke aneinanderreihten. Das erste Podest war somit Parterre, dazu hatte das Schloss noch drei weitere Stockwerke.

Er war sich im Klaren darüber, dass er mit den Verletzungen an den Waden keine größeren Exkursionen wagen konnte. Es musste alles schnell gehen, wenn er hier noch einmal hinauswollte und inwieweit Hilfe da war, konnte er nicht wissen. Schnell hatte er sich entschieden, nahm ein Skalpell in die linke Hand und die Kette in die rechte Hand.

Mit den vielen Wunden am Körper, hätte ihm kein Gegner große Chancen zugesprochen, aber es ging um das Leben des jungen Profilers. So hatte er sich für das Parterre entschieden, um so schnell wie möglich aus dem Schloss herauszukommen. Mühsam stieg er die Stufen zum ersten Podest hoch, nach kurzem Suchen hatte er das kleine Loch entdeckt, aus das man hinaussehen konnte. Ein kurzer Blick genügte ihm, um festzustellen, dass die Geheimtür zum Flur führte. Im Flur, der zur Eingangstür führte, saß der vierschrötige Legionär, der schon mit ihm im Keller war, auf einem Stuhl und schlief. Bernd schaute weiter zur Tür und sah durch die Scheibe der Eingangstür, dass es mittlerweile tiefe Nacht sein musste. Also war er schon einige Stunden in dem Schloss.

Der Profiler sah ein, dass er da nicht weiterkam und auf einen Kampf konnte er sich im jetzigen Zustand nicht einlassen. So begab er sich langsam ein Stockwerk höher. Der Blick durch das schmale Loch, ließ ihn grinsen. Es war Sniders Schlafzimmer, der im Bett lag und von Abegail eingeritten wurde. Das ekstatische Stöhnen beider Probanden zeigte Bernd an, dass sie bald zum Schluss kommen mussten. Es gab zwei Möglichkeiten, warten bis sie eingeschlafen waren, oder den Höhepunkt mit den beiden zusammen erleben. Bernd entschied sich für die zweite Variante, da er nicht sicher war, dass er bei der ersten Variante nicht zuerst einschlafen würde.

Der Profiler überlegte sein Vorgehen und entschied sich für einen direkten brutalen Angriff. Abegail hatte ihm ihren Rücken zugewandt, so konnte Snider sein Kommen nicht sehen. Er nahm die Kette in der rechten Hand, kurz, so, dass sie vier 40 Zentimeter lange Schlaufen bildeten, die linke Hand hielt das Skalpell.

Bernd wartete, bis er meinte, dass Snider kurz vor dem Höhepunkt war, dann öffnete er die Tür. Der Profiler, wusste später nicht mehr, was Abegail dazu veranlasste sich umzudrehen, er nahm an, dass es der kalte Luftzug war, der durch das Öffnen der Geheimtür entstand. Jedenfalls war er mit wenigen Schritten beim Bett, als Snider die Augen aufriss, und die Pupillen sich erschreckt erweiterten. Es musste Snider vorkommen, als ob der Teufel vor ihm stand, mit nacktem Oberkörper, die Hose

zerfleddert, humpelnd, den Körper voller kleiner
Wunden, fixiert auf den nackten Körper seines Gegners.
Snider versuchte, sich noch umzudrehen, um die Waffe,
die sich unter dem zweiten Kopfkissen befand, zu greifen.
Da sah er erst die vierschlaufige Kette, die auf seinen
Kopf niederfuhr. Er schaffte es nicht mehr, den Arm zur
Abwehr zu heben, als die Kette mit aller Wucht seinen
Kopf traf.
Wie im Unterbewusstsein hörte Bernd das Brechen des
Nasenbeins und der Jochbeine. Snider schaffte es gerade
noch, seinen Mund aufzureißen, als die Ohnmacht ihn
erreichte. In diesem Moment fühlte Bernd Rassmussen
eine innere Befriedigung, die ihn einen Moment
innehalten ließ. Diesen Moment nutzte Abegail, die
immer noch das Geschlecht des anderen Mannes in sich
hatte und schrie.
Es war ein unbewusster, aber tausendmal geübter Schlag
mit der Handkante, den Abegail verstummen ließ. Ein
leichter Handkantenschlag gegen die Halsschlagader ließ
die Blutzufuhr zum Gehirn für einen kurzen Moment
unterbrechen und auch sie ins Land der Träume
schickten.
Aber dieser spitze Schrei langte, um die restlichen
Bewohner des Schlosses zu wecken. Überall ging das
Licht an, und viele Stimmen waren zu hören. Noch war
der Profiler nicht beunruhigt, aber als er durch den
Treppenteppich gedämpfte stampfende Schritte kommen
hörte, erfasste ihn eine eiskalte Ruhe. Er wusste, wenn er
das Schlafzimmer nicht verteidigen konnte, war er
schneller wieder in der Folterkammer, wie er seinen
Namen sagen konnte. So griff er unter das zweite
Kopfkissen und beförderte zu seiner Erleichterung eine

Walther PPK hervor. Ein Handy, auf der anderen Seite des Nachttisches, nahm er nur im Unterbewusstsein wahr, als der mächtige Schatten des Legionärs zu sehen war. Dann bog der Mann, einen 45 er Colt im Anschlag, um die Ecke und schoss sofort.

Bernd, der sich gerade wieder aufrichtet hatte, wurde von Snider, den das schwere Geschoss des 45er Colts aus der kurzen Entfernung, welches sich dann mit einem schmatzenden Geräusch in seinen Eingeweiden platzierte und den Mann zurückwarf, getroffen. Von der Wucht der schweren Kugel, wurde er nach hinten geworfen, als schon das zweite Geschoss, aus dem Colt, den Mann in den Rücken traf.

Der Profiler, der die Walther PPK kannte, ließ keinen dritten Schuss mehr zu, mit einer fließenden Bewegung, hatte er die Pistole in Anschlag genommen, entsichert und geschossen. Wie gegen eine Wand gelaufen, blieb der Legionär stehen, sein Colt löste sich aus seiner Hand und er fiel auf die Waffe. Das kleine runde Loch über seiner Nasenwurzel, gab nur einen kleinen Tropfen Blut frei.

Ein groteskes Bild lieferte der Moment. Der Legionär lag in der Tür, Abegail war auf den Boden gefallen und Snider lag über ihr. Das Bettzeug blutverschmiert, saß Bernd darauf und atmete erst einmal durch. Er wusste, dass er sich keine Pause gönnen durfte, so rappelte er sich wieder auf, ging um das Bett zu dem Handy. Schon hörte er wieder Schritte die Treppe heraufkommen. Sich wieder auf das Bett setzend, die Pistole im Anschlag rief er laut: „Jeder, der hier hochkommt, bekommt eine Kugel, also verschwindet.“

Er hörte nur ein zaghaftes: „Oui on comprend.“ (Ja, wir haben verstanden.)

Er hörte genau hin, ging die paar Schritte zur Tür und wagte einen Blick die Treppe hinunter. Im Flur standen einige männliche und weibliche Bedienstete und dazu ein paar finster dreinblickende Legionäre.

Bernd humpelte zurück zum Bett, aktivierte das Handy und rief Pauline an. Ohne eine weitere Erklärung abzugeben: „Pauline, ich bin im Chateau de Vic sur Aisue, holt mich hier raus, ich kann bald nicht mehr.“

„Wir sind gleich da, Schatz, halte durch. Lass das Handy eingeschaltet.“

Bernd war sich der Bedeutung der Worte bewusst, als er die Stimme des Arztes hörte: „Holt ihn da herunter, koste es, was es wolle.“

Bernd presste nur das altbekannte Wort zwischen den Lippen hervor: „Scheiße“, dann ging er zur Tür, nahm sich den Colt des Legionärs, atmete einmal durch, als er Schritte hörte, die die Treppe hinaufkamen. Mit einer schnellen kleinen Bewegung trat er aus der Tür, gerade so weit, dass er die zweite Hand, in der sich der schwere Colt befand, bewegen konnte. Beide Pistolen in der Hand, erfasste er die Situation in wenigen Sekundenbruchteilen und fing an zu feuern. Die vier Männer, die die Treppe heraufkamen, waren total überrascht, als sie den Mann, der eher aussah wie eine Vogelscheuche, auf dem Treppenabsatz hervortreten sahen, der dann ohne zu zögern anfing zu feuern.

Die vier Männer, die sich auf der Treppe gegenseitig im Weg standen, hatten keine Möglichkeit zur Reaktion und fielen von Kugeln getroffen, die Stufen wieder hinunter. Keine Sekunde zu früh, steppte der Profiler in seine Deckung zurück. Die plötzliche Bewegung erzeugte einen scharfen Schmerz in beiden Waden. Ein kurzer Blick genügte, um ihm aufzuzeigen, dass sich die Pflaster gelöst hatten und wieder eine klaffende Wunde entstanden war, die sofort anfing zu bluten. Wenn er leben wollte, hatte er keine Zeit auf die Befindlichkeiten seines Körpers zu achten, denn die Kugeln zweier weiterer Gegner pfiffen durch den Türrahmen.

Bernd kontrollierte die Anzahl an Patronen, die er noch zur Verfügung hatte. Er hatte zwar mitgezählt, aber er wollte sichergehen. Beim Colt war es noch ein Schuss, und die Walther hatte noch sieben Patronen im Magazin. Acht Schuss insgesamt, und er hatte vor, nicht eine zu vergeuden.

Der intensive Beschuss hatte aufgehört, und Bernd hörte die gehässige Stimme des Arztes, der ihn provozieren wollte: „Na, Herr Rassmussen, wieviel Schuss haben Sie noch?“

„Für Sie ist noch eine Kugel im Magazin.“

Der Profiler merkte, dass er es bei dem Arzt mit einem gefährlichen Mann zu tun hatte, was ihm bei der ersten Analyse entgangen war.

„Sie sind ein harter Knochen, Herr Rassmussen, dass aber in der Form aus Ihrem Dossier nicht hervorgeht. Außerdem gibt es ungewöhnlich wenig, was man über Sie weiß. Ihnen ein Angebot zu machen, ist für uns wohl nur eine Illusion. Ich nehme an, dass Snider tot ist. Wenn Sie sich ergeben, Herr Rassmussen, verspreche ich Ihnen, dass sie nicht mehr auf das Rad kommen.“

Der Arzt, dessen Namen der Profiler nicht kannte, hatte ohne einen Anflug von Emotionen gesprochen. Kalt, präsent und in einer Art berechnend, zeigte er seine Gefährlichkeit auf der psychischen Basis und war damit genau das Gegenstück zu Snider.

Langsam regte sich Abegail wieder, die aber immer noch eingeklemmt unter dem toten Körper Sniders lag.

„Abegail, Sie bleiben da liegen, wo Sie sind, sonst sind Sie schneller Tod, wie Sie den nächsten Atemzug gemacht haben."

Ohne eine Antwort abzuwarten, konzentrierte sich Bernd Rassmussen wieder auf den Doc: „Ah, Abegail lebt noch, haben Sie die beiden gerade beim Vögeln erwischt? Ich hoffe, Snider hatte vor seinem Tod noch einen Höhepunkt", meckerndes Lachen folgte den gehässigen Worten: „Aber kommen wir zur Sache, Rassmussen."

Bernd merkte wohl, dass der Mann das Herr weggelassen hatte und war gespannt, was folgen würde. Er musste nicht lange warten. Ein spitzer Schrei zerriss den Raum, und in dem Moment war dem Profiler klar, wie der Arzt reagieren wollte.

„Ich habe hier eins der Zimmermädchen. Sie wissen, was passiert, wenn sie nicht herauskommen?"

„Es stellt sich die Frage: Was passiert mit den Zeugen, wenn ich herauskomme, Doc?"

„Beantworten Sie die Frage selbst, Rassmussen."

Bernd merkte die Spannung in der Stimme des Arztes, und er wurde seinem Ruf als Spieler gerecht.

„Also, Doc, ich habe da unten sieben Zivilisten gezählt. Ist es das, was Sie wollen?"

„Herr Rassmussen, vielleicht langt ja auch eine Leiche und die anderen nehmen wir zu Versuchszwecken mit zu Snider."

„Netter Versuch, Doc. Haben Sie schon einmal jemanden umgebracht, nicht im OP, sondern wissentlich und zugesehen, wie er ausblutet? Es zu machen ist etwas anderes, als es nur zu sagen."

„Herr Rassmussen, Sie wollen Zeit schinden, aber nicht mit mir."

Bernd merkte den Stress in der Stimme des Mannes und wollte gerade noch ein paar Worte dazu sagen, als ihnen allen die Entscheidung abgenommen wurden. Der junge Profiler hörte nur wie das Glas zersprang und das leise Ploppen von Schalldämpfern und die darauffolgende Geräusche von hinfallenden Körpern. Darauf folgte die etwas gehetzte Stimme von Pauline: „Bernd, wo bist du?" Erleichtert machte der Profiler einen Schritt nach vorne, um auf den Treppenabsatz zu kommen und sah am Fuß der Treppe seine Mannschaft, mit Leuten vom Einsatzkommando der französischen Polizei. Den Arzt hatten sie mit einem Kopfschuss eliminiert, während drei andere Legionäre verbunden wurden, um dann abgeführt zu werden.

Bernd hatte sich erschöpft auf die erste Stufe gesetzt, als Pauline ihn erreichte und ihn entsetzt ansah, um ihn dann in den Arm zu nehmen.

„Was haben Sie mit dir gemacht, Schatz?"

„Eine lange Geschichte, Pauline", dann deutete er hinter sich: „da sind noch mehr."

„Hast du das alles allein angerichtet?"

In dem Moment kam Katharina durch die aufgebrochene Tür, das Scharfschützengewehr im Anschlag. Der Schuss kam fast aus der Hüfte und entledigte Abegail ihres Lebens, die immer noch nackt hinter den beiden gestanden hatte und eine weitere Pistole auf den Profiler gerichtet hatte.

Bernd, der schon alle Spannung aus seinem Körper genommen hatte, schrak zusammen, drehte sich um und sah den fallenden Körper.

„Hätte sie mal auf mich gehört und wäre liegen geblieben."

Dr. Karla Schmidt hatte die Pistole mit der Arzttasche ausgetauscht und war die zweite, die bei ihrem Chef eintraf. Mit einem kurzen Blick hatte sie die Situation erfasst: „Er muss sofort in den OP. Was haben Sie mit seinen Fingern gemacht?"

Bernd hörte das schon nicht mehr, er war an der Schulter seiner Freundin eingeschlafen. Karla gab ihm noch zusätzlich ein Sedativum, damit er keinen weiteren Stress mitbekam.

Schnell hatten sie einen Krankenwagen organisiert, der ihn in das nahegelegene Krankenhaus in Reims transportierte, wo Karla bei der OP assistierte.

Pauline blieb die ganze Nacht bei ihrem Freund, auch wenn er sich nicht in Lebensgefahr befand, aber durch den unruhigen Schlaf, den ihr Freund hatte, konnte sie merken, dass er versuchte, die letzten Stunden zu verarbeiten.

Früh morgens wachte er das erste Mal auf, sah seine Freundin am Bett sitzen, drückte ihre Hand und schlief wieder ein. Diesmal war der Schlaf erholsam und Pauline, die das merkte, setzte sich in den Sessel und schloss die Augen.

Die Nachtschwester, die morgens jedes Zimmer kontrollierte, schaute vor ihrem Schichtwechsel noch einmal ins Zimmer und schloss zufrieden lächelnd die Tür.

Dr. Karla Schmidt hatte mit dem Einsatzkommando und der Crew das Chateau durchsucht. Als sie fertig waren, übergaben sie das Chateau, für weitere Ermittlungen, an die zuständige Gendarmerie. Dann, hundemüde, aßen sie noch etwas und ließen den Tag bei einer guten Flasche Wein ausklingen, dabei legten sie den Schlachtplan für den nächsten Tag fest.

Monsieur Rousseau, der mit seinem Assistenten bei dem Essen und den vielen Flaschen Wein mit eingeladen worden war, befriedigte seine Neugierde mit vielen Fragen, die ihm bereitwillig beantwortet wurden.

„Mademoiselle Schmidt, ist das immer so, wenn bei Ihnen ein Fall abgeschlossen wurde?"

Karla Schmidt, schon in weinseliger Stimmung, schlug einen rauchigen Ton an und sagte, indem sie Monsieur leicht in die Wange kniff: „Nenn mich einfach Karla, Kommissar. Was für ein Fall? Wir haben noch gar keinen Fall. Die ganze Scheiße fing mit einem Lehrgang in Montreal an, und hat uns über eine Entführung und vielen Toten, hierhin geführt. Aber beruhig dich, mein kleiner Rousseau", dann stand die beschwipste Frau auf, hob das Glas und schrie: „Auf unseren Chef, Cheerio."

Alle standen auf, hoben ihre Gläser und schrien: „Auf unseren Chef."

Von all dem bekamen Bernd und Pauline nichts mit. Erst, als der Stationsarzt zur Visite kam, wachten die beiden auf und Bernd schaute verwundert um sich.

„Kann mir einmal jemand sagen, wo ich hier bin?"

„Tja, Herr Rassmussen, Sie wurden gestern Abend mit einem hohen Blutverlust hier eingeliefert. Außerdem hatten Sie zwei tiefe Schnitte im Wadenmuskel, von den Quetschungen an den Fingern und den vielen Schnittverletzungen sprechen wir gar nicht. Ein normaler Mensch müsste nach so einer Tortur physisch und psychisch betreut werden. Aber ich sehe, dass Sie eine exzellente physische und psychische Konstitution haben."

„Danke, Doc.“

„Danken Sie nicht mir, danken Sie ihrer Kollegin, Frau
Dr. Karla Schmidt, sie hat mir hervorragend assistiert.“

„Das macht sie immer, das ist nichts
außergewöhnliches, Doc.“

Den vorwurfsvollen Blick von Pauline übersah er und
grinste anzüglich.

„Doc, schmeißen Sie ihn raus, er lebt wieder.“

„Fräulein Chen, eine Woche sollte er schon noch
hierbleiben.“

Jetzt grinste Pauline und deutete mit dem Daumen auf
Bernd.

„Meine Waden, Doc, reißen die noch einmal auf?“

„Nein, wir haben zwei schöne Nähte gemacht. Ihre
Kollegin hatte schon so etwas angedeutet, dass Sie schnell
unruhig werden.“

In dem Moment klopfte es, und seine Crew, mit Georg
Bauer an der Spitze, stürmte das Krankenzimmer. Bernd
sah jeden einzelnen an: „Na, wohl etwas gefeiert?“

„Wir haben dir etwas mitgebracht.“

Jetzt roch Bernd die frischen Croissants und merkte, was
für einen Heißhunger er hatte.

„Her damit. Doc, mach meine Papiere fertig, ich bin
unter exzellenter medizinischer Beobachtung. Georg, was
willst du hier? Erzählt mir mal, wie ihr mich gefunden
habt.“

Während Bernd aß, erzählte Pauline, wie sie den
Entführern auf die Spur gekommen waren und dass das
Personal in einer Art Leibeigenschaft geführt worden war.
Den Besitzer des Schlosses hatte noch nie jemand zu
Gesicht bekommen. Die junge Frau endete damit, dass
der ganze Fall ziemlich dubios sei.

„Ich vermute, dass uns jemand zuvorkommen wollte, damit keine Task Force Einheit entstehen konnte, die mit Spezialisten nur so gespickt ist. Aber sie haben die Büchse der Pandora geöffnet", dann berichtete Bernd, was er von Snider erfahren hatte.

Es war still geworden im Raum, und die letzten Nebel der Nacht waren verschwunden.

Karl Weber schaute Georg Bauer, den Staatssekretär, auffordernd an und sagte: „Ich nehme an, dass wir damit einen Auftrag haben."

Georg Bauer, der immer etwas umständlich wirkte, räusperte sich, als er sah, dass alle Blicke auf ihm ruhten: „Die UN hat, bezugnehmend auf die Leistungen, die das Team in den letzten Fällen gezeigt hat, eine Anfrage gestartet."

„Georg, lass dir nicht jeden Wurm aus der Nase ziehen."

„Nicht so hektisch, Bernd. Also, die UN fragt die Bundesregierung, ob das Team in dem Fall ermitteln kann."

„Etwas präziser bitte, Georg."

„Es geht um zum Beispiel verbotene kundenspezifische Zell-Klonierung, Gensynthese, und den Aufbau einer Variantenbibliothek. Eben die ganze Palette die dazugehört."

Sie hatten alle aufmerksam zugehört, als Bernd das Wort ergriff: „Wir befinden uns mittendrin. Was für Ressourcen stehen uns zur Verfügung?"

„Ressourcen bis zum Horizont. Wir können aus dem Vollen schöpfen."

„Das ist doch mal eine Ansage. Was du noch nicht weißt, mein Lieber Georg, ich habe das Team erweitert.

Zum Team gehören jetzt vier weitere Profiler, die in einem Safe House untergebracht sind. Unser Team füttert sie mit Informationen, die sie in Ergebnisse verarbeiten und an uns weiterleiten. Danach richtet sich ein großer Teil unserer zukünftigen Vorgehensweise."
Dr. Karl Bauer unterbrach ihn: „Wofür hast du noch vier weitere Profiler engagiert?"

„Es sind die, die ein Zukunftsszenario planen können. Es sind genau die, die die Organisation von der Straße haben wollte. Dann möchte ich, dass Katharina und Louis in mein Team überstellt werden. Bei Katharina müssen wir sie selbst fragen, da sie ihr eigener Herr ist. Wie sieht es aus, Katharina?"

„Worin besteht meine Aufgabe, Bernd?"

„Wir haben es hier mit einer sehr gefährlichen Organisation zu tun, die sich jeden Killer leisten können, den es auf dem Planeten gibt. Du bist, mit dem Samurai zusammen, unser Schatten. Dafür wird dir der Samurai verschiedene Masken herstellen. Ihr bekommt alle erforderlichen Zusagen, euer Equipment in Flugzeugen zu transportieren. Euer Ansprechpartner ist Pauline und ich. Pauline, du regelst das mit dem Samurai."
Pauline nickte nur dazu und sagte: „Außerdem, jeder der in dem Team ist, bekommt ein Implantat, das wie ein Transponder arbeitet. Ich habe schon so etwas vorbereitet. Es wird nicht noch einmal passieren, dass wir einen Kollegen verlieren."
Bernd schaute jeden einzelnen an: „Fragen?", er wartete einen Moment: „Ok, keine. Außer Louis Katharina und Pauline, fliegen alle anderen wieder nach Flensburg. Ihr wertet die Daten aus, die wir bekommen haben. Ich möchte zu jedem einzelnen, die wir hier erwischt haben,

ein lückenloses Dossier haben, denn noch wissen wir nicht, mit wem wir es zu tun haben. Dann brauche ich Listen von Konzernen und Privatfirmen, die mit Zell-Klonierung und der ganzen Liste, die uns Georg gegeben hat, zu tun haben. Georg, du wirst mir eine Liste derer geben, über die die Informationskette, mit der du verbunden bist, läuft. Nutzt alle Informationsketten aus, die wir haben. Läuft eine dieser Informationsketten in ein medizinisches Forschungslabor, oder einen Pharmakonzern, lasst ihr die Finger davon. Das ist dann eine Aufgabe von Pauline."

Alle nickten nur. Sie kannten ihren Chef und wussten, dass er seinen Terrier-Charakter angenommen hatte. Er würde sich in den Fall verbeißen und nicht eher ruhen, bis das Wild zur Strecke gebracht worden war.

„Noch eines, die nächste Feier startet nicht ohne uns", dabei schaute er Pauline an und zeigte auf sich.

„Also, verschwindet. Ich bleibe noch einen Tag hier, und Pauline besorgt mir neue Kleidung. Wir wissen alle, dass die Bande schnell reagiert und ihnen ein Menschenleben egal ist, haltet eure Augen und Ohren auf."

Monsieur Rousseau hörte gebannt zu und versuchte den Profiler in ein Schema zu stecken, als er sah, dass Bernd ihn zu sich winkte. Das Krankenzimmer hatte sich gelehrt, Pauline hatte ihrem Freund einen Kuss gegeben und gesagt: „Louis passt auf dich auf, wir gehen für dich shoppen."

„Monsieur Rousseau, ich möchte mich für ihre Hilfe bedanken. Auch Ihnen und ihren Männern möchte ich raten, dass Sie sich lieber zweimal umsehen, bevor Sie eine Straße betreten. Ich weiß nicht, ob das Wort Rache im

Wortschatz der Bande enthalten ist. Was Sie heute hier gehört haben, haben Sie nicht gehört und uns gibt es nicht. Aber wenn Sie einmal Amtshilfe brauchen, dann wenden Sie sich an meine Kollegin Pauline.“

Drei Jahre zuvor

Professor Doktor William Carlson war Dozent an der Elite Universität in Oxford. Jung und dynamisch, nicht den Anspruch des elitären Establishment in sich aufnehmend, hatte er den Auftrag des Universitäts Direktors bekommen, eine programmatische Rede vor einem Publikum zu halten, welches man als ausgewählt bezeichnen konnte. Die Spende, die die Gönner der Universität zukommen ließen, war nicht unerheblich und wurde von einem Honorar für Professor William Carlson begleitet, was das Zwölffache seines monatlichen Professorengehaltes betrug. Eine stolze Summe, für die man schon einmal eine weite Reise nach Dubai auf sich nahm.

Professor Doktor William Carlson war ein begnadeter Redner und in der Lage, sein Publikum auf eine Reise in die Zukunft mitzunehmen. Sein Spezialgebiet war nicht nur die Zukunft des Planeten, sondern auch das Wissen über die dazugehörigen Technikansätze, um das Problem eines Klimawandels zu verlangsamen.

Obwohl er leidenschaftlich war, sprach er nicht gerne über die Zukunft, besonders, wenn er eine Hörerschaft vor sich hatte, die nicht den nötigen Background mit sich brachten, denn dann endete das Gespräch meist in einer ergebnislosen Fragestunde, die schon fast als Gesellschaftsspiel ausartete, indem man sich mit den neuesten Technologiephrasen übertrumpfen wollte.

Dieser Auftrag machte ihn wiederum neugierig. Wer gibt so viel Geld aus, für Informationen über die Zukunft? Deshalb sagte er vor jeder Rede, dass seine Zukunftsvisionen auf ganz einfachen, aber effektiven

Berechnungen aufgebaut waren, die den Jetzt-Status des Planeten als Grundlage wahrnahm, um daraufhin die Zukunft zu berechnen.

Aber die meisten Zuhörer sind nur mäßig an der Zukunft interessiert, wenn es nicht über Binärentscheidungen, des Investieren oder nicht, hinausgeht, dabei ist ihnen der Fortschritt der Technologie egal, deshalb glaubte er auch, vor einem Auditorium von Investmentbankern sprechen zu müssen.

Die Reise fing gut an, er wurde mit einer Privatmaschine abgeholt, die ihn direkt nach Dubai brachte. Lächelnd dachte er bei sich, dass das auch nicht die richtige Art zu reisen war, wenn man über die Zukunft sprach. Wein trinken und Wasser predigen, er lachte kurz auf und die Stewardess holte ihn mit einer Frage in die Wirklichkeit zurück: „Professor Carlson, haben Sie einen Wunsch?"

William Carlson schüttelte verneinend mit dem Kopf: „Nein Danke", und gab sich wieder seinen Tagträumen hin, bis er irgendwann einschlief. Kurz vor dem Anflug auf Dubai wurde er geweckt und konnte so den Landeanflug verfolgen. Er war noch nie in Dubai gewesen und kannte auch seinen Auftraggeber nicht. So bereitete er sich auf einen längeren Aufenthalt am Flugplatz vor, da er nicht wusste, wie Ausländer, die Dubai besuchten, bei der Anreise behandelt wurden. Überraschend wurde er am Flugzeug von einer Stretch-Limousine abgeholt. Mit ausgesuchter Freundlichkeit begrüßte der Chauffeur ihn und kümmerte sich um das Gepäck.

Frische klimatisierte Luft streichelte in der mörderischen Hitze Dubais seinen Körper, und William Carlson war froh, den Luxus solch eines Autos in Anspruch nehmen zu können.

Langsam fuhr der Chauffeur die Limousine aus dem direkten Lande- und Startbereich der Maschinen und wartete einen Moment vor der Eingangshalle des Flughafens, als ein junger gut gekleideter Araber in den Wagen sprang und auf dem Beifahrersitz des Chauffeurs Platz nahm.

Sofort drehte er sich um und gab Professor Doktor William Carlson die Hand und sagte leutselig: „Hallo Professor Carlson, ich bin Amir, ihr Mädchen für alles. Haben Sie einen Wunsch, teilen Sie es mir bitte mit, er wird Ihnen sofort erfüllt werden. Wenn Sie Fragen haben, fragen Sie bitte, ich bin für die Zeit, in der Sie in Dubai sind, immer für sie da."

William Carlson gefiel der junge Mann, der mit seiner positiven Ausstrahlung die Menschen sofort für sich einnahm.

Er schüttelte ihm die Hand und stellte gleich die erste Frage: „Wie geht es von hier aus weiter?"

„Wir hätten noch einen Gast aufnehmen sollen, Professor, aber die Maschine verspätet sich wesentlich. So fahren wir erst einmal zu unserem Privatressort, wo Sie sich einleben können und genug Zeit haben, noch einmal über ihren Vortrag am morgigen Tag nachzudenken."

„Noch ein Gastredner, Amir?"

„Ja, Sir. Er ist eine Frau Professor Tara Aggarwal. Eine indische Koryphäe für die medizinische Zukunft, für den Bereich Gensynthese, Sub-Klonierung, Varianten-Bibliotheken, DNA-Kloning und noch einiges mehr."

„Noch nie von ihr gehört", murmelte William Carlson.

„Wie läuft der Tag ab, Amir?"

„Sie können frühstücken, dann bringen wir Sie in einen dafür eigens eingerichteten Saal. Sie beantworten die

Fragen, die Ihnen gestellt werden, ausführlich, dann sind Sie fertig. Wenn Sie wollen, können Sie noch ein paar Urlaubstage dranhängen, oder auch dann gleich wieder abreisen, das bezahlt alles das Konsortium."

„Sind noch mehr Gäste anwesend?"

„Nein, Sie sind die einzigen."

„Wer sind denn unsere Gastgeber?"

„Das kann ich Ihnen auch nicht sagen. Ich gehöre zu einer Firma, die solche Events organisiert. Meistens kennt man die Auftraggeber nicht."

Die Sache wurde immer geheimnisvoller, aber das interessierte William Carlson nicht weiter. Er wollte seinen Vortrag halten und das mehr als gut, denn er wusste, eine gute Reputation zeichnete sich für Menschen, die so wie er waren und in die Zukunft dachten, eher langfristig aus.

Neugierig sah er sich das Land an, das an ihnen vorbeiglitt und bewunderte das Moderne, das neben dem Altertum seinen Bestand hatte.

Jetzt sah er auch, wohin sie fuhren, es war Palm Island. Diese aus Sand aufgeworfene Palme, die mitten ins Meer gebaut worden war. Sie hielten vor dem Resort Hotel Atlantis und Amir sprang aus dem Auto und hielt dem Professor die Tür auf. Der Schwall heiße Luft, der ihn fast umwarf, war für den Norweger sehr ungewohnt, er liebte mehr das englische Wetter und nahm sich vor, mehr den Schatten zu genießen.

Instinktiv wollte er den Haupteingang betreten, aber Amir hielt ihn zurück: „Nein, Professor, nicht wo die Touristen sind. Das ist nur die Zentrale, natürlich können Sie alle Annehmlichkeiten, die dieses Haus bietet, nutzen. Sie bekommen einen eigenen Bungalow, traumhaft gelegen."

Professor Carlson folgte dem jungen Araber, der ihn zu einem abgestellten Elektrocar führte: „Der ist extra für Sie. Legen Sie einmal den Daumen auf die Fläche, der wird dann gescannt und das Caddy ist nur von Ihnen zu fahren. William Carlson steuerte den Caddy zu dem angewiesenen Punkt und kurze Zeit später, zeigte sich ein anmutig gelegener Bungalow vor ihnen.

„Ihr Bungalow, für die Zeit ihres Aufenthaltes, Sir. Sie können sich Ihr Essen oder die Drinks bringen lassen, in der Zentrale essen gehen, oder Sie nutzen unser wunderbares Restaurant, das sich 100 Meter weiter hinter Ihnen befindet. Für die Zeit Ihres Aufenthaltes, hat man in beiden Restaurants Tische für Sie gebucht. Der Fragenkatalog, den das Konsortium gerne beantwortet hätte, liegt in einem verschlossenen Umschlag im Wohnraum des Bungalows.“
William lächelte und fragte verschmitzt lächelnd: „Frauen?“
Amir ging einen Schritt auf den Professor zu, und seine Stimme senkte sich geheimnisvoll, als er sprach: „Teilen Sie mir mit, was Sie wünschen. Europäisch, asiatisch, afrikanisch, einfach, zweifach oder wieviel Sie immer wollen, ich besorge es Ihnen.“
William Carlson schlug dem schmalen Araber auf die Schulter und lachte: „Lass gut sein, Amir, das war nur ein Scherz. Ich werde mich einen Moment ausruhen und dann die Fragen überarbeiten und du holst mich morgen ab.“

„Wenn etwas ist, Professor, wählen Sie die eins, ich bin in fünf Minuten bei Ihnen.“

„Danke, Amir. Ich werde mich erst einmal eingewöhnen und die Aussicht genießen.“

Amir nickte nur und verschwand. Der Professor drehte sich um, ging auf die Veranda. Er setzte sich in den Schatten der Palmen und schaute auf das Meer, was spiegelgleich dalag, nur durchschnitten von kleinen und großen Motorbooten, die in einer größeren Entfernung an dem luxuriösen Resort vorbeifuhren, dass man die Motorgeräusche kaum hörte.

William Carlson dachte an die englische Küste und war wieder einmal fasziniert von der Vielfältigkeit des Planeten und der Kreativität der Menschen. Als Zukunftsforscher stellte er sich die Frage, ob das von Menschen geschaffene Eiland in den nächsten 50 Jahren überhaupt Bestand haben konnte, wenn die Meeresspiegelerhöhung so dramatisch fortschritt. War die Investition, die hier getätigt wurde, für die Katz? Aber das sollte ihn nicht interessieren, er war froh, die Hitze bald hinter sich zu lassen und wieder im kühlen England zu lehren. Dann wurde er aus seinen Gedanken gerissen, als der Boy das Gepäck brachte und es in den Bungalow stellte.

William, der bis dahin noch nicht im Haus war, war erstaunt über die üppige und luxuriöse Ausstattung. Auch wenn eine solche Ausstattung sehr angenehm war, war das Professor Doktor William Carlson ziemlich egal, er war in kleinen Verhältnissen groß geworden, und seine Mutter war sehr erdend. Deshalb hatte er zwar einen Blick für Luxus, aber benötigen tat er ihn nicht. Sein Luxus war, frei denken zu können, und den lebte er in jeder Nuance aus.

Es war wie ein Magnet, als sein Blick sich auf das auf den Tisch liegende Kuvert fixierte. Neugierde war auch eine von den Tugenden, die er von seiner Mutter geerbt hatte, so ging er die zwei Schritte zum Tisch, nahm den Kuvert in die Hand, riss ihn auf und las die ersten Zeilen. Sofort von der Fragestellung gefangen. Er nahm sich etwas zu trinken und begab sich wieder auf die Terrasse und arbeitete die Blätter durch.

Es bildete sich in seinem Kopf ein Konzept, wie er die Fragen beantworten konnte. Dies war nicht die Klasse für eine pragmatische Rede, die er vor Investmentbankern zu halten hatte, die die neuesten Techno-Phrasen hören wollten, die für mögliche Investitionen wichtig waren. Hier ging es nicht um Geld, sondern um die Zukunft der Technologie und deren Benutzeroberfläche. Was ihn dabei besonders faszinierte, war die Spezialisierung zur Medizin.

Mittlerweile war der Tag in die Dämmerung übergegangen, und er verspürte Hunger. Er schaute kurz auf und blickte direkt in die dunklen Augen einer Inderin, die am Geländer der Veranda lehnte und ihn lächelnd anschaute.

„Professor Doktor William Carlson?"

William Carlson hatte sich wieder gefangen und antwortete: „Dann sind Sie Professor Tara Aggarwal?"

„Treffer. Ich stehe schon eine ganze Weile hier, Sie waren so vertieft."

William Carlson wurde rot, was die Inderin, die in seinem Alter war, zu einem Lächeln animierte.

„Sie sind gerade erst angekommen?"

„Nein, ich bin schon eine ganze Weile hier und habe meine Fragen schon durchgearbeitet. Was halten Sie davon, wenn wir zusammen essen gehen und uns austauschen. Außerdem sehe ich es nicht ein, Sie mit Professor anzureden. Ich bin Tara und du bist William."

„Ja, ja, natürlich", er gab der sympathischen Inderin die Hand und fügte noch hinzu: „Ich mache mich etwas frisch und bin gleich wieder da. Nehmen Sie solange Platz. Kann ich Ihnen etwas zu trinken anbieten?"

„Nein danke, bei so einer Aussicht."
Jetzt war sich William nicht sicher, ob sie das Dinner mit ihm meinte. Schnell hatte er sich entsprechend angezogen und trat aus der Tür. Der erstaunte Blick, der ihn traf, ließ ihn lächeln.

„Na ja, nicht alle Professoren einer Elite-Universität sind verstaubt."
Er bot ihr den Arm an, sah sie fragend an: „Zentrale oder exklusiv?"

„Exklusiv", ihre Stimme hatte sich um eine Nuance gesenkt. William wurde es warm, und es hatte nichts mit der Gesamttemperatur zu tun. Es stellte sich heraus, dass beide 35 Jahre alt waren und sich perfekt aufeinander abstimmten.

Anregende Gespräche würzten ein traumhaftes Essen, gepaart mit einem exquisiten Wein. Das, was William Carlson schon wusste, wurde noch einmal durch die junge Professorin vertieft und sie gab ihm einen kleinen Einblick in ihre Arbeit.

William Carlson konnte wohl die Zusammenhänge zwischen seiner Arbeit und der Arbeit von Professor Tara Aggarwal erkennen, aber das Ziel blieb in einem nebulösen Zustand.

Es war nicht sein Gedanke, ein Ergebnis zu produzieren, trotzdem war seine Neugierde geweckt, die aber an diesem Abend in dem schweren Parfüm und dem anregenden Intellekt seiner Partnerin auf vollkommene Bedeutungslosigkeit verkümmerte. Diese Neugierde sollte drei Jahre später durch ein einfaches Gespräch wieder entfacht werden.

Der Abend war lau und windstill, der Blick ins Firmament ließ beide über den Planeten schwärmen und ihre Stellung in der Geschichte des Lebens. Dazu die spiegelnde Wasserfläche und die fernen Geräusche lachender Menschen, machten den Abend fast perfekt.

Sie hatten eine Flasche Wein mitgenommen und saßen wie zwei Verliebte auf der Veranda seines Bungalows, dabei unterhielten sie sich so angeregt, da ihnen der Stoff nicht auszugehen drohte. Irgendwann war aber auch diese Flasche leer. Die junge Frau sah ihren Kollegen auffordernd an, der sich die Gelegenheit nicht entgehen ließ. Als sie morgens gemeinsam aufwachten, musste er lächeln.

„Warum lächelst du so hintergründig, William?"

„Den zweiten Bungalow hätten Sie sich wirklich sparen können."

„Es war ein sehr schöner Abend, wir sollten darüber nachdenken, ihn zu wiederholen."

„Wir denken", lachte William.

Tara schaute auf die Uhr: „Ich glaube, es wird langsam Zeit, lass uns noch gemeinsam frühstücken, bevor wir in die Höhle des Löwen müssen."

Sie ließen sich das Frühstück auf die Veranda des Bungalows bringen und genossen die kurze Zeit, die sie noch zusammen sein konnten.

„Was ist, wenn das alles hier vorbei ist, geht dann jeder seiner Wege?"

Professor Tara Aggarwal ließ sich Zeit mit der Antwort, dann sagte sie: „Lass uns den Tag hinter uns bringen, dann werden wir heute Abend noch einmal darüber sprechen.

Ich glaube, der heutige Tag kann richtungsweisend für unser Leben werden."

William nickte nur, als Amir um die Ecke bog und zu William Carlson sagte: „Professor, es wird Zeit. Das Konsortium wartet."

Professor Doktor William Carlson erhob sich, gab Tara noch einen Kuss und verschwand mit Amir in Richtung des Hotels.

„Haben Sie den Fragenkatalog dabei, Professor?"

„Das brauche ich nicht, Amir", dabei deutete er mit dem Zeigefinger auf seinen Kopf. Amir wusste nicht, wie sonst auch kein anderer, dass Professor Carlson die Begabung eines photographisches Gedächtnisses hatte und ein kurzer Blick schon langte, um das Bild in seinem Kopf zu speichern.

Carlson folgte dem jungen Araber in die Hotellobby, der ihn da instruierte.

„Professor, es wird Sie etwas verwundern, wie ihr Treffen abläuft. Sie werden in dem Raum keinen Menschen sehen, die Damen und Herren möchten nicht erkannt werden, außerdem können weitere Fragen auf einem Monitor erscheinen. Beantworten Sie diese ohne polemischen Hintergrund, die Damen und Herren sind nur an Fakten interessiert. Ich warte hier draußen, bis Sie fertig sind."

Carlson schaute Amir irritiert an, der eine Tür öffnete, dahinter befand sich eine zweite Schallschutz-Tür. Amir nickte dem Mann auffordernd zu, der die Tür langsam öffnete.

Es war, als würde er in eine andere Welt eintreten. Eine kleine Bühne, in dessen Mitte sich ein breites Pult befand, auf dem ein Computer stand und eine altmodische

Stehlampe stand. Es schien, als wäre der Computer die einzige Lichtquelle in dem Raum.

Als er die Tür öffnete, wurde er schon von einer jungen Frau empfangen, die sich erst gar nicht vorstellte: „Guten Morgen, Professor Doktor Carlson, das Konsortium freut sich Sie zu sehen und hören zu dürfen. Hat Amir Sie instruiert?"

„Ja."

„Sind Sie mit allem zufrieden?"

„Perfekt, Madam."

„Gut, dann dürfen Sie beginnen. Arbeiten Sie die Fragen ab, wenn die Herrschaften Fragen dazu haben, werden Sie Ihnen das über den Computer mitteilen. Sie werden auch außerhalb dieses Konsortiums gesehen, Sie haben sicher die Kamera bemerkt. Auf dem Pult steht eine Lampe, bitte schalten Sie sie an. Wenn Sie sich Notizen machen wollen, auf dem Pult liegt noch ein Block und verschiedene Schreibmöglichkeiten. Sie brauchen sich nicht vorstellen, die Herrschaften kennen Ihre Vita zur Genüge."

Mit einer höflichen Geste ihrer Hand, deutete die junge Frau auf das Pult und sagte: „Bitte."

Carlson, immer noch etwas irritiert, folgte der Geste und mit jedem Schritt kam seine Selbstsicherheit wieder. Er begrüßte das Konsortium und begann sofort mit der Beantwortung der ersten Frage. Währen er sprach, versuchte er etwas zu erkennen, aber nicht nur das Licht der Stehlampe blendete ihn, sondern auch die Dunkelheit, die die Zuschauer umgab, war so undurchdringlich, dass er nichts erkennen konnte.

Es waren die härtesten sechs Stunden seines Lebens. Die Zuhörer strahlten ein profundes Wissen aus und bombardierten ihn nach jeder beantworteten Frage, mit Detailfragen.

Nach den sechs Stunden erschien auf dem Bildschirm: „Vielen Dank für die ausführliche Beantwortung der Fragen. Wir bitten Sie, dieses Treffen für sich zu behalten und wünschen Ihnen noch einen angenehmen Aufenthalt."

Wieder wurde er von der jungen Frau in Empfang genommen und nach draußen geführt. Amir, der vor der Tür stand, lächelte ihn an und fragte: „Professor, kann ich etwas Gutes für Sie tun?"

„Ja, Amir, wir beide werden jetzt einen Kaffee zusammen trinken und auf Professor Tara Aggarwal warten."

„Professor Carlson, es tut mir leid, Ihnen sagen zu müssen, dass Professor Tara Aggarwal schon abgereist ist."

„Wieso das denn, sie muss doch noch da rein?"

„Professor Aggarwal unterlag der Beurteilung eines anderem Gremiums, aber sie hat mir etwas für Sie gegeben, sagen Sie keinem, dass ich das Ihnen gegeben habe."

„Natürlich nicht", dann übernahm William Carlson einen handgeschrieben kurzen Brief, den ihm Amir unter der Hand reichte. Er steckte ihn verstohlen in sein Jackett, um ihn später zu lesen. Enttäuscht fragte er den jungen Mann: „Wann kann ich abreisen, Amir?"

„Jederzeit, Sir."

„Dann sorge bitte dafür, dass ein Taxi mich zur Maschine bringt. Ich packe schnell noch meine Sachen."

„Ja, Sir, Professor."

Zentrale der Sondereinheit in Flensburg

Es war schon einige Tage her, dass die Sondereinheit um
Bernd Rassmussen sich in Flensburg eingefunden hatte.
Alle gingen still ihrer Arbeit nach und beobachteten ihren
Chef, der seit Tagen sein Büro nur zum Schlafen verlassen
hatte. Selbst Pauline kam nicht an ihn heran, und seine
Leute munkelten schon, dass die Folter bleibende
Schäden bei ihm hinterlassen hatte.
Die Recherche über die Legionäre verlief im Sande. Alle
waren bei irgendwelchen Einsätzen vermisst worden und
dann für tot erklärt und die Verhöre bei den
Überlebenden brachten auch nichts.
Die vier Spitzen Profiler saßen immer noch in ihrem Safe-
House in Sicherheit, und Bernd hatte ihnen noch keine
Aufgaben zugeteilt. Sie schienen sich wohl zu fühlen,
denn es kamen auch keine Anfragen von ihnen.
Katharina und Louis hatten es sich zur Aufgabe gemacht,
Dänemark und Schleswig-Holstein kennenzulernen und
waren die meiste Zeit nicht da.
Allmählich versiegten die Ideen der Leute um Bernd
Rassmussen und Pauline, die manchmal durch ihr
ungezügeltes Temperament hervorstach und eigentlich
ein Kopfmensch war, stand in der Mitte des Büros. Eine
leere Tasse Kaffee nahm sie die in die Hand und feuerte
sie gegen die Wand, wo sie zerbrach: „So, ich habe die
Schnauze gestrichen voll, so geht das nicht weiter. Wir
haben eine Aufgabe und können sie nicht ausfüllen, weil
unser Kopf an einer Paralyse leidet, die vielleicht durch
ein paar Schmerzen verursacht worden sind.“
Sie sprach gerade so laut, dass Bernd Rassmussen ihre
Kritik hören musste. Dann ging sie noch einen Schritt

weiter, sie trat die Tür ihres Chefs auf und stampfte in sein Büro: „Bernd Rassmussen, Freund und Chef, so geht das nicht weiter."

Die anderen, die jetzt keinen von den beiden mehr sahen, zogen unwillkürlich ihre Schultern hoch, als sie Pauline wieder hörten: „Was lachst du denn so dämlich, Bernd Rassmussen?"

Sie hörten, wie ein Stuhl gerückt wurde und Bernd aufstand, dann sagte er in einem ganz normalen Tonfall: „Hol die anderen alle einmal her."

Mit wenigen Schritten war er im Büro der anderen, hatte Pauline den Arm um die Schultern gelegt und seine Augen versprühten Tatendrang. Pauline, konsterniert, schaute ihn an und fragte: „Was ist denn jetzt los?"

Mittlerweile waren alle im Büro, und Bernd sah einen nach dem anderen an, als das Telefon klingelte. Manni hob den Hörer an, und Bernd schüttelte mit dem Kopf. Das Klingeln erstarb sofort, und Manni schaltete auf besetzt.

„Fünf Tage, geschlagene fünf Tage habt ihr gebraucht, um zu reagieren."

„Auf was zu reagieren?", bemerkte Karla.

„Auf Passivität."

„Es war ein Test?" resümierte Karl Weber.

„Es war ein Test", bestätigte Bernd.

„Was für ein Test, mein Schatz?"

„Verhaltenspsychologie. Wir haben einen Gegner, der uns an den Kragen will. Ohne Ansatz hat er versucht, in Montreal führende Profiler umzubringen. Dabei ist die Organisation sehr gut organisiert, so dass wir bis jetzt keinen Anhaltspunkt haben, wer dahinterstecken könnte. Womit unser Gegner nicht zurechtkommt, ist unsere unkonventionelle Vorgehensweise. Jetzt kommt der Test.

Bis jetzt waren wir passiv, und der Gegner hat aus einer guten Deckung heraus agiert, dabei hat er aber Soldaten verloren. Um sein Verhaltensmuster nicht aufgeben zu müssen, muss er weiter agieren. Wäre es eine Einzelperson, wäre es ihm egal. Ist es ein Konsortium, entsteht eine gewisse Verantwortlichkeit.“

„Was hat das mit deinem Test zu tun?“, fragte Karla.

„Es geht darum, Zeitrahmen abzustecken. Ihr seid besondere Menschen. Besondere Menschen müssen anders beurteilt werden als normale Menschen. Ihr seid auf eine Aufgabe fixiert und wollt sie gelöst haben, was eine ganze Menge Stresshormone bei euch freisetzt. Fragen wir einmal Bille, die die Normalste von uns ist. Bille, überkam dich in den letzten fünf Tagen irgendwie das Gefühl, dass etwas passieren muss?“

Bille überlegte einen Moment: „Wenn du mich so fragst, habe ich am ersten Tag so etwas wie ein schlechtes Gewissen gehabt, was aber nach und nach in eine Art Phlegmatik überging.“

„Karl und du?“

„Ich war wie ein Kessel mit Überdruck.“

„Bei Pauline hat sich der Überdruck als erste gelöst. Nehmen wir an, unsere Gegner gehören auch zu den besonderen Menschen, wird bei ihnen die Untätigkeit einen Überdruck verursachen, der sich in jegliche Art von Aktion äußern wird.“

„Und jetzt?“

„Wir fassen unsere Ergebnisse zusammen und suchen einen gemeinsamen Nenner. Wir haben es mit einem intelligenten Gegner zu tun, es wird also schwer werden. Wir haben einen Ansatz einer Ahnung, worum es überhaupt geht. Snider war so frei, mir einen kleinen Teil zu verraten, aber ich glaube, dass da wesentlich mehr dahintersteckt. denn unser Gegner versucht, uns, bevor ein Verbrechen begangen wird, aus dem Weg zu räumen. Da dreht einer ein ganz großes Rad, und dieses Rad muss laufen, sonst fallen die rote Königin und Alice wieder in den alten Trott, dass sich die Umgegend um sie herum nicht mehr bewegt.“

„Was faselst du von roter Königin und Alice?“, fragte Karla.

„Snider nannte es die rote Königinnen Hypothese“, Bernd erklärte es seinen Leuten und sah, wie sich ihre Minen aufhellten.

„Jetzt machen wir was, Manni?“

„Wir bestellen Pizza und Rotwein.“

Bernd vervollständigte den Satz: „Und konstruieren einen Schlachtplan.“

Bis die Pizzen und der Rotwein kamen, war Smal-Talk angesagt, jeder sprach mit jedem. Meinungen wurden ausgetauscht, Gedanken gefasst und Pläne geschmiedet. Was fünf Tage nicht war, manifestierte sich in reine Energie. Dann kamen die Pizzen, und der Rotwein und das Ritual begann.

Sie hatten gerade begonnen, als die Tür aufgestoßen wurde und Dr. Georg Bauer unter dem Türrahmen stand.

„Ich habe es bis nach Kiel gerochen, Kampf-Briefing?“

„Georg, schön, dass du da bist. Ja, wir haben Briefing. Schnapp dir ein Glas und ein Stück Pizza, wir müssen reden.“

Es war genau das, was das Team ausmachte und der Profiler Bernd Rassmussen brachte es wieder einmal fertig, eine neue Seite ihres Egos aufzuschlagen, in dem sie lasen, wie in einem Buch.

Pauline, die sich an dem vorherigen Abend zurückgehalten hatte, war schon im Büro, in der Alten Post, als die anderen langsam eintrudelten. Als letzter kam Bernd mit einem vollkommen derangierten Georg Bauer im Schlepptau, der sich erst einmal eine Tasse Kaffee schnappte, tief durchatmete, sich dann einen Stuhl suchte, auf dem er seinen geschundenen Körper betten konnte.

„Ich glaube, das letzte Glas war schlecht", dann hielt er für den Tag den Mund und hörte nur noch zu.

Pauline hatte schon früh angefangen zu recherchieren und die Positionen abzuarbeiten, die sie beim Briefing besprochen hatten, dafür nahm sie ihre Verbindungen im Netz in Anspruch, aber auch da wurde sie nicht fündig.

Sie winkte Bernd zu sich und sagte: „Nichts, als wäre die Welt im Vakuum. Ich habe die Legionäre überprüft, ich habe die Schlösser überprüft, habe die Profiler überprüft, es ist einfach nichts."

Bernd, der sich auch zurückgehalten hatte, sprühte vor Tatendrang und bemerkte leichthin: „Wir denken falsch. Unser Gegner denkt in die Zukunft, das bedeutet, dass sie unsere Schritte im Voraus überdenken und unsere Ermittlungsmethoden analysiert haben. Das bedeutet für uns Sisyphus-Arbeit. Wir müssen ins kleinste Detail gehen, um das zu finden, was diese Organisation übersehen hat."

„Also noch einmal alles überprüfen?"

„Genau, Pauline, aber diesmal mit dem Hintergrund, wir gehen ins Detail. Ich möchte Listen von Soldaten haben, die verschwunden sind, was ihr Spezialgebiet in der Armee war, wo sie verschwunden sind, mit wem sie zusammengearbeitet haben und, und, und."

In dem Moment betrat Dr. Karla Schmidt den Raum.

„Na, alle wieder nüchtern?“, dann sah sie Georg Bauer an und lachte: „Du solltest dich noch einmal hinlegen, Georg“, ohne eine Antwort abzuwarten, warf sie einen Ordner auf den Tisch: „Ergebnisse aus Frankreich.“

„Lass hören, Karla.“

„Tja, zieht euch warm an. Wir haben eine doppelte DNA-Analyse von Paul Snider gemacht, einmal vom Gesicht und einmal vom Körper. Das war nicht dein Paul Snider, Bernd. Wir jagen noch immer einem Phantom nach.“

Jetzt schaute Bernd seine Ex überrascht an und sagte: „Wieviel Doppelgänger wird er noch haben? Weiß man etwas über das Herkunftsland des Körpers?“

Jetzt war es Karla, die überrascht den Profiler ansah: „Das haben wir nicht überprüft, ich werde es gleich veranlassen. Und wieso brauchst du das Herkunftsland, Bernd?“

„Um zu sehen, wo sie rekrutiert werden und was ihr Beweggrund ist. Sehr wahrscheinlich Geld und Reputation für die Familie“, gab er gleich die Antwort.

„Oder sie bringen alle um, die mit dem Projekt zu tun haben.“

„Was durchaus logischer wäre.“

Die Tür öffnete sich, und Katharina und Louis betraten den Raum. Pauline, die intensiv am Computer arbeitete, sah Bernd an: „Ich brauche Hilfe, Schatz, wenn es schnell gehen soll.“

„Ok“, dann sah er Louis an und sagte: „Louis, man hat dich in mein Team bestellt und Katharina ist ein Freelancer im Team. Ihr könnt Pauline helfen.“

Die beiden nickten nur und waren froh, helfen zu können.

„Pauline, gib mir bitte eine sichere Leitung ins Safe House.“

Pauline nickte nur und deutete auf das Büro von Bernd. Bernd ging in sein Büro und schloss die Tür, dann drückte er den blinkenden Knopf und stellte die Verbindung ins Safe-House her.

„Ja?“

„Hier ist Bernd Rassmussen, gebt mir Pjotr.“

„Kleinen Moment, Herr Rassmussen.“

„Ja, Pjotr.“

„Wie geht es euch, Pjotr?“

„Eigentlich ist alles ganz nett hier. Wir langweilen uns nur. Was macht dein Test?“

„Heute wurde er abgeschlossen. Fünf Tage, dann haben sie es nicht mehr ausgehalten.“

„Fünf Tage nur, das ist nicht lange. Deine Leute sind hungrig, sie wollen arbeiten und Erfolg haben. Die besten Voraussetzungen für so einen Fall.“

„Weswegen ich aber anrufe, Pjotr. Du bist doch Spezialist für Bandenkriminalität, und wir haben es hier mit einer Bande zu tun. Sag mir etwas darüber, mit dem ich arbeiten kann.“

„Das ist nicht so einfach, Bernd. Wir haben es hier nicht mit einer Bande im üblichen Sinn zu tun, sondern mit einer Organisation. Die Strukturen können fast dieselben sein, müssen es aber nicht. Wir haben bis jetzt zu wenig Daten, um die Struktur erkennen zu können. Eins ist aber gewiss, die Leute, die dahinterstehen, sind grenzübergreifend organisiert.

„Das bedeutet, es wird viel Macht und Geld im Spiel sein.“

„Wir haben ja jetzt den Test mit deinen Leuten gemacht. Die Bande ist in derselben Situation wie wir. Wie wird sich die Geduld bei denen auswirken?“

Bernd hörte am anderen Ende der Leitung ein leises Lachen, bevor der Russe antwortete: „Das kannst du so nicht vergleichen, Bernd. Ohne in irgendeiner Weise genötigt worden zu sein, haben sie angegriffen. Das bedeutet, dass sie das Problem Profiler aus dem Weg räumen wollen oder müssen, um in der Zukunft in Ruhe arbeiten zu können. Sie haben also einen Zeitplan, den sie einhalten wollen. Wir sind jetzt sechs Tage ruhig, dadurch bringen wir sie in Zugzwang. Dieser Zugzwang wird sich in einer Aktion entladen."

„Wie sieht ihre weitere Handlung aus?"

„Wir gehen einmal davon aus, dass sie uns haben wollen. Dann müssen sie uns einen Köder hinwerfen." Bernd wusste, was jetzt kam, trotzdem stellte er die Frage: „Und wie sieht der Köder aus?"

„Sie entführen Profiler, die nicht ganz so wichtig sind wie wir und drohen mit ihrem Tod. Wenn wir ihnen dann unseren Aufenthaltsort sagen, machen sie uns ein Angebot, oder töten uns. Wer weiß von unserem Aufenthaltsort?"
Bernd überlegte kurz, ob er dem Russen die Wahrheit sagen sollte und verwarf den Gedanken wieder. Je weniger seine Mitarbeiter wussten, umso besser für alle: „Nur der Samurai und ich wissen es. Die euch versorgen, wissen von nichts."

„Sie werden sich Bernd Rassmussen schnappen und die Wahrheit aus ihm herausprügeln. Den Samurai kennt keiner. Einmal hast du Glück gehabt, mein Freund, das nächste Mal werden sie dein Glück außen vorlassen. Sie wissen um deine Gefährlichkeit."

„Ich weiß es, Pjotr. Wir werden euch alle Informationen, die wir haben, zukommen lassen. Eure

Aufgabe ist es, den Weg des Gegners zu gehen, aber immer einen Schritt vor ihm."

„Ich weiß, mein Freund, viel Glück."
Nachdenklich unterbrach Bernd die Verbindung, ging zu den anderen und informierte sie über das Gespräch. Dabei erwähnte er mit keinem Wort, dass die vier zusammen in einem Safe-House waren.
Karl Weber, der gespannt zugehört hatte, meldete sich zu Wort: „Was ist, wenn wir ihnen die Möglichkeit geben, zu agieren, also einen Köder hinwerfen?"

„Karl, wie sollte dieser Köder aussehen?"

„Wir haben doch fünf gefangene Legionäre, wir verlegen sie in ein anderes Gefängnis. Bis jetzt sind sie noch in Einzelhaft und haben keinen Kontakt zur Außenwelt. Die Firma, ich nenne sie einfach mal die Firma, kümmert sich auch nicht um sie, kein Anwalt, nichts wo wir einmal nachhaken könnten, aber sie wissen etwas, halten aber dicht."

„Pauline, haben wir die Möglichkeit, die Typen so zu markieren, dass sie es nicht merken?"

„Du meinst elektronisch? Nein, haben wir nicht. Wir können etwas in ihre Kleidung einnähen, aber würde ich einen Befreiungsversuch unternehmen, als erstes würde ich die Klamotten wechseln lassen."
Jetzt meldete sich Louis zu Wort, leise und mit seinem leichten französischen Akzent, hatte er sofort die Aufmerksamkeit aller: „Wenn es stimmt, was Bernd sagt, dass die Firma in die Zukunft plant, wird sie das Manöver durchschauen."

„Wie würdest du es denn machen, Louis", fragte Bille neugierig.
Louis lachte und sagte: „Das wollt ihr nicht wissen."

Bernd munterte ihn auf: „Los, Louis, hier wird alles ausgesprochen, was wir denken."

„Ihr wollt es nicht anders. Wenn ich der Denker der Firma wäre und dass sie keinen Skrupel haben, haben sie ja bewiesen, würde ich einen Angriff auf den Transport machen. Die fünf Legionäre umlegen und meinen Hauptangriff auf unseren Chef durchführen. Das wäre, mit einer nochmaligen Entführung. Das ist ein Köder, den es sich zu schlucken lohnt."

Schweigend starrten die Anwesenden den Franzosen an, nur Bernd lächelte hintergründig. Pauline schaute zu ihrem Freund hoch, dabei nahm sie mit einem Blick seine gedankenverlorene Miene wahr: „Du denkst nicht, was ich glaube, dass du das denkst?"

Bernd kratzte sich verlegen am Hinterkopf und verzog etwas das Gesicht: „Man könnte so etwas denken."

Pauline tippte sich mit dem Finger an den Kopf: „Du weißt doch selbst, dass die Firma eine Nummer höher anzuordnen ist, wie die Fälle, die wir bis jetzt bearbeitet haben. Du willst dein Ego befriedigen, damit dein Borderliner mal wieder zu Wort kommt."

Bernd lächelte seine Freundin an: „Da wirst du recht haben, lassen wir es als letzte Option. Wir haben ja gerade erst angefangen zu ermitteln."

Neugierig fragte Katharina: „Was hat der Borderliner damit zu tun?"

„Die Borderlinestörung zählt zu den emotional instabilen Persönlichkeitsstörungen. Betroffenen fällt es schwer, Beziehungen zu anderen Menschen aufzubauen und zu halten. Kennzeichnend ist eine hohe Impulsivität und Instabilität in zwischenmenschlichen Beziehungen, der Stimmung und dem Selbstbild, begleitet durch ein chronisches Gefühl der inneren Leere. Das wäre die eine Seite der Medaille. Man neigt immer die negative Seite des Borderliners zu sehen, wie Essstörungen, Angststörungen, dann auch Suchterkrankungen, selbstverletzendes Verhalten, Suizidgefahr. Da entsteht die körperliche Ebene: z.B. innerliche Hochspannung, Schlafstörungen, das Gefühl vom Körper getrennt zu sein. Die emotionale Ebene: Angstzustände, Gefühlswirrwarr, Schuld- und Schamgefühle, Wut, Hoffnungslosigkeit. Dann die gedankliche Ebene: Es ist die Selbstabwertung, die dabei entsteht, Versagensgedanken. Dazu kommt noch Schwarzweiß-Denken. Verhaltensebene: sozialer Rückzug, Beziehungskonflikte, es entstehen impulsive Handlungen, Hochrisikoverhalten, auch Suizidandrohung und Suizidversuche. Beziehungsebene: Intensive, aber instabile Beziehungen, Wechsel zwischen Idealisierung und Abwertung, Probleme im Nähe-Distanzverhalten, Angst, verlassen zu werden. Häufig findet sich auch Substanzmissbrauch und weitere psychische Störungen wie Depression, dissoziative Störungen oder Ängste, Identitätsstörungen in dem Katalog der Ängste. Das sind die Merkmale, die uns zum Borderliner einfallen. Merkmale, die alle in den negativen Bereich fallen. Was ist, wenn sich das Problem Borderliner genau umgekehrt darstellt? Ich bin kein Psychologe, aber ich sehe das Ergebnis hier in unserer Crew. Wir haben alle diese negativen Merkmale des Borderliners durchgemacht, außer Bille, die hatte eine anständige Jugend. Irgendwann haben wir dann unseren Dämon besiegt. Das ist meine Erklärung für meinen Teil des Borderliners. Jetzt denkt nach, ob ihr dazu gehört, oder ob ihre eine eigene Sparte aufmachen wollt."

Es war still geworden, als sie diese emotionale Erklärung ihres Freundes, Mentors und Vorgesetzten hörten, aber er war noch nicht fertig.

„Wir, als positive Borderliner, haben den interessanten Hintergrund, uns zu belohnen und diese Belohnung sieht einfach aus. Es ist das Glücksgefühl, etwas geschafft zu haben, was ich als negativer Borderliner nie schaffen würde."

Pauline schaute auf ihr Display: „Bernd, das Safe House, eine mail für dich."

„Hallo Bernd, hier ist Jeanne Batiste, wir haben eben zusammengesessen und über die Problematik des Falls gesprochen. Wenn ihr eure Hausaufgaben macht und die einzelnen Positionen überprüft, wie Überprüfung der Legionäre, Besitzer der Schlösser, Überprüfung von führenden medizinischen Firmen. Es sind Firmen gemeint, die im Arzneibereich arbeiten, wie auch in der Medizin-Technik. Computerfirmen, die Zukunfts-Programme entwickeln und natürlich auch Fachhochschulen und Unis, in denen Zukunft ein Fach ist."

Bernd hatte laut vorgelesen, und Pauline reagierte sofort.

„Es wird ein paar Tage dauern, bis wir alle Daten zusammen haben."

„Brauchst du noch mehr Hilfe?"

„Nein, ich nehme meine Freunde im Netz, das geht schneller."

Fast eine Woche geschah nichts, dann kam Bille ins Büro, ein Fax in der Hand und sagte nur: „Leute, es fängt an."

Schlagartig ruckten die Köpfe hoch, und Bernd Rassmussen kam aus seinem Büro, wo die Tür immer offen stand und forderte das Fax.

„Buenos Aires, Argentinien, der Profiler der Argentinischen Polizei wurde unter mysteriösen Umständen in den Morgenstunden entführt."
Pauline, die blitzschnell reagierte, hatte sich in den örtlichen Polizeiapparat von Buenos Aires eingeklinkt und klärte die Daten ab.

„Pauline, Name?"

„Männlich, Enzo Marques, auf offener Straße, vor seinem Haus. Keine Kampfspuren, keine Hinweise."
In dem Moment ging das Telefon. Karl hob ab, hörte einen Moment zu und übergab den Hörer an Bernd: „Für dich, der Samurai."

„Hallo, Bernd, ich bin gerade hier im Safe House. Wir haben gehört, dass es begonnen hat. Unsere vier Profiler sind zu dem Ergebnis gekommen, dass die Verbrecher mehrere Geiseln nehmen werden, bevor sie sich melden. Es ist eine Machtdemonstration."

„Wir haben es gerade erst gehört, wir informieren euch, was wir denken."
Die Verbindung wurde unterbrochen, und Bernd sah seine Leute auffordernd an: „Na, was meint ihr? Könnt ihr etwas damit anfangen?"
Wieder war es Louis, der das Wort ergriff: „Wir dürfen nicht denken, dass die Firma nach irgendwelchen Voraussetzungen oder Regularien handelt. Sie handelt einfach aus dem Bedarf heraus. Sie hat sich ein Ziel gesetzt und nach dem Ziel handelt sie. Was jetzt abläuft, ist eine reine Machtdemonstration. Sie werden in einem bestimmten Rhythmus Profiler entführen, und wenn sie

die Menge erreicht hat, die sie haben wollen, stellen sie uns ein Ultimatum. Das heißt, die Zeit geben sie uns, um handeln zu können.“

„So sehe ich das auch, und mit jedem Entführten werden unsere Möglichkeiten kleiner. Vor allen Dingen, weil wir noch keinen Ansatzpunkt haben, der uns weiterbringen könnte. Selbst die Festplatten der Computer, die wir untersucht haben, enthielten keine Informationen.“

„Ich muss noch einmal da ansetzen, wo du eben aufgehört hast, Bernd. Es ist die letzte Option. Und wenn sie dich dann haben und den Standort der übrigen Profiler aus dir herausgepresst haben, werden sie euch alle töten“, betonte Karla noch einmal demonstrativ: „Wir sind ja einiges gewohnt, das, was wir machen, fällt unter Selbstmordkommando.“

„Und ihr wärt mit dabei“, erwiderte der Profiler: „Noch ist es Zeit auszusteigen, auf jeden Fall für euch. Pauline hat recht, dieser Fall ist eine Hausnummer.“

„Aber nicht zu groß für uns“, alle drehten sich zu Katharina, die die Worte leise in den Raum geworfen hatte. Sie saß an ihrem Computer und war am Recherchieren.

Mit einem Schritt war Bernd bei ihr: „Was hast du für uns?“

„Lies es dir selbst durch.“

Gebannt las der Profiler den Artikel durch. Dann drehte er sich zu den anderen herum: „Das könnte die Tür sein, die wir öffnen müssen. Gut gemacht, Katharina. Lest es euch selber durch.“

Sofort drängten sich alle hinter Katharinas Computer und lasen den Artikel durch.

Manni reagierte als erster: „Verstehe ich nicht."

„Lese dir den Lebenslauf von Professor Doktor William Carlson, vor allem die Stelle, die er in Dubai war, durch. Da gibt es keine Notiz, was er da gemacht hat. Seinen Urlaub wird er nicht in seinen Lebenslauf eintragen wollen. Hast du querrecherchiert, ob es zu dem Zeitpunkt in Dubai einen Kongress gab, Katharina?"

„Nichts, kein Kongress oder etwas ähnliches. Es gibt keine Anhaltspunkte."

„Entschuldigung, dass ich so schwer verstehe. Was ist an dem Carlson denn so Besonderes dran, dass wir uns so um ihn kümmern?"

„Manni, der Mann ist in der Zukunftsforschung tätig, das allein ist schon Grund genug."

„Ja, gut und schön, Zukunftsforschung ist Wahrsagerei."

„Aber nicht bei dem, der geht mit technischen Gedanken in die Zukunft."

Man merkte, wie bei Manni ein Licht aufging, dann warf er noch einen Blick auf den Lebenslauf.

„Medizinische Geräte, das ergibt Sinn", jetzt wurde sein Gesicht nachdenklich: „Es ist bekannt, dass die Russen schon früher viele Experimente mit Veränderungen der Genetik gemacht haben, aber nur an Tieren. Mehr weiß ich auch nicht."

Es war im Büro so ruhig, dass man eine Stecknadel hätte fallen hören können. Bernd legte die Hand schwer auf die Schulter des Ermittlers: „Manni, du kennst dich doch in den alten Seilzügen der ehemaligen DDR aus. Da gab es doch viele Verbindungen nach Russland?"

„Mh, es wäre eine Möglichkeit, Bernd. Das kann aber etwas dauern. Es kann sein, dass ich dafür nach Moskau muss."

„Sprich dich mit Pauline ab und keine Extratouren. Willst du jemanden mithaben?"

„Nein, ich bin bei meinen Informanten in guten Händen."

„Gut, dann müssen wir Prof. Carlson treffen. Aber, bevor wir ihn treffen, will ich alles über ihn wissen, alles, Pauline. Vorher geht ihr den Dienstplan der Uni durch, ich will wissen, was die Uni zu seiner Exkursion nach Dubai zu sagen hat. Dann noch die finanziellen Zahlen, die die Uni hat, die gibst du Betty Broer, sie ist die Spezialistin für Geldfluss. Rufe Sergio an, der hat mit Sicherheit auch noch Informationen vom Prof."

„Wird erledigt, Schatz."

„Außerdem will ich jeden Dreck wissen, den Oxford im Keller hat."

Sechs Stunden später hatten sie die ersten Ansatzpunkte, die sie in dem Fall vielleicht etwas weiterbringen würden. Manni hatte sich schon verabschiedet, und so traf sich die verkleinerte Crew im Büro.

Pauline stellte eine sichere Leitung zum Safe House her und ließ Betty Broer vor allen anderen den Vortritt.

„Hallo Leute. Oxford hat zu dem Zeitpunkt, zu dem Prof. Carlson in Dubai war, eine hohe siebenstellige Summe als Spende bekommen. Im gleichen Atemzug bekam unser Prof. das Zwölffache Gehalt auf sein Konto, ohne Angabe von Gründen, aber die Kohle ist vom selben Geldgeber. Wurde unter unbekannten Spender eingeschrieben. Ansonsten ist Oxford, was das Spenden anbetrifft, sauber. Sagt mir mal, wie kommt man an die ganzen Daten. Ich weiß, dass besonders Elite-Unis sehr verschlossen sind, wenn es um ihre Daten über Spenden geht. Danke für die Daten Pauline."

Pauline lachte und sagte: „Wir kommen überall rein, es ist egal wo."

„Lasst euch nicht erwischen, Jeanne wollte noch etwas von euch."

Sie hörten alle, wie der Hörer weitergereicht wurde und Jeanne Batiste anfing zu sprechen: „Wir haben das Szenario, was jetzt kommen könnte, einmal durchgesprochen. Die Grundlage ist, wir dürfen unseren Gegner nicht unterschätzen.

Wenn ihr den Prof. besuchen wollt, macht es vorsichtig. Mittlerweile haben wir uns ja daran gewöhnt, wie ihr arbeitet, also zieht alle Register, kommt aber nicht aus eurem Loch raus. Wie ihr so etwas anstellen wollt, ich habe keine Idee."

Nachdem die Verbindung unterbrochen wurde, sah Bernd Rassmussen in die Runde und sagte: „Hat einer eine Idee?"

„Kommt der Prophet nicht zum Berg, wird der Berg zum Propheten gehen."

„Bille, du kennst Francis Bacon?"

„Wer ist das denn?"

„Francis Bacon zitiert 1625 diesen Spruch aus einer arabischen Überlieferung. Ich sehe schon, mit Literatur und Geschichte habt ihr es nicht so. Aber, was willst du uns sagen, Bille?"

„Jeanne Batiste hat uns doch den Weg aufgezeigt. Jetzt geht es nur noch um das, wie? Ich kann mir nicht vorstellen, dass die Firma, um die es geht, den Prof. über drei Jahre Personenüberwachung zukommen lässt, was man aber durchaus überprüfen kann. Telefonüberwachung, kleine Kameras und Micros in der Wohnung, ist da schon eher angesagt. Wir können nicht hier raus, weil wir mit Sicherheit überwacht werden, jedenfalls gäbe es ein Hallo, wenn wir nach England fliegen würden. Also fliegen wir in den Süden, aber wir fliegen nicht in den Süden. Georg Bauer kann das doch mit Sicherheit mit der Flugsicherung hinbekommen. Oder Bernd?"

Billes Frage war lauernd und gleichzeitig als amüsiert einzustufen. Sie wusste genau, dass ihre Kollegen ihr in der momentanen Phase nicht folgen konnten und genoss deren geistige Passivität.

„Ich kann dir zwar nicht folgen, Bille, aber wir machen einen militärischen Flug daraus, das müsste hinzubekommen sein. Militärische Flüge müssen zwar auch registriert werden, aber da kann man die Begründung regeln. Klär uns weiter auf."

„Wir spielen den Ball aus einer dreifachen Deckung heraus. Das sieht dann so aus. Carlson ist Norweger und seiner Familie unwahrscheinlich stark verbunden. Sein Vater ist ein alter hoher Militär gewesen. Na, flackert es bei euch, oder ist immer noch Kurzschluss in euren Köpfen?"

„Bille."

Unbeeindruckt, über den kurzen Einspruch von Bernd, sprach Bille weiter: „Zuerst müssen wir wissen, ob wir Carlson überwachen können. Einmal über Personalüberwachung und dann elektronisch. Personenüberwachung ist für uns relativ irrelevant, aber eine elektronische Überwachung wäre wünschenswert. Pauline hat doch Bekannte in England, die so etwas

können. So, jetzt kommt der Clou zu der Sache. Ich weiß nicht, ob ihr das vollständige Dossier von unserem Prof. gelesen habt. Der Bursche hat ein Manuskript für ein Buch liegen, indem er etwas über die Zukunft geschrieben hat, in denen er die negativen Ansätze für die Menschheit dokumentiert, dabei nennt er Namen der Firmen, die dafür in Frage kommen könnten."
Bille merkte, dass sie die volle Aufmerksamkeit der Crew hatte und sprach ungehemmt weiter: „Das Manuskript muss einen absolut explosiven Charakter haben. So munkelt man. So, Pauline, jetzt gehen deine Leute unerkannt da rein, Carlson ist da, und sie stehlen das Manuskript in seinem Beisein, dabei sagen sie auf Mandarin: „das wird unsere Auftraggeber sehr zufriedenstellen, jetzt werden sie handlungsfähig sein". Nicht mehr und nicht weniger."
Bernd begriff, worauf Bille hinauswollte: „Der erste Bluff."
„Falsch, Bernd, Doppelbluff. Das Parallelszenario, du triffst die Carlsons in Norwegen. Du fliegst da hin und sprichst mit dem alten Carlson über das Problem und klärst ihn auf. Er ist ein alter Geheimdienstler, er wird es gedanklich nachvollziehen können und dir zuhören. Mach ihm klar, es geht nur um die Sicherheit seines Sohnes. Um diesen Bluff wirksam werden zu lassen, kommt Frau Carlson ins Osloer Krankenhaus, Herzprobleme, sie steht kurz vor dem Tod und will ihren Sohn noch einmal sehen. Der Alte ruft seinen Sohn an, gerade zu dem Zeitpunkt, wo Paulines Freunde den Jungen überfallen. Sie lassen ihn ans Telefon, stellt das Telefon auf laut, er bekommt die Mitteilung, Paulines Leute bringen ihren Job zu Ende, hauen dann ab, und er sagt der Polizei Bescheid, dass er

überfallen worden ist. Dann fliegt er am anderen Morgen nach Oslo, um seine Mutter zu sehen. Da schnappst du dir den Jungen, nimmst den Alten mit, und fragst ihn über Dubai aus. Alles ist safe, keiner merkt etwas. Ein Problem haben wir noch, die Herzprobleme müssen echt sein, damit die Ärzte das auch schriftlich dokumentieren können. Karla, gibt es dafür ein Mittel? Davon hängt alles ab.“

Anstatt zu antworten, sagte Karla: „Bille, die Seite kenne ich noch gar von dir. Natürlich gibt es so etwas, aber dann muss sie bis zur Einlieferung überwacht werden.“

„Ich habe vom Baum der Erkenntnis genascht. Ich dachte, da muss doch einer mal einen produktiven Vorschlag machen.“

„Und den Baum der Erkenntnis haben bestimmt Frauen gepflanzt“, lachte Katharina.

„Bibelstunde, Leute, der Baum der Erkenntnis war neben dem Baum des Lebens im Paradies. So die Legende und ein Spatz macht noch lange keinen Frühling. Respekt, Bille, eine absolut geile Taktik.“

„Wie gehen wir dann genau vor?“
Ohne auf die Frage einzugehen, fragte Lois: „Wie sicher ist es, dass wir beobachtet werden?“

„Tja, Louis, bis jetzt habe ich noch nicht das Gefühl beobachtet zu werden, aber ein guter Beobachter gibt dem zu Beobachtenden auch dieses Gefühl nicht. Somit gehen wir auf Sicherheit und nehmen an, dass wir beobachtet werden.“

„Ich finde die Idee gut und durchführbar. Als erstes muss Bernd nach Norwegen, um mit der Familie zu sprechen. Dann würde ich vorschlagen, dass wir nächste Woche mit der Durchführung starten. In Oxford, das möchte ich mit Katharina und Louis durchziehen, es bedarf noch einiger Planung. Katharina und Louis brauche ich als Rücksicherung."

„Gut, Pauline, während ich in Norwegen bin, macht ihr die Planung. Nehmt Georg mit hinein, er hat die nötigen Kontakte zum Militär. Charter mir eine Zweimotorige, aber auf einen anderen Namen."

„Kein Problem, aber so fliegst du nicht nach Norwegen. Gehen wir doch einmal in die Requisite, und sehen uns an, was der Samurai an Masken hat, dazu noch die richtigen Papiere und fertig."

So stattete Pauline ihren Freund aus, und der Profiler war danach nicht mehr wiederzuerkennen. Zur Rathausstraße hin, verließ der verkleidete Bernd Rassmussen das Polizeigebäude und ging über die Geschäftsstraße zum nächsten Taxistand. Von dort ließ er sich zum Flugplatz bringen, wo die kleine Zweimotorige schon mit laufendem Motor auf ihn wartete.

Er musste nach Oppdal, wo sich der Vater von Professor Carlson in einem Sommerhaus aufhielt. Von da aus machte er regelmäßige Jagdausflüge in die nähere Umgegend. Georg Bauer hatte für den Kontakt gesorgt. Dank seiner exzellenten Verbindungen zum Militär und dadurch zum Geheimdienst, wurde der Kontakt schnell hergestellt.

Bernd genoss den Flug. Er kannte die Strecke von Oslo über Lillehammer nach Dombas, um dann über das Dovre Fjell nach Oppdal zu gelangen. Es war schon der Teil, den man als Mittelnorwegen bezeichnen konnte. Fuhr man die Strecke weiter, kam man über Berkak nach Trondheim.

Er erinnerte sich daran, dass er mit seinen Eltern hier oft Urlaub gemacht hatte und es zwischen Oppdal und Berkak ein kleiner Flugplatz gab. Es war schon spät geworden, als sie landeten, aber immer noch hell, wolkenfrei und warm präsentierte sich Norwegen von seiner schönsten Seite.

Pauline hatte ihm geschrieben, dass für alles gesorgt sei, und er sich um nichts kümmern brauchte. Er wusste, dass auf seine Freundin Verlass war, und so sorgte er sich auch nicht um eine Unterkunft.

Sanft setzte die Maschine auf, und Bernd instruierte den Piloten, dass er morgen im Laufe des Tages wieder nach Hause fliegen wollte. Sie kannten sich schon von früheren Flügen, so brauchte es nicht vieler Worte. Die Maschine wurde noch am Abend desselben Tages aufgetankt, so dass sie jederzeit abflugbereit war.

Als die Maschine stand, öffnete der Pilot das Luk und ließ die schmale Treppe hinunter. Unten wurde Bernd schon von einem jungen Mann erwartet, der mit einem kleinen offenen Geländewagen direkt neben der Maschine stand und ihn auffordernd ansah.

„Mr. John Derrick? Ich bin Leif, der persönliche Adjutant von Oberst Carlson. Ich soll sie zum Oberst bringen.“

Ben gab Leif die Hand und fragte den hoch aufgeschossenen Norweger: „Ich dachte, Oberst Carlson ist schon im Ruhestand und dann hat er noch einen persönlichen Adjutanten?“

Als beide in dem offenen Geländewagen saßen, verstaute Bernd sein Handgepäck, während Leif antwortete: „Oberst Carlson ist bei Norsk Etterretningstjeneste das

Taktikgenie. Sie wissen, was das Norsk Etterretningstjeneste ist?"

„Ich habe schon davon gehört, der norwegische Geheimdienst."
Leif lachte: „Sie haben noch keinen Ersatz gefunden, so arbeitet der alte Herr nach Bedarf und das anscheinend 24 Stunden am Tag."
Leif startete den Wagen und fuhr in Richtung Berkak, um dann irgendwo links abzubiegen. Selbst die Waldwege und Feldwege sahen gepflegt aus, und so kamen sie ohne größere Schlaglöcher zu tuschieren, zu einem typischen norwegischen Jagdhaus, dass nur in einer etwas größeren und exklusiveren Ausstattung, am Rande eines Waldes stand.

Ein Mann und eine Frau saßen auf der Veranda und schauten neugierig dem Besucher entgegen. Als der Wagen stand, stieg Bernd leichtfüßig aus und schaute sich um. So wie das Haus am Rande eines Hochwaldes stand, stand es auch am Rand einer immergrünen großen Wiese, durch das sich ein kleiner Bach schlängelte der am Ende der Wiese, über einen Wasserfall in die Tiefe stürzte, wo das Wasser als Sprühregen auf die Oberfläche eines Sees stürzte.

Bernd atmete tief durch, schloss für einen Moment seine Augen, genoss die Ruhe und die Luft der Bergwelt Norwegens.

Mittlerweile stand der Mann auf der Veranda auf und gab Bernd die Zeit durchzuatmen, dann kam er leichtfüßig die Stufen herunter, um seinen Gast zu begrüßen.

Sie waren beide gleich groß, und der Oberst machte auf Bernd den Eindruck eines durchtrainierten, fast hageren Mitfünfzigers. Sie gaben sich die Hand und schauten sich in die Augen. Es schien, als liebten beide das gleiche Prozedere, um jemanden, den man kennengelernt hatte, zu taxieren. Der feste Händedruck seines Gegenübers zeigte Bernd in Sekundenbruchteilen, dass er hier einen ehemaligen Soldaten vor sich hatte, der auf Wahrheit fixiert war und irgendwelche taktischen Spielerein nicht zuließ, wenn er sie nicht selbst veranlasste.

„Herr Rassmussen, ich bin Karl Carlson. Sie sehen etwas anders aus, wie es auf dem Bild ist, was ich in Ihrem Dossier gefunden habe."

„Besondere Umstände verlangen manchmal eine besondere Vorgehensweise."

„Wem sagen Sie das. Dann zeigen Sie mir jetzt, dass Sie der richtige Rassmussen sind und nicht der falsche John Derrick", dabei deutete er linkisch auf die Brust des Deutschen, wo ein hässlicher kleiner Laserpunkt zu sehen war.

„Vorsicht heißt die Mutter der Porzellankiste."

„Einen kleinen Moment, Mr. Carlson."
Bernd nahm vorsichtig die Perücke ab und löste dann, genauso vorsichtig, die Gesichtsmaske. Leif, der dabeistand und das wenige Gepäck des Profilers trug, bekam den Mund nicht mehr zu.

„Jetzt sehen Sie aus, wie der Rassmussen im Dossier."
Der Norweger hob die Hand und augenblicklich verschwand der hässliche Laserpunkt. Dann gab er dem Profiler noch einmal die Hand.

„Ich begrüße Sie auf unserem kleinen Schloss, Herr Rassmussen. Sie wohnen natürlich bei uns. Leif, zeige dem Herren bitte sein Zimmer."

„Aye. Wenn Sie mir bitte folgen wollen, Herr Rassmussen."

Als Bernd die Veranda betrat, hielt er kurz an und Karl Carlson stellte dem Deutschen seine Frau vor.

„Meine Frau, Trine Carlson."
Bernd sah in zwei hellblaue Augen, die eine gewisse Schärfe ausstrahlten und sich veränderten, als sie mit der Taxierung fertig war. Auch sie war, trotz ihres Alters von fast 70 Jahren noch attraktiv. Fast genauso groß wie Bernd, mit einem festen Händedruck ausgestattet, verkörperte sie die Gefährtin, Beraterin, Mutter und Ehefrau mit einer Dynamik, die sich rein durch ihre Ausstrahlung zeigte.

„Gnädige Frau, ich freue mich, Sie kennenzulernen."
Mit einer ruhigen Altstimme erwiderte sie: „Sagen Sie Trine zu mir, Herr Rassmussen, als alter Norwegenreisender, wissen Sie, dass wir es mit Förmlichkeiten nicht so haben."
Mit den wenigen Worten zeigte sie, dass auch sie das Dossier des Profilers gelesen hatte und über alles Bescheid wusste.

„Dann darf ich Sie bitten, Bernd zu mir zu sagen."

„Leif zeigt ihnen ihr Zimmer, da können Sie sich etwas frisch machen. Ziehen Sie eine warme Jacke an, die Nächte werden etwas kühl hier oben. Es ist alles im Schrank, Sie haben ja fast dieselbe Größe wie William."
Bernd verbeugte sich höflich und folgte Leif auf das Zimmer.
Das Zimmer war mehr ein Apartment, die Fenster zeigten nach Süden auf die Weide, und er konnte den feinen Wasserstaub sehen, der sich im Licht des restlichen Tages in der Sonne brach. Schnell machte Bernd sich etwas frisch, zog eine Jacke aus dem Schrank an und begab sich

auf die Veranda, wo ihm Carl Carlson einen Platz zuwies, den der Profiler dankend annahm.

„Wein, Bier oder etwas anderes?"

„Gerne einen Wein."

Karl Carlson goss dem Profiler ein Glas ein und sagte: „Ihr Profil ist bemerkenswert, Herr Rassmussen. So jung und schon so viel erlebt, wieviel ist davon denn Wahrheit?"

Bernd lächelte hintergründig und sagte leise, schon fast zu sich selbst: „Sie wissen doch, Herr Carlson, wie die Chefs übertreiben, wenn sie jemanden loswerden wollen."

„Tuche. Jetzt erzählen sie doch bitte einmal, was Sie von mir wollen, Herr Rassmussen. Der Geheimdienst wusste es nicht und auch sonst keiner. Selbst ihr Freund Sergio sagte nur „Fragen sie ihn selbst, ich darf nichts sagen." Normalerweise kocht das Geheimdienstnetz, wenn etwas Neues auf der Platte ist, aber hier", jetzt schüttelte er verständnislos mit dem Kopf: „Da kommt nichts raus."

Ohne eine Erklärung abzugeben, lächelte der Deutsche fein und sagte dann: „Herr Carlson, ich kann davon ausgehen, dass Ihre Frau in Ihr Leben involviert ist, so muss ich Ihnen sagen, es geht sie beide an. Aber, um es zu verstehen, muss ich Ihnen alles von Anfang an erzählen. Und wenn ich Ihnen sage, dass sie beide eine der wenigen sind, die ich über diesen Fall informiere, dann ist das ein Novum."

„Dann starten Sie einmal durch, wir sind ganz Ohr."

Eine kleine Pause nehmend und sich sammelnd, begann der Profiler in Montreal, dabei ließ er keine Kleinigkeit aus. Er merkte, wie er seine Zuhörer in den Bann zog, Als er fast fertig war, machte er eine kleine Pause und nahm sich einen kleinen Schluck des exzellenten Weines.

„Ich sehe bis jetzt keinen Zusammenhang mit uns, Herr Rassmussen."

Sanft antwortete Bernd: „Ich bin noch nicht fertig. Jetzt kommt die Stelle, in der Ihr Sohn involviert ist."

„Mein Sohn? Das kann ich mir nicht vorstellen, aber fahren Sie fort."

Bernd erzählte weiter, wie sie auf den Sohn der Familie Carlson kamen und endete da.

„Ich kann mich an die Reise meines Sohnes erinnern. Sie war sehr mysteriös, so hat der norwegische Geheimdienst etwas recherchiert."

Jetzt war Bernd doch überrascht: „Wie sah die Recherche aus?"

„Im Grunde haben wir nichts erfahren, es unterlag alles absoluter Geheimhaltung."

„Wenn Sie im Grunde sagen, dann ist doch etwas hängengeblieben?"

„Ja, natürlich. Als die Sitzung zu Ende war, haben wir jede Menge Bilder geschossen."

„Und die Bilder nachrecherchiert?"

„Natürlich", jetzt lächelte der Norweger: „Aber wir haben nichts rausbekommen. Natürlich waren es alles Geschäftsleute, Ärzte. Geldmagnaten, aber kein Ansatzpunkt auf Zukunftstechnologie."

„Würden Sie uns die Unterlagen zur Verfügung stellen?"

„Natürlich und wofür brauchen Sie unseren Sohn?"

„Ich möchte ihn selbst befragen, aber wenn er beobachtet wird, oder in irgendeiner Form wir ins Spiel kommen, sehe ich das Leben Ihres Sohnes gefährdet."

„So wie ich Sie einschätze, haben Sie sich doch schon etwas ausgedacht."

„Ja, und dafür brauche ich ihre Hilfe. Der springende Punkt ist, Ihr Sohn darf davon nichts wissen."
Bernd erläuterte den beiden den Plan, und die Rolle, die Sie dabei spielten. Als er fertig war, schaute er in das Gesicht der beiden Carlsons und versuchte so etwas wie Ablehnung zu entdecken.

„Der Plan ist richtig gut, Herr Rassmussen, aber Sie werden verstehen, dass meine Frau damit einverstanden sein muss. Sie ist diejenige die den Herzinfarkt vortäuschen muss."

„Sie muss ihn nicht vortäuschen, sie hat die Symptome eines Herzinfarktes. Sie würde eine kleine Medikamentierung von unserer Ärztin bekommen, die sie auch elektronisch überwacht."

„Haben Sie überhaupt die Mittel dafür?"

„Die Mittel unseres Teams sind ohne Budget, also kann man fast sagen, unbegrenzt. Sehen Sie, ich bin mit einem Privatflieger hierhin gekommen."

„Nehmen wir einmal an, meine Frau macht das mit. Wie läuft das alles ab?"

„Morgen wird mein Team die Stromversorgung des Stadtteils von Oxford, indem ihr Sohn wohnt, unterbrechen. In der Zeit, es wird tagsüber sein, bricht ein Team in die Wohnung ein und kontrolliert, ob er überwacht wird. Als nächstes fahren Sie in ihre Stadtwohnung in Oslo, dort kontaktiert meine Ärztin Sie und weist Sie ein. Sie wird die ganze Zeit in Ihrer Nähe bleiben und Sie überwachen. Wenn der Tag X kommt, sehr wahrscheinlich nächste Woche, nimmt Ihre Frau, bevor es losgeht, zwei Stunden vorher dieses kleine Medikament im Beisein der Ärztin. Sie werden mit dem Notarzt ins Krankenhaus gebracht, dort werden Sie untersucht, und man stellt einen Herzinfarkt fest und die Ärzte werden Ihnen sagen, dass Ihre Frau in Lebensgefahr ist. Ihre Frau sagt zu Ihnen, dass Sie Ihren Sohn noch einmal sehen möchte. Sie rufen in Oxford an, aber erst, wenn wir das Go geben. Zur selben Zeit wird noch einmal bei Ihrem Sohn eingebrochen, um das Manuskript, das er über die Zukunft geschrieben hat, zu kopieren. Sollte Ihr Sohn überwacht werden, sagen die Einbrecher etwas, was die Überwacher auf eine falsche Fährte schickt, dann verschwindet die Bande wieder. Ihr Sohn ruft die Polizei, besorgt sich ein Ticket und besucht seine Mutter. Er ist da und die wundersame Genesung beginnt. Ich spreche mit Ihrem Sohn, Sie werden dabei sein, Herr Carlson."

„So ein Aufwand, nur für ein kleines Gespräch. Das ist sehr ungewöhnlich."

Bernd hatte mit dem Zweifel gerechnet und sagte: „Sie haben doch Verbindungen, Herr Carlson, nutzen Sie sie einfach."

„Wen soll ich denn anrufen, Ihrer Meinung nach?"

„Haben Sie Verbindungen nach Washington?"

„Ja."

„Auch nach Langley?"

„Natürlich, ich bin im Geheimdienst."

„Kennen Sie Admiral Lawrenz?"

Jetzt zögerte der Norweger: „Ja, kenne ich."

„Rufen Sie ihn an, jetzt."

Jetzt merkte der Norweger das erste Mal die Härte, die in dem Deutschen steckte. Leif, der unbeteiligt in der Ecke saß und dem Gespräch zuhörte, sprang auf einen Wink auf.

„Leif, bring mir bitte ein Handy, mit einer sicheren Leitung.“

„Sofort.“

Karl Carlson hatte die Nummer im Kopf und anscheinend auch die Durchwahl: „Admiral Lawrenz?“

Carlson hatte auf laut geschaltet: „Ja, Admiral Lawrenz“, kam es knurrig zurück.

„Hier ist Oberst Carlson, vom norwegischen Geheimdienst. Sie erinnern sich?“

„Ja“, war die knappe Antwort: „Was kann ich für Sie tun, Oberst?“

„Ich habe hier einen jungen Mann vor mir sitzen, bei dem ich nicht weiß, woran ich bin. Er sagte, Sie könnten mir weiterhelfen.“

„Das muss ja schon ein Früchtchen sein, wenn Sie mich danach fragen. Ich gebe Ihnen jetzt mal eine Antwort, Oberst. Es gibt in Europa nur einen Menschen, dem ich mein Leben anvertrauen würde und das ist Bernd Rassmussen, der alte Bastard. Hat er wieder eine seine ausgefallenen taktischen Ideen?“

„Woher wissen Sie?“

„Es gibt nicht viele Menschen, die mich als Reputation angeben würden. So wie ich Sie einschätze, hört er bestimmt mit.“

„Ja, er sitzt hier vor mir.“

„Na, Bernd, woran arbeitest du dieses Mal?“

„Na, Lawrenz, wieder mal Taxi gefahren.“

„Oberst, er ist es, eine Sache, die nur wir beide wissen können. Brauchst du wieder unsere Hilfe?“

„Das kann durchaus sein, Admiral. Ich kann noch nicht sagen, wie sich der Fall entwickelt.“

„Ruf mich an, mein Junge, ist immer interessant mit dir zu arbeiten."

„Grüß den alten Eisenfresser von mir."

„Mach ich. Oberst, machen Sie, was er sagt, es wird seinen Grund haben, auch wenn manches nicht zusammenzupassen scheint. Grüßen Sie Ihre Frau von mir."

Die Verbindung wurde unterbrochen.

Ohne weiter auf Lawrenz einzugehen, schaute er seine Frau an: „Was meinst du, Liebes?"

Resolut antwortete Trine: „Wir fahren morgen nach Oslo in unsere Stadtwohnung und ziehen das durch."

„Vielen Dank, Trine", antwortete Bernd.

Bernd nahm sein Glas und prostete den beiden Norwegern zu.

Man hatte noch viel zu besprechen, so wurde es eine lange Nacht, die nicht dunkel werden wollte. Bernd wusste, wie sein Körper auf die langen Nächte reagierte, so genoss er die Stille, die nur durch die Geräusche des Waldes und ihrem Gespräch unterbrochen wurde.

Früh war der Profiler morgens hoch und machte erst einmal einen ausgedehnten Lauf durch die Wildnis Norwegens. Er lächelte leise vor sich hin, als er merkte, dass er verfolgt wurde. Es war wohl derselbe, der mit dem Lasergewehr auf ihn gezielt hatte und den er noch nicht zu Gesicht bekommen hatte. Karl Carlson war ein vorsichtiger Mann.

Als er wieder beim Haus ankam, saßen die Carlsons schon beim Frühstück. Er duschte sich schnell und packte, dann ging er nach unten.

„Setzen Sie sich, Herr Rassmussen, ein Frühstück, bevor Sie wieder verschwinden?"

„Gerne, Trine und vielen Dank für die Gastfreundschaft."

179

Oslo

Es war schon spät, als Bernd Rassmussen und Dr. Karla Schmidt das exklusive Appartement-Haus am Osloer Hafen betraten. Mit einem geraden Blick auf den Hafen und auf die Oper, konnte man das Leben in der Metropole Norwegens verfolgen. Die Bistros am Hafen waren voll mit Einheimischen und Touristen. Trine liebte das Leben in der Hauptstadt und beobachtete mit Vorliebe die vielen Kreuzfahrschiffe, die in einiger Entfernung am Kai festmachten und Ströme von Touristen, in eine der teuersten Städte der Welt, entließen.
Karl Carlson öffnete die Tür und bat die Besucher in das gemütliche, aber nicht überladene Apartment hinein. Karla, die schon ein paar Tage vorher die Carlsons besucht hatte, um Trine zu untersuchen, damit sie die richtige Dosis verabreichen konnte, grüßte Karl Carlson kurz und ging gleich durch zu Trine, die leicht beunruhigt wirkte.
Bernd nahm den Norweger zur Seite und sagte: „Das Appartement ihres Sohnes ist verwanzt worden, genauso wie ich es mir gedacht habe, mit einer Kamera im Wohnzimmer und Micros in jedem Zimmer.“
Karl Carlson bemerkte nur lapidar, ohne den Profiler anzusehen: „Schweine.“
Bernd lachte: „Hört, hört, ein Geheimdienstmann spricht.“
 „Wenn es um die eigene Familie geht, ist immer alles anders.“
Karla suchte den Blickkontakt mit ihrem Chef und deutete dabei auf ihre Armbanduhr. Bernd nickte

unmerklich und sagte zu Karl Carlson: „Es wird Zeit, Oberst."

Mit einem unmerklichen Nicken drehte sich der große Mann um und ging zu seiner Frau.

„Es geht los Schatz."

„Der einzige Vorteil ist, dass wir unseren Sohn endlich wieder einmal sehen."

Karla hielt Trine zwei kleine verschiedenfarbige Pillen hin.

„Die eine beeinflusst den Sinusknoten, die andere die Sauerstoffsättigung und den Blutdruck. Wichtig ist, Trine, für dich selbst, dass du durch das Schmerzgefühl in Magen und Brust, nicht panisch wirst. Der Notarzt kommt, legt dir einen Zugang, wird dir Nitro geben, dann wirst du dich schon etwas besser fühlen. Im Krankenhaus werden sie dir ein EKG machen und Herzkatheder verpassen, um ein eventuelles Blutgerinnsel festzustellen. Beim EKG werden sie große Unregelmäßigkeiten feststellen. Beim Herzkatheder werden sie nichts feststellen, so kommst du auf die Intensiv und nach 12 Stunden beginnt langsam die wunderbare Heilung. Morgen Abend um die Zeit sitzt ihr bei einem Glas Rotwein und lacht über den Bluff."

Trine nahm die beiden Pillen, ihr Mann reichte ihr ein Glas Wasser. Ohne zu zögern, schluckte sie die beiden Pillen und der Bluff begann.

Bernd und Karla warteten noch so lange, bis die ersten Symptome begannen, dann verließen sie die Wohnung der Carlsons und gesellten sich zu Bille und Karl Weber, die in einem Bistro in der kleinen Einkaufszeile am Hafen saßen und von da aus, konnten sie den Eingang des Apartmenthauses beobachten.

Bernd schaute die beiden auffordernd an und ohne, dass der Profiler gefragt hatte, antworten sie.

„Nichts, keine Beobachter."

Karla hatte den beiden Carlsons einen Zeitplan mitgegeben, an den sich die beiden Norweger hielten.

Entspannt setzten sich die beiden zu Bille und Karl, bestellten einen Cappuccino und warteten. Karla sah auf ihre Uhr und sagte nur: „Es geht los."

Bernd bezahlte, wartete, bis er den Krankenwagen hörte, nahm sein Handy, wählte Paulines Nummer, die anscheinend schon gewartet hatte und sagte: „Es geht los."

„Von jetzt an 60 Minuten."

„60 Minuten, Zeit läuft."

Mittlerweile war der Krankenwagen vorgefahren, und der Notarzt hastete in das Apartmenthaus. Es dauerte nicht lange und der Notarzt und die Sanitäter kamen mit der Trage aus der breiten Tür, auf der Trine lag. Karl Carlson war bei ihr und stieg mit in den Krankenwagen. Die vier Ermittler warteten, bis der Krankenwagen verschwunden war, dann standen sie auf, gingen die Einkaufsmeile entlang, bis sie am Ende einen schwarzen Van sahen, in den sie einstiegen.

„Leif, zum Krankenhaus."

Ohne zu antworten, fuhr Leif zum Krankenhaus, wo er sich einen Parkplatz suchte, bei dem sie den Eingang im Auge hatten.

„Jetzt heißt es nur noch warten."

Oxford

Pauline reiste getrennt von Katharina und Louis nach England, erst in einem bekannten chinesischen Lokal in London, das die beiden Geschwister von früheren Einsätzen her kannten, kamen sie wieder zusammen. Man erwartete sie schon, aber wie bei früheren Einsätzen, gab man sich nicht zu erkennen.
Louis, der die Art aufzutreten, die das Geschwisterpaar in Vollendung praktizierte, war etwas irritiert, sagte aber nichts.

„Na, Louis, da ich weiß, dass ihr Franzosen auch alles esst, genauso wie wir Chinesen, werden wir für dich bestellen."
Pauline schlug dem Franzosen freundschaftlich auf die Schulter.

„Ich habe gar keine Zeit zu essen, Pauline, ich muss die ganze Zeit auf euch aufpassen. Zwei so hübsche junge Frauen werden mit Sicherheit von vielen jungen Männern belagert. Und Bernd würde es mir nicht verzeihen, wenn ich ohne dich nach Hause käme."

„Ist er immer so charmant, Schwesterchen?"
In dem Moment bewegte sich der alte Mann, den die beiden Geschwister schon kannten und kam die beiden Stockwerke hoch. Leicht aufgestützt auf seinen Gehstock mit dem Elfenbeingriff, wurde er von einem jungen Chinesen begleitet.
Katharina wandte sich an ihren Freund: „Louis, du hälst den Mund, sei bitte höflich und bewege dich immer nur langsam."
Louis kannte anscheinend schon den Tonfall von Katharina und verhielt sich dementsprechend.

Erwartungsvoll schauten die drei dem alten Mann entgegen. Als er den Tisch erreicht hatte, begrüßten sie ihn ehrerbietig und warteten bis er sich gesetzt hatte. Der junge Chinese, der den Alten begleitete, stellte einen Paravent so, dass sie von außen nicht gesehen wurden.

Freundlich musterte der Alte die drei und begann mit der Konversation, die sich einige Minuten hinzog. Dann kam er zur Sache: „Wir haben alles so ausgeführt, wie ihr es gewünscht habt. Einen Range Rover mit ausklappbarer Rückscheibe für den Herren. Der Schlüssel für die Dachterrasse eines 300 Meter entfernten Apartmenthauses. Der Besitzer kommt erst in einem Monat wieder und es hat kein anderer einen Zweitschlüssel."

Dann wandte er sich an Pauline, anscheinend konnte er die Zwillinge unterscheiden: „Pauline, dein angeforderter Mann wird erst in Oxford zu euch stoßen. Der Samurai hat es nicht rechtzeitig geschafft. Er hat einen Haustürschlüssel dabei. Ihr kommt also bequem in die Wohnung. Wenn alles erledigt ist, gebt ihr das ganze Equipment dem Mann, der zu euch stößt. Die Kameras, die die Straße überwachen, werden zum richtigen Zeitpunkt ausfallen. Ihr habt dafür 30 Minuten. Fragen?"

Louis konnte sich nicht zurückhalten: „Die Gewehre sind mit Zielfernrohr und Wärmesensor?"

Mitleidig schaute der Alte den Franzosen an: „Eingeschossen auf die Entfernung, die ihr braucht, mit dem modernsten Nachtsichtgerät, die es auf dem Markt gibt, auch auf deine Körpergröße ausgerichtet, Franzose."

Leicht kopfschüttelnd sah er Katharina an und sagte zu ihr auf Mandarin: „Der junge Mann muss noch viel lernen."

Katharina antwortete in derselben Sprache: „Der Langnase ist Franzose, die lernen schlecht."

Man sah den Schalk in den Augen des Alten, als er antwortete: „Er bringt aber eine gute Reputation mit, es braucht eben Zeit. Lasst es euch schmecken und viel Erfolg."

Louis schaute verständnislos, da er wusste, dass über ihn gesprochen wurde. Der Alte erhob sich, verbeugte sich leicht und ging wieder die Treppe hinunter.

„Was hat er gesagt?"

„Das du ein netter Kerl bist, im übertragenen Sinne."

Die beiden Geschwister lachten, und Louis schüttelte nur den Kopf.

Nach dem Essen wurden sie aus einem Seitenausgang hinausgeführt und landeten in einer Tiefgarage, wo schon zwei hochmotorige Range Rover mit Fahrer auf sie warteten. Die Fahrt aus London heraus zog sich hin, aber die Fahrer kannten Abkürzungen nach Oxford und überquerten auf Seitenwegen den äußeren Ring, von da aus ging es zügig nach Oxford.

Die Dämmerung zog langsam herauf, als sie ihre schon abgesperrten Stellplätze erreichten. Bevor Katharina das Apartmenthause betrat, checkte sie noch einmal die Verständigung über ihre Ohrmikros.

Pauline, Louis und der Fahrer sortierten sich auf die zweite abgesperrte Fläche. Louis probierte die beste Stellung aus, die er vom Kofferraum aus auf die Straße hatte. Dann warteten sie, bis auf einmal Paulines Handy klingelte. Es war Bernd, der ihr nur mitteilte, dass Frau Carlson in das Krankenhaus gebracht wurde. Sie informierte Louis und Katharina, dann warteten sie wieder, bis auf einmal eine dunkel gekleidete Gestalt an die Seitenscheibe klopfte. Louis öffnete die Tür und ließ den Mann in den Wagen.

Ohne ihn zu begrüßen, fragte Pauline: „Hast du alles dabei."

„Ja, hier ist der Schlüssel."

„Gut, dann warten wir nur noch auf den Professor."

Es dauerte nicht lange, bis ein Scheinwerferpaar die Dunkelheit des beginnenden Neumondes durchschnitt und in eine Tiefgarage hineinfuhr. Das Tor öffnete sich automatisch und verschloss sich auch wieder hinter dem Wagen.

„Die Kameras sind aus?"

„Elektronische Störung."

„Gut, dann warten wir noch eine halbe Stunde", Pauline sah auf ihre Uhr und bemerkte: „Wir sind bestens in der Zeit."

Die nachfolgenden 30 Minuten vergingen zäh und gefühlt langsam, dann war es endlich soweit, und Pauline gab Louis und Katharina das Startsignal. Louis richtete sich im Heck ein und Katharina hatte vom Dach aus die Straße im Auge.

Pauline nickte dem Chinesen zu, beide zogen die Sturmhauben mit einer eingenähten Membrane, der ihre Stimmen leicht verzerrte, über den Kopf.

Ruhig und gelassen überquerten sie die Straße, sie brauchten sich nicht umsehen, da sie wussten, dass zwei Augenpaare die Straße beobachteten, und sie jederzeit Bescheid bekommen würden, wenn ungebetener Besuch die kleine Nebenstraße betrat. Bei der Eingangstür angekommen, öffneten sie diese mit einem Zweitschlüssel, kein Wort wurde zwischen den beiden gewechselt, es lief ab, als würden sie es jeden Tag machen.

Schnell hatten sie die Strecke in den dritten Stock zurückgelegt. Wieder schlossen sie die Eingangstür leise auf und schlüpften in den Flur.

Leise Musik drang aus dem Wohnzimmer in den Flur. Pauline lugte um die Ecke, konnte den Professor aber nicht sehen. Sie hatte den Grundriss der Wohnung im Kopf und wusste, dass es eine offene Küche gab. Schnell inspizierte sie das Wohnzimmer. Es war außergewöhnlich groß, zur Linken stand eine einfache Schreibplatte, die aber die ganze Breite des Wohnzimmers einnahm. Die Wand war mit Büchern bestückt und neben dem Laptop lagen aufgeschlagene Bücher.

Genauso wie die Breite der Wand, war die Länge des Wohnzimmers mit Büchern ausstattet, die nur von einem übergroßen Flachbildschirm unterbrochen wurden. Die gegenüberliegende Wand wurde von zwei Türen unterbrochen, durch die eine waren Pauline und ihr Partner eingetreten. Daneben war voraussichtlich die Tür zum Bad, die gerade der Partner Paulines kontrollierte und das ok-Zeichen gab.

Pauline zog ihre Glock und ging an der wertvollen Stereoanlage vorbei und sah vorsichtig in die Küche. Dort stand mit dem Rücken zu ihr Professor Doktor William Carlson. Sie gab ihrem Partner ein Zeichen, und beide setzten sich auf die beiden Barhocker, die auf der einen Seite des Tresens standen. Beide beobachteten amüsiert, wie sich der Mann ein ganz profanes Brot schmierte und dabei die Melodie mitsummte, die im Radio gespielt wurde.

Pauline hatte ihre Glock leise auf den Tresen gelegt, als sich der Mann umdrehte und erstarrte, als er die beiden dunklen Gestalten wahrnahm, die lässig am Tresen saßen.

Pauline hob langsam die Hand, und führte ihre behandschuhten Finger zum Mund und sagte mit der durch die Membran verzerrte Stimme: „Professor, ganz ruhig, dann passiert Ihnen auch nichts."

Schnell hatte sich der junge Professor gefangen, schätzte mit einem weiteren Blick seine Chancen ab und kam wohl zu dem Ergebnis, dass blinder Aktionismus fehl am Platz war. Er setzte sich den beiden gegenüber und biss herzhaft in sein Brot, dann bemerkte er mit einem geringschätzigen Blick auf die Glock: „Madam, würden Sie bitte die Glock vom Tresen nehmen, ich habe auch so verstanden, dass Sie etwas von mir wollen."

Jetzt war es an Pauline, erstaunt zu sein, und unvermittelt fragte sie den Mann: „Woher wissen Sie, dass ich eine Frau bin?"

William Carlson grinste kauend: „Eine umgebaute Glock, extra für Frauenhände, ein seltenes Stück. Modifiziert, so dass sie leichter wird, aber mit einer Halterung, die es Ihnen ermöglicht, ein größeres Magazin aufzunehmen. Sie muss ein Spezialist gebaut haben. Das heißt, Sie benutzen sie auch. Madam. Was wollen Sie?"

„Man merkt doch sofort, dass Sie in die Schule ihres Vaters gegangen sind", dann wandte sie sich an ihren Partner: „Mach die Vorhänge zu."

Der Partner von Pauline stand auf, machte den Vorhang zu, griff in die Hosentasche und drückte den Knopf eines kleinen Signalgebers. Das Signal ging an Katharina, die in Oslo anrief und Bescheid gab, dass sie soweit waren. Bernd informierte Karl Carlson, der sofort die Handynummer seines Sohnes wählte.

Im Apartment von William Carlson klingelte das Handy, das auf dem Wohnzimmertisch lag. Pauline ging hin,

nahm das I-Phone in die Hand und legte es vor den
Professor. Dann zog sie ihr Kurzschwert aus der
Nackenscheide und legte es daneben: „Wer ist am I-
Phone?"
William Carlson blickte auf das Display und sagte: „Mein
Vater."
„Gehen Sie dran, ein falsches Wort und Sie verlieren
ihre Hand."
William Carlson nickte nur und stellte die Verbindung her.
Pauline gab dem Professor ein Zeichen, ihr das I-Phone
zu reichen. Sie stellte den Lautstärkeregler auf laut und gab
es dann wieder zurück.
„Hallo, Junior. "
„Pa, was ist? "
„Deine Mutter hatte einen Herzinfarkt, es sieht nicht
gut aus. Sie möchte dich noch einmal sehen."
Erschreckt fragte William: „Wann ist es passiert und wo
seid ihr?"
„Am späten Nachmittag, wir sind in Oslo im
Krankenhaus."
„Sag Ma, dass ich morgen früh die erste Maschine
nehme. Ich nehme mir einen Leihwagen."
William Carlson schaute Pauline fragend an, die die
unausgesprochene Frage verstand und zustimmend
nickte.
„Fahr vorsichtig, Junior. Bis morgen."
Die Verbindung wurde unterbrochen.
„Es tut mir leid für Ihre Mutter, Professor."
Professor Doktor William Carlson, von dem Gespräch
immer noch aufgewühlt, antwortete: „Madam, für mich
ist jetzt nur noch wichtig nach Oslo zu kommen. Also,
was wollen Sie von mir. Wenn Sie mich ausrauben

wollten, wären Sie gekommen, wenn ich nicht da gewesen wäre. Also?“

„Professor, es ist immer wieder schön, mit jemanden zusammenzuarbeiten, der nicht so begriffsstutzig ist. Es wird gemunkelt, dass Sie ein Manuskript über die Zukunft verfasst haben, aber noch zögern, es an die Öffentlichkeit zu bringen, weil Sie auch Namen von Privatpersonen und Firmen darin angegeben haben, die daran verdienen?“
William Carlson hatte sich wieder in der Gewalt und lächelte Pauline an: „Das ist nicht ganz richtig, Madam. Ich habe ein Manuskript fertiggestellt, in denen ich die Firmen anprangere, die die Technik und die Forschung in der Medizin gegen den Menschen einsetzen. Die also ethisch und moralisch äußerst fragwürdig handeln.“
Pauline lächelte unter ihrer Maske.

„Genau, Professor. Wir möchten davon eine Kopie haben.“

„Wofür brauchen Sie das?“

„Vielleicht, um Ihr Leben zu retten, Professor. Vielleicht stehen wir auf derselben Seite, was aber noch die Zeit bringen wird. Zu ihrem besseren Verständnis, wenn mehrere Parteien dieses brisante Manuskript haben, besteht die Möglichkeit, dass Ihre Ideen und Nachforschungen nicht so schnell auf der Müllhalde verschwinden.“

„Wer sagt mir, dass ich Ihnen glauben kann?“

„Keiner“, war die lapidare Antwort.

„Ich nehme an, dass ich keine andere Wahl habe.“

„Sie nehmen richtig an.“

„Auf dem Computer. Darf ich?“

„Bitte“, Pauline deutete auf den Computer, der auf dem Schreibtisch stand.

William Carlson ging um den Tresen herum, und die zwei Einbrecher folgten ihm. Sofort wurde das Gerät eingeschaltet, und der Professor zeigte Pauline die Datei. Schnell hatte die junge Frau einen USB-Stick in der Hand, steckte ihn in den Computer und kopierte die Datei. Dann öffnete sie diese und überflog sie, Seite für Seite.

„Wissen Sie eigentlich, was Sie hier haben, Professor?“

„Ich nehme es an.“

„Ich glaube nicht. Das ist pures Nitroglyzerin. Ich bedanke mich, dass Sie uns keine Schwierigkeiten gemacht haben.“

An ihren Partner gewandt sagte sie auf Mandarin: „Youyu women zai zhongguo de kehu hui feichang manyi. Xianzai keyi kaishi xia yi jieduan, ji käte er de xiaohui.“ (Da werden unsere Auftraggeber in China sehr zufrieden sein. Jetzt kann die nächste Phase beginnen, die Zerstörung der Kartelle.)

„So, Professor, wir werden Sie jetzt verlassen. Passen Sie auf sich auf. 10 Minuten werden Sie sich nicht rühren, dann rufen Sie die Polizei an, die Ihnen sehr wahrscheinlich nicht glauben wird, weil Sie Ihnen sagen werden, wie zivilisiert wir vorgegangen sind. Dann rufen Sie die Presse an und sagen Ihnen, dass man Ihnen eine Kopie Ihres Manuskriptes gestohlen hat. Die werden natürlich fragen, was der Inhalt des Manuskriptes ist. Sie sagen Ihnen die Wahrheit. Dann rufen Sie den Airport an und buchen einen Flug nach Oslo und grüßen Sie Ihre Mutter unbekannterweise. Uns sollte bewusst sein, was wir an unseren Eltern haben. Haben wir uns richtig verstanden?“

„Ja, Madam. Wollen Sie das Manuskript veröffentlichen?“

„Nein, unser Auftraggeber ist nur um ihre Sicherheit besorgt, weil wir noch viele neuen Ideen von Ihnen erwarten.“
Die beiden Eindringlinge verschwanden so leise, wie sie gekommen waren und Professor William Carlson schüttelte mit dem Kopf, immer noch den Gedanken verfolgend, dass er jetzt aufwachen musste.
Nach 10 Minuten rief er Scotland Yard an, die ihm wohl glaubten, aber das Problem an MI6 weitergaben. MI6 versuchte Professor William Carlson am anderen Tag zu erreichen, da war er aber schon auf dem Weg nach Oslo und zwei Reihen weiter hinter ihnen, saßen Pauline, Katharina und Louis.
The Guardian hatte den Diebstahl dankend aufgenommen und noch am selben Abend einen Reporter geschickt, der den Artikel mit der Überschrift schmückte: Höfliche Diebe stehlen die brisante Zukunft der Welt.

Oslo

Als Professor Carlson auf dem Flugplatz Gardermoen in Oslo ankam, nahm er den direkt nach Oslo fahrenden Hochgeschwindigkeitszug, der ihn innerhalb kurzer Zeit, in das 50 Kilometer entfernte Zentrum der Hauptstadt Norwegens brachte. Mit in diesem Zug, war das Team aus England, das am Bahnhof abgeholt wurde.
Während die anderen draußen warteten, ging Pauline Chen in das Hospital und traf dort Bernd.
„Wie ist es bei euch gelaufen?"
„Perfekt. Wir hatten ihn die ganze Zeit im Auge. Es hat uns auch keiner verfolgt."
„Wo sind die anderen?"
„Warten draußen, wie besprochen."
Bernd sah den Gang hinunter, die Tür öffnete sich und Professor Carlson betrat den Gang, auf dem sich Pauline und Bernd unterhielten. Mit schnellen Schritten durchquerte er den Gang, ging an den beiden Ermittlern vorbei, als auf der anderen Seite sich die Glastür öffnete und sein Vater Karl Carlson den Gang betrat.
Anscheinend hatten sich beide mit dem Handy abgesprochen.
Ohne sich lange zu begrüßen, nahmen sie sich in den Arm.
„Wo ist Ma, Pa?"
„Komm mit, es geht ihr wundersamerweise wieder besser. Lass dein Handy hier liegen, die Schwestern passen darauf auf. Die kleinen Geräte dürfen nicht mit in die Intensiv-Station."
Die beiden Männer desinfizierten sich, zogen die für die Intensivstation passende Schutzkleidung an, legten das

Handy in die dafür vorgesehene Schale und verschwanden im Einzelzimmer der Norwegerin.

Bernd und Pauline ließen den beiden etwas Zeit. Doktor Karla Schmidt war mit im Zimmer und überprüfte die Vitalfunktionen der Norwegerin. Ohne sich um die drei Norweger zu kümmern, die sich herzlich begrüßten, verließ sie das Zimmer und gab den beiden Ermittlern ein Zeichen. Pauline hatte in der Zwischenzeit das Handy des Professors überprüft und nickte Bernd zu. Dann betraten sie das Zimmer. Verwundert schaute der junge Mann hoch, während sein Vater zu ihm sagte: „William, setzt dich bitte. Die beiden Herrschaften haben dir etwas zu erklären.“

Bernd stellte sich vor, aber nicht Pauline: „Herr Professor Carlson, wir möchten Ihre Aufmerksamkeit einen Moment in Anspruch nehmen“, dann begann Bernd zu erzählen und teilte dem jungen Mann alles mit, was er zu dem Fall wissen musste.

Als er endete, nahm sich Pauline das Wort: „Professor, mein Name tut nichts zur Sache. Ich möchte Ihnen nur eines sagen, Sie werden abgehört, außerdem ist eine Kamera in Ihrer Wohnung installiert, dazu kommt noch, dass Ihr I-Phone abgehört wird.“

Verwirrt schaute der junge Mann die beiden Ermittler an: „Was habe ich mit all dem zu tun?“

„Nichts und doch alles. Zuerst einmal, das möchte ich Ihnen zurückgeben.“

Pauline übergab ihm den USB-Stick.

„Den geben Sie jetzt ihrem Vater. Das Manuskript habe ich letzte Nacht auf Ihrem PC gelöscht. Ihr Vater hat den Code. Wir bitten Sie um eines, keine Veröffentlichung, während wir den Fall bearbeiten. Ich habe einmal einen

Blick hineingeworfen. Da ist genug Sprengstoff drin, um einige Regierungen, Privatinvestoren und Konzerne zu Fall zu bringen. Uns liegt viel an ihrem Leben."
William Carlson schaute einen nach dem anderen an und fragte ungläubig: „Das waren sie gestern Abend? Wofür der ganze Aufwand?"

„Dafür der ganze Aufwand, dass sie und ihre Familie sicher sind", bestätigte Pauline: „Ihr Vater hat unsere Glaubwürdigkeit überprüfen lassen. Sie leben ihr Leben weiter. Ihre Mutter wird übermorgen entlassen, nach den Papieren hat man ihr einen Stunt gegeben. Sie werden noch ein bis zwei Tage hier bleiben, lassen sich weiter abhören und Sie haben uns nie gesehen. Wenn das alles vorbei ist, sagen wir Ihnen, wo die ganzen Wanzen sitzen."

„Was Sie da abziehen, ist ein Doppelbluff, sehe ich das richtig."

„Wenn Sie unsere ganzen Informationen hätten, wäre das ein Dreier-Bluff. Ich habe mir erlaubt, eine Kopie, Ihres Manuskriptes, bei mir einzulagern. Wir müssen damit arbeiten, es enthält so viel Informationen, die wir noch nicht bedacht haben, da brauchten wir einige Zeit, um sie zusammenzustellen. Ich versichere Ihnen, dass keine Informationen benutzt werden, die Sie schädigen könnten. Außerdem haben Sie eine Sicherheit, wenn das Manuskript bei Ihrem Vater gestohlen wird, haben Sie immer noch ein Duplikat zur Hand. Mein Chef wird sie noch befragen, es geht um Ihren Einsatz in Dubai. Da brauchen wir weitere Einzelheiten."
Dieser Mann gefiel Pauline, er dachte mit und man konnte an seiner Erziehung sehen, dass er bei seinen Eltern in eine gute Schule gegangen war.

Bei Pauline klingelte das Handy. Sie stellte die Verbindung her, meldete sich nicht und hörte einfach zu. Bernd schaute sie auffordernd an. Pauline unterbrach die Verbindung.

„Die nächste Entführung. Ein Profiler aus New York, Ruben Baker. Es gibt noch keine weiteren Informationen darüber.“

Bernd nahm die Information auf und wandte sich dann an William Carlson: „Herr Carlson, können Sie uns die Einzelheiten ihres Besuches, vor drei Jahren, in Dubai, in allen Einzelheiten erzählen.“

„Jetzt und hier?“

„Jetzt und hier. Oder haben Sie etwas zu verheimlichen?“

Über die direkte Frage erstaunt, schaute der Professor irritiert den Profiler an, dann lächelte er.

Bernd erkannte sofort das Problem: „Sie haben eine Bekanntschaft gemacht, Professor“, dabei sah er kurz, aber vielsagend zu seiner Mutter.

„Ich glaube, ich bin alt genug dafür.“

Die Antwort löste die Spannung etwas, die im Raum entstand.

„Gut, ich fange in Oxford an und werde wieder in Oxford aufhören.“

Der Professor, ein begnadeter Erzähler, begann seine Erlebnisse mit wohlgewählten Worten darzustellen, genauso wie die Gespräche mit Professor Tara Aggarwal, dabei bemerkte er den Beischlaf nur am Rande.

Nachdem er fertig war, hakte Pauline kurz nach: „Habe ich das richtig verstanden, Professor Aggarwal ist medizinische Zukunftsforscherin? Was macht man in dieser Berufssparte?“

„Richtig, sie hat genau mit den Themen zu tun, die Sie angesprochen haben."

„Haben Sie sie danach noch einmal gesehen?"

„Ich habe Nachforschungen angestellt, um sie noch einmal zu treffen, weiß aber nur, dass sie spurlos verschwunden ist."
Pauline hatte die Fragen gestellt, ohne aufzusehen, denn sie arbeitete in der Zeit konzentriert an ihrem I-Pad.

„Wussten Sie, dass sie für den Nobel-Preis nominiert war?"

„Nein."

„Was ich für den Moment ersehe, gibt es sehr wenig Informationen über ihr Verschwinden. Aber, das wird sich ändern. Professor. Könnte man anhand der Veröffentlichungen feststellen, wer sie geschrieben hat?"
Die Möglichkeit schoss der sympathischen Halbchinesin wie ein Blitz durch den Kopf.

„Durchaus, jeder, der irgendetwas veröffentlicht, hat einen bestimmten Stil und den legt er nicht ab. Ich kann Ihnen aber nicht sagen, ob es dafür einen Algorithmus gibt."

„Danke, Professor, von meiner Seite war das alles. Bernd?"

„Ich bin auch fertig. Trine, wenn es Ihnen recht wäre, wird sie meine Kollegin noch so lange betreuen, wie sie hier im Krankenhaus verweilen?"
Trine nickte. Dann verabschiedeten sich die beiden deutschen Ermittler.

Eine Woche später in Flensburg

Die Crew saß eine Woche später im Besprechungsraum und erörterte die Lage, als das Handy von Pauline klingelte. Ohne sich zu melden, hörte sie einfach zu und unterbrach die Verbindung.

„Nummer drei ist entführt worden. In Europa, so wie es aussieht, wollen sie aus jedem Kontinent jemanden nehmen, um zu zeigen, dass sie überall vertreten sind. Man hat keine Spuren gefunden, nichts."

„Aus welchem Land, Pauline?"

„Rom, Abegail Esposito, die erste Frau."

„Sie erhöhen den Druck", bemerkte Karl Weber.
Äußerlich ruhig, wurde von Bernd, der die Antwort schon kannte, die Frage gestellt: „Was von Manni gehört?"

„Er hätte sich gestern Abend melden müssen."

„Zu viel Wodka, mit seinen alten Seilschaften aus Moskau?", bemerkte Bille lauernd.

„Ich glaube, da muss ich dich enttäuschen, Bille. Seit heute Morgen funktioniert sein Implantat nicht mehr. Wir haben keine Chance ihn zu erreichen."
Immer noch ruhig, bemerkte Bernd Rassmussen nur: „Bevor wir irgendwelche Aktionen beschließen, was für Informationen haben wir?"

„Bernd, sollten wir nicht eine Videokonferenz mit den anderen Profilern durchführen. Wir werden ihre Meinung und Analysen brauchen, und wir müssen nicht alles zweimal erzählen?"
Man merkte Bernd seine momentane Gefühlswelt an. Es war dasselbe Gefühl, was ihn beherrschte, als damals Bille ein Flensburg entführt worden war. Sie kannten ihn alle und gaben ihm die Zeit explodieren zu können. Es war

keine der Explosion, wie man sie als Explosion verstand. Es war ein Sammeln von Gedanken und Informationen, um dann die richtigen Entscheidungen zu treffen. Es war die Ausschüttung von Hormonen, die er brauchte, so dass sein Motor auf Hochtouren lief.

Pauline stellte die Verbindung zum Safe-House her, und auf dem Computer erschienen vier Quadrate mit den vier Profilern, die sich immer noch im Safe-House aufhielten. Bernd begrüßte sie und stellte jeden einzelnen seiner Crew vor, dann gab er ihnen die Informationen, die sie bisher hatten, außer denen, die Pauline über das Manuskript recherchiert hatte.

„Hier wollen wir euch die letzten Informationen zukommen lassen, die wir haben, danach müssen Entscheidungen getroffen werden."

Bernd informierte die Profiler im Safe House über die letzten Ereignisse, die er wusste, dann gab er ab an Pauline ab.

„Hallo, Leute, Bernd hat am Rande erwähnt, dass wir ein Manuskript haben, das mit Informationen über Zukunftstechnologie vollgestopft ist. Dabei interessiert uns vor allen Dingen die Zukunftstechnik der Pharmaindustrie, Medizintechnik und der Forschung über Zellklonisierung, Gensynthese, DNA-Klone mit Wunsch-Vektor, sowie einer Varianten Bibliothek. Dabei ist uns aufgefallen, dass es dafür ein sehr breites Interessentenfeld gibt, indem sogar Geheimdienste mitspielen. Wir bewegen uns also auf ganz brüchigem Eis."

Es war Jeanne Batiste, die emotionsloseste unter den vier Profilern, lächelte kalt, als sie sagte: „Ist es nicht egal, ob wir von Pharmakonzernen umgebracht werden, oder von Geheimdiensten?“

„Wo sie recht hat, hat sie recht“, erwiderte Pjotr genauso emotionslos: „Es ist genau das eingetreten, was wir gedacht haben. Sie agieren, und wir sind passiv.“

„Also wird es Zeit, dass wir etwas unternehmen“, bemerkte Bille tonlos.

„Bille, du bist doch Bille? Wir haben schon etwas unternommen, ihr in England und Manni in Moskau. Ich sage euch, dass mit Moskau war genau der richtige Zug.“

„Wie meinst du das, Pjotr?“

„Warum ist Manni nach Moskau gegangen?“

„Sag es uns.“

„Weil er genau wusste, dass die Vernetzung auch vor Russland nicht Halt macht. Außerdem hat Russland eine lange medizinische Forschungstradition und er mit seinen alten Seilzügen, hat mit Sicherheit etwas erfahren. Dann haben wir unter den Legionären noch keinen Russen gefunden. Das würde bedeuten, da die Russen auch eine lange Bandentradition haben, und sie aus den Möglichkeiten, die dadurch entstehen könnten, ausgeschlossen werden, auch wenn russische Medizinkonzerne bei dieser ganzen Scheiße mitmachen, sie sauer reagieren werden. Außerdem ist mit Bestimmtheit anzunehmen, dass Manni entführt wurde, sonst hätte er sich schon gemeldet. Was meint ihr zu dem Gedanken?“

„Und wieso sollte dann Manni entführt werden oder worden sein?“

„Verräter gibt es überall. Wenn die Organisation, mit der wir es zu tun haben, wirklich so gut ist, wollen sie wissen, wer in einem fremden Land die Feinde sind.“

„Hört sich plausibel an“, bemerkte Bernd.

„Dann sind unsere Weichen gestellt“, sagte Louis.

Alle drehten sich fragend zu dem Franzosen, aber bevor der antworten konnte, antwortete Jeanne Batiste: „Das sehe ich genauso, Louis. Du gehst mit Katharina in das Heimatland der Legionäre und forschst, was die Legionäre dazu sagen. Bernd geht mit Pjotr nach Moskau und sucht Manni, und Pjotr fragt über seine Verbindungen nach Verbindungen der Bandenkriminalität mit medizinischen Konzernen. Sind keine Verbindungen vorhanden, fragt man nach ausländischen Banden. Pauline hat ja schon das Manuskript gesichtet, Betty als Spezialistin für Geldfluss mit Dakota und mir, sichten den Geldfluss der Firmen und Privatinvestoren. Pauline, du und dein Team werden Verbindungen prüfen, die die Legionäre verbindet. Irgendeine Möglichkeit muss es geben, die Art der Rekrutierung festzustellen. Ich glaube nicht, dass das über die Straße geht. Was haltet ihr davon?“

Sie sahen sich gegenseitig an und lachten. Bernd schaute Jeanne Batiste an und sagte nur: „Genauso machen wir das. In der Zentrale bleibt Pauline, alle Information formieren sich bei ihr, und sie entscheidet, welche Informationen weitergegeben werden. In zehn Tagen sehen wir uns wieder und tauschen uns aus. Wird es zu gefährlich, fordere ich Abbruch und Neuformation.“

Alle nickten bereitwillig, dann kappte Pauline die Verbindung, drehte sich zu Bernd hinüber und fragte ihn: „Hälst du das wirklich für so eine prickelnde Idee, dass du nach Russland gehst, wir haben schon Manni verloren?“

Bernd schaute seine Freundin einen Moment an: „Ich kann deine Bedenken verstehen, mein Schatz. Aber jetzt sind wir zu zweit, der eine gibt dem anderen Rückendeckung.“

„Dein Wort in Gottes Ohr. Ich sorge für ein gutes Hotel. Ich nehme an, dass ihr euch in Moskau trefft?“
Bernd nickte nur und hörte die etwas enttäuschte Stimmung, die in der Stimme seiner Freundin mitschwang. Er legte seine Hand auf ihre Schulter und flüsterte in ihr Ohr: „Mach dir keine Sorgen.“
Sie schaute ihn dankbar an und quälte ein Lächeln auf ihre Lippen.

„Wann willst du los?“

„Morgen.“

„Ok, dann buche ich so, dass ihr fast gleichzeitig ankommt.“

„Schreib Pjotr, er soll nicht in seiner wahren Identität einreisen.“

„Ok, Karl und ich bringen dich morgen nach Hamburg.“

Moskau

Wie es Paulines Art war, hatte sie ein erstklassiges Hotel ausgesucht. Bernds Zimmer lag direkt neben dem von Pjotr. Der Deutsche lag auf dem Bett und dachte nach, als es klopfte. Leichtfüßig sprang er auf und ging zur Tür. Als er sie vorsichtig öffnete, stand ein fremder Mann vor ihm.

„Herr Rassmussen?“

„Ja.“

„Pjotr, die Masken, die der Samurai anfertigt, sind ja der Hammer.“

„Komm rein, Pjotr und nimm die Maske ab.“
Pjotr trat ein, nahm die Maske vorsichtig ab und gab Bernd die Hand.

„Deine Maus sucht aber nur die besten Hotels aus.“

„Wenn wir schon einen gefährlichen Job haben, sollten wir gut essen und wohnen. Ihre Devise. Wer weiß, dass wir hier sind?“

„Nur ein sehr guter Freund, der uns gleich die Artillerie bringt. Sich im russischen Bandenwesen umzuschauen, ist nicht ganz ungefährlich, da habe ich immer gerne ein paar Waffen dabei. Du kannst doch mit Waffen umgehen?“

„Ich glaube schon, normal verlasse ich mich gerne auf meine Hände und meinen Verstand.“

„Verstehst du russisch?“

„Ja und sprechen kann ich es auch.“

„Wir fangen da an, wo Manni verschwunden ist. Das Sprechen überlässt du mir, da sie mich kennen, werden sie mir trauen. Du bist der Germanski und mein Aufpasser, mehr brauchen sie nicht wissen.“

„Kleidung?“

„Leger.“

„Deine Maus hat mir die Koordinaten schon gegeben. Da wo Manni verschwunden ist, ist das Siberia. Eine ziemlich anrüchige Disco.“

„Pjotr, nur zum besseren Verständnis. Pauline ist meine Freundin, nenne sie nicht Maus, dass würde dir, wenn sie das hören würde, sehr schlecht bekommen. Dann ist ihr das egal, ob du ein Bulle bist oder nicht. Sie hat schon an Fronten gekämpft, da wären andere weinend weggelaufen. Genauso ist es mit ihrer Schwester.“
Pjotr merkte die Ernsthaftigkeit der Worte, die er von dem Deutschen hörte, dabei sah er Bernd an, der ihn nicht aus den Augen ließ.

„Ich habe es verstanden, Bernd, Entschuldigung, wird nicht wieder vorkommen.“

„Ist schon gut. Wann geht es heute Abend los?“

„So um zehn Uhr.“

„Ok, dann leg ich mich noch einen Moment hin, es wird mit Sicherheit eine lange Nacht.“
Kurz vor zehn Uhr klopfte es an die Tür und Pjotr trat ein. Er holte aus der mitgeführten Tasche eine Luger. Bernd nahm sie, überprüfte sie in allen Einzelheiten und gab sie zurück.

„Ich gehe ohne Waffe. Die ist schon ausgelutscht, kein Verlass auf die Mechanik.“
Pjotr schaute ihn etwas irritiert an und zuckte mit den Schultern: „Wie du meinst.“
Sie nahmen vom Hotel aus ein Taxi, das sie zum Siberia brachte. Bernd bezahlte den Fahrer und blieb immer zwei Schritte hinter dem russischen Profiler. Interessiert sah er sich den Laden von außen an. Er machte einen guten Eindruck, und die lange Schlange junger Leute zeigte ihm, dass die Disco gut frequentiert war.

Pjotr ging an der Schlange vorbei, direkt auf die beiden Türsteher zu und sprach mit ihnen, dabei zeigte er mit dem Finger auf Bernd, der wie unbeteiligt hinter dem Russen stand und das Umfeld beobachtete. Die harten Bässe donnerten auf die Straße, während die Wartenden nach dem Takt wippten.

Pjotr stieß Bernd an und deutete mit dem Kopf auf den Eingang. Beide schoben sich an den Türstehern vorbei und gingen den langen Gang in die Disco. Am zweiten Eingang wurden sie wieder von einem breitschultrigen Bodyguard empfangen, der ihnen andeutete, ihm zu folgen. Gehorsam erfüllten die beiden den Wunsch des Russen und folgten ihm, an Tanzenden vorbei, in den hinteren Bereich des Lokals.

Die Lautsprecher waren so gestellt, dass, als sie vorbei waren, der wummernde Ton der Musik, ihnen nicht mehr in den Ohren weh tat.

In der hintersten Ecke, eine nur für VIPs reservierter Bereich, schloss sich eine Tür an, durch die sie geführt wurden. Sie kamen in ein Büro, das wertvoll eingerichtet war, in der rechten Ecke thronte, hinter einem riesigen Schreibtisch, ein Russe in einem 1000 Dollar Anzug. Links war eine Sitzecke, in einem dunklen Grün gehalten, auf der einer der 120 Kilo Bodyguards mehr lag als saß. Was Bernd besonders an dem Raum auffiel, er hatte keine Fenster, man hörte nicht das Gewummer der Bässe, nur leise Bravo-Rufe aus einer weiteren Tür.

„Hallo, Pjotr. Ich hatte gehört, dass du auf der schwarzen Liste stehst und schon fast tot bist. Aber ich will nicht unhöflich sein, setz dich. Wen hast du da mitgebracht?"

„Germanski, Sergej, mein Aufpasser."

„Langer, du setzt dich auch."

Pjotr tat so, als würde Bernd kein russisch verstehen und übersetzte. Bernd schüttelte den Kopf.

„Dann lass ihn stehen."

„Pjotr, Wodka und der Lange auch."

Wieder übersetzte Pjotr, und wieder schüttelte Bernd verneinend den Kopf.

Jetzt schaute ihn Sergej abschätzend und ein wenig verärgert an, Bernd sah teilnahmslos zurück.

„Germanski, du trinkst meinen Wodka nicht? Willst du mich beleidigen. Pjotr, übersetze."

Nachdem der Russe übersetzt hatte, sagte Bernd in ganz ruhigem Ton: „Sag ihm, ich trinke nicht. Es ist keine Beleidigung."

Genervt übersetzte der russische Profiler, da er nicht wusste, was der Deutsche vorhatte, hob er unverständlich die Augenbrauen.

Als wäre ihm ein Einfall gekommen, fragte der Russe übergangslos, ohne seine Neugierde zu unterdrücken: „Was willst du eigentlich von mir, Pjotr?"

„Informationen, Sergej, nur Informationen."

Sergej zeigte mit dem Finger auf Bernd: „Er setzt sich nicht, er trinkt nicht, du willst Informationen. Das geht so nicht Pjotr, du weißt, wie ich das handhabe. Willst du etwas haben, musst du mir etwas geben. Ich will, dass der Germanski für die Informationen kämpft."

„In einem von deinen Käfigen?"

„In einem von meinen Käfigen."

„Ich glaube, wir gehen wieder."

„Pjotr", die Stimme des Russen klangt mitleidig: „In Moskau wissen doch alle, dass du dich irgendwo in den USA versteckt hast. Du bist also gar nicht hier. Er kämpft, du kommst hier heraus und bekommst noch Informationen.“

Bernd merkte, dass Pjotr panisch wurde. Er übersetzte das, was der Russe gesagt hatte, und fragte Bernd: „Was machen wir jetzt?“

„Was wohl, Pjotr? Du hast deine Freunde unterschätzt. Ich werde kämpfen müssen.“

„Weißt du, wie das hier abläuft?“
Gelangweilt antwortete der Flensburger: „Wie überall auf der Welt, Pjotr. Sie wollen wissen, wie stark du bist, dann akzeptieren sie dich.“

„Was soll ich jetzt sagen?“

„Ich kämpfe, hier und jetzt, ansonsten kann er sich den Kampf irgendwohin stecken. Übersetze, genauso wie ich es gesagt habe. Und nimm deine Panik aus den Augen.“
Pjotr übersetzte wieder und wartete die Reaktion ab, während Bernd den Russen stoisch ansah. Der fing an zu lachen und sagte: „Germanski, du gefällst mir, kein Speichellecker. Ok, kommt mit.“
Der Russe und der Bodyguard erhoben sich und gingen durch die Tür, aus der die ganze Zeit gedämpfte Anfeuerungsrufe kamen.

Was sie jetzt zu sehen bekamen war ein Rund, in dessen Mitte sich ein Drahtkäfig befand, in dem zwei Männer kämpften. Drumherum waren der Raum voller Zuschauer, die johlend den Kampf verfolgten und auf den Mann wetteten, der noch stand. Mühsam stand der andere auf und wankte auf den anderen zu, die Fäuste gehoben, versuchte er ihn anzugreifen. Mit einem leichten Sidestep wich der aus und verpasste dem Schwächeren den finalen Schlag gegen die Schläfe. Ächzend fiel der Mann auf die Bretter und rührte sich nicht mehr.

In der Zwischenzeit hatte Sergej mit einem Mann gesprochen, der den Kampf mit zusammengeschränkten Armen verfolgte. Er musterte den Deutschen, der eine leichte Demutshaltung eingenommen hatte und lächelte, dann nickte er Sergej zu und verschwand.

Mittlerweile wurde der Mann, der im Käfig lag, herausgetragen und in einen angrenzenden Raum geführt, auch der Gewinner verließ den Käfig, schaute noch einmal Sergej triumphierend an, der ihn lächelnd grüßte.

Mit einem Mikro in der Hand, betrat ein kleiner Russe den Käfig und kündigte den nächsten Kampf an, dabei deutete er auf Bernd, nannte ihn Germanski und beschwor die Leute darauf, auf ihn zu wetten. Desinteressiert wandten sich die Zuschauer ab und warteten auf den Gegner des Profilers, der sich aber viel Zeit ließ. Dann war es endlich soweit, und der Ansager stellte Bernds Gegner vollmundig vor.

Herein kam ein durchtrainierter von Narben und wilden Tätowierungen gezeichneter Kämpfer, der den Deutschen, der auch nicht klein war, noch um einen halben Kopf überragte.

„Sag Germanski, keine Regeln. Wenn er die Lederjacke noch einmal anziehen möchte, soll er sie besser ausziehen.“

Pjotr übersetzte, und Bernd schüttelte nur verneinend mit dem Kopf, dann ging er zum Käfig, knöpfte die Jacke zu und trat in die Mitte und wartete, die Hände auf dem Rücken, stand er wie unbeteiligt da. In der Mitte der Ansager, auf der anderen Seite der Gegner.

Noch einmal wurden beide Kämpfer vorgestellt und die Leute aufgefordert, Wetten abzuschließen, dann verließ der Sprecher den Käfig. Mit einem metallenen Klacken schloss sich das eiserne Rundum, und die beiden Kämpfer waren dem Geschrei des Mobs ausgesetzt.

Bernd Rassmussen wusste, dass er da durchmusste, und hatte sich einen Plan zurechtgelegt. Ob er durchführbar war, würde sich in den nächsten Sekunden zeigen. Immer noch locker, die feine Lederjacke geschlossen, bewegte er sich leichtfüßig nach außen über den schwingenden Holzboden. Sein Gegner machte die Bewegung mit, und die beiden belauerten sich eine halbe Runde lang. Dann richtete sich der Profiler auf, ging entspannt auf den Gegner zu, der ihn kalt und verwundert ansah. Der Profiler lächelte den Mann an, winkte ihn zu sich, als wollte er ihm etwas sagen, als seine Rechte wie eine Klapperschlange zuschlug und den Mann an einem Energiepunkt, in der Nähe der Halsschlagader traf. Es war kein fester Schlag, aber punktgenau und wirksam. Die meisten der Zuschauer hatten den Schlag gar nicht wahrgenommen, der auch mehr eine Berührung war, als sich der Profiler umdrehte und zur Tür des Käfigs zurück ging, als würde ihn das alles nichts angehen. Ohne sich umzudrehen, hörte er, wie der Körper des Mannes dumpf auf den Holzboden aufkam. Er machte dem Türöffner das Zeichen, die Tür zu öffnen. Der Türsteher sah Sergej an, der den kurzen Kampf mit offenem Mund verfolgte und nickte. Die Tür öffnete sich, und Bernd ging hoch aufgerichtet, ohne die Zuschauer zu beachten, auf den Russen zu.

Als er ihn erreichte, sagte er auf Russisch: „Die erste Abmachung des Geschäftes haben wir eingehalten, jetzt kommen wir zu deiner Seite, Sergej.“

Sergej, überrascht, dass der Deutsche Russisch sprach, lachte verschlagen, als er die beiden Profiler wieder in sein

Büro ließ: „Hey, Langer, du willst doch nicht sagen, dass das ein Kampf war?"

„Was hast du gesagt? Germanski, keine Regeln. Wenn du es so willst, keine Regeln."
Mit einer fließenden Bewegung zog der Flensburger eine Sig Sauer P 365 Nitron 9mm und richtete sie auf Sergej, der sofort abwehrend beide Hände hob. Der Bodyguard, der schon wieder im Sessel saß, war so überrascht, dass er bewegungslos sitzen blieb, als Bernd ihn anblaffte: „Großer, sitzen bleiben und lass deine Pistole stecken, wir wollen doch nicht, dass das hier ein Gemetzel gibt. Oder habe ich dich falsch verstanden?"
Ohne sich weiter um den Gorilla zu kümmern, drehte er sich zu Sergej: „So, Sergej, Germanski möchte die Erfüllung des Vertrages. Vor ein paar Tagen war ein gewisser Manni Lamla hier und hat nach dem Chef verlangt, danach ist er verschwunden. Was weißt du darüber?"
Sergej kam nicht mehr dazu zu antworten, als eine dritte Tür aufging und ein Mann in einem Rollstuhl von einer jungen Frau hereingeschoben wurde.

„Herr Rassmussen, vielen Dank, ich habe mich lange nicht mehr so amüsiert. Manni hatte recht, sie sind außergewöhnlich", an den Bodyguard gewandt, sagte er: „Verschwinde, wir wollen nicht gestört werden."
Kaum hörbar stand der Gorilla auf und verschwand.

„Meine Herren, darf ich ihnen meine Tochter Tatjana vorstellen, sie ist meine rechte Hand in dem Geschäft."
Die junge Frau nickte den beiden Profilern zu und schob ihren Vater an den Couchtisch.

„Kommen Sie, meine Herren, setzen Sie sich. Kaffee, Tee, Wodka? Sergej, setz dich dazu und lerne."

„Pjotr, darf ich dir vorstellen, das Ohr. Noch zu Zeiten der DDR einer der bestinformierten Geheimdienstler auf der anderen Seite der Mauer. Man weiß recht wenig über den Mann, er ist eine Legende."

Pjotr, immer noch überrascht, über die sich überschlagenden Ereignisse, fragte nur: „Woher hast du die Waffe?"

Ohne dass die Frage beantwortet wurde, sprach das Ohr weiter: „Manni hat mir ihre Ankunft angekündigt, Herr Rassmussen. Sie müssen wissen, ich habe noch alle lebenden damaligen Mitarbeiter im Focus und so habe ich auch über sie Nachforschungen angestellt. Sie sind bemerkenswert, genauso wie das Team, mit dem Sie sich umgeben. Die Kampftechnik, die Sie heute angewandt haben, stammt eigentlich aus Indien. Ich habe mir sagen lassen, dass ihr Lehrer in Japan auch eine Zeitlang in Indien studiert hat. Nach seiner Ermordung gab es ein Blutbad in Japan, von dem man bis heute noch nicht weiß, wer es angerichtet hat. Sie waren ihrem Meister sehr verbunden."

„Ein anderes Leben, Herr Kettwick."

Nicht überrascht, antwortete der ehemalige Geheimdienstler: „Bemerkenswert, ich hatte meinen wahren Namen schon fast vergessen. Mit Sicherheit hat das ihre Muse herausbekommen, wie sie auch für die Waffe gesorgt hat. So jemanden hätte ich auch gerne in meiner Organisation. Es ist sehr wenig über sie zu erfahren, Herr Rassmussen. Wie machen sie das, so unsichtbar zu sein?"

Bernd lachte: „Ich bin der Herr der Informationen, das ist das Geheimnis."

„Ja, manche Sachen darf man einfach nicht aus der Hand geben.“

Unvermittelt sprach Bernd den Mann direkt an: „Herr Kettwick, ich weiß, dass Sie eine Organisation unterhalten, die mit Informationen handelt. Wir suchen Manni, er hat Sie besucht und ist vor Ihrem Haus verschwunden. Was wissen Sie darüber.“

Jetzt schaute Kettwick den Profiler überrascht an und Bernd nahm ihm die Überraschung ab: „Manni ist verschwunden?“

Bernd nickte nur.

„Das überrascht mich, Herr Rassmussen. Er war zwar vor ein paar Tagen hier und wollte Informationen über den Medizinsektor, der auf Zukunft ausgerichtet ist, haben, die ich ihm aber nicht liefern konnte. Erst nachdem er mich mit der Nase darauf gestoßen hatte, habe ich Nachforschungen angestellt, aber nicht so viel erfahren. Eins ist aber sicher, es handelt sich um einen sehr gefährlichen Haufen. Hier in Moskau trifft sie eine Mauer des Schweigens, was uns aber nicht abhalten sollte, weiter zu recherchieren. Irgendwo gibt es immer eine Lücke. Ich habe nur gehört, dass sich irgendeine ausländische organisierte Bande in Russland breit macht und das anscheinend mit der Einwilligung von ganz oben. Sie können sich vorstellen, dass uns das nicht behagt.“

„Hat man keinen Anhaltspunkt, wo die Bande ihr Hauptquartier hat?“

„Noch nicht einmal ansatzweise. Wie gesagt, es ist bis jetzt nur ein Gerücht. Aber das Manni vor meinem Laden verschwunden ist, das macht mich stutzig. Was haben Sie denn bis jetzt in dem Fall?“

Bernd erzählte dem Mann, was er wissen durfte.

Kettwick schwieg einen Moment, dann sagte er: „Mir ist schon klar, dass Sie nicht alles verraten, Wände haben Ohren.

Ich mache Ihnen einen Vorschlag, Herr Rassmussen, Sie informieren mich weiter und ich sehe mich einmal um, was ich hier herausbekommen kann. Wir haben schon genug Schwierigkeiten untereinander, da müssen wir nicht noch fremde Banden haben, die in unserem Revier wildern."

Jetzt überlegte der Deutsche einen Moment.

„Herr Kettwick, das machen wir so. Momentan ist für Pjotr und mich hier nicht viel zu erfahren, wir verschwinden wieder. Wenn ich es recht überlege, werde ich bestimmt noch einmal in Ihr schönes Land zurückkommen. Kann ich mit Ihrer Unterstützung rechnen?"

„Jederzeit, Herr Rassmussen. Meine Tochter wird Ihrer Muse eine Mail schicken. Wenn sie in unser Land kommen, melden sie sich kurz bei ihr, dann bekommen Sie ein Kennwort, dieses nutzen Sie, wenn Sie Probleme mit anderen Banden haben."

„Sie sind wohl untereinander gut vernetzt?"

„Mehr oder weniger. Jeder hat sein Revier, und wenn da Probleme auftreten, ist es manchmal einfacher, sie mit einer Mail zu beheben. Auch bei uns haben sich die martialischen Methoden gewandelt."

Jetzt schaute der Profiler den alten Geheimdienstmann mitleidig an, dessen Gesicht sofort in ein Grinsen überging.

„Wie ist Ihr Motto, Herr Rassmussen? Helfe ich dir, hilfst du mir."

„Bis man verraten wird."

„Deshalb kann man aber trotzdem nicht aus seiner Haut. Sergej bringt Sie jetzt hinaus. Bleiben Sie gesund, damit wir viel von Ihnen haben."
Bernd gab ihm die Hand und war erstaunt über den kräftigen Händedruck. Dann gab er Tatjana die Hand und schaute ihr in die Augen.

„Sie werden nichts erkennen, Herr Rassmussen. Sie werden der Spieler genannt, das macht Sie gefährlich. Ich bin bei meinem Vater in eine gute Schule gegangen und werde seine Organisation eines Tages übernehmen. Wenn ich überleben will, darf man nicht in mich hineinblicken. Ich werde Pauline meine Adresse geben, sie bekommen Informationen, wir bekommen Informationen. Es ist ein Geschäft, ein Geschäft zwischen zwei unterschiedlichen Partnern, die vielleicht dasselbe wollen. Zu ihrem Pjotr, er wird nie wieder Gelegenheit haben uns zu treffen. Wenn Sie uns treffen wollen, immer ein Passwort. Ich bedanke mich, mein Vater hat sich heute sehr amüsiert, das passiert in diesem Land nicht so oft, die Menschen sind sehr schwermütig."

„Passen Sie auf sich auf, Tatjana und verlieren Sie nicht ihre Leichtigkeit."
Erstaunt hob die junge Frau ihre Augenbrauen und lächelte: „Papa, er kann es nicht lassen, du hattest recht, er ist der Spieler."
Tatjana verschwand mit ihrem Vater wieder durch die Tür, und Sergej führte die beiden Männer wieder zum Ausgang, ein Taxi wartete schon und er verabschiedete sich artig."

„Du weißt, wer das war, Bernd? Ich bin nie an ihn herangekommen. Du kommst nach Russland und hast direkten Kontakt zu dem mächtigsten Paten des westlichen Russlands. Über was hat sich Tatjana mit dir unterhalten?"

Bernd klärte ihn auf, dabei erzählte er ihm aber nicht von der Abmachung, die sie getroffen hatten.

„Er sagte, dass es das letzte Mal ist, dass du mit ihm in Kontakt kommen konntest."

„Kann ich mir vorstellen, die russische Mafia hat nicht so einen guten Draht zur Polizei."

„Welche Mafia-Organisation hat es schon gerne, wenn die Polizei sich um ihre Angelegenheiten kümmert?"

„Wie verfahren wir weiter."

„Du verschwindest wieder ins Safe House, und ich verschwinde in mein Operationszentrum. Ich habe noch einige Sachen aufzuarbeiten. Dann müssen wir sehen, was die nächsten Tage bringen."

Eine Schwangerschaft

Karl und Pauline holten Bernd vom Flugplatz in Hamburg ab, und wenn Bernd meinte, nach Hause zu kommen, hatte er sich geirrt. Er wunderte sich nur, denn Pauline hatte einen kleinen Handkoffer mit Bekleidung dabei.

Karl, der seinen Vorgesetzten als erster erreichte, gab ihm die Hand und sagte nur: „Glückwunsch, Bernd, Pauline hat eine schöne Überraschung für dich dabei", dabei stahl sich ein diebisches Grinsen auf das Gesicht des Ermittlers.

Pauline, die die letzten Worte noch mitbekam, stieß mit dem Ellenbogen dem Ermittler in die Seite, der sich daraufhin ein paar Meter zur Seite verzog und lachte.

Konsterniert schaute Bernd die beiden an und fragte auffordernd: „Habt ihr irgendwelche Drogen genommen?"

Jetzt fing auch Pauline an zu lachen, als sie das Gesicht ihres Freundes sah und sagte: „Kannst du dir das vorstellen, ich bin jetzt schwanger."

Eine kleine Pause trat ein, und der Profiler schaute seine Freundin ungläubig an.

„Pass auf, Karl, jetzt kommt der Analytiker in ihm durch."

„Ich bin jetzt schwanger? Wann bist du denn nicht schwanger?"

„Wenn ich wieder zu Hause bin."

Bernd schüttelte den Kopf: „Verstehe ich nicht."

Pauline nahm seinen Arm, legte ihn um sich und sagte: „Das erkläre ich dir im Flugzeug. Es geht nach Madrid, wir haben einen Termin bei einem Frauenarzt, denn wir suchen das Designerbaby. Klingelt es? Karl, du holst uns wieder ab, du weißt wann.“

Die beiden checkten ein und flogen nach Madrid. Im Flugzeug informierte die junge Frau ihren Freund.

„Worum geht es eigentlich? Es geht darum, den Menschen zum Supermenschen zu entwickeln. Wenn ich zum Beispiel an eine Varianten Bibliothek, Zellklonisierung, oder an maßgefertigte Promutagenese denke, denke ich automatisch an CRIPR, die Genschere, die Manipulation des Erbgutes. Wenn du in deinem hohen Alter die Mumms bekommst, bist du nicht mehr zeugungsfähig, das bedeutet, nur die wenigsten Spermien überleben. Ich wiederum habe eine Erbkrankheit, und wir wollen Kinder haben. Warum dann nicht gleich ein kleines Designerbaby, das den Ansprüchen der heutigen Zeit gewachsen ist, CRIPS macht es möglich.“

„Wieviel Frauenärzte gibt es, die so etwas machen?“

„So etwas Spezielles? Vier auf dem ganzen Globus. Der in Madrid schien mir am besten geeignet. Er ist Geschäftsmann und hat in der Forschung an genau solchen Projekten gearbeitet. Er wirbt zwar nicht direkt damit, aber wenn man zwischen den Zeilen liest, kann man sich so etwas schon denken.“

Bernd sein Gehirn arbeitete auf Hochtouren.

„So, wie ich dich kenne, hast du an alles gedacht.“

„Sehr richtig, mein Schatz“, mit den Worten griff die Halbasiatin in ihre Tasche und holte einen Ausweis und verschiedene Papiere hervor.

„Einmal dein Ausweis, merke dir den Namen. Hier deine Vita, dein Gesundheitszeugnis und dein medizinischer Lebenslauf. Hier mein Name und alles andere. Wir haben übermorgen den Termin, du hast also heute und morgen Zeit, dir das einzuprägen. Außerdem ist es interessant zu wissen, dass der Bengel ein Computersystem hat, in das ich mich hineingehackt habe und dazu noch ein separates Netz. Da haben wir es noch nicht geschafft hineinzukommen, aber wir sind dran. Die haben verdammt gute Leute."

„Der medizinische Check ist von Karla?"

„Ja, und alles andere habe ich so fixiert, dass sie uns nicht auf die Schliche kommen."

„Während ich mich präpariere, was machst du?"

„Was macht eine Frau, wenn sie Zeit hat?"

„Zur Schönheitschirurgie?"

Bernd griente seine Freundin auffordernd an, bevor sie etwas sagen konnte, gab er ihr einen Kuss.

„Was sind denn das für freche Antworten? Meinst du, ich habe es schon nötig?"

Bernd schaute auf ihren Busen und meinte nur: „Das kann noch ein Jahr warten."

„Dir ist Russland gar nicht bekommen. Hat dich diese Tatjana bezirzt?"

„Hat sie dir schon geschrieben?"

„Sonst wüsste ich es ja nicht, dass sie Tatjana heißt", antwortete sie spitz.

„Hatte ich schon Zeit, dich über die Ereignisse in Russland zu informieren?"

„Erzähl schon."

Die junge Halbchinesin hörte aufmerksam zu.

„Was meinst du dazu?"

„Interessant ist, dass die russischen Banden keine ausländischen Banden auf ihrem Territorium haben wollen, das schweißt sie zusammen, aber es ist ein brüchiger Friede. Wir müssen uns das Zunutze machen.

Das heißt, sie bekommen Informationen über fremde Banden, wenn wir welche haben, und wir bekommen von denen Informationen, wenn die welche haben.“

„Wie weit kann man denen Vertrauen, Bernd?“

„Vertrauen muss man sich in Russland erarbeiten, aber Vertrauen ist in Russland auch sehr vergänglich. Wir müssen sehen, wie sich die Sache entwickelt, erst dann können wir reagieren.“

„Es tut sich aber etwas.“

„Bis jetzt hat sich nicht so viel getan. Die spielen auf Zeit. Um die Zeit zu verkürzen, müssen wir agieren, damit sie aus ihrem Loch herauskommen.“

„Gut, dann bringen wir erst einmal den Frauenarzt hinter uns und warten dann die nächsten Tage ab, bis wir alle wieder zusammen sind und entscheiden aufs Neue. Gib mir mal bitte dein Portemonnaie.“
Bernd gab seiner Freundin sein Portemonnaie. Pauline wechselte den Ausweis aus und zog Bernd seine Kreditkarte heraus.

„Für deine frechen Antworten, Herr Rassmussen. Damit werde ich ordentlich shoppen gehen.“
Bernd lachte sie an: „Das wird wohl nicht funktionieren, wenn wir schon inkognito reisen, dann dürfen wir mit anderen Zahlungen keinen Verdacht erregen.“

„So ist es, mein Schatz. Das ist deine neue Kreditkarte, mit deinem neuen Namen. Du hast ein neues Bankkonto, ich habe es etwas aufgepeppt, damit du nicht ganz so arm erscheinst. Wir sind nämlich stinkenreich.“
Bernd lehnte sich zurück, schüttelte verzweifelt mit dem Kopf und lamentierte: „Womit habe ich das verdient?“

„Mit mir, mein Schatz, ausschließlich mit mir. Verzweifle nicht, ich tröste dich.“

Auf dem Airport in Madrid angekommen, schloss Pauline alle wichtigen Dokumente, die sie entlarven konnten, in ein Schließfach, dann nahmen sie sich ein Taxi und fuhren ins Ritz.

Bernd hob die Augenbrauen: „Exklusivität ist vorgesehen."

„Haben wir Geld, müssen wir es zeigen. Du weißt, dass es uns angreifbar macht und das ist genau das, was wir wollen."

Als sie ankamen, checkten sie ein und bekamen eine Suite zugewiesen.

„Ich nehme an, dass du uns einen Plan zurechtgelegt hast."

„Richtig, zuerst machst du dich frisch, dann kaufen wir dir etwas Luftigeres, damit du dich bei der Hitze auch wohl fühlst. Dann machen wir eine Tour durch die Madrider Altstadt, essen eine Kleinigkeit, trinken eine Kleinigkeit und haben eine Kleinigkeit Spaß. Morgen lernst du in den Cafés, in denen ich dich absetze, und ich gehe shoppen. Dann machen wir etwas Kultur, gehen essen, trinken und haben wieder etwas Spaß."

„Ich glaube, das werde ich genießen."

Es war eine schöne kurze Zeit, die die beiden als Urlaub deklarierten. Bernd hatte alle relevanten Daten gelernt, und sie hatten noch einmal abgesprochen, wie sie vorgehen wollten. Dann war der Tag gekommen.

„Wann sollen wir los?"

„Wir haben um 11.00 Uhr den Termin. Wir werden zeigen, dass wir gute Deutsche sind und die Pünktlichkeit lieben."

Sie bestellten ein Taxi, das rechtzeitig kam und sie einlud. Der Weg war nicht so weit, und führte sie in eine der vornehmen Viertel von Madrid. Das in Madrider Barock gehaltene Haus, konnte bis auf die Geschichte des 17. Jahrhunderts zurückschauen und beinhaltete nicht nur die Praxis von Prof. Dr. Rodrigo Jesus Ruiz, sondern dazu noch eine kleine Klinik für Entbindungen und auch noch eine Forschungsabteilung

Bernd schaute sich um und nickte anerkennend mit dem Kopf, als er jetzt, da er aus dem Taxi gestiegen war, die von Bäumen umsäumte Chaussee wahrnahm. Die Sonne umspielte ihre Strahlen in den Blättern der uralten Bäume und ließ ein einzigartiges Lichtspiel stattfinden, von dem man sofort gefangen wurde. Die vielen großen alten Bäume spendeten Schatten, und die beiden Deutschen bemerkten, wie sich die Temperatur unter den Bäumen herunterpegelte.

Pauline ließ ihn den Moment genießen, da sie wusste, dass ihr Freund auf solche Momente stand, dann nahm sie ihn sanft am Arm und sagte: „Trenn dich von dem Anblick, wir haben einen Termin."

Genau so, wie es von draußen angefangen hatte, ging es, nachdem sie die kurze Freitreppe hinaufgegangen waren und die Tür, die mehr ein Tor war, geöffnet hatten, innen weiter. Ein Windfang, der die Wärme aus dem Haus herauslassen sollte, gab ihnen einen ersten Eindruck, wie es im Vorraum weitergehen musste. Die Tür zum Vorraum öffnete sich von selbst, und zeigte den Besuchern, dass das Alte durchaus mit der Modernen kombiniert werden kann.

Der Vorraum, eher als mittelgroßer Saal darzustellen, wurde von einer konisch auseinandergehenden Marmor-Freitreppe dominiert, die bis zum ersten Stock reichte. Der Vorraum selber war zwei Etagen hoch und an der

Decke mit christlichen- und Seefahrermotiven dekoriert. Die Wände wurden durch mahagonifarbene Holzschatullen geschmückt, in deren Mitte, auf alt gemachte elektrische Lampen brannten.

Obwohl die Fenster, die zur Front zeigten und groß waren, viel Licht hineinließen, war es bei weitem nicht genug, um den Raum genügend zu erhellen. Der Fußboden bestand aus gepflegtem Schiffsplankenparkett, dass von der Farbe her, die Wände in ihrem mahagonifarbenen Aussehen, abrundete.

Bernd mochte den Stil und Pauline ließ ihm wieder die Zeit, alles in sich aufzunehmen. Dann schob sie ihn sanft zu einem alten Schreibtisch, an dem eine Frau mittleren Alters saß und sie lächelnd beobachtete.

Bernd mimte den erstaunten Besucher perfekt und überließ Pauline das Reden.

„Guten Tag, wir sind Herr Ketteler und Frau Shuang. Wir haben einen Termin bei Prof. Dr. Ruiz. Wir sind noch etwas früh.“

Die Frau schaute geschäftig auf ihren Terminplan, schaute lächelnd hoch und sagte: „Das macht nichts, dass sie so früh gekommen sind. Herr Professor hat heute auch nicht so viele Termine, es wird sehr zügig gehen. Es kommt gleich jemand, der Sie in den Wartebereich bringt.“

Sie drückte auf einen verborgenen Klingelknopf, und sofort erschien ein junges Mädchen, stellte sich kurz vor und brachte die beiden Deutschen durch eine hohe Tür in einen futuristisch erscheinenden Wartebereich. Leise Musik kam aus verborgenen Lautsprechern, und das ganze Ambiente stimmte die Besucher erwartungsvoll.

„Darf ich ihnen etwas zu trinken anbieten, es wird noch einen kleinen Moment dauern, bis Herr Professor Ruiz soweit ist."

„Danke nein", antwortete Pauline, alias Shuang.

„Dann füllen Sie bitte den Anmeldebogen aus, damit wir Sie in unser System aufnehmen können."
Nachdem sie wieder alleine waren, füllten die beiden zusammen den Fragebogen aus. Als sie fertig waren, schauten sie sich unauffällig im Raum um. Sie stellten fest, dass an einigen Ecken verborgene Kameras waren, also beschränkten sie sich auf normale Gespräche zwischen einem Karl und einer Halbchinesin mit dem Namen Shuang.

Bernd schaute unauffällig auf die Uhr und bemerkte nur, gerade so laut, dass auch die verborgenen Mikros aufnehmen konnten: „Mein Schatz, ich hoffe, er ist pünktlich, damit wir noch unseren Flieger nach Hamburg bekommen, wir haben noch ein kleines Meeting, heute Abend."

„Mach dir keine Gedanken, mein Schatz, wer so exklusive arbeiten kann, der wird sich nicht mit der Schwäche der Unpünktlichkeit brüsten."
Pauline hatte gerade ausgesprochen, als die junge Frau wieder hereinkam und sagte: „Der Professor erwartet Sie. Bitte folgen Sie mir."
Bernd schaute auf die Uhr. Es war punkt 11.00 Uhr und er ließ sich zu der Bemerkung hinreißen: „Der Mann gefällt mir jetzt schon."
Veränderungen kommen unerbittlich, so revidierte der Profiler seine Meinung in dem Moment, in dem er einen Blick auf den Arzt und das Büro geworfen hatte.
Der Mann selber war in den Augen des Deutschen zu smart. Sein Lächeln traf warm den Körper seiner Freundin, während seine Augen kalt blieben. Circa 1,80

Meter groß, gegellte schwarze Haare, sportliches Outfit, braune Haut, stellte er etwas dar, was er nicht war. Dann stand ein kleines Schild auf dem Schreibtisch, genau so, dass man es nicht übersehen konnte „Evolution nach Plan".

Als der Profiler dies alles in einem Moment wahrnahm, konzentrierte er sich wieder auf den Arzt und ließ das Repertoire des Spielers auflodern.

Galant ging der Beau auf Pauline zu, die er anscheinend als die treibende Kraft erkoren hatte und gab ihr einen Handkuss. Der lasche Händedruck, den er Bernd Rassmussen verpasste, setzte den Punkt auf das i.

„Bitte setzen Sie sich. Bevor ich Ihnen einige Informationen gebe, sagen Sie mir bitte, wie Sie mich gefunden haben?"

Bernd, der fast den Nimbus des Unbeteiligten machte, überließ, wie abgesprochen, Pauline die Antworten.

„Was würden wir heute ohne das Internet machen, Professor? Ich habe gezielt nach einer künstlichen Befruchtung gesucht. Ich habe in dem Fragebogen unsere Problematik ausführlich geschildert? Die paar Spermien, die bei meinem Mann noch überleben können, sind es schon fast nicht wert, aufgefangen zu werden. Dazu kommt noch meine Erbkrankheit der Epilepsie, auch nicht gerade der burner. Wir wollen Kinder, am liebsten zwei, Mädchen und ein Junge. Sie sehen, wenn man etwas will, strengt man sich an, und da wir nicht gerade unbetucht sind, was liegt dann näher, als einen der Besten zu nehmen."

„Dann kommen wir gleich zur Sache. Eine gezielte Befruchtung, außerhalb ihres Körpers, das ist kein Problem. Die Spermien, die bei ihrem Mann ein hohes

Überleben aufzeigen, werden eingefangen und befruchten das Ei. Das Problem ist ihre Epilepsie und was noch damit verbunden sein könnte.“

„Klären Sie uns auf, Herr Professor.“

„Die Krankheit der Fallsucht, wie es im Volksmund heißt, gehörte bis weit in das 20. Jahrhundert hinein zu den Geisteskrankheiten. Mittlerweile hat man aber festgestellt, das genetische Ursachen eine Möglichkeit bilden, Herpesviren, Hepatitis C, Masern, Hirnschäden oder sogar Infektionen des Gehirns ursächlich sind. Bei Ihrer Anamnese sehe ich es so, dass es eine genetische Ursache hat. Wir müssen da aber noch einen Schritt weitergehen. Was hat diese genetische Fehlentwicklung ausgelöst? In den meisten Fällen sind es die Herpes-Viren, die in jedem von uns stecken.“

Pauline bestätigte mit einem kurzen ja, dass sie bis jetzt alles verstanden hatte und forderte den Professor mit einer kurzen Handbewegung auf weiterzumachen.

Der, durch die etwas arrogante Art und Weise, wie Pauline ihn aufforderte, irritiert, suchte nach Worten, bevor er weitersprach.

„Was ist eine DNA? In den Zellkernen unserer Zellen befinden sich Moleküle, in denen der gesamte Bauplan unseres Körpers gespeichert ist. Die sogenannten Gene sind meist Abschnitte der DNA. Es bezeichnet sich als Grundinformationen für die Entwicklung von Eigenschaften eines Individuums. Die Anzahl der Gene liegt dann beim Menschen zwischen 23000 und 25000 Tausend.“

Jetzt versuchte er Paulines arrogante Art zu kopieren, um zu retournieren.

„Die Helix ist Ihnen ein Begriff?“

Pauline winkte lässig ab, als sie erwiderte: „Ich habe Nachhilfe bei meiner Ärztin genommen. Zwei entgegenlaufende DNA-Stränge, mit sehr vielen Basenpaaren, die uns ausmachen."

„Vereinfacht gesagt, haben Sie Recht. Nun zu Ihrem kleinen Anliegen."

„Tja, ganz einfach ausgedrückt, wir wollen Kinder. Gesunde Kinder, die auch dem zukünftigen Wettbewerb gewachsen sind."

„Eine klare Definition, Frau Shuang."

Der Professor drückte auf einen verborgenen Knopf, und an der Rückwand des Schreibtisches erschien eine Lichtfeldprojektion von spielenden Kindern, die sich im Hintergrund einer überlagerten Doppelhelix-Projektion bewegten.

Es war der Moment, in der Bernd Rassmussen auftrat.

Er stand auf und bewegte sich auf die Projektion zu. Pauline sah die Bewegung, sah, dass der Professor die Bewegung ihres Freundes mitmachte, stand auf und platzierte, mit einer nicht wahrnehmbaren Bewegung, ein kleines elektronisches Gerät unter den Schreibtisch. Dann ging sie zu den beiden Männern, hakte sich leutselig bei dem Spanier unter und sagte: „Eine sehr schöne und lehrreiche Projektion der Doppelhelix."

Bernd tat immer noch überrascht und sagte nur: „Wie meine Frau schon sagt, eine nette Projektion."

Die beiden Gäste setzten sich wieder, Pauline schlug ihre wohlgeformten Beine übereinander und sah den Professor an, der sich nicht von ihren grünen Augen trennen konnte. Er wurde in seiner Betrachtung unterbrochen, als ein fokussierter Schallstrahl die beiden Gäste traf. Eine wohltönende Sprecherinnenstimme fing an zu sprechen: „Die 2012 entwickelte CRISPR Technologie ist ein Tool, das man zum Reparieren von DNA-Strängen nutzen kann. Die Methode basiert auf einem natürlichen Abwehrmechanismus von Bakterien, die die heutige moderne Wissenschaft dazu benutzt, GENOM-Bearbeitung von menschlichen Embryonen durchzuführen. Sobald das Bakterium die Leit-DNA gelesen hat, sucht es sich die entsprechende Target-Sequenz, dabei agiert ein Schneideprotein als molekulare Schere.“

Alles das, was die angenehme Stimme sagte, wurde in der Lichtprojektion dargestellt, dabei verblassten die Hintergrundbilder der spielenden Kinder. Unterspielt von leiser, aber emotionaler Musik, konnte sich Pauline dem nicht entziehen.

„Sie zertrennt die Gen-Sequenz und fügt stattdessen eine gesunde Kopie der Frachtsequenz ein.“

Jetzt verschwand die Doppelhelix und die spielenden Kinder traten in den Vordergrund.

„Sie haben eine Kette des Leidens beendet und dem Menschen erstmals die Kontrolle über die Vererbung gegeben.“

Die Stimme erstarb, und die Bilder der Lichtprojektionen verschwanden.

Mittlerweile stand der Professor hinter Pauline, dabei war sich Pauline nicht sicher, ob er genauso fasziniert war wie sie, oder ihr in den Ausschnitt schaute. Sie drehte sich um und schaute dem Mann in die Augen, der durch ihre Selbstsicherheit immer noch leicht verunsichert wirkte.

„Professor, mir werfen sich zwei Fragen auf. Internationales Recht verbietet derzeit Edits an Gensträngen, außer der Ausnahme von Reparaturen von bestimmten Erbkrankheiten. Also Edits, die Menschen zu einem gesunderen, längeren und wettbewerbsfreieren Leben verhelfen."

Professor Ruiz fixierte jetzt die Halbchinesin mit einem eiskalten Blick und antworte: „Da haben sie wohl recht, Frau Shuang. Was ist Ihre zweite Frage?"

„Eine Frage, die mir meine Ärztin nicht beantworten konnte. Sind CRISPR-Edits erblich?"

Die Verspannung des Mannes lockerte sich ein wenig, als er antwortete: „Wir sprechen hier von einer Keimbahntherapie. Das heißt, auch wenn es Ihnen im ersten Moment sehr teuer erscheint, es zahlt sich für die Nachkommenschaft aus."

Pauline schaute Bernd auffordernd an und sagte: „Na Schatz, was sagst du dazu?"

„Ich bin noch am überlegen."

„Was schwebt Ihnen denn vor, Señora?"

Pauline atmete tief durch und tat so, als überlegte einen Moment.

„Professor, eine gute Frage. Einen intelligenten Olympiasieger hätte ich schon ganz gerne, natürlich ohne Epilepsie. Natürlich gutaussehend und vielleicht eine kleine Lebensverlängerung."

Jetzt wurde die Stimme des Arztes geschäftsmäßig: „Sie wollen zwei Kinder. Möchten Sie Zwillinge, oder doch lieber Einzelgeburten."

„Einzelgeburten, die Kinder sollten zwei Jahre auseinander sein. Den Jungen hätte ich gerne zuerst."

Jetzt mischte sich Bernd ein: „Schatz, wir müssen langsam zum Ende kommen, mein Termin in Hamburg."

Pauline schaute etwas frustriert: „Du und deine Geschäfte."

„Apropos Geschäfte. Professor, quanta costa?“ Bemerkte Bernd lapidar. Dabei machte Bernd das Zeichen mit dem Zeigefinger und Daumen, das man in der ganzen Welt kannte.

„Herr Ketteler, so eine Methode ist nicht ganz billig. Das fängt natürlich mit der heutigen Beratung an. Die Beratung kostet 25 000 Euro, die natürlich, sollten Sie sich entschließen, auf den Endpreis angerechnet wird. Sie muss heute bezahlt werden, aber darauf haben wir sie ja bei dem Telefonat hingewiesen. Eine einfache Befruchtung kostet noch einmal 50 000 Euro. Es ist deshalb so teuer, weil wir ihre Spermien erst einmal extrahieren müssen, um den gesundesten am Wickel zu bekommen. Eine Befruchtung mit einer Reparatur des Epilepsie Gens ohne erbliche Möglichkeiten, liegt bei 250 000 Euro. Kommen wir zu dem, was Ihre Frau gesagt hat. Das wäre, erbliche Einbindung, ein Olympiasieger, die Gedächtnis Verbesserung, wobei die Intelligenz beträchtlich erhöht wird. Modifikation des Muskel-Gens, so dass auf Lebenszeit die Leistungsfähigkeit gesteigert wird. So liegen Sie pro Kind bei 1 500 000 Millionen Euro.“
Nicht erschreckt, fragte Pauline: „Welche Möglichkeiten habe ich noch?“
Ruiz griff in seine Ablage, reichte Pauline ein Kuvert und sagte: „Da stehen alle Möglichkeiten drin, die uns bis jetzt zur Verfügung stehen.“
Bernd griff in seine Tasche, zauberte eine Platinum American Express hervor und warf sie dem Professor lässig auf den Schreibtisch.

„Es tut mir leid, Professor, die Zeit drängt. Buchen Sie die 25 000 Euro ab, wenn ich meine Frau so ansehe, hat sie sich schon entschieden. Es geht jetzt wohl nur noch darum, wie perfekt unsere Kinder sein sollen.“

Der Professor lächelte jovial, steckte die Karte in den dafür vorgesehenen Schlitz in seinem Computer und buchte 25 000 Euro vom Konto der beiden Gäste ab.

„In dem Schreiben, das Sie von mir bekommen haben, Frau Shuang, stehen die jetzt für Sie aktuellen Kontaktdaten. Wenn Sie noch Fragen haben, Terminvergabe oder sonst etwas, bitte nur über diesen Kontakt. Ab jetzt bestimmt die top-secret Version unseres Edit-Genom Gespräches unser weiteres Tun.“

Pauline gab dem Mann die Hand und sagte: „Vielen Dank für die Informationen, ich werde ein paar Nächte drüber schlafen und Sie dann informieren. Es wird nur noch auf die Möglichkeiten ankommen, die ich habe.“

„Lassen Sie sich Zeit, Frau Shuang. Herr Ketteler, iIhnen beiden einen angenehmen Flug.“

Professor Ruiz begleitete die beiden noch bis zur Tür und öffnete sie.

„Ein schönes Haus haben Sie, Professor.“

„Seit einigen 100 Jahren ist es im Familienbesitz. Nach der Diktatur Francos haben wir es etwas aufgepeppt und vor 7 Jahren haben wir die Genehmigung erhalten, diese kleine, aber exklusive Klinik, mit einer Forschungsabteilung ein- und aufzubauen. So entstand ein exklusiver Geschäftszweig. “

„Bemerkenswert. Gute Geschäfte, Professor.“

„Gleichfalls, Herr Ketteler.“

Nachdem sie sich verabschiedet hatten, schwiegen die beiden, bis sie im Ruiz angekommen waren. Dann ließen sie die Koffer kommen, stiegen wieder ins Taxi und fuhren in Richtung Flugplatz.

Sie schafften gerade noch die Maschine, die Richtung Hamburg ging. Dort begannen sie sich erst einmal auszutauschen.

Bernd kam zu dem Fazit: „Ich glaube, wir haben eine kleine Chance."

„Wir werden sehen, mein Schatz. Auf jeden Fall ist die Falle gelegt."

In Hamburg angekommen, wurden sie, wie abgesprochen, von Karl Weber abgeholt. Als sie im Auto saßen, fragte Bernd: „Etwas Neues, Karl?"

„Pjotr ist gut im Safe-House angekommen und sie haben einen weiteren Profiler in Japan entführt."

„Habt ihr schon die Daten?"

„Ein Yuki Takahashi aus Tokyo."

„Sie arbeiten ihren Stiefel herunter. Ich bin einmal so dreist zu sagen, solange die Entführungswelle sich durch die Kontinente zieht, sind wir sicher."

Auf der Fahrt nach Flensburg arbeitete Pauline an ihrem Lap-Top, Bernd hing seinen Gedanken nach und Karl schwieg. In Flensburg angekommen, rief Bernd sein Team ins Büro und informierte sie über das, was sie erlebt hatten.

„Und wie geht es weiter?", fragte Bille.

„Wir haben mehrere Möglichkeiten, aber bevor wir etwas entscheiden. Pauline, stelle bitte eine Verbindung zum Safe-House her. Es dauerte nicht lange, und sie hatten Betty Broer auf dem Bildschirm.

„Betty, genau dich wollte ich haben. Sind die anderen auch da?"

„Ja", Betty drehte den Bildschirm so, dass die Flensburger die anderen sehen konnte. Bernd grüßte kurz und gab dann an Pauline weiter.

„Hallo Betty, Bernd sagte mir, dass du ein Spezialist für den Geldfluss bist. Ich habe hier etwas für dich. Wir haben bei dem Frauenarzt in Madrid einen kleinen Sender untergebracht, gleichzeitig wurden die 25 000 Euro infiziert, so dass wir den Geldfluss verfolgen können. Dann wurden die 25 000 Euro weiter so präpariert, dass man den Geldfluss 6 Monate zurückverfolgen kann. Dabei haben wir uns ausschließlich auf die Beratungsgebühr beschränkt. Alle anderen verdächtigen Geldbewegungen werden dann noch einmal hervorgehoben. Splitten Sie jetzt jeden einzelnen Euro, ist das auch kein Problem, weil jeder einzelne Euro markiert wurde und andere Kontobewegungen infiziert. Du kannst dich als Schatten in den einzelnen Netzwerken bewegen, ohne dass du Angst haben musst, entdeckt zu werden. Das einzige, worauf du achten musst, alle 12 Stunden wird automatisch das Passwort gewechselt, das heißt, um 12 Uhr mittags und 12 Uhr nachts eure Zeit. Dann fragst du per mail hier nach dem neuen Passwort, was dir automatisch übermittelt wird. Hast du Namen und Adressen, vergleichst du sie mit denen des Manuskriptes. Hast du eine Übereinstimmung, sagst du mir Bescheid, dann öffne ich dir das Tor zu der Firma oder der Privatperson. Verstanden?"

„Du weißt, dass wir uns auf illegalem Terrain bewegen?" Pauline lächelte und sagte kalt: „Wenn wir es nicht machen, bist du sehr wahrscheinlich bald tot. Ich glaube nicht, dass wir große Optionen haben."

Betty lachte und ließ ihre schneeweißen Zähne aufblitzen: „Ein Argument, dem man nicht widersprechen sollte. Ich mache mich gleich an die Arbeit. Die Namen der Firmen aus dem Manuskript habe ich schon extrahiert."

Pauline schaute Bernd an und fragte: „Hast du noch etwas?"

„Ja, Betty schieb mal den Computer so, dass die anderen mich sehen können", sofort veränderte sich das Bild, und Bernd konnte die anderen sehen.

„Dakota, Pjotr, Jeanne ihr arbeitet einen Plan aus, unsere Gefangenen Legionäre nach Paris zu überführen. Und zwar so, dass ich als Leitender entführt werde, ohne dass wir die Gefangenen verlieren."
Bernd hatte die Option schon mit Pauline besprochen, die zuerst vehement dagegen war, sich dann aber überreden ließ, als Bernd sie auf ihre technischen Möglichkeiten hinwies, die sie hatte. Gleichzeitig hatte Bernd schon mit Sergio Chessa gesprochen, der versprach, ihnen mit dem ihm zur Verfügung stehenden Ressourcen, zu helfen. Dazu gehörte auch die Satelittenüberwachung.

„Macht euch mit der Umgebung vertraut. In 48 Stunden möchte ich ein Ergebnis."
Er sah die drei nicken, dann unterbrach Pauline die Verbindung.
Bernd ging gedankenverloren in sein Büro, als er auf dem Absatz kehrt machte und sagte: „Karla, bleib bitte noch einen Moment. Schatz, du hast doch noch das Schreiben von Professor Ruiz, kannst du mir das bitte einmal geben?"
Pauline kramte in ihrer Handtasche und gab Bernd den ungeöffneten Brief. Ein in Büttenpapier gehaltenes Schreiben kam zum Vorschein. Drei Seiten, beidseitig beschrieben. Zwei Doppelseiten lang war die Liste der Möglichkeiten einer DNA-Sequenzierung, aus der Gen-Bibliothek des Professors. Bernd las das Schreiben genau durch, dann stahl sich ein Lächeln auf seine Lippen. Er

merkte gar nicht, wie die anderen ihn beobachteten. Dann gab er das Schreiben an Dr. Karla Schmidt weiter, die es verständnislos durchlas, aber immer gebannter die Möglichkeiten durchlas, die ihnen die Gen-Sequenzierung gab.

„Also, ich hätte nicht gedacht, dass es schon so viele Edits gibt, die man ändern kann.“

„Alles gut und schön, Karla. Hier stehen nur die Möglichkeiten der Veränderung, sich das Designer-Baby zu erschaffen. Es stehen noch nicht einmal die Möglichkeiten drin, Krankheiten zu heilen, oder die Möglichkeit, den Abstoßungseffekt zweier verschiedener DNA auf einen Körper auszuhebeln, wie es anscheinend bei Sniders Double der Fall war. Also haben die Leute noch wesentlich mehr in ihrer Wunderkiste. Jetzt verstehe ich langsam auch die Bezeichnung der Roten Königinnen Hypothese. Die haben so einen Wissensvorsprung, den sie nicht mehr abgeben wollen.“

„Gut und schön, Bernd. Es ist erstaunlich, aber was willst du uns sagen?“

„Wenn ich es richtig verstanden habe, bewegt sich die Gen-Anzahl zwischen 23 000 und 153 000 Genen. Dabei ist die DNA einer einzelnen menschlichen Zelle 1,8 Meter lang und das mit einem Informationsgehalt von 3,27 Milliarden Basenpaaren. Eine beeindruckende Zahlen.“

„Jetzt begreife ich langsam, worauf du hinauswillst. Wie ist es möglich, so viele unterschiedlichen Sequenzierungen in so kurzer Zeit durchzuführen?“
Pauline, die anscheinend nur ein Stichwort brauchte, hatte schon die nötigen Stichworte in ihren Computer platziert.

„Hier habe ich es, die Sequenzierung der dritten Generation. Sie schreiben hier: Die sogenannte

Sequenzierung ermöglicht die Bestimmung der Nukleotid-Reihenfolge in einem DNA- Molekül. Damit entwickelte der Mensch eine wesentlich einfachere, schnellere und billigere Entschlüsselung des Erbgutes, wie es in dem Human-Projekt von 1995 möglich war.“

„Was ist, wenn die Banditen eine noch schnellere und genauere Methode entwickelt haben?“

„Es reduziert sich alles, ich habe hier drei Firmen, die in der Gerätemedizin, was Sequenzierung angeht, führend sind. Zwei Amerikaner, ein Chinese. Alle drei decken sich mit dem Angaben von William Carlson.“

„Was wäre, wenn sich die drei Firmen zusammengetan haben“

„Ein Megakonzern, Pauline, die dann auch noch ihre eigenen Forschungslabore finanzieren könnten.“

„Wie soll es jetzt weitergehen, Bernd?“

„Wir machen weiter unsere Hausaufgaben. Innerhalb von 48 Stunden haben wir die Ergebnisse von Betty. Hat man schon etwas von Katharina und Louis gehört?“

„Ich mail sie mal an, vielleicht haben sie schon Ergebnisse.“

„Ihr wisst, was ihr zu tun habt? Wir brauchen Informationen über Firmen, die in dem Manuskript erwähnt werden.“

48 Stunden später

Es war abends, als Katharina und Louis als letzte zu der schon wartenden Versammlung des Teams kamen. Selbst Dr. Georg Bauer hatte es sich nicht nehmen lassen, von Kiel zu kommen, weil es doch immer etwas Besonderes war, wenn der Team Leader zur Versammlung rief. Natürlich war er auch froh, aus dem verstaubten Kieler Ministerium ausbrechen zu können, um bei Rotwein und Pizza, Pläne über das weitere Vorgehen zu planen. Außerdem hatte er Neuigkeiten aus Brüssel, die er loswerden musste, weil es eine weitere Kampfzone im Fall der Roten Königinnen Hypothese werden konnte und die Kampfzone musste er bestreiten. Selbst Timo Schröder, der schon längst zu einem Freund herangewachsen, war, als Leiter der Flensburger Hauptwache gerne gesehen, weil sein Erfahrungsschatz schier unerschöpflich schien, und er als Leiter der Hauptwache, es gewohnt war, Kompromisse zu schmieden. Natürlich hatte er auch ermittlungstechnische Vorteile von der Arbeit des Teams, das ab und zu Wege nahm, die er als Vorgesetzter nicht nehmen konnte. Aber das waren Interna, die nicht an die Öffentlichkeit gelangen durften, die aber alle wussten und im Stillen akzeptierten.
Pauline begrüßte ihre Zwillingsschwester besonders und dann Louis, der sich mit einem Kopfnicken in die Versammlung einreihte und sich wie selbstverständlich ein Glas Rotwein eingoss.
Pauline stellte die Verbindung ins Safe Haus her, als das Haustelephon klingelte.
„Ja?"
„Hier ist jemand, der möchte mit Ihnen sprechen."

„Wie heißt derjenige?"

„Er nennt sich Samurai."

„Pauline und Katharina holen ihn ab, Karl und Bille, ihr sichert."

„Warum so vorsichtig, Bernd, es ist der Samurai?"

„Georg, die Bande, mit der wir es hier zu tun haben, schreckt noch nicht mal von einem Massenmord an Profilern zurück, nur um ihren Willen durchzusetzen. Für die steht anscheinend so viel auf dem Spiel, dass sie alles riskieren würden, um das Wissen, was sie haben, nicht preiszugeben. Meinst du, die machen dann vor einem kleinen Polizeipräsidium in Flensburg halt? Ich wäre vorsichtig."

In dem Moment wurde Bernd von der Wache unterbrochen: „Da ist noch eine Frau bei ihm."

„Mensch Mann, lassen sie sich nicht jeden Popel aus der Nase ziehen. Wer ist die Frau?"

Die Wache fragte nach: „Eine Frau Conradi."

„Schick sie hoch. Ihr braucht nicht runterzugehen. So ein Timing hat nur meine Tante Kunigunde."

Als die alte Dame das Büro betrat, begrüßte sie jeden einzelnen mit Handschlag, während der Samurai, wieder mit einer anderen Maske, nur die Hand hob.

„Na, Bernd, ist das eines deiner legendären Brain stormings? Der Samurai hatte mich eingeladen dabei zu sein."

Bernd lächelte: „Du kommst doch nicht umsonst, Tante, du hast doch etwas im Gepäck, ansonsten gehst du doch nicht aus deinem Bunker raus. Wo hast du deine Wachen gelassen?"

„Der Bengel kennt mich viel zu gut. Ich dachte mir, dass der Samurai langt."

„Gießt den beiden mal ein Glas Wein ein und schiebt ihnen eine Pizza rüber. Tante, du isst doch Pizza? Ich habe dich noch nie Pizza essen sehen.“

„Mal sehen, ob sie so gut ist wie in Hamburg. Fangen wir an.“

„Ihr habt die alte Dame gehört. Pauline, stelle bitte eine Verbindung zum Safe House her und auch zu Sergio. Ich habe den Vorbericht von Katharina und Louis bekommen, da dachte ich mir, da kann Sergio ruhig dabei sein.“

„Verbindung steht, Bernd.“

„Hallo Sergio, hallo ihr vier. Wir fangen mit Katharina und Louis an, bitte.“

„Wir haben uns, durch die Kontakte von Louis, in der französischen Armee und bei der Fremdenlegion umgehört. 2007-2008 waren in Afghanistan 45 Soldaten aus Spezialeinheiten abgängig, das heißt Fahnenflucht. Namen und Fotos habe ich Pauline geschickt.“

„Pauline.“

„Die fünf Männer, die wir gefangen genommen haben, davon sind drei Franzosen und zwei Amerikaner. Die Toten alles Franzosen. Die Steckbriefe der Amerikaner habe ich Sergio geschickt, der sie mit Daten der amerikanischen Spezialeinheiten abgleicht.“

Alle schauten auf Sergio, dem die Antwort sichtlich unangenehm war: „Ich habe die Daten Lawrenz gegeben, der sie mit Fahnenflüchtigen abgeglichen hat. Zwei Männer aus der Delta Force Einheit, die auch um 2007-2008 in Afghanistan stationiert waren.“

Bernd fragte direkt: „Wieviel sind bei euch abgehauen?“

„30 fahnenflüchtige Spezialisten. Ich weiß aber nicht, ob Lawrenz mir alles erzählt hat.“

„Gut, wenn wir also die drei abziehen, die tot sind und die fünf, die wir gefangen haben, sind es immer noch 67 Spezialisten. Eine kleine Privatarmee."

„Alles gut und schön, wo ist die Verbindung und sind auch noch andere aus anderen Einheiten übergelaufen. Wir müssen die Gemeinsamkeit suchen. Wenn wir die haben, kommen wir weiter."

„Richtig Karl, die Gemeinsamkeit muss es damals schon gegeben haben. Vielleicht Rauschgifthandel."

„Glaube ich nicht, Bernd, die von unserer Seite waren nach der Vita blitzsauber."

„Außer, dass sie Fahnenflüchtige sind, Sergio."
Sergio Chessa schwieg verbissen.

„Leute, wo hat man Gemeinsamkeiten im Krieg? So wie ich weiß, hat jede Nation ihr eigenes Lager, eigene Kantine, eigenen Kraftraum. Was ist mit den Lazaretten? Kriegsverletzungen, wir haben es hier mit Medizintechnik zu tun. Was für Ärzte waren zu dem Zeitpunkt in dem Land und was haben sie nach Afghanistan gemacht oder auch vor dem Krieg. Wenn die Jungs so clever sind, wie Bernd das annimmt, können wir davon ausgehen, dass Ärzte sich haben rekrutieren lassen, um über die Verletzungen an die Papiere heranzukommen, damit sie sich die richtigen Leute aussuchen können, um für die Zukunft eine kleine schlagkräftige Armee aufzubauen."

„Bille, wenn du recht hast, dann brauchen wir die Namen nur eingeben, auf Lager, Verwundungen und Ärzte abzugleichen."

„So sehe ich das."
Spontan gab es von den anderen Beifall.
Pauline, die das Rotweinglas neben sich stehend hatte, war wie wild am Arbeiten und keiner störte sie, außer Sergio:

„Ich schalte mich mal ab. Ich gebe euch Bescheid, wenn ich alle überprüft habe.“

„Sergio, bleib bei uns, ich habe gleich alles zusammen.“

„Hast du dich schon wieder bei uns eingehackt?“

Jetzt schaute Pauline mitleidig hoch: „Sergio, hacken bedeutet, sich unerlaubt in ein System einschleichen. Ich mache das offiziell, denn ich habe alle Passwörter.“

„Die Frau raubt mir noch den letzten Nerv. Bernd tu endlich etwas.“

„Was hälst du davon, wenn der Fall vorbei ist, dass ich dich und deine Frau beim Italiener einlade?“

„Das könnte meine Anspannung etwas mildern.“

„Gut, machen wir weiter. Kunigunde?“

„Du weißt, dass du mich nicht so nennen sollst. Ich hoffe ihr sitzt. Ich sollte mich um Firmen kümmern, denen wir Sicherheit verkauft haben, darunter sind auch etliche Forschungslabore und medizintechnik-Firmen. Wir haben drei gute Aufträge verloren. Ein Forschungslabor und zwei Technikfirmen. Es lief alles sehr professionell ab. Wir bekamen ein Kündigungsschreiben, dann wurde uns ein Zeitpunkt gesetzt, wann man sich trifft und die Modalitäten wurden festgesetzt. Die Geräte haben sie behalten und uns bezahlt. Ihre Begründung, betriebsinterne Wachmannschaft. Wir haben nie einen von der Wachmannschaft gesehen, wurde alles über Manager geregelt.“

„Frau Conradi, ich hatte Ihnen doch eine Adresse gegeben, die sich um ihr System kümmern sollte, hatten Sie ihn mit?“

Jetzt schluckte Kunigunde und antwortete zögernd: „Nein, wir haben alles gelöscht und dann übergeben.“

„Das ist nicht gut, das ist gar nicht gut."

„Wieso, Pauline?"

„Sie können nicht alles löschen, Fragmente bleiben immer zurück. Wann war das?"

„Vor einer Woche."

„Passwort", der Befehl kam kurz und hart.
Kunigunde Conradi war blass geworden und gab ihr das Passwort. Pauline wählte sich in ihr System.

„Haben Sie die alten Passworte der Firmen?"
Kunigunde schlug ein kleines Buch auf und gab Pauline die Passwörter. Es war unvorstellbar, wie schnell die junge Frau mit der Tastatur spielte.

„Das mit dem Passwortbuch werden wir auch ändern, da gibt es sichere Möglichkeiten."

„Die alte Dame war still geworden und beobachtete die Freundin ihres Neffen."
Es dauerte fast zehn Minuten, indem man in dem Büro nur ab und zu das Hinstellen eines Glases hörte.

„Entwarnung, Leute. Verdammt, dass hätte in die Hose gehen können. Ich habe eine chinesische Mauer darum gebaut. Das positive, sie ahnen nichts von einer Verbindung von Bernd zu der Sicherheitsfirma von Frau Conradi, sonst hätten sie schon reagiert. Der zweite positive Effekt, wir können jederzeit rein. Also, Frau Conradi, das nächste Mal, wenn sie so etwas machen, rufen sie die Adresse an, die ich ihnen gegeben habe. Der macht das genauso wie ich. Versprochen?"

„Versprochen, Pauline, danke."

„So, dann haben wir auch die erwarteten Ergebnisse. Alle Personen waren verletzt. Die Amerikaner waren im Camp Marmel, im Lazarett, die Franzosen in Kabul im Lazarett."

„Hier sind auch die Ärzte, die zu dem Zeitpunkt in den Lazaretten gearbeitet haben. Ei, wen haben wir denn da, unseren Doc aus dem Chateau. Bernd, erkennst du ihn wieder?“
Bernd beugte sich vor: „Ja, das ist er. Ich würde sagen, wir haben gerade eine Goldader angestoßen. Wir sollten anfangen zu schürfen und näher in die Materie einsteigen.“
„Check mal die Lebensläufe der Ärzte ab und welche Richtung sie studiert haben.“
„Das dauert eine Zeit lang, während wir hier weitermachen, arbeite ich daran.“
„Ok, hattest du noch etwas, Tante Kunigunde?“
„Ich bin durch.“
„Ok, Betty, du bist dran.“
„Erst einmal zur Information für alle. Ich bin für den Geldfluss zuständig. Die 25 000 € gingen auf ein Konto in Madrid. Alles wurde ordnungsgemäß deklariert. Der Geldfluss, der über das Konto ging, kam ausschließlich aus der Klinik. Der Bengel macht richtig Kohle. Dann wurde es interessant. Er investierte das Geld in ein Forschungslabor und zwei Technikfirmen, schreibt automatisch ab und kassiert noch einmal Steuern. Dadurch, dass das Geld infiziert war, konnten wir rückläufig feststellen, was für Zuflüsse das Geld noch hatte. Um die Sache kurz zu machen, verlief sich die Kohle über verschiedene weitere Konten und investierte damit in Forschungslabore auf der ganzen Welt. Die Forschungslabore arbeiten fast ausnahmslos an der Gensequenzierung, Kodierung, Bibliothek usw. Schreiben sich aber Gensequenzierung von Pflanzen auf die Fahne.

Diese drei Firmen sind das Herzstück dieses ganzen Komplotts. Nach außen sind sie Konkurrenten, nach innen arbeiten sie zusammen. Wie die firmenpolitische Ausrichtung der Firmen sind, ist nicht zu sagen. Das interessante ist, dass es auch viele Bareinzahlungen gibt, die nicht deklariert werden, aber in den Gesamtfundus einfließen.“

„Was für Banken, Betty?“

„Auf der ganzen Welt. Aber das ist alles noch normal, so gehen andere Firmen auch vor. Das Verdächtige ist, dass die Adressen, die wir überprüfen konnten, alle keinen exquisiten Lebensstandard führen, zwar Upperclass, aber nicht auffällig. Viele Familien mit Kleinkindern, vorwiegend USA und China. Leider konnten wir in der kurzen Zeit, die wir zur Verfügung hatten, nicht sehr tief in die Materie einsteigen, daher haben wir eine Liste zusammengestellt. Anhand der Listen kannst du von diesen drei Firmen ausgehen und sehen, wie der Aufbau ist. Am Kopf sind diese drei Firmen. Das Forschungslabor schiebt Aufträge an Forschungslabore in die ganze Welt, die die Sisyphusarbeit machen, dafür werden sie bezahlt und geben die Ergebnisse wieder an den Kopf weiter. Der verteilt jetzt die Forschungsergebnisse an große Agra Firmen. Hauptsächlich aus Afrika, China und Lateinamerika. Diese Firmen gehören zu dem Konsortium und schieben einen Teil der Gewinne wieder zurück an die drei Firmen. Alles legal, nur die Forschungsergebnisse sind nicht legal. Ich schätze, dass sie über die Pflanzensequenzierung an die Menschen DNA gekommen sind. Die wiederum in verschieden Kliniken vorgenommen wird, die hochspezialisiert sind.

„Um wieviel Kliniken handelt es sich?“

„Es sind 13 Kliniken weltweit, wobei die in Madrid den größten Umsatz generiert. Das ist aber nicht alles, sieht man sich die Kontobewegungen an, stellt man fest, dass diese 13 Kliniken sogenannte Unter-Kategorien pflegen. Das heißt, einfache Befruchtung machen andere Spezialisten und Kliniken, wie Gensequenzierung oder Klonierung.“

„Warum willst du Dakota dabeihaben?“

„Ich bin ein Zahlenmensch, das kann ich wirklich gut. Dakota bringt eine Gefühlsebene mit hinein, mit der wir andere Felder erschließen.“

„Erklär uns das bitte.“

„Durch Dakota sind wir dazu gekommen, die Sicht der Eltern einmal zu beleuchten. Eltern wollen in den meisten Fällen perfekte Kinder haben. Die Eltern, deren Kinder in den Kliniken zur Welt gekommen sind, haben alle in den letzten drei Jahren entbunden. Bedenkt man, dass CRISPR der Auslöser der ganzen Problematik ist und 2012 entwickelt worden ist, kann die Entwicklungsstufe nur als Beginn bezeichnet werden, denn keines der Kinder kann eine nennenswerte Krankheit nachweisen und alle sind künstlich befruchtet worden.“

„Also im Endeffekt dasselbe, was wir in Madrid erfahren haben. Ok, du und Dakota forscht weiter, wenn ihr etwas braucht, fragt Pauline.“

Als Bernd fertig war, hörte man nur Kunigunde Conradi flüstern: „Eine neue Herrenrasse entsteht. Wie vermessen ist der Mensch eigentlich.“

„Viel schlimmer ist, dass diese drei Firmen ein Monopol aufbauen, mit dem sie in weiteren Jahren die Menschheit steuern werden. Sie bilden die Spinne, die ein Netz strickt.

Betty, noch eine Frage. Wie groß schätzt du diese drei Firmen zusammen ein?“

„Grob geschätzt, sind es noch 250 Milliarden \$, aber stetig wachsend.“

„Leute, das ist eine Hausnummer. Wenn das die Bande ist, brennt uns die Zeit unter den Fingern. Danke Betty, oder hast du noch etwas?“

„Du weißt doch, die big Points kommen immer zum Schluss. Wir haben festgestellt, dass die Gensequenzierungen, die durchgeführt werden, in ihrer Bezahlung mit Teilhaberschaften geschmückt werden. Das heißt, man macht die Eltern der Kinder zu Mitwissern.“

Geschockt von der Mitteilung, entstand eine Pause, die dann der deutsche Profiler in seiner Art der kalten Berechnung unterbrach: „Wie hoch sind die Auszahlungen?“

„Es kommt auf die Art der Sequenzierung an. Je mehr Gene du bei Ungeborenen manipulierst, umso teurer ist die Sequenzierung und umso höher ist die jährliche Auszahlung. Wir haben Fälle von 8-15 %.“

„Eine Geldmaschine.“

„Noch nicht so richtig, hier und da stockt es noch etwas, aber durchaus lukrativ. Das war es von unserer Seite. Die Listen habe ich Pauline geschickt.“

Pauline nickte Bernd kurz zu und bestätigte es damit. Bernd nahm einen Schluck aus dem Glas, als er Dr. Karla Schmidt auffordernd ansah.

„Einige kennen mich noch nicht, ich bin die Pathologin, Forensikerin, Operateurin und Ärztin in dem Team. Also, ihr spielt hier mit Wissen herum, für das man eigentlich studiert haben muss. Um euch etwas aufzupeppen, fangen wir 1983 an. In dem Jahr gab es die erste gentechnisch veränderte Pflanze. Es war eine bestimmte Tabak Art. Irgendwann in den 90-iger, hat man gentechnisch manipulierte Pflanzen für den Lebensmittelgebrauch angebaut. Heute benutzt man etwas 10 % der weltweiten Landwirtschaftsflächen für den GMO-Anbau. Mit dem Ansteigen der Weltbevölkerung und der Computerkapazität, kann man auf kleinsten Flächen größte Erträge erwirtschaften. Das führte auch dazu, neue Pflanzen, also Pflanzen, die nicht unbedingt in den täglichen Gebrauch genutzt wurden, zu domestizieren. Das führte dazu, dass die Sequenzierung schneller vonstattengehen musste. Man entwickelte die Sequenzierungsmaschinen der dritten Generation, die in der Lage sind, Sequenzierungen in kurzer Zeit zu ermöglichen. Mit der Erforschung der CRISPR 2012 haben sich die Möglichkeiten gewonnen die Genetik nicht nur über Kreuzzüchtungen zu verändert. Wenn man früher über Querzüchtungen versucht hat, einen Schädlingsresistenten Stamm zu züchten, ist man heute in der Lage, die Genschere, also CRIPR anzusetzen, was auch durch die Sequenzierungstechniken zu viel schnelleren Ergebnissen führt. Nehmen wir einmal Mais, durch CRISPR ist man in der Lage, der Pflanze ein biologisches Insektizid einzusetzen, was chemische Insektizide dann zu den Akten legt. Man geht noch weiter und versucht die Superpflanze zu züchten, indem man alles hineinbringt, was der Mensch oder das Tier braucht, z.B. jede Art von Vitaminen. Wenn ihr jetzt sagt: „Na gut, dann ist das so", muss ich euch sagen, nicht unbedingt. Der Mensch neigt zur Vorsicht, und er kennt auch die Schwäche seiner Spezies. Also hat er das Cartagena-

Protokoll geschaffen. Ein Protokoll über die biologische Sicherheit.

Es regelt erstmals völkerrechtlich den grenzüberschreitenden Transport, die Handhabung und den Umgang mit gentechnisch veränderten Organismen. Darin sind Maßnahmen vorgesehen, um die genetischen Ressourcen vor möglichen Gefahren zu schützen, die mit der Freisetzung gentechnisch veränderter Organismen verbunden sein können. 2010 wurde es durch das Nagoya-Protokoll unter anderem mit den Aichi-Zielen ergänzt. Wir haben es hier mit Menschen zu tun. Man lässt also die Labore Pflanzen erforschen und hat nebenbei eine kleine Ecke für das menschliche Genom, dadurch erspart man sich langwierige Genehmigungsverfahren. Man verteilt also kleine Versuchsreihen an kleine Labore, die die Ergebnisse dann an den Auftraggeber zurückschicken. Eine Win-Win Situation. Die kleinen Labore haben eine zusätzliche Einnahmequelle, schreiben die Kosten auf Pflanzen ab und nichts erscheint in den Papieren. Das interessante dabei ist, sie haben anscheinend den Gene-Drive überwunden. Für die Geschäftsidee, eine zusätzliche Einnahmequelle."
Hier unterbrach Bille den Redefluss der Ärztin: „Gene Drive?"

„Ich hatte mit Bernd und Pauline gesprochen, die ja in Madrid waren. Dort hatte man ihnen gesagt, dass die neu eingesetzten Eigenschaften vererbbar sind, das ist der Gene-Drive. Gene, die über CRISPR eingebaut werden und sich wiederum vererben lassen."

„Wenn ich mich also an die Vererbungslehre in der Schule erinnere, umgehen sie das Mendelsche-Gesetz der Vielfältigkeit."

Karla schaute die Ermittlerin erstaunt an und sagte nur anerkennend: „Genau richtig, Bille, Vererbungslehre Grundkurs."

„Wie sieht das mit Mutationen aus? Du hat jetzt ein Chromosom geändert und zur nächsten Generation unterliegt es einer Mutation."

Eine gute Frage, Katharina, die ich dir so nicht beantworten kann. Dabei muss man auch bedenken, dass es schlechte wie gute Mutationen gibt."
Jeanne Batiste, die Analytikerin unter den Profilern, stellte die nächste Frage.

„Karla, ich darf dich doch Karla nennen?"
Karla nickte lächelnd mit dem Kopf.

„Erst einmal vielen Dank für den Einblick. Wenn ich diese Information höre, werden wir nicht umhinkommen, mit genmanipulierten Pflanzen zu arbeiten. Die vordringliche Aufgabe ist es, die Menschen satt zu bekommen. Was braucht man also, um so ein Labor zu betreiben?"

„Da wir im Cartagena-Abkommen sind, dass 166 Staaten ratifiziert haben, brauchen wir, um dem heutigen technischen Standard zu entsprechen, Hochtechnologie-labore, mit Treibhäuser und Feldern. Ich weiß, worauf deine Frage hinausgeht. Da diese Firma offiziell arbeitet, sind das die Grundvoraussetzungen."

„Das ist ja alles gut und schön. Was für ein Umfeld brauche ich, wenn ich mit menschlichen Genomen arbeite?"
Jetzt schaute Karla ratlos auf den Bildschirm: „Ich verstehe deine Frage nicht, Jeanne."
Bevor Jeanne antworten konnte, warf Karl Weber ein: „Leihmütter, darauf willst du hinaus, Jeanne?"

„Richtig Karl, Leihmütter. Ich behaupte, dass die Bande an zwei Fronten arbeitet. Geldgeber, die ihre Kinder zur Verfügung stellen und Leihmütter, deren Kinder sie so manipulieren können, wie sie wollen."
Bernd grinste und bemerkte nur: „Was so ein Brain storming alles ans Tageslicht bringt. Karla, bist du durch?"
„Nicht ganz, Bernd, man arbeitet an der Sequenzierungsmaschine der 4. Generation."
„Also noch schneller und noch exakter."
„Genau."
„Georg, du hattest auch noch etwas."
„Ja, unsere Freunde im Safe-House kennen mich noch nicht. Ich bin der Boss der Bande hier, außer natürlich Sergio. Wir haben Probleme. Es wurde von der UN angefragt, ob dieses Team den Auftrag übernehmen könnte, und sie haben ihn übernommen. Jetzt ein paar Tage weiter, ist man anscheinend besorgt, dass diese ganze Genscheiße an die Öffentlichkeit kommt. Der Druck kommt hauptsächlich aus Südamerika und Afrika. Wir bekommen also ein Zeitproblem. Wenn diese Länder in der Lage sind, noch mehr Gegner dieser Operation zu gewinnen, kann es sein, dass sie den Hahn zudrehen."
„Welche Länder sind das, Georg?"
„Äthiopien, Somalia und Uruguay."
„Pauline, kümmerst du dich um die Herrschaften?"
„Mach ich."
„Was heißt kümmern bei euch, Bernd?"
„Wir überprüfen die Herrschaften, wenn nichts Verdächtiges ist, sollen sie weiter ihre Einsprüche geltend machen. Wenn in ihrem Leben Ungereimtheiten vorkommen, die mit unseren besagten Firmen zu tun haben, müssen wir uns etwas einfallen lassen."

„Keine Hinweise auf die deutsche Regierung, Bernd.“

„Alles klar, Georg. Sergio macht das dann.“

Bernd lachte, und Sergio hob ergeben die Schultern.

„Also, wie verhalten wir uns jetzt?“

„Wir stecken schon viel zu weit drin. Raus können wir nicht mehr. Wenn wir da heraus wollen, müssen wir tiefer rein. Es muss denen weh tun, so weh tun, dass sie reagieren müssen.“

„An was hast du gedacht, Louis.“

„Razzien. Razzien sind immer ein probates Mittel, jemanden aufzuschrecken. Danach verlegen wir die Gefangenen nach Paris, dann werden sie reagieren müssen, weil sie die Möglichkeit des Zugriffs bekommen.“

„Pauline, gib mir einmal bitte die Liste der Kliniken und Labore. Wir werden weltweit agieren. Georg, du bist unser Verbindungsmann für die UN, in Amerika und Südamerika, Sergio. Äthiopien, Somalia und Uruguay lassen wir erst einmal außen vor. Die Labore in Asien lassen wir auch außen vor.“

„Warum, Bernd?“

„Du erinnerst dich daran, dass wir den USB-Stick von William Carlson gestohlen haben?“

„Ja.“

„Da hat Pauline auf Mandarin gesagt, das ihr Boss in China erfreut sein wird. Außerdem wird der Antrag für die Razzien von China kommen. Das hat doch einen überzeugenden Aspekt.“

„Wie willst du das hinbekommen?“

Bernd ging in sein Büro und schloss die Tür. Alle konnten durch die Scheibe sehen, wie er telefonierte, dann nickte er mit dem Kopf, legte auf und kam wieder heraus.

„Und?“, war die neugierige Frage von Karla.

„In drei Tagen starten wir die Aktion mit den Labor- und Klinikdurchsuchungen, in vier Tagen geht der Antrag auf Durchsuchungen bei der UN ein, natürlich auf Dringlichkeit. Morgen werden wir die Redaktion der Gefängniszeitung informieren, dass die Gefangenen überführt werden. Die bringen das natürlich in einem kleinen Artikel in der Zeitung. In fünf Tagen startet die Überführung. Da sollten sich Pjotr, Jeanne und Dakota Gedanken darum machen. Bitte.“

„Stopp, Bernd, irgendetwas habe ich nicht verstanden.“

„Das da wäre, Georg.“

„Wieso beantragst du die Genehmigung einen Tag später als die Durchsuchungen? Das ist doch unlogisch, oder mache ich da einen Denkfehler?“

„Du bist doch selber Politiker. Was machen Politiker? Reden, reden, reden, meist ohne Ergebnis. Wir haben da etwas falsch verstanden und ziehen die Durchsuchung einen Tag vor, wegen der Überraschung, mit der Gewissheit, dass der Beschluss da ist. Der Beschluss wird aber erst einen Tag später eingereicht und getroffen. Geht die Razzia daneben, werden wir, was uns betrifft, einen Anschiss kassieren, weil wir zu schnell gehandelt haben. Haben wir Erfolg, kassiert der Antragsteller eine Belobigung. Oder was man bei der UN so bekommt, ohne uns zu erwähnen. Und ich habe jemandem einen Gefallen getan, der mir noch einen Gefallen schuldet.“

„Das wirft einen ganz bösen Schatten auf die Bundesrepublik, Bernd. Das geht so nicht. Wenn das rauskommt, bin ich dran.“

„Bernd, ich darf einmal? Georg hat da etwas nicht verstanden. Pass auf Georg“, und Paulines Stimme wurde unangenehm: „Sprechen wir einmal in Neudeutsch. Uns will jemand an die Karre pissen, dabei geht es um unser Leben, nicht um deines, oder das deiner Berufskollegen. Bernd hat das so gedreht, dass der Joker bei der chinesischen Regierung hängen bleibt. Denk mal darüber nach, wer uns den Auftrag gegeben hat?"

„Die UN."

„Siehst du, mein Schatz, damit sind die Deutschen draußen. Wir sind nur ausführendes Organ, die etwas in den falschen Hals bekommen haben."

Pauline, die aufgestanden war, tätschelte Georg etwas die Wange und goss ihm noch ein Glas Rotwein ein und ging mit graziösen Schritten zu ihrem Computer.

„Warum hast du das nicht gleich so gesagt, Bernd?"

Der schaute seinen Freund und Vorgesetzten nur kopfschüttelnd an und lachte.

„Ok, Leute, wenn Georg fertig ist, haben wir noch mein Team. Aber ich glaube, das hat sich erledigt, da hat uns Betty die Zusammenhänge gegeben. Bille, was sagst du dazu?"

„Wir sind zu demselben Ergebnis gekommen wie Betty, nur, dass wir keine Einblicke in die Labore haben. Ich hatte mir eben die Liste der drei Hauptverdächtigen angesehen. Bei den medizinischen Geräteherstellern kommen wir zu denselben Ergebnissen. Es sind die beiden einzigen, die das Potenzial haben, Sequenzierungsgeräte der dritten und vierten Generation herzustellen."

„Danke, Bille."

Aber die junge Ermittlerin war noch nicht fertig: „Warte, Bernd, wir hatten da noch einen Gedanken. Die Chinesen haben doch sehr stark auf anderen Kontinenten investiert,

gerade was Mais- und Getreidebau betrifft. Wenn wir die Asiaten außen vorlassen, bedeutet es aber nicht, dass wir sie nicht überprüfen. Die UN hat bestimmt eine Liste der Labore, die von den Chinesen auf anderen Kontinenten geleitet werden. Was läge denn näher, für die Leiter dieses Unternehmens, ihre eigenen Labore mit diesen Aufträgen zu betrauen. Denken wir weiter, würde es Sinn machen, diese Labore mit spezielle Gensequenzierungen zu beauftragen?"
Pauline hatte aufmerksam zugehört.

„Wenn das so wäre, wie du das sagst, Bille, würde das eine wahnsinnig große Datenbank erfordern."

„Wie würdest du das dann händeln, Pauline?"

„Ich würde die Daten auslagern und das in eine Spezial-Firma. Die mit solchen Daten umgehen kann, sprich Bio-Tech-Informatik."

„Wie sieht so etwas aus?"

„So etwas wird logisch aufgebaut. Nehmen wir an, wir haben es mit 100 Laboren zu tun, dann brauchen wir vier Bio-Tech- Informatik Betriebe, die die Daten verarbeiten. Dabei ist sichergestellt, dass sie alle nach dem gleichen Muster arbeiten. Nehmen wir einen Bio-Tech-Laden, der zwanzig Labore betreut. Er sammelt die Informationen, vergleicht sie, decken sich Informationen untereinander, fasst er sie zusammen. Dadurch minimiert er den Datenwust. Diese Informationen gehen weiter an die nächsthöhere Verantwortung und werden mit den anderen drei Bio-Tech-Läden verglichen und wieder auf Übereinstimmung überprüft und minimiert. Die so gesäuberten Informationen werden dann an den Mutterkonzern weitergegeben, der wie bei Lebensmittel dann die nötigen Rechte hereinholt."

Jeanne Batiste warf, nachdem Pauline fertig war, sofort ein: „Karla, gehe ich recht in der Annahme, obwohl wir mit CRISPR arbeiten können, dass man vorsichtig mit Veränderungen des Erbgutes umgehen muss, um kein fehlgeleitetes Wachstum zu fördern."

„Natürlich, deshalb nimmt man, nachdem man mit CRISPR gearbeitet hat, sich die Zeit, die Pflanze wachsen zu sehen, um sie dann zu untersuchen und noch weitere Veränderungen vorzunehmen."

„Das habe ich verstanden. Machen wir den Sprung zum menschlichen Genom. Wenn man eine Veränderung des Genoms vorgenommen hat, muss das Kind doch erst geboren werden, danach ist keine Veränderung mehr möglich."

„Richtig, Jeanne. Worauf willst du hinaus?"

„Bernd und Pauline waren doch bei Prof. Ruiz in Madrid, der ihnen gleich mehrere Veränderungen vorgeschlagen hat. Wie steht es damit?"

Karla überlegte einen Augenblick: „Früher machten Wissenschaftler Versuche und gewannen dadurch Erkenntnisse. Dann kam die nächste Stufe, Experimente im Reagenzglas. Heute hat man durch die gewaltigen Fortschritte in der Computertechnologie Möglichkeiten entworfen, über Modellierung und Simulationen Erkenntnisse zu erzielen. Man braucht nicht unbedingt den Versuch am lebenden Objekt, um ein Medikament zu entwickeln. Bei CRISPR läuft das genauso. Habe ich Veränderungen in der Haarfarbe, den Teint, der Haut oder vielleicht die Größe, sind das alles Positionen, die eine gewisse Variable haben. Meint ihr, der Kunde kann die Farbnuance erkennen, die er sich für sein Kind vor neun Monaten gewünscht hat, ob es strohblond oder eine

Nuance dunkler ist, ist vollkommen egal. Bei Krankheiten sieht das schon anders aus, denn da muss die Genschere schon sehr genau arbeiten."

Jeanne ließ nicht locker: „Machen die Banditen das genauso bei Menschen, bilden sie eine Art Stamm, oder besser gesagt, Kindergarten für Genmanipulation. Wir suchen also auch noch einen Kindergarten. Nehmen wir also an, dass die ältesten Kinder, die Gen-Sequenziert sind, drei Jahre alt sind, würde ich sagen, bei der schnellen Entwicklung, mit den wahnsinnigen Recourcen die sie haben, dass die ältesten Kinder, die im Kindergarten sind, fünf Jahre alt sind."

„Was passiert mit den Kindern, bei der die Sequenzierungen falsch gelaufen ist?"

Man hätte eine Stecknadel fallen hören können. Es war eine Frage, die gestellt worden war, aber keiner wollte die Antwort wissen. Bernd ließ ihnen den Moment des Nachdenkens, dann stellte er die ultimative Frage.

„Kann es sich so eine Firma leisten, solche Beweismittel aufzubewahren?"

Am geschocktesten war Georg Bauer, der sich hilfesuchend umsah, aber nur in stoische kalte Gesichter sah.

„Ich verstehe euch nicht, wenn ich in eure Gesichter sehe, sehe ich nur Kälte. Wie könnt ihr nur so abweisend damit umgehen?"

Bernd setzte sich neben den Staatssekretär, gab seinem Freund sein Glas, stieß mit seinem eigenen an und sagte nur: „Kinderwohl geht uns alle an, da ist keiner kalt. Wir können nur so damit umgehen. Wir haben gelernt, eine Mauer zu errichten, das solltest du auch machen, sonst machen dich solche Fälle fertig."

Georg Bauer nickte ergeben, und Bernd nickte Katharina zu, die sich neben den Staatssekretär setzte und mit ihm sprach.

„Ihr wisst alle, was zu tun ist? An den Razzien werdet ihr euch nicht beteiligen, wir regeln das über Georg Bauer und die UN. Wir werden sehen, was in den nächsten 5 Tagen noch an Informationen reinkommt. Dann machen wir in 5 Tagen die Überführung der Gefangenen."
Dakota Jones beugte sich etwas vor, so dass sie im Vordergrund des Bildschirms war und sagte nur zu den Flensburgern: „Wir danken euch, dass wir dabei sein dürfen."

„Ihr seid mit der Schlüssel, Dakota, dank mir nicht. So jetzt habe ich Hunger und Durst. Trinken wir auf den Erfolg."
Alle hoben ihre Gläser und tranken einen Schluck. Auch die vier Profiler im Safe House hatten volle Gläser und prosteten sich zu, dann unterbrach Pauline die Verbindung.
Die letzten Worte des Profilers lösten die Spannung, die sich im Raum aufgebaut hatte und alle sprachen durcheinander, lachten, tranken und aßen. Georg Bauer saß noch eine Zeit lang verspannt da, aber mit jedem Wort Katharinas löste sich die Spannung in seinem Körper.
Es war so wie jedes Mal, wenn sie mitten in einem Fall waren und eine kurze Auszeit brauchten. Sie gingen nach der letzten Flasche in Flensburg auf die Meile, selbst Kunigunde und der Samurai waren mit dabei. Es brauchte keiner besonders erwähnen, dass sie auch zusammen aufhörten, immer mit der Angst im Hinterkopf, es könnte jemandem etwas zustoßen. Aber die Nacht blieb ruhig, und als sie am nächsten Tag zur Arbeit gingen, hatten sie

nicht den dicken Kopf wie sie sonst, wenn sie erst am
Morgen nach Hause kamen.

257

4 Tage später

Es war eine lange Nacht für das Team um Bernd Rassmussen. Die Razzien waren zeitgleich weltweit gestartet worden, und alle Informationen, die sie bekamen, wurden in Flensburg gesammelt und von Pauline an das Safe House oder an ihre Freunde im Netz weitergegeben, die sie bearbeiteten, sortierten, analysierten.

Keiner wusste, wie die junge Frau das machte und wer hinter ihr stand, selbst ihr Freund wusste nur, dass Pauline ein Mitglied in einer Organisation im Netz war, die sich gegenseitig halfen und informierten. Jeder hatte einen Decknamen und der der grünäugigen Frau war der des Schatten.

Während Kunigunde Conradi sich nicht zu schade war, Getränke für die kleine Mannschaft zu holen und dabei kleine Hilfen zu geben, hatte es sich der Samurai gemütlich gemacht und tat so, als schlief er. Aber in einem unbestimmten Rhythmus stand er auf, zog sich an und streifte um die Häuser. Morgens um 0500 Uhr war es dann soweit, er nahm sich Bernd Rassmussen auf die Seite und informierte ihn, dass sie beobachtet wurden.

Zwei Stunden später gab Pauline das Zeichen.

„Bernd, alle Daten sind auf dem Weg, jetzt dauert es etwas. Ich fahre nach Hause und lege mich etwas hin."

„Was schätzt du, dass die ersten Daten gefiltert ankommen?"

„Zwei Stunden, mein Schatz."

„Gut, alle einmal herhören, Pause. Ihr habt gehört, was Pauline gesagt hat. Ihr geht nach Hause, keiner alleine und ruht euch aus. Um 1300 Uhr ist wieder treffen hier. Dann werden wir sehen, ob die Analysten etwas herausgefunden haben, das die Razzien rechtfertigt. Ihr geht durch den Hinterausgang und nehmt immer ein Team von drei Zivilpolizisten mit, die passen auf euch auf. Ich brauche euch fit, die nächsten Stunden werden harte 48 Stunden. Tante Kunigunde, du kommst mit Pauline, Louis, Katharina und mir mit.“

„Und der Samurai?“

„Der hat eine andere Aufgabe.“

Dieser Satz ließ keine weitere Diskussion zu, und keiner fragte nach. Auch Kunigunde richtete sich danach. Sie schaute sich einmal kurz um und sah, dass der Samurai schon weg war.

„Ihr müsst euch keine Gedanken um den Gegner machen, wir haben ihn im Auge.“

Müde standen alle auf und machten sich über den Hinterausgang davon, dort wurden sie schon von Polizisten in Zivil empfangen.

Bevor Bernd als letzter erschien, telefonierte er mit Georg Bauer, der natürlich neugierig die ersten Fragen nach dem Status stellte.

„Georg, wir wissen auch noch nichts. Wenn du gleich in dein Büro kommst, wirst du bestimmt schon Anfragen von der UN haben, wegen der Razzien. Halte sie noch hin, wir müssen erst einmal eine Runde schlafen. Keiner und nichts kann den Vorgang jetzt mehr aufhalten, das bedeutet, dass die UN jemandem etwas schuldet, wenn wir etwas finden.“

„Wem sollte die UN etwas schulden, Bernd?“

„Paulines Schattenwelt. Es wird der Tag kommen, dann fordern sie die Schuld zurück, das war das einzige Angebot, was wir ihnen machen konnten.“

Georg kam ins Stottern: „Sag mal, mein Freund, wie soll ich das den Kommissaren verkaufen? Die vierteilen mich in der Luft."

„Eigentlich ist das dein Problem, du hast uns damals engagiert."

„Du lässt mich im Regen stehen, mein Freund."

„Bestimmt nicht, Georg, du gehörst genauso zu meinem Team, wie jeder andere, und wir helfen uns gegenseitig. Sag ihnen klar und deutlich, dass die Operation von einer Organisation durchgeführt wird, die nicht auf der Lohnliste der UN steht, aber auch ihren Lohn haben will. Die Karten sind ausgespielt, und die kommenden Ereignisse sind durch nichts mehr aufzuhalten."

„Da werden sie nur müde drüber lächeln."

„Das mag sein. Sollte es zu der Frage der Schuldbegleichung kommen und es passiert nichts, rufst du nur Pauline an. Dann bekommst du einige Lebensläufe von gewissen Herren und Damen, die sich so sicher fühlen. Mit denen darfst du dann arbeiten. Versucht man, dich mundtot zu machen, sag ihnen, dass die Öffentlichkeit sehr großes Gefallen an einigen Lebensläufen hat."

„Damit kann ich etwas anfangen. Das verpacke ich ganz diplomatisch, damit es jeder versteht."

„Gut, Georg, dann sind wir uns einig. Richte dich darauf ein, wenn wir heute Nacht in Richtung Frankreich fahren, holen wir dich ab."

„Ich besorge einen Flieger, das geht schneller und wir sparen Zeit."

„Eine gute Idee, solange wir noch solche Ressourcen haben, sollten wir sie nutzen."

Ohne eine Antwort abzuwarten, unterbrach der Profiler die Verbindung. Kalt blickten seine Augen aus dem Fenster, als er die feingliedrige Hand seiner Freundin fühlte, die sagte: „Komm, mein Geliebter, deine Henkersmahlzeit wartet und die wollen wir doch nicht verpassen.“

Es wurde für die beiden ein kurzer Schlaf, und Bernd wachte um 11.30 Uhr müde auf, als das Kitzeln von Kaffeeduft seine Nase berührte. Er ließ seine Hand nach links fallen, aber auf dieser Bettseite war gähnende Leere, dann nahm er das Flüstern von Stimmen wahr. Mit einem dynamischen Sprung kam er aus dem Bett, als Pauline schon durch die Tür trat. Er nahm sie in den Arm und küsste sie.

„Wie schaffst du es, immer so frisch auszusehen?“

„Yoga, mein Schatz und zu sich selbst finden.“

„Das war mehr eine rhetorische Frage, mein Schatz. Wer gut aussieht, brauch kein Yoga, siehe mich an. Wen hast du da draußen?“

Ohne eine Antwort abzuwarten, lugte er um die Ecke und sah dort sein ganzes Team sitzen, einschließlich der drei abgestellten Beamten. Kaffee trinkend unterhielten sie sich.

Bernd zog seinen Kopf zurück und fragte Pauline: „Sag, mal, was machen die drei Bewacher hier?“

„Der Samurai hat sie mitgebracht, er meinte, es sei nicht mehr vonnöten.“

„Kannst du mir das bitte erklären?“

„Er hat ihnen etwas Gas ins Auto geblasen, jetzt schlafen sie erst einmal.“

„Mmh.“

„Nicht zufrieden damit?“

„Doch, schon, die haben sowieso keinen Einfluss mehr auf die folgenden Aktionen. Ich dusche eben, dann komme ich.“

Pauline gab ihm einen Kuss und verschwand wieder im Wohnzimmer. Kurze Zeit später kam der Profiler und sah, dass sein Team schon wieder verschwunden war.

Pauline, die mit ihrer Schwester noch aufräumte, sagte nur: „Sie sind schon los, hier ist Kaffee und etwas zu essen.“

Bernd nahm sich die Zeit, trank in Ruhe seinen Kaffee und aß lustlos das Brötchen.

„Na, keinen Hunger, Großer.“

„Das schon, Katharina, aber bevorstehende Ereignisse machen mich immer lustlos auf Essen.“

„Dann hat dir unser Paulinchen noch nicht von den neusten Ereignissen erzählt?“

Wie elektrisiert sprang Bernd auf: „Nein.“

Pauline, die die Reaktion mitbekam, lachte nur und sagte: „Konnte mein kleines Katharinchen den Mund nicht halten?“

Gar nicht beleidigt, hakte sich Katharine bei dem Profiler unter und bemerkte trocken: „Komm, wir schauen Pauline beim Aufräumen zu, dann kann sie es dir erzählen.“

Sie gingen die paar Schritte zur Küche und setzten sich zu seiner Freundin, die sich gerade einen Tee eingoss.

„Was gibt es Neues, Schatz?“

Bernd sagte das mit seiner sanftesten Stimme, weil er wusste, dass seine Freundin ihn so lange wie möglich schützen wollte.

„Du solltest es eigentlich erst im Büro erfahren. Wir haben von den 13 Kliniken 4 Kliniken einer Razzia unterzogen. 13 Klinikchefs sind nach der Razzia verschwunden, keiner weiß wohin.“

„Du auch nicht?“

„Nicht sicher, aber wir sind dran.“

„Noch mehr?“

„Ja, aber das werden wir gemeinsam im Büro besprechen.“

Um Punkt 1300 Uhr betrat der Profiler das Büro, mit den Zwillingen im Schlepptau. Selbst Georg Bauer war schon da.

„Da kann ich ja froh sein, dass ihr nicht abends da wart, da wären meine Rotweinvorräte wohl draufgegangen.“

„Das können wir jederzeit nachholen.“

„Das werden wir, Karl, wenn der Fall abgeschlossen ist. So, Pauline hat Ergebnisse, die sie uns jetzt erläutert. Aber bevor du anfängst, schalte Sergio und das Safe House dazu.“

Nachdem sich alle begrüßt hatten, begann Pauline.

„Ich will euch nicht lange langweilen. Es war ein voller Erfolg. Wir haben weltweit vier private Kliniken, vier große Labore und 40 kleine Labore durchsucht. Bei allen fanden wir die absolut gleichen Vorgehensweisen der Gensequenzierung. Das wäre aber noch zu entschuldigen gewesen. Fangen wir bei der untersten Stufe an. Um nicht entdeckt zu werden, haben sie die Sequenzierung eines Menschen an die Sequenzierung der Pflanze drangehängt. Bei einer einfachen Durchsicht, das heißt über das menschliche Auge, merkt das keiner. Lässt du sie aber in einem speziellem Molekular-biologie-Labor über eine Sequenzierungsmaschine laufen, merkt die Maschine das, wenn man sie speziell darauf programmiert. Beide Genome, die untersucht werden, haben den gleichen

Code, nur der Anfangsbuchstabe entschlüsselt den menschlichen Code. Gibt also der Operator den Code der Pflanze ein, wird das menschliche Genom herausgefiltert. Sehr einfach und sehr effizient, wenn man nicht weiß, wonach man sucht.“

„Wie habt ihr das herausgefunden?“

„Logik, Bille und ein Fehler im System. Ich nehme ein Pflanzengenom, vergleiche es mit demselben Genom, was die Maschine mir gibt, und ich habe das gleiche Ergebnis. Dann nehme ich mir das Ergebnis, gebe in den Computer manuelle Kontrolle ein, gehe mit meinem Ausdruck hin und überprüfe es manuell. Also haben sie nicht damit gerechnet, dass man manuell vergleicht. Alle Labore haben das gleich Verfahren angewandt, mit der Vorgabe des veränderten Codes bei einem anderen Labor. Genial und einfach, aber, wie gesagt, der kleine Fehler hat uns in die Hände gespielt.“

„Also verstoßen sie alle nach dem Cartagena-Abkommen.“

„Nicht nur das, mein Schatz, es entstehen noch weitere Delikte, aber da sollte sich Betty darum kümmern. Sie haben nämlich zweimal abkassiert, einmal über den staatlichen Auftrag, oder auch UN-Auftrag und auch über die BIO-technik-Firma, und da nehme ich an, ist das schwarz über die Bühne gelaufen.“

An Georg Bauer gewandt: „So, Georg, Betty bekommt die nötigen Information und sie gibt dir dann die Beweislage. Es dauert aber noch etwas, wir sind noch nicht in ihr Rechnungssystem vorgedrungen. Aber das war noch nicht alles, was wir herausgefunden haben. Die vier größeren Labore sind auch davon betroffen.“

„Rechnungssystem?“

„Nicht so ungeduldig, mein Schatz. Wir haben zwei weitere Probleme. Das Rechnungssystem ist ausgelagert, wir suchen einen Hinweis, dass wir da vordringen können. Da brauchen wir uns nicht darum zu kümmern, aber es dauert.“

„Das zweite Problem?“

„Die Verbindung zu dem Kopf der Bande, oder besser gesagt, die Verbindung von allem und das muss schnell gehen. Wir nehmen an, dass es in dem Programm, mit dem diese Leute arbeiten, ein weiteres Programm oder ein Server eingebettet ist, in dem alle Kontakte gespeichert sind.“

„Für dieses System, die Mutter aller Programme?“

„Die Mutter aller Programme, die müssen wir finden. Ihr müsst euch keine Gedanken machen, es sind die Besten der Besten an der Aufgabe. Für meine Leute ist es eine sportliche Herausforderung, sie werden es lösen.“

„Die Server sind in Sicherheit?“

„Ja, Karl. Für eine Anklage im Verstoß des Cartagena-Abkommens, der Erweiterung des Nagoya-Protokolls und den Aichi-Zielen langt es allemal. Hier hast du eine Anklageschrift, die sich darauf bezieht. Vollständig, ohne Kopf. Eure Anwälte müssen nur ihren Kopf draufsetzen, die Punkte abgleichen und so der UN vorlegen.“

Georg fing geschickt den USB-Stick auf, schaute Pauline ganz wie ein Geschäftsmann an und fragte nur kurz und knapp: „Wenn ich euch so anschaue, gibt es wieder einmal Bedingungen.“

Pauline lachte ihr glockenhelles Lachen: „Leute, sieh an, unser Staatssekretär lernt. Natürlich Bedingungen, umsonst ist der Tod und der kostet das Leben. Wir wissen, was so eine Anklage kostet. 50 Prozent der Kosten gehen auf das Konto einer gemeinnützigen Bewegung, die die Armut in der Welt bekämpft. Ist das Geld innerhalb der nächsten 72 Stunden nicht eingegangen, verfällt der Deal. Ist das Geld eingegangen, bekommt ihr einen Code, der den Stick öffnet. Glaube mir, es langt nicht, wenn ihr sagt, Sesam öffne dich."

„Pauline, du weißt, dass du dich außerhalb der Legalität bewegst."

„Mein Schatz, alle Fälle, die wir bis jetzt gelöst haben, haben wir durch Informationen außerhalb der Legalität gelöst. Lies das Buch ‚Kunst des Krieges', dann wirst du es verstehen."

Georg nickte ergeben und sagte lethargisch: „Wer weiß, was noch alles auf mich einstürzt? Ich hoffe nicht, dass es der Himmel sein wird."

Bernd Rassmussen wandte seine volle Aufmerksamkeit auf seinen Freund: „Georg, du solltest wissen, dass die UN, wenn sie Anklage erhebt, sich auf ganz dünnem Eis bewegt."

„Was willst du damit sagen?"

„Gehen wir von der Schöpfungsgeschichte aus, danach erschuf Gott den Menschen nach seinem Ebenbild. Was erschuf er also? Er erschuf einen Schöpfer. Entweder, man hat früher nicht soweit gedacht, oder man hat den Gedanken, Gott zu spielen, bewusst nicht gedacht. Das beste Beispiel bildet Israel, wo die Bio-Medizin uneingeschränkt gefördert wird. Das Land besitzt in Relation zu anderen Ländern die meisten Befruchtungskliniken und auch die meisten künstlich gezeugten Kinder auf der Welt. Kommen wir dann auf Gen-Tests, auch da sind die israelischen Frauen führend. Da sieht man auch das Verständnis der israelischen

Humangenetiker, Kinder mit Erbschäden zur Welt zu bringen, sie lehnen es als unverantwortlich an.“

Hier unterbrach Georg den Profiler: „Das ist mir durchaus bewusst, Bernd. Aber ist eine der Kliniken, oder Labore aus Israel? Nein, das Gro befindet sich in den USA, wo mit Geld alles zu machen ist, China, Japan, Südkorea sind auch noch dabei. Alles in allem sind es bevölkerungsreiche Staaten, die in sich nicht so gut kontrolliert werden können.“

„Du hast dich mit dem Thema beschäftigt.“

„Eines habe ich bei euch gelernt, wenn man etwas zu der Situation beitragen will, sollte man sich vorher informieren, sonst zieht ihr einem das Fell über die Ohren.“

Bernd schlug seinem Freund lachend auf die Schulter: „Dann weißt du ja, wie du an die Sache herangehst.“

Dann wandte Bernd sich an seine Freundin: „Können wir davon ausgehen, dass du fertig bist, Pauline, und alles seinen Gang geht?“

„Davon kannst du ausgehen.“

„Gut, ich sehe, dass ihr euer kleines Gepäck dabeihabt. Ich würde sagen, dass wir uns dann alle in Richtung Frankreich bewegen können. Den morgigen Tag besprechen wir dann im Flugzeug.“

Bille hob die Hand: „Bernd, noch eine Frage, die mich schon die ganze Zeit beschäftigt. Du willst eine zweite Entführung inszenieren, woher weißt du, dass sie dich überhaupt mitnehmen.“

„Bille, die immer das Wesentliche sieht. Ich weiß es nicht, ich hoffe es. Sie sind in Zugzwang, da sie auf einmal zwei Gegner haben. Der eine sind wir, der andere ist die Fata Morgana, die wir geschaffen haben, China.“

„Um es mal ganz ehrlich auszudrücken, wir alle finden den Gedanken der Entführung scheiße. Ein besseres Wort finde ich nicht dafür. Aber wir vertrauen auf dein Urteilsvermögen, was dich selten betrogen hat.“

„Danke, Bille, auch an alle anderen. Ich vertraue auf euch, dass ihr mich da wieder rausholt. So, wir wollen los, bevor wir anfangen, sentimental zu werden.“

Es gab nichts mehr zu sagen, so packte das Team das Equipment, Pauline unterbrach die Verbindung zum Chatham House, wie auch zu Sergio, und alle verschwanden in Richtung des kleinen Flensburger Flughafens.

Entführung

Bernd, der sich mit dem Thema seiner eigenen Entführung befasst hatte, besprach seinen Plan mit dem Team. Bis auf einige Kleinigkeiten akzeptierte das Team des Profilers seine Vorschläge. Nur Kunigunde Conradi, die es sich nicht nehmen ließ mitzufliegen, sprach ihr Missfallen offen aus.

„Du weißt, dass ich nicht für so eine Vorgehensweise bin. Die Zeit hätte sie nervös werden lassen, und sie hätten reagieren müssen."

„Tantchen, wenn wir nicht reagieren, brauchen die auch nicht reagieren, weil sie meinen, wir wären in Passivität erstarrt. Außerdem festigen sie in der Zeit unserer Passivität ihre Position. Jetzt wissen sie momentan nicht, woher der Wind weht, so etwas veranlasst die Akteure zu Fehlern, was unsere Chance ist."

Kunigunde Conradi, die es hasste, Tantchen genannt zu werden und Bernd, der wusste, dass sie es hasste, lächelte die alte Dame an, nahm sie in den Arm und gab ihr einen Kuss auf die Stirn.

Auch solche Aktionen hasste Kunigunde, aber sie wusste, dass ihr Neffe es gut meinte, so tat sie so, als würde sie sich wehren und sagte nur: „Lass das, Bengel, was soll dein Team denken?"

„Nur das Beste, Tante Kunigunde. Du weißt, dass wir den Fall leben müssen."

Der Flieger setzte seidenweich auf. Das Team wurde schon erwartet. Louis war von Bernd als Verbindungsmann zur französischen Polizei eingeteilt worden, und es zeigte sich, dass der Freund von Katharina eine ganze Menge organisatorisches Talent mitbrachte. Es war für alles gesorgt, so wurde das Team den Franzosen vorgestellt, und Bernd sah manch ablehnendes Gesicht. Aber das störte ihn nicht, er wusste, wie die Franzosen waren und hielt sich an Louis, der, wenn Schwierigkeiten auftreten sollten, die Vermittlerrolle übernahm. Der Profiler merkte schnell, dass er es mit absoluten Profis zu tun hatte und schnell veränderte sich die Ablehnung in Teamarbeit.

Bernd erklärte, wie er sich die Entführung vorstellte und erntete dafür manch spöttische Bemerkung, aber auch überraschende Gesichtsausdrücke. Er weihte die Männer und Frauen soweit in den Plan ein, wie er es verantworten konnte.

„Sie werden verstehen, dass ich sie nicht weiter in unsere Verbindungen, Informationskanäle und Vorgehendweise einweihen kann, aber wenn wir den Fall abgeschlossen haben, werden sie umfangreich informiert werden."

„Herr Rassmussen, wie erreichen Sie es, dass die Bande weiß, dass Sie der Profiler sind, der die Typen in ein anderes Gefängnis überführt."

Bernd lächelte den jungen Zivilpolizisten der Franzosen an und klärte ihn auf: „Ein Bluff kann damit beginnen, dass man die Wahrheit sagt, und das bringt man unter die Leute. Mehr ist nicht dabei."

Der junge Mann schaute den Profiler verständnislos an, während sein Team in sich hineingriente.

„Noch einmal zu aller Verständnis, wenn ich nicht mehr erreichbar bin, hat die Macht Fräulein Chen, sie trifft die Entscheidungen."

„Wie man munkelt, hat Fräulein Chen keine polizeiliche Ausbildung. Wie verträgt sich das mit der ganzen Aktion, die sie hier geplant haben?"

„Muss man Polizist sein, um fähig zu sein? Oder sind sie fähig, nur weil sie Polizist sind? Ich habe volles Vertrauen in Fräulein Chen, es geht immerhin um mein Leben. Es ist nicht das erste Mal, dass sie mir, oder einem vom Team den Arsch rettet."

Bernd hatte Verständnis dafür, dass die Männer und Frauen zweifelten, und er bekam Hilfe von Louis, der im Team einer der Schweigsamsten war und sich nur zu Wort meldete, wenn es wichtig war.

„Leute, habt Verständnis für die Situation. Ich arbeite mit dem Team schon einige Zeit zusammen. Die Art und Weise, wie hier gedacht wird, ist absolut spektakulär. Ich werfe meine ganze Reputation in die Waagschale. Dieses Team, verfügt außerdem über unbegrenzte Mittel, ja, ihr habt es richtig verstanden. Dazu muss gesagt werden, und das schreibt euch hinter die Ohren. Dieses Team gibt es nicht, es ist einfach nicht existent. Das sollte genug sein." Ohne sich weiter um seine Kollegen zu kümmern, setzte er sich wieder. Peinliches Schweigen füllte den Raum, den der Deutsche mit einer lässigen Handbewegung wegwischte.

„Fragen?"

Keiner meldete sich, so beendete der Profiler die Sitzung, indem er nur noch sagte: „Meine Leute bauen ihr Equipment bei ihnen ein, und wir treffen uns morgen um 0800 Uhr auf ihrem Revier, haben ein kurzes briefing und starten danach die Aktion."

Das Team nickte verstehend, und Bernd wandte sich an Pauline: „Schatz, wenn du hier fertig bist, nimm das Team und hol mich im Hotel ab. Wir machen uns noch einen netten Abend."

Pauline nickte nur, gab ihrem Freund einen Kuss und widmete sich wieder der Arbeit. Bernd ließ sich von Louis zum Hotel bringen, das einige Minuten entfernt war.

„Wir holen dich gleich wieder ab, Bernd. Ich kenne ein nettes Lokal, mit gutem Essen und einem guten Rotwein. Ich helfe den anderen noch."

„Ok Louis, bis gleich."

Bernd stieg leichtfüßig aus, machte die Autotür zu und ging in das Hotel. Louis hatte reserviert, und Bernd meldete sein Team an.

„Wir haben sie alle auf einer Etage im ersten Stock untergebracht. Die Zimmer liegen alle nach hinten heraus. Möchten Sie Frühstück?"

„Ja, wir nehmen alle Frühstück. Wie lange wir bleiben, kann ich noch nicht sagen."

„Kein Problem, Herr Rassmussen. Louis hatte so etwas angedeutet."

Bernd nickte der älteren Dame zu, nahm den Schlüssel und ging nach oben. Es war ein gemütliches kleines Hotel, sauber und adrett, zwar etwas in die Jahre gekommen, aber gemütlich. Bernd öffnete die Eingangstür, als die schon aufgerissen wurde und ihm eine Pistole mit Schalldämpfer vor die Stirn gehalten wurde. Der Mann, der die Pistole hielt, machte nur ein Zeichen mit dem Zeigefinger, still zu sein und in das Zimmer zu kommen. Ohne seine Chancen abzuklopfen, folgte der Profiler der Pistole. Der Mann machte sich gar nicht die Mühe, sein Gesicht zu verbergen, auch seine Mimik verriet nicht, was er dachte. Bernd stufte ihn als äußerst gefährlich ein und machte keine Bewegung, die ihn reizen konnte. Mit einer Hand schloss der andere die Tür. Dann dirigierte er den Flensburger zu einem Sessel einer kleinen

Sitzkombination. Obwohl dem Profiler eine Pistole vor die Nase gehalten wurde, hatte er nicht das Gefühl, lebensbedrohlich gefährdet zu sein.

Der Typ, der sich noch nicht vorgestellt hatte, fiel aus dem Raster eines Legionärs heraus. Mit feingliedrigen Fingern hielt er die Pistole und beobachtete den Profiler. Seine weit auseinanderstehenden Augen strahlten eine innere Ruhe aus, die ihn schon fast sympathisch wirken ließ, wenn da nicht die Pistole gewesen wäre. Mit einer Größe von circa 1.80 Meter, überragte Bernd Rassmussen ihn fast um 15 Zentimeter. Was dem beobachteten Profiler besonders auffiel, war die edle Kleidung, die nicht zu den Einmalhandschuhen passte.

Das leise Geräusch einer sich öffnenden Tür ließ den Profiler den Kopf drehen, und er sah, dass das Ebenbild eines grobschlächtigen Schlägers aus der Toilette kam und noch an seinem Hosenschlitz herumnestelte. Überrascht schaute der Grobschlächtige Bernd Rassmussen an, um dann den Kopf zu dem anderen zu schwenken.

„Oh, das habe ich gar nicht mitbekommen.“
Die helle Stimme, die nicht zu dem dumpfen Körper passte, ließ den Profiler unwillkürlich lächeln. Der Vornehme lächelte zurück und gab dem anderen mit einem Nicken zu verstehen, etwas zu tun. Ohne ein weiteres Wort zu sagen, spürte Bernd den Stich einer Injektionsnadel im Nacken, das angenehm warme Gefühl, das sich um die Einstichstelle bildete, war genau der Gegensatz zu dem Ergebnis. Sofort wurde ihm schwummrig, er hörte noch: „Es ist nichts persönliches, Herr Rassmussen. Ich habe Ihre Vita gelesen und eigene Recherchen angestellt, bemerkenswert, also bin ich vorsichtig.“

Alles weitere hörte der Profiler schon nicht mehr, dunkle Nacht umfing ihn und ließ ihn im Sessel zusammensacken. Jetzt begannen die beiden Männer ihr Werk. Der Vornehme zückte ein Skalpell und schnitt dem Profiler jedes Stück Kleidungsstück vom Körper. Der andere öffnete in der Zeit das Fenster und gab mit der Hand ein Zeichen, sofort reagierten die Männer, die warteten und warfen dem Schläger ein dickes Seil zu. Mit schnellen Zügen zog er eine Trage hoch. Der Smarte hatte in der Zeit den Profiler entkleidet, dann sah er die Tätowierung des Drachen und bemerkte trocken: „Wenn ihr euch da nicht mit dem Falschen angelegt habt.“
Es war eine kleine Bemerkung, die aber den Respekt zeigte, dem er dem Profiler entgegenbrachte. So fasste er ihn auch an, keine Verletzung verursachend, zerschnitt er ihm die Kleidung. Dann nahm er ein Gerät aus seiner mitgeführten Tasche und fuhr damit über den nackten Körper des Profilers. An der Schulter leuchtete das Gerät auf. Vorsichtig fühlte er den dickfleischigen Delta-Muskel mit dem Zeigefinger ab. An einer Stelle verharrte er, nahm sein Skalpell, machte einen tiefen Schnitt und beförderte mit einer Pinzette einen kleinen Sender hervor. Den legte er vorsichtig auf den Tisch. Mit einer Klammer schloss er die Wunde, nachdem er sie desinfiziert hatte. Dann suchte er am Körper des Profilers weiter. Als er an der Achillessehne angekommen war, leuchtete der Scanner erneut auf.

„Genau so habe ich mir das vorgestellt.“
Wieder abfühlen, ein kleiner Schnitt, Pinzette, desinfizieren und klammern.
Dann hörte er die leise Stimme seines Partners: „Warum dieser Aufwand ? Er ist ein toter Mann.“

Der Smarte schaute seinen Partner an und sagte genauso leise: „Du kennst mich, ein guter Mann darf nicht so einfach sterben, er braucht immer eine Chance, genauso wie ich sie dir gegeben habe. Er soll nicht an einer Infektion umkommen, wenn sie mit ihrem Spiel beginnen, sie werden es hier mit einem Gegner zu tun haben, den sie immer noch unterschätzen."
Nach dem kleinen Geplänkel kleideten sie den Ohnmächtigen in ein Ganzkörperanzug und schnallten ihn auf der Trage fest. Dann trugen sie die Trage zum Fenster und ließen sie vorsichtig hinunter. Kein Laut war im Dämmerlicht des kommenden Abends zu hören, und die Arbeit ging schnell und professionell von der Hand der Männer. Als letztes seilte der Smarte seine Utensilien ab, inclusive der Einmalhandschuhe, die sie anhatten, dann verschwanden sie ganz normal durch die Tür, gingen in ihre Zimmer, vernichteten jeglichen Beweis und checkten aus. Die ganze Aktion dauerte 15 Minuten.
Als Pauline und das Team das Hotel zwei Stunden später erreichten, hatten die Entführer zwei Stunden Vorsprung und Bernd Rassmussen war schon außerhalb von Frankreich.

Ein Team

Das Team um Bernd Rassmussen betrat zwei Stunden nach der Entführung das Hotel. Nachdenklich, hungrig und durstig, waren sie mit den Gedanken schon beim nächsten Tag und wussten nicht, dass das Schicksal schon zugeschlagen hatte. Sie nahmen ihre Schlüssel in Empfang und vereinbarten, dass sie sich in 30 Minuten in der Hotellobby treffen wollten. Da sie alle ihre Zimmer auf demselben Flur hatten, gingen sie gemeinsam in den ersten Stock.

Pauline, die mit ihrer Schwester sprach, war die Letzte in der Gruppe und schloss auch als letzte das Hotelzimmer auf.

„Hallo, Schatz, ich bin da. In 30 Minuten treffen wir uns in der Lobby. Ich habe einen Bärenhunger und freue mich auf ein gutes Glas Wein.“

Die letzten Worte waren schon leise gesprochen, denn die junge Frau hatte mit einem Blick erfasst, was in dem Zimmer passiert war. Sie sah zwar außer den Sendern, die ordentlich auf dem Tisch lagen und ein paar Blutflecken nichts, aber das genügte.

„Karla, Louis“, der Schrei nach den beiden im Team kam instinktiv, aber zuerst war der Samurai da.

„Scheiße, wir waren unvorsichtig.“

Pauline hatte sich wieder gefangen und reagierte schnell. Dann kamen Karla und Louis.

„Sie haben Bernd entführt. Wir haben momentan keine Kontrolle mehr über den Fall.“

Karla, die merkte, dass ihre Freundin Hilfe brauchte, nahm sofort das Heft in die Hand: „So, alle raus aus dem Zimmer. Bille und ich werden es uns vornehmen.“

In Paulines Herzen wurde es eiskalt, und ihr Magen krampfte sich zusammen, dann fing es bei ihr automatisch an, dass sie fokussiert dachte, so, wie sie es gemacht hatte, als sie den Weg der Rache gegangen war. Es war ein Automatismus, der so trainiert war, dass er in Stresssituationen mit der Fokussierung begann.

„Louis, informiere die französische Polizei. Wir werden uns intensiv um die Ermittlung kümmern. Karla, du übernimmst das Zimmer, ich möchte, dass du alle wichtigen Untersuchungen gemacht hast, bevor das Team der Franzosen da ist.“

Louis nickte nur und verschwand. Als sich eine Hand vorsichtig auf Paulines Schulter legte.

„Nimm deine Schwester und komm mit.“

Die Stimme ließ keinen Wiederspruch zu und verwirrt schaute Pauline den Samurai an, ging aber hinter dem Mann her, von dem sie meinte, alles von ihm zu kennen, aber nichts kannte sie. Im Vorbeigehen nickte sie ihrer Schwester zu, die sich ihnen sofort anschloss.

Im Zimmer des Samurai angekommen, schloss er vorsichtig die Tür und sagte zu den beiden jungen Frauen, bevor er sich umdrehte: „Es wird Zeit, dass ich euch etwas sage, Oma Hu hat mich dazu angehalten, dass die Zeit reif ist, setzt euch.“

„Was hat das mit Bernd seiner Entführung zu tun?“

„Zuerst einmal nichts, aber Oma Hu meint, wenn man jemanden verliert, ist es an der Zeit, jemanden dazu zu gewinnen.“

„Wir haben Bernd nicht verloren, Samurai.“

Jetzt wurde die Stimme des Samurai merkwürdig weich: „Das habe ich auch nicht gesagt, Pauline. Es geht hier um den psychischen Effekt. Der Tod eurer Mutter nagt ein

Leben lang an euch und wenn ihr noch jemanden verliert, kann das eine Last werden, die nicht zu bewältigen ist. Auch wenn ihr nach außen hin stark erscheint.“

„Wir haben Vater und Mutter verloren“, unterbrach ihn diesmal Katharina.

„Ich bin euer Vater“, vorsichtig nahm der Samurai seine Maske ab, und es kam das Gesicht von An Wong zum Vorschein. Verblüfft schauten die beiden Frauen auf den Mann, der sich auf einmal in ihren Vater verwandelte. Mit offenem Mund schauten sie den Mann an, den sie verloren glaubten und Katharina, die ruhigere der beiden, explodierte.

„Du verdammter Bastard“, dann fiel sie ihm in den Arm und weinte. Pauline, all ihrer Kraft beraubt, war zwar die emotionalere der beiden Geschwister, aber hier hatte sie sich im Griff und fragte nur mit tonloser Stimme: „Warum? Warum hast du uns so lange alleine gelassen?“ An Wong trennte sich von Katharina und sah die beiden an: „Schicksal, ich weiß es nicht. Ich habe drei Kugeln in den Körper bekommen, und es hat sieben Monate gedauert, bis ich wieder auf den Beinen war, dann hat es noch einmal ein Jahr gedauert, bis ich euch gefunden hatte. Oder besser gesagt, bis mich Oma Hu gefunden hatte. Ich musste ihr schwören, nicht in euer Leben einzugreifen, dafür sagte sie mir, wo ihr euch befandet. Außerdem versteckte ich mich vor dem Chatham House.“

„Wenn ich das hier erledigt habe, greife ich sie mir. Da kann sie so alt sein, wie sie will.“

„Das wirst du nicht, mein Kind. Sie hat mehr in euch gesehen und mehr für euch getan, wie ich es hätte jemals schaffen können. Erinnert euch an sie, als ihr in ihr Leben eintauchen durftet. Was habt ihr gesehen?“

„Die Zukunft“, kam die Antwort, ohne zu zögern: „Aber keiner kann in die Zukunft sehen.“

„Bist du dir da sicher, Pauline?“
Pauline war sich nicht sicher, so schwieg sie. Stattdessen fragte sie: „Was haben wir mit der Zukunft zu tun?“

„Ihr werdet Kinder von den Männern bekommen, die an eurer Seite stehen und diese Kinder werden ein Problem lösen, dass in der Vergangenheit entstanden ist. Das ist die Zukunft. Und damit du Kinder von dem Mann bekommen kannst, müssen wir ihn finden. In Japan wurde mir gesagt, dass er der Drache ist.“
Pauline nahm Katharinas Hand, schaute sie mit einem Augenzwinkern an und sagte verschmitzt: „Werden wir ihm verzeihen können, bis jetzt ist ja alles ganz gut gelaufen?“
Katharina schaute ihre Schwester lange an: „Er und Oma Hu müssen sich eine gute Geschichte ausdenken, dass wir ihnen verzeihen.“

„Das sehe ich auch so, bis dahin nehmen wir einmal an, dass es unser Vater ist. Er scheint ja nicht so gelitten zu haben wie wir“, dann fragte Pauline aus einem Gedanken heraus: „Was weiß Bernd?“

„Er ahnt etwas, aber er weiß es nicht.“
In dem Moment wurde die Tür aufgerissen, und Kunigunde Conradi stand im Rahmen: „Was versteckt ihr euch im Zimmer, das Team will wissen, wie es weitergeht.“
Kunigunde schaute die drei an, lehnte sich lässig an den Türpfosten und blaffte den Samurai an: „Hast du es ihnen endlich gesagt?“

„Ja“, war die kurze Antwort.

„Wusste sie auch davon?“, fragte Katharine.

„Wissen ist übertrieben, ich habe es geahnt. So, an die Arbeit, ich will meinen Neffen wiederhaben, wäre schade um den Bengel.“

„Katharina, ich glaube wir beide sind blind, alle ahnen etwas, nur wir tappen im Dunkeln.“
Pauline merkte, wie die Energie in ihren Körper zurückfloss und sie frischer wie vorher war. Sie gab ihren Vater einen Kuss auf die Wange, der sie dabei überrascht anschaute.

„Papa, du hast gute Karten. Aber wir müssen uns noch einmal zusammensetzen. Jetzt will ich meinen Kerl wieder bekommen. Also, an die Arbeit.“

Die Entführung

Es war ein reibungsloser Abtransport des Profilers. Von einem kleinen Flugplatz, in der Nähe von Reims, ging es nach Paris, dort wurde er umgeladen und kam in einen Privatjet. Aber von all dem bekam er nichts mit. Ein extra mitfliegender Arzt hielt ihn auf dem Level der Bewusstlosigkeit. Schnell und professionell lief alles ab, kein Bewacher, nur ein Arzt und eine Krankenschwester begleiteten die Maschine.

Der Flug wurde als Notfallflug deklariert, so dass die Probleme, die entstehen konnten, auf ein Minimum reduziert wurden. Der nächste Stopp fand in Moskau statt, wo die Maschine auftankte und direkt weiter nach St. Petersburg flog.

Der professionelle Ablauf zeigte, dass so eine Art des Transportes, von den Durchführenden nicht zum ersten Mal stattfand.

Auf dem Flugplatz Pulkowo wurde die Maschine zu ihrem Parkplatz geführt, ein Krankentransporter wartete schon und fuhr, sobald das Flugzeug stand, bis zum Ausstiegsschott. Eine schnell herangeführte Treppe wurde angelegt, dann erst öffnete sich die Tür.

Fahrer und Beifahrer stiegen sofort die Treppe herauf und verschwanden im Flugzeug. Kurz darauf kamen sie mit einer Trage wieder zum Vorschein, auf der der Profiler lag. Schnell hatten sie ihn in den Krankentransport geschoben und fixiert. Ohne weiter auf den Flieger zu achten, fuhren sie in Richtung Puschkin.

Puschkin, von den Einwohnern liebevoll Zarskoje Selo genannt, war mit ihrer ereignisreichen Vergangenheit ein Mahnmal der leidvollen russischen Geschichte. Die

Sommerresistenz des russischen Zaren brachte ein Ensembles von Residenzen aus aller Welt mit sich. Eingebettet in wunderbaren Parkanlagen waren einige der Schlösser in ausgefeilten italienischen Barockstil und französischen Rocaille gehalten. Die Weitläufigkeit dieser Anlagen entsprach dem damaligen Stil, der am Zaren Hof gepflegt wurde.

Der Fahrer des Krankentransportes steuerte auf eine dieser Residenzen zu, die von einer hohen Mauer umringt und mit einer eisernen Pforte verschlossen war. Überall auf der Mauer sah man Kameras, die von Stacheldraht umrahmt, neugierige Besucher mit ihren Objektiven verfolgten. Der Fahrer des Krankentransportes hatte das schwere Eisentor noch nicht erreicht, als sich das doppelschwingende Tor lautlos öffnete. Ohne anzuhalten, fuhr der Transport durch das Tor, über den gepflegten Kiesweg, zum Schloss, das hinter riesigen alten Bäumen, seit Zarenzeiten, sein Dasein fristete. Frische, in weiß gehaltene Mauern begrüßten die Neuankömmlinge, die vor der großen Freitreppe anhielten. Sofort kamen in weiß gekleidete Pfleger, die eher den Status von Ringern hatten und luden Bernd Rassmussen aus und brachten ihn in das Innere des Gebäudes.

Einige Männer und Frauen beobachteten aus dem ersten Stock den angekommen Transport. In der Mitte der kleinen Gruppe stand ein 1.80 großer Mann, der gewisse Ähnlichkeiten mit dem Profiler Snider auswies, nur sehr viel jünger wirkte. Selbst die Nickelbrille, mit der er die anderen über den Rand der Brille ansah, war der Brille Sniders ähnlich.

In einem etwas arroganten näselnden Tonfall meldete sich ein großgewachsener und schlanker Mann: „Das ist also der Bernd Rassmussen, von dem sie so schwärmen, Snider?"

„Sie sagen es, Sir."

„Wie wollen Sie von ihm die Adressen der anderen Profiler auspressen, Snider? Denken Sie daran, wir haben geliefert", dabei deutete er auf den ganzen Körper des Mannes, der vor ihm stand: „Jetzt sind Sie dran."
Snider ließ sich Zeit, um zu antworten, dann schaute er dem Mann ins Gesicht.

„Mr. Cornwall, der Mann ist zwar hart, aber er ist zu brechen."

„Uns ist es egal, ob sie ihn brechen oder nicht, wir müssen nur die anderen Profiler aus dem Weg räumen."

„Ohne Rassmussen sind die andern nur die Hälfte wert. Wir sind außerdem voll im Zeitlimit."

„Das kann sich schnell ändern, dadurch dass die Chinesen das Manuskript von Professor Carlson gestohlen haben, können wir sehr schnell Störfeuer von den Chinesen bekommen, das würde uns weit zurückwerfen. Wir hätten Carlson damals mit ins Boot nehmen sollen, dann wäre Tara Aggarwal auch nicht so widerspenstig oder beide gleich umbringen."

„Ihr Fehler, jetzt ist es zu spät."
Cornwall wechselte das Thema: „Wie wollen Sie ihn brechen, Snider?"

„Harsche Gewalt ist bei so einem Mann nicht immer der richtige Weg. Wir werden ihn erpressen und dabei viel Spaß haben. Meine Leute brauchen etwas Abwechslung, und das ist genau der richtige Mann dafür."

„Wieder einmal in den Sümpfen abwerfen und jagen?"
Snider nickte und sagte: „Diesmal mit Zeitlimit. Wir haben die Profiler und seinen Freund Manni. Für jeden

Tag, den er draußen überlebt, rettet er ein Menschenleben. Manni, der sein Freund ist, ist als letzter dran. Das wären bei sechs Profilern aus allen Kontinenten und Manni genau sieben Tage. Die Afrikanerin aus Johannesburg wird gerade verladen, und dann machen sich unsere Leute gleich nach Australien auf."

„War das denn nötig, aus jedem Kontinent welche zu bekommen?"

„Es geht hier um das Gefühl der Sicherheit. Profiler haben immer einen Sonderstatus bei der Polizei. Man fasst sie nicht an, das bedeutete für die Männer und Frauen Sicherheit. Nimmt man ihnen dieses Gefühl, sind sie nichts mehr wert."

„Jetzt überlebt Rassmussen in den Sümpfen und das sieben Tage lang, wir können die Männer und Frauen nicht freilassen. Obwohl sie nichts wissen, sind sie ein Sicherheitsrisiko."

Jetzt lachte Snider diabolisch und antwortete: „Rassmussen wird lebend aus den Sümpfen kommen, wir brauchen ja die Adressen. Der Tod der anderen ist beschlossene Sache. Das Spiel in den Sümpfen ist eigentlich nur zu unserem Vergnügen."

„Und wenn er aus den Sümpfen verschwindet?"

„500 Kilometer fast menschenleere Sümpfe. Karelien ist das Eldorado des Outdoor-Mannes, und meine Leute kennen sich da aus. Außerdem bekommt er einen Sender implantiert, inklusiver Sprengkapsel. Sollte er verschwinden wollen, verliert er seinen Arm. Das ist doch ein Anreiz genug, nicht zu verschwinden."

„Ok, Snider, geht etwas schief, landen Sie in den Sümpfen. Was ist mit dem Franzosen und seinem Helfer, die ihn entführt haben?"

„Morgen sind sie tot.“

„Gut, kümmern Sie sich darum.“

Snider nickte nur und verschwand im Keller, der mehrstöckig angelegt war. Das unterste Stockwerk war für die Gefangenen reserviert. In den nächsten beiden Stockwerken beschäftigte man in den Laboren und Versuchszimmern Spezialisten. Das nächste Stockwerk wurde von Aufenthaltsräumen, Küchen und Lagerräumen ausgefüllt. Dieser speziell gesicherte Bereich konnte nur über ein ausgeklügeltes Sicherheitssystem erreicht werden, das sich in einem Anbau des kleinen Schlosses befand. Perfekt an das Schloss angepasst, verbreiterte sich der Anbau in die Tiefe des Parks, wo sich bei dem schlechten Wetter keiner draußen aufhielt. Wenn man aber genau beobachtete, konnte man in einer Ecke des Parks viele überwachsene kleine Hügel ausmachen, die an Gräber erinnerten.

Snider hatte sich beeilt, um in den Keller zu kommen, aber die Träger Rassmussens hatten den Profiler schon in das vorletzte Stockwerk in eines der Behandlungszimmer verfrachtet und ihn auf der Liege festgeschnallt.

Snider betrat den Behandlungsraum, schaute sich zufrieden um und sagte zu den Anwesenden: „Der Arzt bleibt hier, und die anderen warten draußen.“

Als Snider mit dem Arzt und Rassmussen alleine war, ging er um den Profiler herum, dabei legte er Mittel- und Zeigefinger auf den Körper des Profilers und sagte fast liebevoll: „Sturheit kann oft in Dummheit ausarten, lieber Rassmussen. Du hast hier die Grenze überschritten.“

Dann wandte er sich an den Arzt: „Doc. Blut abnehmen und das Implantat eingeben. Legt es in die Wunde am Oberarm und näht sie ordentlich zu. Dann weckt ihn auf

und ruft mich dann an. Ich habe noch ein paar Worte zu
sagen, bevor er in seine Zelle kommt.“
Der Arzt nickte nur, und Snider verschwand.

Die Spur

Man merkte es den Schwestern und ihrem Vater an, dass in ihrem psychischen Innenleben etwas passiert war.
Zusammen betraten sie das Zimmer von Bernd Rassmussen, und sahen, dass Karla mit Bille und Karl immer noch arbeiteten, um Spuren zu sichern.
„Wie weit seid ihr?"
Karla schaute hoch, sah den Samurai an und fragte Pauline: „Haben wir ein neues Teammitglied?"
Nicht ohne Stolz, antwortete Katharina: „Das ist unser Papa, der Samurai."
Karla richtete sich auf: „So ist der Tag einmal wieder voll von Überraschungen", und lächelte die drei an: „Wir haben bis jetzt noch nichts, außer Abschrabstellen am Fenster. Unser französischen Kollegen sind auch da und sichten den Hinterhof, da haben sie sehr wahrscheinlich Planen benutzt. Die, die hier gearbeitet haben, waren absolute Profis."
Dann wandte sie sich an den Samurai: „Willst du jetzt immer ohne Maske herumlaufen?"
„Ihr seid die einzigen, die mein wahres Gesicht kennen, so wird es auch bleiben. Wie lange braucht ihr noch, um hier fertig zu werden?"
„30 Minuten, dann sind wir durch."
Der Samurai schaute Pauline an, als Louis die Treppe hochkam.
„Louis, wie sieht das mit der Befragung der Nachbarschaft aus?"
„Da sind meine Leute schon dran. Ich habe sie eingewiesen, da braucht ihr euch nicht drum zu kümmern. Habt ihr schon die Rezeption befragt?"

„Da sind wir noch nicht zu gekommen."
Louis schaute den Samurai prüfend an.

„Unser Vater, der Samurai."
Louis lachte und sagte: „Glückwunsch, wo Schatten ist, da ist auch Licht. Dann werde ich das Gesicht dieses Mannes einmal schnell vergessen."

„Pauline, wie willst du weiter verfahren?"

„Ich würde sagen, ihr befragt die Rezeption, ob ihr etwas aufgefallen ist, Pa."

„Das übernehmen wir", meldete sich Louis und deutete auf Bille.

Pauline beobachtete Karla eine ganze Zeit lang, dann ging sie den Flur entlang, das Treppenhaus hinunter, entdeckte aber keine Kameras. Sie ging weiter zu Louis und unterbrach das Gespräch mit dem Mann an der Rezeption: „Louis, ich entdecke hier nirgends Kameras, oder hast du etwas gesehen?"

„Es sind auch keine da, Pauline, auch die Straße ist komplett frei. Es liegt zu abgelegen, als dass es sich lohnen würde, Kameras aufzubauen."
Pauline ging verständnislos den Kopf schüttelnd wieder in den ersten Stock.

„Wir sind durch, Pauline", hörte sie Karla sagen: „Nichts zu finden."

„Keiner geht mehr in das Zimmer", mit den Worten lief sie die Treppe hinunter, stellte sich neben Louis und fragte: „Das ist die Nachtschicht?"

„Ja."

„Wo ist die Tagschicht jetzt?"

„Wir lassen sie gerade holen, sie ist eine der Besitzerinnen und wohnt hier um die Ecke."

„Gut, wenn sie da ist, bringt sie hoch."

Pauline stürmte schon wieder nach oben, diesmal beobachteten die anderen die junge Frau verständnislos, als Louis und Bille mit der Frau von der Rezeption hochkamen, die Bernd Rassmussen in das Zimmer eingewiesen hatte. Pauline kam ohne Umschweife zur Sache.

„Madam, entschuldigen Sie, dass wir Sie so spät noch belästigen.“

„Kein Problem Mademoiselle, nachdem ich von den Ereignissen gehört habe, wäre ich sowieso gekommen. Was kann ich für Sie tun?“

„Madam, wer macht die Zimmer sauber?“

„Das machen wir selbst. Wir sind drei Eigentümer, und das Hotel ist nicht so groß und Personal kostet viel Geld.“

„Können Sie sich noch erinnern, wer dieses Zimmer, aus dem mein Freund verschwunden ist, sauber gemacht hat?“

„Ja, das war ich selbst und meine Schwester.“

„Das ist sehr gut. Sie haben doch bestimmte Eigenarten, wie Sie ein Zimmer reinigen, Möbel zurechtstellen und viele Sachen mehr.“

„Natürlich, wir haben unser System.“

„Dann gehen Sie bitte in das Zimmer und kontrollieren Sie, ob alles richtig ist, so wie Sie es verlassen hatten.“
Die Frau schaute Pauline und die anderen merkwürdig an, sagte dann aber schließlich: „Wie Sie wollen, Mademoiselle.“

„Lassen Sie sich Zeit.“
Die Frau nickte nur und ging in das Zimmer, ohne einen Blick auf die vorhandenen Möbelstücke zu werfen, begab sie sich gleich ins Bad. Da blieb sie an der Tür stehen und ließ den Blick über jede einzelne Ecke schweifen. Dann

wandte sie sich an Pauline: „Mademoiselle, die Toilette ist benutzt worden."

Verblüfft schaute Pauline die Frau an.

„Woran haben Sie das denn so schnell gesehen?"

„Die Banderole, die normal anzeigt, dass die Toilette gereinigt worden ist, ist falsch herum. Außerdem war es ein Stehpinkler, immer etwas unangenehm, da geht nämlich immer etwas vorbei. Außerdem hat derjenige, der die Toilette benutzt hat, Diabetes. Das sehen Sie an den kleinen kristallinen Flecken. Bei einem Stehpinkler, der keine Diabetes hat, sind die Flecken dumpfer. Sehen Sie hier, bei einem bestimmten Lichteinfall glitzern die mit Diabetes."

Die Frau zeigte auf ein paar kleine Stellen, die mit bloßem Auge kaum wahrzunehmen waren.

„Und Sie sind sicher, dass es nicht möglich ist, dass es ein Gast war, der vorher hier war?"

„Absolut undenkbar. Wir haben einen guten Ruf zu verteidigen, wenn wir gegen die großen Häuser bestehen wollen, und das fängt bei der Sauberkeit an. Ist ihr Freund Stehpinkler?"

Von der direkten Frage überrascht, schaute Pauline die Frau an und begann zu lächeln: „Nein, das ist er nicht und er hat mit Sicherheit auch nicht mehr die Zeit gehabt, auf die Toilette zu gehen, außerdem hat er keine Diabetes. Sie sind ein Schatz. Schauen Sie sich bitte noch im Schlafzimmer um."

Die Frau nickte, Pauline ließ sie einen Moment alleine und ging zur Tür: „Karla, kommst du bitte."

Die beiden Frauen gingen zusammen zum Bad, und Pauline zeigte Karla die Stellen die kristallin wirkten und die Banderole.

„Du willst doch nicht sagen, dass sie das mit einem Blick gesehen hat.“

„Hat sie, Karla.“

„Ich frage sie, ob sie bei mir sauber machen will.“ Dann rief sie laut: „Bille, bring mir mein Besteck, es wartet Arbeit auf uns.“

Pauline wusste, dass sie Karla jetzt alleine lassen konnte und ging wieder in den Schlafraum, wo sie einen Moment die Französin beobachtete, die kurz aufschaute und mit dem Kopf schüttelte. Kurze Zeit später kam sie heraus, ging zu Pauline und sagte: „Es tut mir leid, außer den Kratzspuren am Fenster, war alles so, wie wir es verlassen hatten.“

„Ist schon gut. Ist Ihnen sonst noch etwas aufgefallen?“ Die Französin überlegte kurz, dann hellte sich ihr Gesicht auf: „Eine halbe Stunde, nachdem Herr Rassmussen in das Zimmer gegangen ist, haben zwei Männer ausgecheckt. Sie waren am Tag vorher gekommen.“

„Warum fiel Ihnen das besonders auf?“

„Es ist eigentlich ungewöhnlich, wenn Gäste am Abend auschecken.“

„Wie haben Sie bezahlt?“

„Bar.“

„Schriftverkehr zwischen ihnen?“

„Nein, sie riefen gestern Morgen an und fragten, ob wir etwas frei hätten.“

„Woher wussten die beide Männer, dass wir hier übernachten?“

„Das weiß ich nicht, Mademoiselle.“

„Das war mehr eine rhetorische Frage.“ Pauline drehte sich um, sah Louis und winkte ihn zu sich.

„Louis, wie hast du das mit dem Hotel geregelt?“

„Ich habe bei der örtlichen Polizei angefragt, und die haben sich angeboten, dass zu organisieren.“

„Frage bei deinen Kollegen einmal nach, ob es Telefonate bezüglich unserer Unterkunft gegeben hat.“

Pauline wandte sich wieder an die Besitzerin: „Sind die Zimmer von den beiden Männern schon gereinigt?“

„Nein, das machen wir immer morgens.“

„Können wir da herein?“

„Natürlich, kommen Sie, ich habe den Generalschlüssel dabei.“

„Einen kleinen Moment bitte.“

Pauline ging in Bernd sein Zimmer: „Karla, ich habe noch mehr Arbeit. Wenn du hier fertig bist, komm bitte hoch in das zweite Stockwerk und bring dein Equipment mit.“

„Ok, ich habe es mitbekommen.“

Wieder an die Dame von der Rezeption gewandt, fragte sie: „Würden Sie die beiden Männer wiedererkennen?“

„Ganz bestimmt, man konnte sie schon als außergewöhnliches Pärchen bezeichnen.“

„Inwiefern?“

„Der eine sah aus wie ein Bulle, der andere top gekleidet, feingliedrig, durchtrainiert. Beide waren ausgesucht höflich.“

Karla kam die Treppe hoch, hinter sich Bille, die das Equipment trug, das Karla in einem kleinen Koffer verstaut hatte.

„Louis ist auf dem Weg in die sûreté, ich habe ihm die Banderole mit den Fingerabdrücken mitgegeben. Wenn wir Glück haben, wird uns ein schnelles Ergebnis beschert.“

„Wenn nicht, haben wir noch unsere Kontakte nach Interpol.“

Karla betrat eins der beiden Zimmer, gab der Besitzerin ein Zeichen mitzukommen. Die beiden Frauen öffneten als erstes das Bad, und Karla ließ der Frau den Vortritt.

„Die Banderole sitzt richtig und keine Flecken auf dem Boden."

Karla wandte sich an Bille: „Du weißt, wie es geht, Bille. Keiner bleibt 36 Stunden in einem Raum und geht nicht auf die Toilette."

Bille, für ihren sarkastischen Humor bekannt: „Hochziehen und ausspucken."

Karla tippt nur mit dem Zeigefinger an ihren Kopf und lächelte: „Wir sind im anderen Zimmer."

Bille hörte schon nicht mehr zu. Sie konzentrierte sich auf ihre Arbeit und nahm als erstes die Toilettenschüssel in Augenschein.

Die beiden Frauen gingen in das andere Zimmer, sofort wandten sie sich wieder dem Bad zu. Karla öffnete die Tür und betätigte den Schalter. Das Licht flammte auf, und die Besitzerin deutete ansatzlos auf einige kleine Flecken.

„Wer hat das Zimmer gehabt?"

„Der Grobschlächtige."

„Ein Hoch auf die Stehpinkler. Wenn wir jetzt Glück haben, sind die beiden Typen in unseren Karteien. Vielen Dank Madam, Sie haben uns sehr geholfen. Aber ich glaube, dass Sie noch einen Moment warten müssen, bis wir eine Identifizierung der Fingerabdrücke haben."

„Kein Problem Mademoiselle, ich helfe gerne. Sie finden mich unten im Büro."

Karla begleitete die Besitzerin aus dem Raum und sah draußen in die erwartungsvollen Augen von Pauline.

„Treffer, Pauline. Jetzt brauchen wir nur noch eine Übereinstimmung. Ich nehme einen Abstrich, dann muss das sofort in das Labor, dann können Sie die beiden Proben vergleichen.“

„Ich sorge dafür, Karla.“

Eine kleine Unterhaltung

Der Arzt, der Bernd Rassmussen mit dem Sender versorgt
hatte und die Wunde wieder so geklammert hatte, wie sie
vorher war, gab dem Profiler ein Mittel über eine Infusion,
damit er wieder aufwachen konnte. Kurze Zeit später
fingen die Augenlider des Profilers an zu zittern.
Der Arzt gab seiner Assistentin ein Zeichen und sagte:
„Sagen Sie Snider Bescheid, Rassmussen wacht auf, in 10
Minuten ist er ansprechbar."
Die Assistentin verschwand und kam kurze Zeit später
mit Snider wieder.
„Und, Doc?"
Der Arzt hob das Augenlid des Profilers, leuchtete mit
einer Taschenlampe hinein und nickte zufrieden.
Bernd, der schon eine ganze Zeit mitbekam, was in dem
Raum passierte, öffnete überrascht die Augen.
„Herr Rassmussen weilt wieder unter den Lebenden."
Bernd schlug die Augen auf und war nicht überrascht,
Snider vor sich zu sehen. Er tat so, als brauchte er noch,
um eine Zeit lang zu sich zu kommen, dann sprach er aber
Snider direkt an.
„Wenn ich nicht irre, Mr. Snider."
Snider nickte hoheitsvoll und lächelte den Profiler an.
„Mr. Snider, warum geben sie sich dafür her?"
„Aha, Herr Rassmussen ist schon wieder voll auf dem
Damm. Tja, das ist nicht so leicht zu erklären, aber diese
Aufgabe ist eine weitere Herausforderung und
Herausforderungen mag ich. Genauso wie ich sie
bewundere, weil sie auch eine Herausforderung sind."
„Dann haben sie nicht diese sadistischen Anomalien wie
ihr Doppelgänger in Frankreich?"

„Das will ich nicht sagen, Mr. Rassmussen, aber ich mache das auf subtilere Art und Weise.“

„Na, dann bin ich ja mal gespannt.“

„Bevor ich Ihnen erzähle, wie Ihre Zukunft aussieht, erklären Sie mir bitte, wie Sie es geschafft haben in Frankreich zu entkommen.“

„Ich hatte einen kleinen Helfershelfer. Eine kleine Ratte, verliebt in mein Blut, sie mochte wohl meine Blutgruppe und natürlich die Lederriemen.“

Snider lachte laut auf: „Manchmal hat man Hilfe, mit der man nicht rechnet.“

„Eine Frage werden Sie mir doch beantworten?“

„Bitte.“

„Wo bin ich gelandet?“

„Was meinen sie denn?“

„Ich würde auf Russland tippen.“

„Perfekt. Geraten oder gewusst?“

„Nachgedacht. Manni ist hier verschwunden.“

„Manni. Manni war etwas zu neugierig.“

„Haben Sie ihn umgebracht?“

„Herr Rassmussen, was denken Sie von uns? Wir sind nicht mehr in dem archaischen Zeitalter, wo die Entwicklung mit Brutalität und Heimtücke nach vorne gebracht wurde.“

„Da stellt sich die Frage, ob Sie das archaische Zeitalter richtig verstanden haben. Sie meinten wohl mehr die martialische Art und Weise ihres Vorgehens?“

Der Profiler merkte einen Schatten der Verärgerung in den Augen des Amerikaners, der sich hier auf russischem Territorium so frei bewegen konnte.

„Also lebt Manni noch?“

„Ja, und es liegt an Ihnen, wie lange er noch lebt.“

„Wie kann ich das verstehen, Mr. Snider?“

„Wie Sie wissen, das hat ihnen mein Vorgänger bestimmt schon gesagt, wissen Sie etwas, was wir gerne wissen wollen.“

„Der Aufenthaltsort der anderen vier Profiler, nehme ich an?“

„Genau, Mr. Rassmussen. Spielen wir es einmal durch. Die fünf Profiler sterben und retten alle anderen.“

„Wer sind alle anderen?“

„Die sechs Profiler, die wir gekidnappt haben und ihr Team.“

„Was ist mit Manni?“

„Manni, Manni, Manni, was soll mit ihm sein? Er weiß Sachen, die keiner wissen darf. Er wird sterben, aber Sie arbeiten an seiner Lebensverlängerung.“

„Was weiß Manni denn, was keiner wissen darf?“

„Erinnern Sie sich an Sergej im Sibirea?“

„Ihr Spitzel? Ich habe es mir fast gedacht, dass er die Ratte ist. Es wird nicht lange dauern, dann weiß das Ohr das auch.“

„Da mögen Sie recht haben, aber noch vertraut ihm das Ohr.“

„So, dann wissen wir auch das. Wie wollen Sie verfahren, Mr. Snider?“

„Gut, dass Sie fragen, Mr. Rassmussen, hätte ich beinahe ganz vergessen, bei der netten Unterhaltung. Sie werden jetzt in Ihre Unterkunft gebracht, bekommen etwas passendes zum Anziehen, dann ist gemeinsames Essen angesagt, Sie sollen doch bei Kräften bleiben und dann ruhen Sie sich aus. Morgen wird ein schwerer Tag für Sie. Es läuft folgendermaßen ab. Wir haben sieben Gefangene, für jeden Wochentag einen. Sie werden in der

Wildnis Russlands über einem menschenleerem Gebiet abgeworfen und von meinen Leuten gejagt. Jeden Tag, den Sie nicht gefangen genommen werden, überlebt ein Profiler. Der siebente Tag ist der Manni-Tag. Ich traue Ihnen großes Potenzial zu, es bis zum dritten Tag zu schaffen. Meine Jungs sind schon ganz heiß auf Sie."

„Und wenn ich verschwinde."

„Habe ich ein weiteres Problem, und Sie haben sieben Leben auf dem Gewissen. Aber auch einen Arm weniger. Diese sieben Tage in der Wildnis sind nur dafür da, dass Sie Zeit zum Nachdenken haben, uns die Adressen zu geben. Sie werden in eingeweihten Kreisen der Spieler genannt, tun Sie mir den Gefallen, dass Beste zu geben. Ach ja, Sie bekommen ein elektronisches Werkzeug um den Arm, der ist mit einer Sprengladung versehen, die wir in ihren Arm eingepflanzt haben. Sobald Sie das elektronische Gerät am Arm haben, ist die Sprengladung scharf. Dieses Gerät zeigt auch an, wie weit Sie gehen dürfen. Also halten Sie sich an die Spielregeln."

„Alles gut und schön Snider. Ich schaffe die sieben Tage. Überleben die Geiseln trotzdem nicht?"

„Es kommt natürlich darauf an, ob sich diese Profiler in ihrer Einstellung drehen lassen. Wenn Sie auf unsere Seite kommen, davon gehe ich aus, überleben Sie."

„Fragen?"

„Natürlich. Wo bin ich genau in Russland gelandet, oder wollen Sie mir das verheimlichen?"

Snider überlegte einen Moment, dann sagte er: „Ich kann es Ihnen ja ruhig sagen. Sie sind in Puschkin."

„Dem alten Zarendorf, mit den vielen alten Residenzen. Das hat Stil. Ich habe alles verstanden, versuchen wir erst einmal sieben Tage Zeit zu gewinnen."

„Ich sehe, Sie sehen das sportlich. Genau so habe ich Sie eingeschätzt.“
Abrupt drehte sich Snider um und gab den Wachen Bescheid Bernd Rassmussen nach unten zu bringen.
Jedes Schloss war elektronisch gesichert. Mit einem Augenscan und einer vierstelligen Zahl ließ sich die Tür öffnen. Die Wache war so unvorsichtig, Bernd Rassmussen an der vierstelligen Zahlenreihen teilhaben zu lassen.

Der andere Tag

An Wong, der Samurai hatte dafür gesorgt, dass Pauline und ihr Team Schlaf bekamen. Außer Karla, die im Labor arbeitete und Louis, waren alle spät schlafen gegangen und wieder früh aufgestanden. Die Besitzer des Hotels hatten alles Mögliche getan, damit das Team sich wohl fühlte. Morgens trafen sie sich im Frühstücksraum, Hunger verspürte keiner so richtig, aber den Kaffee tranken sie literweise. Die Gespräche hatten noch nicht ihren Fluss gefunden und jeder vermied es, den anderen anzusehen, als Louis und Karla einen Croissant kauend, mit einem Becher in der Hand, feixend in den Frühstücksraum kamen.

„Wir haben sie.“

Es war, als würde man den Schalter umlegen, und Pauline sprang auf und ging den beiden entgegen.

„Wo sind sie?“

„In Paris, im Künstlerviertel. Der Grobschlächtige hat ein Fitnessstudio, der Schmale ist Maler.“

„Habt ihr Bilder?“

Karla holte zwei Fotos hervor und gab sie Pauline: „Wir wollten es dir überlassen, Madam zu fragen.“

Dankbar berührte Pauline leicht Karlas Arm, schaute sie an und nahm die Aufnahmen. Mit schnellen Schritten ging sie zur Rezeption, wo Madam an ihren Unterlagen arbeitete.

„Madam, würden Sie sich die Aufnahmen bitte einmal ansehen?“

Die Frau schaute hoch und sah auf die Bilder. Ein kurzer Blick genügte. Pauline schaute die Frau gespannt an.

„Das sind die beiden.“

„Danke Madam, Sie glauben gar nicht, wie Sie uns geholfen haben.“

Schon war sie wieder im Frühstücksraum verschwunden und wedelte grinsend mit den Aufnahmen. Louis kam zu ihr und sagte: „Du hattest recht, Pauline. Es gab einen Anruf bei der Polizei, wo man sich nach unserer Bleibe erkundigte. Der Beamte sagte nur, dass dieses Hotel eigentlich immer den Gästen der Polizei vorbehalten ist.“

„Habt ihr die Namen der beiden?“

„Natürlich, Gabriel und Arthur Baudin, es sind Brüder oder mehr Halbbrüder.“

Pauline war jetzt hochkonzentriert.

„Wie lange brauchen wir von Reims nach Paris?“

„Circa 140 Kilometer, dann ist da noch Rush Hours, ich schätze drei Stunden.“

„Wir haben jetzt 0700 Uhr. Bis zum Zielpunkt 3 Stunden, bekommen wir das hin?“

„Da bin ich ganz zuversichtlich.“

„Können deine Leute die beiden Zielpunkte überwachen.“

„Das habe ich schon veranlasst. Es gibt keinen Zugriff ohne unser Zutun.“

„Perfekt, Louis. Leute, ihr habt es alle gehört, packt eure Habseligkeiten zusammen und dann los. Katharina, du gibst uns Rückendeckung im Viertel.“

„Dann muss ich als erster da sein.“

„Ok, du nimmst dir Louis und ihr haut ab. Wir nehmen zuerst den Body-Fuzzie. Ich checke alles über das Netz, wenn ihr da seid, dann platziert ihr euch so, dass ihr alles einsehen könnt, aber du weißt ja Bescheid. Die Verbindung bleibt dauerhaft bestehen.“

„Ok, Schwesterchen.“

Die beiden sahen sich in die Augen, und Katharina nahm ihre Schwester herzlich in den Arm. Katharina sagte nur trocken: „Wir bekommen die Informationen, die wir brauchen.“

„Ich fahre mit Katharina und sichere das Terrain.“

„Ok, Pa, pass auf die beiden auf.“

Sie hatten Glück und schafften die Fahrt in 2 Stunden 45 Minuten, als sie das erste Mal an dem Body Studio vorbeifuhren und Verbindung zu Katharina und Louis aufnahmen.

„Wie ist eure Position, Katharina?“

„Gib uns noch fünf Minuten, dann haben wir die perfekte Position.“

„Seit wann hat der Laden geöffnet?“

„Louis hat das nachgecheckt, seit 0700 Uhr. Unser Freund hat die Wohnung darüber, wir schicken dir gleich den Grundriss.“

„Ok, wir machen noch eine weitere Runde“, dann wandte sie sich an Karl, der fuhr: „Noch einmal um den Block, Karl.“

Der nickte nur, und Pauline fixierte den ersten Stock.

„Da stimmt etwas nicht, Katharina. Karl, halte an, wir müssen da rein. Louis, der Mann von der Polizei soll sich zu erkennen geben.“

„Was ist denn passiert?“

„Die Scheibe im ersten Stock ist zersplittert, das sieht mir stark nach Aufräumarbeiten aus.“

Ohne zu zögern, stürmte das Team das Body-Fit-Studio. Am Eingang angekommen, schloss sich der französische Polizist den Deutschen an. Ein kurzer begrüßender Blick, gegenseitiges Taxieren und schon hatten sie lautlos das Fitnessstudio betreten. Die junge Frau an der Rezeption schaute die Polizisten mit großen Augen an, brachte aber kein Wort heraus.

Pauline, die lieber ihr Team um sich hatte, gab dem Franzosen ein Zeichen, dass in der Zeit, in der sie das obere Stockwerk stürmten, es keinen Telefonkontakte geben durfte.

Warme und muffige Luft kam ihnen entgegen, als sie an den Geräten vorbei, auf eine Treppe zustürmten, die ins obere Stockwerk führte. Das Studio war um diese Zeit schon gut besucht, und einige der schwergewichtigen schwitzenden Athleten meinten, sie müssten gegen die Polizei reagieren, als sie die schmale Halbasiatin, mit einer großkalibrigen Pistole durch den Raum laufen sahen. Ein Blick in die blau-grünen Augen von Pauline, die eindeutig mit ihrer Pistole zu verstehen gab, dass sie diese auch benutzen würde, genügte, um die Fleischberge eines Besseren zu belehren.

Ohne Probleme stürmten sie die Treppe hoch und stoppten in einem kleinen Flur vor einer geschlossenen Tür. Karl Weber stand neben Pauline, als sie die Meldung von Katharina durch die kleinen Ohrmikros erreichte: „Wir sind in Stellung. Wie weit seid ihr?“

„Wir stehen vor der Tür des Apartments.“

„Wartet, ich werfe erst mal einen Blick mit dem Zielfernrohr hinein.“

Ein kleiner Moment verging, als sich Katharina wieder meldete: „Da sitzt der Kerl ganz ruhig auf dem Sofa.“

„Und?“

„Ich glaube, er hat das Zeitliche gesegnet. Ein kleines rotes Loch ziert seine Stirn.“

„Wir gehen jetzt rein. Ich brauche Louis hier.“

„Ok, er ist schon auf dem Weg.“

Die anderen, die mitgehört hatten, bereiteten sich auf den Einstieg in das Apartment vor: „Wir gehen jetzt rein.“

„Ok, ich passe auf euch auf.“

Pauline gab ihrem Partner durch ein Kopfnicken zu verstehen, die Tür zu öffnen. Karl griff von der Seite die Türklinke und drückte sie leicht nach unten, ohne zu quietschen bewegte sich der Griff, und als er den tiefsten Punkt erreicht hatte, öffnete sich auch die Tür ohne einen Laut. Ohne zu zögern, stürmten sie die Wohnung, dabei versuchten sie, so leise wie möglich zu sein. Gästetoilette, Bad, Schlafraum mit einem unbenutzten Bett und die Küche, wo ein Energietrink wartete, getrunken zu werden. Alles war leer und wurde mit einem Daumen hoch bestätigt. Die letzte Tür führte ins Wohnzimmer. Jetzt stellten sie sich hintereinander auf, diesmal war Pauline an der Tür: „Wir stehen jetzt vor dem Wohnzimmer, wie sieht es aus, Katharina?“

„Alles ruhig, aber ich kann nicht jede Ecke einsehen.“

„Ok, wir kommen jetzt.“

Mit den Fingern gab sie ihren Partnern die Zeichen, eins, zwei, drei. Bei drei schlüpften sie lautlos in den großen Wohnraum und verteilten sich, sichernd.

Pauline stand als erste auf und sagte nur lapidar und einer gewissen Enttäuschung in der Stimme: „Leer.“

„Ich sehe euch jetzt.“

„Katharina, sieh nach, ob du etwas von dem Schützen siehst, dass er zurückgelassen hat.“

„Das einzige, was hier zu sehen ist, ist eine verängstigte alte Frau. Vom Dach aus hast du keine Chancen in die Häuserschluchten zu schießen. Man muss schon eine Wohnung nehmen, um in den ersten Stock zu schießen.“

„Wie habt ihr die Wohnung so schnell gefunden?“

„Die Tür stand auf. Der Täter ist auch erst ein paar Minuten weg. Louis hat schon die Spurensicherung benachrichtigt, die sichern hier alles und werden dann erst einmal die alte Dame beruhigen.“
Paulines Handy summte: „Pa, was ist?“

„Ihr solltet euch beeilen, der Täter wird alles in einem Abwasch erledigen. Was wisst ihr über Arthur Boudin?“
Pauline, die sich einen kleinen Moment überfordert fühlte, schaute Karla an, die sich Handschuhe angezogen hatte und bei Gabriel Boudin war.

„Er ist noch warm, Pauline. Höchstens 10 Minuten tot.“

„Kommt alle her, schnell. Was wissen wir über Arthur Boudin?“

„Maler, Paris, Montmartre.“

„Etwas Besonderes, Karl?“

„Mehr weiß ich auch nicht.“
Bille, die bei Karla gestanden hatte, hatte ihr Tablett gezückt und eine Seite aufgerufen, dann antwortete sie mit ruhiger Stimme: „Arthur Boudin, zeitgenössischer Maler, mäßig bekannt, liebt es, Warhol zu kopieren. Hat sein eigenes Atelier in Montmartre, aber etwas außerhalb des Place du Tertre. Er liebt die Straßenmalerei. Die Bilder werden zwischen 1000 € und 5000 € gehandelt. Er hat einen Platz am Place du Tertre, den er täglich besucht, aber nur für drei Stunden, um sich mit seinen Kollegen auszutauschen. Solide, höflich, begabt. Das Atelier wird von einer Angestellten geführt, die auch nebenbei seine Muse ist. Im Atelier hat er im 1. Stock eine Werkstatt, in der er ab und zu Kurse gibt. Die Plätze für diese Kurse sind sehr begehrt. Arthur Boudin ist ein anerkannter Fälscher, der Auftragsfälschungen und Restaurierungen durchführt, dass aber hochoffiziell. Im 18. Arrondis-

sement gelegen, gehört der Place de Tertre zu den besonderen Sehenswürdigkeiten der Stadt. Wohnort Paris, Adresse unbekannt."

Anerkennend klopfte Karl seiner Kollegin auf die Schulter: „Das nenne ich mal eine Recherche."

Katharina und Louis waren inzwischen eingetroffen, hatten aber alles über das Ohr Mikro mitbekommen.

Pauline, wie auch die anderen, hatten aufmerksam zugehört.

„Weißt du noch mehr, Bille?"

„Ja und nein. Also, die Wohnadresse ist nicht zu ermitteln, wenn wir das nicht schaffen, schafft das der Täter auch nicht. Sein Standort auf dem Place du Tertre ist festgelegt. Es sind ungefähr 300 Plätze zu vergeben, die Wartezeit, solch einen Platz zu ergattern, dauert circa 10 Jahre. Sein Atelier befindet sich in der Rue de Gabrielle. Seinen im ersten Stock gelegenen Arbeitsraum betritt er nur, wenn er Kurse gibt oder Restaurierungen oder Fälschungen durchführt. Seine Angestellte regelt alles Kaufmännische für ihn. Die eigenen Kreationen malt er wohl in seiner Wohnadresse. Wenn er seinen Platz einnimmt und das zwischen 15.00 Uhr und 18.00 Uhr, kommt er nicht aus der Richtung seines Ateliers. Er wechselt seine Einstiegszeiten auf den Place du Tertre. Er ist schon lange in das Visier der Kollegen der Kunstfahndung geraten, es war ihm nie etwas nachzuweisen. Er genießt einen sehr hohen Ruf auf dem Platz."

Konsterniert fragte Karla: „Woher hast du das alles, das steht doch nicht im Internet."

„Wie sagt mein Chef immer: Bille, man kennt jemanden, der einen kennt, der dir dann noch etwas schuldet. Den

Rest habe ich von Louis, der seine Kollegen angespitzt hat."

Pauline hatte ihren Lap-Top schon auf dem Tisch liegen und den Place du Tertre auf dem Schirm, den sie sich intensiv ansah.

„Katharina, schau dir das mal an. Ist das ein Terrain für einen Scharfschützen?"

Katharina warf nur einen kurzen Blick auf den Bildschirm, dann wandte sie sich an Bille: „Was sagtest du, 300 Maler und dann noch die Touristen?"

Bille nickte nur.

„Kein Terrain für einen Scharfschützen. Und wenn ich Bille richtig verstanden habe, hat er eine wechselnde Einflugschneise, dann wird er, wenn er abbaut und verschwindet, auch verschiedentliche Wege nehmen, um von dem Platz zu verschwinden."

„Und wenn er schon tot ist?"

„Wenn die Fahndung noch nicht einmal seine Wohnadresse kennt, ist es unwahrscheinlich, dass der Täter sie kennt. Karla. Ich nehme eher an, der Täter wird es auf kurze Distanz versuchen. Was ist mit dem I-Phone von Gabriel Boudin?"

Sofort schwärmten alle aus und suchten das I-Phone, das auf der Ladestation stand.

Pauline ging jede Adresse durch und verglich sie in ihrem Computer, dann schüttelte sie den Kopf: „Keine Nummer eines Arthur Boudin. Aber viele Anrufe von einem freien Handy und das in aller Regelmäßigkeit, dreimal die Woche, immer zur selben Uhrzeit. Da ist einer sehr vorsichtig."

Pauline sah Louis an: „Louis, keine Informationen nach draußen, dass es Gabriel Boudin erwischt hat. Bekommst du das hin, dass alle Mitglieder des Clubs bis 1800 Uhr festgehalten werden?"

„Kein Problem."

Inzwischen war die französische Spurensicherung eingetroffen, Louis informierte die leitenden Beamten und hob den Daumen in Richtung Pauline.

Pauline nickte nur und fuhr fort: „Also gehen wir davon aus, dass Arthur Boudin aus kurzer Entfernung getötet wird, wie gehen wir vor?"

Wieder war es Bille, die das Wort ergriff.

„Ich habe mir natürlich Gedanken darüber gemacht. Der Place du Tertre ist fast ein Quadrat. Im Norden grenzt die Rue Norvins an die Rue du Mont-Cenis, die hinter den Gebäuden nach Süden geht. Im Süd-Osten haben wir den angrenzenden Place du Calvaire, die andere Seite begrenzt ein schmaler Durchgang. Arthur Boudin selbst hat seinen Stand genau in der Mitte der beiden Cafés Le Sabot Rouge und La Cremaillere 1900. Er arbeitet mit dem Rücken zu den Cafés, was das Beobachten von uns einfach macht. An den Ausgängen jeweils zwei Polizisten in Zivil, das wären acht Mann und wir befinden uns im Karree. Das Polizisten in Uniform dort Streife laufen, ist normal, also werden zwei Polizisten in Uniform nicht weiter auffallen. Da wir schönes Wetter haben, werden viele Touristen da sein, und da bilden die Uniformierten einen guten Schutz der Touristen gegenüber den Taschendieben. Es sind meist dieselben Polizisten, die da schon bekannt sind."

„Gut, Bille. Was meinst du, wann wir auftreten sollten?"

„Der Betrieb fängt zwischen 1300 Uhr und 1400 Uhr an. Es ist wie gesagt schönes Wetter, ich würde sagen zwischen 1415 und 1430 Uhr besetzt ihr eure Tische und lasst euch porträtieren. Die Geschwister nehmen das La Cremaillere 1900, der Samurai das Le Sabot Rouge."

„Warum die Aufteilung, Bille?"

„Ich habe von Bernd gelernt, ökonomisch über eine eventuelle Verfolgung nachzudenken. Vom Le Cremaillere aus, ist der Fluchtweg länger, es gibt zwei Abzweiger und ihr seht mir durchtrainiert aus. Außerdem seid ihr jünger und schneller als der Samurai", der war inzwischen dazu gekommen, und Bille schaute den Samurai entschuldigend an und erntete ein verstehendes Lächeln: „Außerdem ist der Ausgang aus dem Karree nach Süden hin kürzer. Ich traue dem Samurai in der Überwältigung eines Gegners ein kompromissloseres Vorgehen zu. Karla hält sich am Office de Tourisme auf, das ist an der nördlichen Ecke."

„Was für eine Aufgabe habt ihr beiden, also Karl und du?"

„Wir sind Kunststudenten und werden das Gespräch in seinem Atelier suchen. Vielleicht erfahren wir etwas. Danach werden Karl und ich uns im Karree mit Louis treffen, der schon ein paar Runden gedreht hat. Da wir Kunststudenten sind, werden wir Arthur Boudin in ein Gespräch verwickeln, da wir ja gerne einen Platz zu einem seiner Lehrgänge ergattern möchten. Er ist als sehr höflich und als umgänglich bekannt."

„Ihr habt doch gar keine Ahnung von der Malerei."

„Drei Semester an der Kunsthochschule haben Spuren hinterlassen."

„Du bist ein abgebrochener Kunststudent? Komm, das meinst du nicht im Ernst."

„Entspricht aber der Wahrheit. Ich bin eben ein eher zarter Typ, mit einem besonderen Kunstverstand."

Pauline schaute Bille prüfend an und fragte: „Wirklich?“

„Wirklich, Pauline.“

„Du überraschst mich immer wieder, Bille.“

„Wir haben einen gemeinsamen Freund, lass uns Informationen sammeln, damit wir wissen, wo er ist. Arthur Boudin muss mit allen Mitteln geschützt werden, er ist vielleicht die einzige Quelle, die wir haben.“
Pauline nahm Bille kurz in den Arm und drückte sie.

„Noch Fragen? Wir haben jetzt 1230 Uhr, lasst uns einmal Montmartre kennenlernen.“

Puschkin

Mit einer fast ausgesuchten Höflichkeit betraten sie den Aufzug, und er wurde von zwei Wachen in den Keller gebracht, wo die Gefangenen untergebracht waren.

Wenn man sich vorstellt, dass es ein Gefängnis sein sollte, war man enttäuscht. Ein langer und breiter Flur, der angenehm beleuchtet war, überraschte den Profiler doch. An der Spitze des Flurs, befand sich ein kreisrunder Gemeinschaftsraum, die Zellentüren standen offen, die eigentlich einfache Wohnungstüren waren.

Als sich die Aufzugtür hinter ihnen schloss, machten die Wachen ihn auf eine Besonderheit aufmerksam.

„Herr Rassmussen, drehen Sie sich bitte einmal um. Wenn Sie die Linie, die Sie auf dem Fußboden sehen, überqueren, geht ein Alarm los und automatisch tritt aus diesen Düsen Betäubungsgas aus." Dabei zeigte die Wache auf eine ganze Reihe Düsen, die an der Wand zum Fahrstuhl angebracht waren.

„Alle Räume haben Kameras, es gibt kein Treppenhaus. Wenn Sie raus wollen, geht das nur über den Aufzug. Sie sehen, dass der Aufzug mit einem Iris Scan gesichert ist, und die Entfernung der Bewegungssensoren weit genug von der Tür zum Aufzug entfernt ist. Es gibt keine Möglichkeit zu entkommen. Fragen?"

„Essen und Trinken?"

„Morgens, mittags und abends kommt ein Container, in dem sind die Behälter für jeden. Oder aber, es geht zusammen in den Frühstücksraum. Für Sie kommt heute Abend, Abendbrot und Frühstück morgen früh haben sie noch. Dann werden Sie schon abgeholt. Nehmen Sie sich ein freies Zimmer, es sind genug da"

„Ist ja fast wie im Riz.“

„Sie können sich hier frei bewegen.“

Mit diesen Worten drehte sich die Wache um und verschwand mit seinem Kollegen wieder im Aufzug.

Bernd schaute sich gelassen um, da sah er die neugierigen Gesichter der gefangenen Profiler und Mannis Stimme hörte er aus einer anderen Ecke.

„Na, schon wieder ein Neuankömmling?“

Bernd grinste und erwiderte laut genug, dass Manni es hörte: „Warum bist du eigentlich nicht auf der Arbeit, Manni?“

Mannis Kopf schaute um die Ecke, und auf seinen Mund trat ein breites Grinsen: „Dich auch?“

„Es erwischt jeden, wenn er nicht aufpasst. Einige Gesichter erkenne ich von Montreal.“

Schon trat der erste zu Bernd und stellte sich vor: „Ich bin Ruben aus New York. Manni sagte: Wenn es einen gibt, der uns hier rausholen kann, dann bist du das. Das hat sich jetzt ja wohl erübrigt.“

Bernd gab jedem die Hand und war erstaunt, dass die Stimmung doch recht gut war.

„Es fehlen noch zwei. Einer aus Australien und einer aus Afrika.“

„Warum machen die das, Bernd?“

„Tja, das hat weniger mit euch zu tun, wie mit euren Kollegen aus dem Safe House. Unter uns Profilern gibt es bestimmte Klassifizierungen und Begabungen. Die vier, die im Safe House sitzen, haben die Befähigung, retrograd an einen Fall heranzugehen, dazu haben sie noch Spezialgebiete, die perfekt zu diesem Fall passen.“

„Und das bedeutet?“ Fragte Abegail Esposito aus Italien.

„Sie können ein Problem in die Zukunft planen, und das passt den Damen und Herren nicht, die in diese Firma investiert haben. Die Art der Gen-Manipulationen, mit der wir es hier zu tun haben, könnte das Gleichgewicht auf dem Planeten verändern. Ein Gleichgewicht, das sowieso als sehr fragil zu bezeichnen ist, muss unbedingt geschützt werden, weil der homo sapiens nicht in der Lage ist, so schnell auf Veränderungen in seinem Habitat zu reagieren. Deshalb haben meine Crew und ich den Auftrag bekommen, das zu verhindern. Das würde natürlich ihre Zukunftsplanung erheblich behindern. Warum sie euch gefangen genommen haben? Ganz einfach, Macht. Sie wollen meinem Team und denen, die hinter uns stehen, zeigen, dass wir keine Wahl haben und somit die vier Profiler ausliefern müssen. Wenn wir überleben wollen. Aber macht euch keine Gedanken, sie werden sich keine Zeugen leisten können. Ihr wisst, was das bedeutet?“

„Unseren Tod!“

„Nein, Widerstand.“

„Ich habe euch doch gesagt, der Mann hat sie nicht alle. So ist er immer, positiv, immer auf das Ziel fixiert. Also machen wir ihm keine Schwierigkeiten und versuchen ihn zu unterstützen.“

Manni hatte mit voller Überzeugung gesprochen, konnte aber seine Mitgefangenen nicht überzeugen. Trotzdem waren alle gefasst und schauten Bernd auffordernd an.

„Was wisst ihr über den Standort?“

„Wir wissen noch nicht einmal, wo wir genau sind, nur, dass es Russland ist.“

„Ja, das ist richtig, ihr seid in Russland, und das in Puschkin.“

Yuki Takanashi schüttelte verständnislos den Kopf: „Puschkin, hört sich mehr nach einem Getränk an?“

Von Manni erntete der Japaner nur ein Kopfschütteln, als Bernd schon anfing, seine Mitgefangenen aufzuklären.

„Und wie geht es jetzt weiter?“

„Ich soll in die Arena und für euer Leben kämpfen. Sieben Tage, jeder Tag ein Leben.“

„Wie sieht so etwas aus?“

„Ich weiß es nicht genau. Aber anscheinend diene ich dem Vergnügen der Söldner. Wir werden über irgendeinem menschenleeren Gebiet abgeworfen, und dann jagen sie mich.“

„Wann?“

„Morgen früh geht es los.“

„Wie stehen deine Chancen, Bernd?“

Jetzt wechselte Bernd auf die japanische Sprache: „Das ist schwer zu sagen, Yuki. Ich will euch keine falsche Hoffnung machen. Inwieweit kennst du dich bei den Yakuza aus?“

„Mein Spezialgebiet.“

„Was sagt dir der Kopf des Drachen?“

„Ein asiatisches Märchen, Bernd.“

Der Profiler drehte sich um, knöpfte sein Hemd auf, zog das Jackett aus und zeigte dem Japaner seine Schulter mit dem Tattoo. Es zeigte einen kleinen Drachenkopf, der kunstvoll in die Schulter eingearbeitet war. Das Besondere daran war, dass die Proportionen nicht stimmten. Alles, was mit den Sinnen zu tun hatte, war größer und gekreuzt mit zwei Samurai-Schwertern.

Als Yuki das sah, bekam er große Augen, beugte respektvoll den Kopf und legte die Hände aneinander. Die anderen waren total überrascht, als sie den Japaner in dieser respektvollen Position stehen sahen und schüttelten verständnislos mit dem Kopf.

„Es ist gut. Yuki. Du kennst die Geschichte, von deinen Mitgefangenen darf es keiner erfahren. Aber jetzt kannst du etwas vorsichtigen Optimismus ausstrahlen. Und nenn mich bitte nicht, Meister."

„Bernd, du kannst dich auf mich verlassen. Also kein Märchen?"

„Kein Märchen."

„In Japan munkelt man, dass ein Langnase der Drachenkopf ist. Das wurde aber nie bestätigt oder dementiert."

„Ich verlasse mich darauf, dass du für alle Zeiten den Mund hälst. Jetzt geht es nur um das Quäntchen Hoffnung."

„Du kannst dich auf mich verlassen. Es kommt kein Wort über meine Lippen."

Das ganze Gespräch wurde im Flüsterton geführt und hatte nicht den Hauch einer Chance, dass Fragmente des Gespräches entschlüsselt werden konnte. Beide Männer hatten auch den Kopf gesenkt, als Sie sprachen. Nur das Zeigen des Drachenkopfes war deutlich zu sehen.

Bernd wechselte wieder ins Englische, das alle verstanden: „Ihr müsst entschuldigen, wir hatten etwas zu klären."

Bernd wandte sich an Manni und setzte sich an den Tisch: „Manni, erzähle mir, was ich nicht weiß."

Manni, der Bernd kannte, erzählte rationell, dass er vom Moskauer Flugplatz direkt zu seinem ehemaligen Vorgesetzten gefahren war. Manni bestätigte das, was er schon von dem Mann, den sie das Ohr nannten, gehört hatte.

„Dann bist du aus der Disco und wurdest abgefangen?"

„Ja. Dann gab man mir eine Spritze, und hier bin ich wieder aufgewacht.“

Bernd wusste, dass sie abgehört wurden und gab nicht das preis, was er bisher erfahren hatte und dadurch auch die Mittglieder seiner Crew wussten.

„Mehr weiß ich auch nicht, Manni.“

„Also müssen wir die ganze Sache auf uns zukommen lassen.“

„So sieht es aus. Raus kommen wir hier wohl nicht.“

„Wir haben alle Möglichkeiten in Betracht gezogen.“

„Gut, ich muss mich auf morgen vorbereiten. Welches Zimmer kann ich nehmen?“

„Da sind noch genug frei. Die ersten vier zum Beispiel.“

„Danke, werden die Türen abends abgeschlossen oder können wir uns frei bewegen?“

„Nein, aber das Licht bleibt im Flur und hier im Aufenthaltsraum brennen.“

„Ich nehme den ersten Raum rechts.“

Enzo Marquez, der bisher noch nichts gesagt hatte, stand am Eingang des Aufenthaltsraums, an den Türpfosten gelehnt: „Der Aufzug kommt.“

Wie es bei Bernd war, sprangen alle auf und schauten in die Richtung des Aufzuges. Was sie nicht sahen, aber hörten, waren unflätige Schimpfwörter, die von jemanden kamen, den sie noch nicht sahen. Aber die interessante Alt-Stimme, die mit einem eigenartigen Slang vermischt, die durch die Tür des Aufzuges kam, nahm sofort jeden gefangen.

„Ihr langnasigen Brüllaffen, lasst eure unegalen Finger von meinem filigranen Körper. Wenn du Arsch mich noch einmal mit deinen unegalen Fingern unsittlich anfasst, bekommst du eins aufs Fressbrett.“

Dann öffnete sich die Tür, und eine kleine rundliche Schwarze, mit langen Rastazöpfen, stand mit dem Rücken zum Flur. Ihre gepflegten langen, mit einem durchdringenden rot angemalten Finger zeigten auf die gelangweilt dreinschauenden Bewacher. Als einer der beiden Männer mit der offenen Hand in den Flur deutete und nur sagte: „Bitte, Madam."

Mit einer Gewandtheit, der man der Frau nicht zugetraut hätte, sprang sie zur Seite, dabei verhakte sich ein Absatz ihres Stöckelschuhes in der Lücke zwischen Aufzug und Flur, und wie in Zeitlupe verließ sie die Welt des Senkrechten und begab sich, wie in einem Zeitraster, in die Horizontale. Der elegante Sidestep widersprach dem Wortschwall, der jetzt folgte, der nur von der lapidaren Antwort des Wachmanns unterbrochen wurde, der sagte: „Frau de Boer, erkundigen Sie sich bei ihren Mitbewohnern, wie wir das hier handhaben", dabei war ein Grinsen seinerseits nicht zu übersehen. Ohne sich umzusehen, trat er den einen Schritt, den er nach vorne gegangen war, nach hinten, hob die linke Hand, drückte auf einen Fahrstuhlknopf und verschränkte die Hände vor seinem Schritt. Leise schloss sich die Tür.

Sprachlos stand die junge Frau auf. Manni, der das ganze Drama mitbekommen hatte, half ihr und sammelte noch schnell den Absatz auf, bevor die Lasersensoren angingen. In einer völlig veränderten Tonlage, fast gurrend, schaute die junge Frau den deutschen Beamten an: „Oh, was sehe ich, ein Gentleman. Vielen Dank junger Mann, dass Sie mir aufgeholfen haben. Ich bin Najuma de Boer aus Südafrika." Dabei streifte sie die anderen vier Männer, die sich im Flur befanden, mit einem strafenden Blick aus ihren großen dunklen Augen.

Manni, der unter dem intensiven Blick auf einmal rot wurde, erwiderte heiser: „Manni Lamla, Deutschland.“

Die junge Schwarze hakte sich unter: „Manni, stell mich doch bitte einmal vor“, mittlerweile hatte sie den anderen Schuh auch ausgezogen und war einen Kopf kleiner. Eine nicht ganz schwarze Kugel, mit einem kaum zu kontrollierenden Temperament und einer umwerfenden Stimme.

Bernd stieß Yuki an und sagte leise auf Japanisch: „Manni hat so etwas von verloren“, und grinste dabei anzüglich.

Najuma hatte wohl bemerkt, dass über sie und Manni gesprochen wurde. So blieb sie drei Meter vor den Männern und der einen Frau stehen und sagte nur: „Der Lange, das ist Bernd Rassmussen, der mit den Schlitzaugen, Yuki Takahashi aus Japan. Der ist Enzo Marquez, dabei zeigte sie mit dem Zeigefinger auf den Argentinier. Du erinnerst dich Enzo? Du wolltest mir in Montreal, im besoffenen Kopf, den Tango beibringen. Ruben Baker, New York und dann haben wir das noch mit Abegail Esposito aus Italien zu tun. Hallo Leute, ihr habt ja mitbekommen, wer ich bin.“

„Sie sind Nummer fünf im Bunde, Najuma.“

„Richtig, Bernd, und wenn mein Verstand sich nicht täuscht, fehlt noch der Mann oder die Frau aus Australien.“

„Najuma, klär uns auf, was du weißt.“

„Bernd Rassmussen, das war ein starker Auftritt in Montreal. Die Informationsdrähte der Profiler aus aller Welt glühen, und das können die Banditen da oben ruhig hören. Es formiert sich ein Widerstand und dieser Widerstand wird von Profilern angeführt und hinter den Profilern stehen Männer und Frauen, die es nicht zulassen, dass ihresgleichen zur Schlachtbank geführt werden", dann zeigte die junge Frau provokativ mit ihrem roten ausgestreckten Mittelfinger in die Kamera.

„Was ich weiß, Bernd Rassmussen", sie blinzelte mit einem Auge: „Sehr wahrscheinlich nicht mehr wie du und alle anderen. Ich weiß nur, dass wir hier in Russland sind und die Banditen ihre Macht demonstrieren wollen. Es hat etwas mit den vier Kollegen zu tun, die in irgendeinem Safe-House sitzen und auf den Tod ihrer Kollegen warten."

„Ganz so ist es nicht, Najuma. Ich habe sie in das Safe-House bringen lassen und von mir wollen die Banditen die Adresse haben."
Bernd klärte die Afrikanerin vollends auf.

„Dann hast du die Zeichen der Zeit schon in Montreal erkannt?"

„Nicht ganz richtig, Najuma, wir haben eine Information bekommen, auf die ich eigentlich nur reagiert habe."
Bernd merkte, dass die junge Frau Spiele spielen wollte, und er ging darauf ein. Irgendetwas wollte sie ihm mitteilen, denn sie benahm sich nicht, wie ein frisch Gefangener sich benehmen würde und hatte schon zu viele Informationen preisgegeben, die, wenn der Gegner sie lesen konnte, eine Gefahr für alle Profiler bedeuten würde. Er schätzte die junge Frau als sehr intelligent ein. Es war ein Spiel mit dem Feuer, was der Profiler so liebte.

„Wie kann man so detailliert darauf reagieren, Bernd Rassmussen du Superbulle?"
Manni, der die Spannung spürte, die wie Gewitterwolken über den Horizont kamen, versuchte sich von Najuma de Broer zu lösen, aber die Afrikanerin ließ es nicht zu.

„Bleib bei mir, mein kleiner Manni. Dein Boss schuldet uns noch eine Antwort.“

„Es ist meine Art zu denken, meine Liebe.“

„Es ist meine Art zu denken, meine Liebe“, äffte sie ihn nach.

„Najuma…!“

„Manni, halt dich da raus, dem bist du nicht gewachsen. Das ist eine Sache zwischen deinem Boss und mir. Ich glaube nämlich, dass er es in Montreal so geplant hatte, um sich bei allen Profilern einzuschleimen. Ich bin Bernd Rassmussen, hast du Informationen für mich? So im Vertrauen. Jeder, der ihm sein Leben verdankt, wird so reagieren. Überlege dir eine gute Antwort, Bernd Rassmussen. Ich hole sie mir morgen ab.“

Najuma stand auf, wandte sich an Enzo: „So, mein Torero, zeig mir mein Zimmer.“

Enzo zeigte wie aus dem Reflex, auf das gegenüberliegende Zimmer von Bernd Rassmussen.

Mit den wenigen Fragen hatte die Afrikanerin es geschafft, die Gefangenen auf ihre Seite zu ziehen. Selbst in Mannis Gesicht zeigten sich Zweifel.

Bernd stand auf und ging wortlos in sein Zimmer. Wenn man gedacht hat, man kommt in eine Gefängniszelle, hatte man sich getäuscht. Der Raum war groß, mit einer kleinen Sitzgarnitur in der Ecke. Es gab selbst ein gesondertes Bad mit einer komfortablen Dusche, die der Profiler als erstes in Anspruch nahm.

Er hatte die Tür zu seinem Zimmer offengelassen, um mitzubekommen, wie sich die Stimmung entwickelte. Es hatte sich alles etwas beruhigt und jeder ging seinen eigenen Gedanken nach. Nachdem Bernd geduscht hatte, setzte er sich auf einen der Stühle, die in seinem Zimmer

standen und dachte nach, als er ein musikalisches Novum
aus dem Zimmer auf der anderen Seite hörte. Es war eine
Art Rap, auf der Grundlage der Melodie „Its a mans
world", das die Afrikanerin zum Besten gab.

Benno, du bist mein Leben,
du hörst mir zu,
ich liebe deine Worte,
sie sind so wahr,
wie die Sonne, die jeden Tag neu aufsteht.

Benno, du sprichst zu mir,
du weißt, wo ich bin.
Hol mich hier raus,
du bist mein Stern,
wie die Sonne, die jeden Tag neu aufsteht.

Benno, du bist mein einziger Freund,
was du nicht siehst, dass fühlst du,
was du fühlst, ist elementar im Netz verankert,
du bist meine Information,
wie die Sonne die jeden Tag neu aufsteht.

Dann begann sie das Lied von neuem zu singen, brach es
aber nach der zweiten Strophe ab und die Gefangenen
hörten ein Schluchzen aus dem Zimmer von Najuma de
Boer, das auch schlagartig abbrach, dann klopfte es
zaghaft an Bernd seiner Zimmertür.
    „Ja."
Najuma de Boer stand wie ein Sünder im Türrahmen.
    „Darf ich eintreten?"
    „Immer, Najuma, eine schöne Stimme hast du."

„Singen ist für mich Stressbewältigung. Ich möchte mich für den Angriff auf dich entschuldigen.“

„Schon vergessen, Najuma. Setz dich.“

Die junge Frau setzte sich auf das Bett und spielte die Zaghafte, aber ihre Augen straften sie Lügen. Bernd grinste innerlich und sah, dass Najuma etwas unter die Bettdecke schieben wollte. Er stand auf und stellte sich kurz vor die Kamera.

„Möchtest du etwas trinken?“

„Danke, Bernd. Ich wollte mich nur entschuldigen. Wenn du nicht in Montreal gewesen wärst, lägen wir jetzt unter den Trümmern des Hotels. Trotzdem war es bemerkenswert, wie das Problem gelöst wurde.“

„Das liegt nur an meinen Verbindungen, die ich habe.“

„Verbindungen hin und Verbindungen her, es war bemerkenswert.“

„Über wen hast du gesungen? Es hörte sich traurig, aber auch schön an. Ich habe zwar nicht so viel Ahnung von Musik, aber mit der Stimme könntest du Karriere machen.“

„Danke. Ich habe einmal eine Ausbildung begonnen, musste dann aber aufhören, da uns das Geld fehlte, die Stimmausbildung fortzuführen. Dann bin ich eben zur Polizei gegangen. Da hatte man schnell meine Begabung als Profiler erkannt und mich zu diversen Lehrgängen geschickt. Na, du kannst dir vorstellen, bei vier Profilern, die es in Afrika gibt, ist die Klasse der Lehrgänge nicht so berauschend. Das wusste man auch im Polizeipräsidium, so hat man mich in die Staaten geschickt.“

„Und das Lied? Die Melodie kenne ich, die ist von James Brown, ein Klassiker. Aber der Text?“

„Ist a mans world.“

„Ich habe einen guten Freund, er arbeitet in Nigeria, leider ist er behindert. Er ist der beste Freund, den man sich wünschen kann, und hat mir schon einige Male das Leben gerettet. Du weißt ja, als Polizist lebt man gefährlich.“

Bernd lachte, er hatte verstanden, woher die Afrikanerin die Verbindung hatte: „Das sieht man ja an unserer momentanen Lage.“

„Wie wahr. Ich lasse dich jetzt alleine. Ich habe von Manni gehört, dass es ab morgen für dich um Leben und Tod geht.“

„Das stimmt nicht ganz. Es geht erst einmal um euer Leben. Mich werden sie am Leben lassen, um von mir die Adresse zu erpressen, die sie haben wollen.“

„Und, gibst du sie ihnen?“

„Es wäre das erste Mal, dass ich jemanden verrate. Ich werde meine Prinzipien nicht verraten.“

„Auch, wenn es unser Leben kostet?“

„Bist du dir sicher, dass sie dich nicht sowieso umbringen?“

„Du bist bekannt für deine verdammte Logik, du lässt keinen Platz für die Hoffnung. Ich gehe jetzt, du wirst dich vorbereiten müssen.“

Bernd nickte nur. Najuma verschwand, ohne ein weiteres Wort zu verlieren. Bernd zog Hemd und Schuhe aus, setzte sich in den Schneidersitz, mit dem Rücken zum Flur und war auch bald in seiner Meditation versunken.

Es war eine Reise zurück in seinem Leben, sein Leben in Japan, als Ronin und Schüler seines Mentors. Als er an den Mann dachte, der wie ein Vater zu ihm war und vor seinen Augen seine Ermordung ablief, quollen Tränen aus seinen Augen. Dann war er da, wo ihn seine mediale Reise hinführen sollte. Immer noch die Augen geschlossen, führte er die Katas durch, die vor seinen Augen abliefen. Es waren spezielle Katas, die nicht nur auf eine Verteidigung abgestimmt waren, sondern auf das reine Überleben.

Immer noch mit geschlossenen Augen, bekam er nicht mit, wie er von seinen Mitgefangenen beobachtet wurde. Nach zwei Stunden setzte er sich wieder auf den Boden, schweißüberströmt beendete er seine Meditation. Dann ging er duschen, um sich dann ins Bett zu begeben. Er schloss die Tür, schaltete das Licht aus. Während er sich drehte, nahmen seine Hände den Gegenstand auf, den Najuma unter einer der Decken versteckt hatte. Ein kleines Keramikmesser, spitz und scharf, wie es war, war es eine tödliche Waffe.

Arthur Boudin

Die letzte Besprechung vor dem Einsatz auf dem Place du Tetre verlief angespannt. Die Franzosen waren es nicht gewohnt, dass ein fremdes Team in ihrem Revier arbeitete. Sie hatten aber eine direkte Order des Innenministeriums bekommen und hielten die Füße still. Dann war da noch Louis, der pausenlos Verständigungsarbeit leistete.
Pauline und ihre Crew waren von allem unbeeindruckt und informierten die Franzosen über den Stand der Dinge und wie der Ablauf geplant war.
Zu guter Letzt, sprach Pauline ein Thema an, an das bisher noch keiner gedacht hatte: „Wir haben alle Eventualitäten abgeklopft, außer mit einer Sache. Es ist die Überprüfung der Maler. Wenn ein Attentäter aus dem Maler-Metier kommt, haben wir aller Wahrscheinlichkeit nach ganz schlechte Karten und sind nur auf unsere Reaktionsschnelligkeit angewiesen.“
Die Frage aus dem Rund ließ alle aufhorchen: „Warum hat man denn die Künstler nicht vorher überprüft?“
Pauline lächelte den Frager an und antwortete: „Monsieur, das ist ganz einfach zu beantworten. Wie schnell ist ihre Verwaltung? Bestimmt nicht schneller als die deutsche Verwaltung. Jetzt haben sie drei Stunden Zeit, einen Attentat zu vereiteln und müssen sich mit der Verwaltung herumschlagen. Ich glaube, da können sie genauso mitreden wie ich.“
Als das Wort mit der Verwaltung kam, hatte Pauline die Lacher auf ihrer Seite.
„Wir werden volles Risiko gehen. Das heißt, die Attentäter ausschalten, das Opfer schützen, hat absolute

Vorrang, weil er sehr wahrscheinlich Informationen über den Verbleib von Bernd Rassmussen hat und vielleicht auch die vier anderen Profiler, sowie unseren Kollegen Manni Lamla. Dazu kommen noch eventuelle Informationen über eine weltweit agierende Organisation, die mit verbotener Zellklonisierung, Metagenese und vielem mehr, was in die Richtung geht, arbeitet."

Pauline wartete einen Moment und sagte dann: „Ihr wisst Bescheid um 14.45 seid ihr an euren Plätzen. Denkt daran, die Polizei kann man riechen."

In dem Moment betraten Bille, Louis und Karl Weber den Besprechungsraum. Während die Versammlung sich langsam auflöste, setzte sich das Team noch einmal zusammen.

„Habt ihr etwas herausgefunden?"

„Ja und nein. Die Dame im Atelier sagte, dass es am besten wäre, wenn wir uns mit Arthur Boudin auf dem Place du Tetre treffen würden. Was uns auf eine Idee gebracht hat. Wir wissen, dass 300 Plätze auf dem Platz vergeben werden. Jeder Maler hat einen halben Quadratmeter, um zu sitzen, seine Staffelei aufzustellen und sich dem Publikum darzustellen. Es sind natürlich nicht immer alle 300 Künstler da, aber an so einem Tag wie heute, kann man damit rechnen, dass der Platz sehr stark besetzt sein wird. Louis hat uns die Adressen der umliegenden Maler besorgt, und wir sind hingegangen und haben zwei Malern ihre Plätze für die paar Stunden abgekauft.

Karl und ich werden als Kunststudenten Arthur Boudin in ein Gespräch verwickeln. Dabei geht es immer noch um einen Platz bei einem seiner beliebten Seminare. Spezialthema, Restaurationen."

„Habt ihr schon bezahlt?"

„Ja, war nicht ganz billig, die Burschen wissen, was sie haben wollen. Aber Bernd hatte für so etwas eine schwarze Kasse eingerichtet."

Pauline grinste: „Da wird sich Georg Bauer freuen, wenn er das abzeichnen soll. Eine top Idee, ihr drei. Ich hatte schon Bedenken, dass aus der Maler-Clique der Attentäter generiert wird. Dann hätten wir das auch abgedeckt. Habt ihr schon eine Staffelei und die nötigen Utensilien"

„Das ist alles schon verstaut."

„Gut, ihr habt den Rest mitbekommen. Wir sind alle untereinander mit dem Ohr Micro verbunden, so gehen alle Informationen direkt an alle weiter. Wie steht es mit deinem französisch, Bille?"

„Etwas eingerostet, aber es geht."

Es war 14.45 Uhr, es waren alle auf ihren Plätze eingetroffen und gaben das Ok, dass sie an ihrem Platz standen. Der Platz füllte sich langsam mit Touristen und Malern, auch Bille und Karl hatten ihre Plätze zwischen den Künstlern eingenommen.

Karl hatte den linken Arm verbunden, der auch noch in einer Schlinge hing und bewegungsunfähig erschien.

Der Platz von Arthur Boudin war noch leer, aber um punkt 15.00 Uhr stolzierte er wie ein Star aus dem La Cremaillere 1900 an Pauline und Katharina vorbei, zu seinem Platz.

Als er Karl und Bille an Plätzen sah, die eigentlich an einen anderen Maler verpachtet waren, stockte er einen Moment, stellte aber schließlich seinen Stuhl und die Staffelei an den angepachteten Platz. Er schaute die beiden auffordernd an und sprach Bille, die anscheinend einen für ihn offeneren Eindruck machte, an.

„Bonjour mademoiselle. que fais-tu sur la place Favres?“

„Bon jour, Monsieur Boudin.“
Der Franzose lachte und wechselte in die deutsche Sprache.

„Sie sind die beiden Deutschen, die bei meiner Sekretärin angefragt hatten?“

„Richtig, Monsieur Boudin. Danke, dass sie in unsere Sprache wechseln, mein französisch ist etwas eingerostet.“

„Wie waren Ihre Namen?“

„Ich bin Bille Brodersen und das ist Karl Weber, ein Maler mit einem chemischen Talent.“

„Was wollen Sie von mir?“

„Sind Sie nicht so bescheiden, Monsieur. Ihr Ruf eilt ihnen voraus, dabei geht es nicht unbedingt um die eigentliche Malerei, sondern wir möchten uns auf Restaurierungen alter Meister spezialisieren.“

„Und dafür dieser Aufwand?“

„Es ist in der Szene bekannt, dass Sie sehr schwer zu überzeugen sind, und Sie ihre Eigenarten haben, das hat uns zu diesem Aufwand veranlasst.“

„Was haben sie denn bezahlt?“

„Kleine 500 €.“

„Favre wusste schon immer, was er haben wollte. Als Studenten, haben Sie so viel Geld? Das ist doch sehr ungewöhnlich, oder?“

„Nein, aber meine Eltern, und die wollen natürlich, dass ich eine fundamentale Ausbildung bekomme?“
Dieser schmale, feingliedrige Mann schaute Bille prüfend an, dann lächelte er ein hintergründiges Lächeln: „Bille, du und dein Partner lügt wie gedruckt. Künstler sprechen

anders, bewegen sich anders und sichern nicht die Gegend. Worum geht es?“

Bille schaute Arthur Boudin an, lachte ein glockenhelles Lachen, nahm ihren Zeigefinger und wackelte mit ihm vor ihrer Nase herum: „Arthur, du bist ein Schlitzohr. Wir sind hier, um dich zu beschützen. Deinen Bruder haben sie heute umgebracht, und auch du bist dran. So, jetzt bleibst du ganz locker auf deinem schmalen Arsch sitzen und spielst den Köder für deine Henker.“

„Worum geht es, Bille?“

„Sagt dir Bernd Rassmussen etwas?“

Arthur wurde blass, hatte sich aber wieder schnell gefangen.

„Ich wusste es, der Kopf des Drachen macht Schwierigkeiten.“

„Was weißt du über den Kopf des Drachen?“

„Es ist eine ganz seltene Auszeichnung der japanischen Yakuza. Ich hatte einen Auftrag in Japan, da habe ich davon gehört. Es ist der Drache, dessen Sinne auf einem Tattoo größer tätowiert werden. Als ich Bernd Rassmussen entführte, habe ich dieses Tattoo bei Rassmussen gesehen. Wieso ist mein Bruder tot?

„Wir nehmen an, dass bei unserem Gegner, dass große Aufräumen beginnt und da ist der Maler Arthur Boudin fehl am Platz.“

Bille merkte, dass Arthur Boudin verstohlen die Lage sondierte.

„Arthur, mach einfach keine falschen Bewegungen, bevor du aufgestanden bist, hast du eine Kugel im Knie. Der ganze Platz ist überwacht.“

„Ich sehe nur keine Polizei, nur sie beide und die beiden, die immer da sind.“

„Hier sehen Sie“, Karl, der bis dahin nichts gesagt hatte, hielt sein Handy vor die Nase des Malers: „Ist das der Beweis, dass Ihr Bruder in die ewigen Jagdgründe gegangen ist? Es war ein Scharfschütze. Hier, haben unsere Spezialisten gesagt, dass das nicht möglich sei, wegen der belaubten Bäume. Wenn Sie es heute machen wollen, machen Sie es klassisch. Sie sind doch auch vom Fach, wie würden Sie es machen? Oder habe ich Sie mit der Frage überfordert?“

Arthur Boudin war von dem Bild mit dem toten Bruder sichtlich geschockt und antwortete vielleicht harscher als er wollte: „Monsieur Karl, ich habe nie jemanden umgebracht, mein Fachgebiet ist die Entführung, ohne dass das Opfer Schaden nimmt.“

„Wie ich Ihrem Tonfall entnehme, sind Sie stolz auf Ihr Fach, obwohl eine Entführung in vielen Fällen auch zum Tod führt. Also sind Sie des Mordes mitschuldig.“

Karl Weber zeigte seit dem Tod seines Partners wenig Emotionen. Hier hatte er den Maler mit seinem Blick fixiert und machte ihm mit aller Deutlichkeit klar, dass das kein Spiel mehr war. Aus welchem Grund auch immer, Arthur Boudin hörte dem Beamten zu.

„Und jetzt, Mademoiselle Bille?“

„Jetzt malen wir ein bisschen, warten auf ihren Henker, sind freundlich zueinander und sie bringen uns etwas bei. Im Gegensatz zu meinem Kollegen, habe ich drei Semester Kunst studiert, um dann abzubrechen.“

„Auch wenn ich momentan traurig über den Tod meines Bruders bin, sind wir Profis. Machen wir also unsere Arbeit.“

Anscheinend hatte sich Arthur Boudin etwas überlegt. Ohne Ansatz fing er an zu zeichnen und erklärte den beiden Beamten, warum ein Künstler ein guter Künstler wurde.

Arthur Boudin war ein guter Lehrer, der anscheinend auch in der Malerei nichts dem Zufall überließ. Schnell waren die beiden Beamten von seinen Erklärungen gefangen, dabei übersahen sie zwei durchtrainierte Männer im mittleren Alter, die sich interessiert die Arbeiten der anderen Künstler ansahen und sich ihrer Position näherten.

„Bille, Karl von links, zwei Männer."

Bille antwortete sofort: „Ok, danke."

Mit einem kurzen Blick hatte Karl die Männer fixiert und taxiert.

„Keine Gefahr, sie drehen schon ab."

Bevor er sich wieder dem Maler zuwenden konnte, sah er eine schattenhafte Bewegung aus dem Augenwinkel, die er aber nicht katalogisieren konnte. Es war ein Moment, in dem die Sinne auf Alarm schlugen.

„Ich habe etwas, auf der rechten Seite gesehen, es war wie ein Schatten. Ich kann aber nicht feststellen, wo es genau war."

Arthur Boudin hatte wohl gemerkt, dass Karl Weber an Aufmerksamkeit verloren hatte und in sein Micro sprach. Er war Profi genug, dass er merkte, wie er verspannte.

Dann hörten sie die Stimme des Samurai, die kalt und berechnend, die Situation analysierte.

„Zwei Maler rechts, da drängt sich ein Pärchen durch die Reihen der Künstler. Er sieht aus wie einer von den Legionären, die wir suchen. Trägt eine ungewöhnlich dicke Jacke für den warmen Tag. Jetzt trennen sie sich. Er geht wieder in das Getümmel der Maler, sie kommt auf euch zu."

Da Karl saß, hatte er nicht den Überblick und musste sich auf sein Team verlassen.

„Scheiße, ich sehe nichts."

„Ruhig, Karl, wir haben sie voll im Auge."

Karl hörte die beruhigende Stimme Katharinas, aber auch sie konnte die Anspannung nicht überdecken. Die Frau, die jetzt auch von Karl wahrgenommen wurde, bewegte sich langsam in die Richtung, in der Arthur Boudin saß. Interessiert schaute sie die Bilder des Malers davor an. Dann sprach sie mit dem Mann, der inzwischen wieder zu ihr gekommen war, öffnete ihre Handtasche, als Karl in seinem Rücken einen leisen Fluch hörte. Er drehte sich um, ließ sich einfach nach hinten fallen, rollte ab. Dann stemmte er sich vom Boden ab, fixierte den Typ, der drei Meter hinter ihm die Waffe zog, griff seine eigene Pistole aus dem Verband und schoss. Dann wunderte er sich über das kreisrunde Loch, das sich auf der Stirn des Mannes bildete. Im Fallen hatte er Arthur Boudin mit sich gerissen, der hilflos unter seiner Staffelei lag. Kompromisslos stand Karl Weber auf, stellte sich über den Maler und sicherte die Umgebung, da sah er erst, dass die Frau, die in ihre Handtasche gegriffen hatte, mit einer Pistole regungslos auf dem Boden lag.

Pauline und Katharina standen beide breitbeinig, mit den Pistolen in der Hand, vor dem Tatort, während der Samurai mit einer Pistole in der Hand, nach hinten sichernd und hinter den beiden Geschwistern stand.

Jetzt erst hörte der Ermittler das panikartige Schreien der Maler und Touristen. Ohne den Blick von der Umgebung zu lassen, fühlte er mit der verbundenen Hand nach unten und fragte: „Arthur, alles in Ordnung?"

„Alles in Ordnung."

„Bleiben Sie einfach liegen", dann informierte der Hamburger seine Kollegen und sagte: „Sicher."

Aus seinem Micro hörte er von den einzelnen Stationen: „Sicher."

Der Platz hatte sich mittlerweile soweit gelehrt, dass die Polizei fast alleine in dem großen Rechteck stand. Die, die sich in die Kaffees geflüchtet hatten, schauten neugierig auf den Platz, um zu sehen, was da geschah. Es hatte sich ein Ring von Polizisten um den Tatort gebildet, der damit dafür sorgte, dass keine Aufnahmen des Tatortes und der Beteiligten ins Netz gerieten.

Karl half Bille hoch, die neben dem Maler lag und sagte so nebenbei: „Du bist im Dienst, du sollst hier nicht mit dem Maler kuscheln."

Unter der Staffelei hörte man nur: „Mademoiselle Bille, kann ich aufstehen?"

Bille, von dem Sturz noch etwas derangiert, verständigte sich per Blickkontakt mit ihren Kollegen, die mittlerweile alle die Waffen weggesteckt hatten.

„Ok, Monsieur Boudin, Sie können aufstehen."

Dr. Karla Schmidt drängte sich durch den Kreis der Polizisten und ging zu den beiden Attentätern. Sie legte Zeige- und Mittelfinger an die Halsschlagader und schüttelte zweimal mit dem Kopf: „Da habt ihr ganze Arbeit geleistet."

Ein paar Polizisten hatten Planen herbeigeschafft und sicherten den Bereich des Attentates vor den Blicken der Zuschauer, die jetzt immer näherkamen und mit ihrem I-Phone, oder einer Kamera versuchten, einen Schnappschuss hinzubekommen.

Louis hatte mit Pauline das weitere Vorgehen vorher schon besprochen. So wies der Franzose seine Kollegen an, dass das Le Sabot Rouge frei von Touristen war. Er ließ eine Gasse von den Kollegen bilden, in denen es keine Möglichkeit gab, die Probanden, die dort durchlaufen mussten, zu fotografieren. Schnell hatte sich das Team formiert und mit Arthur Boudin in der Mitte liefen sie durch das Le Sabot Rouge zum Hinterausgang, wo schon ein Kleinbus mit abgedunkelten Scheiben wartete. Ohne Worte übernahm Karl Weber das Steuer, drehte sich um und herrschte den Franzosen an.

„Wohin?"

Arthur Boudin schaute den Ermittler verständnislos an und fragte: „Wie, wohin?"

„Stell dich nicht so dämlich an, deine Wohnung."

„Die Adresse bekommt keiner."

„Ich fasse es nicht, da rettet man ihm die Eier und er stellt sich an, wie eine Jungfrau vor dem ersten Schuss."

Die vorher durchgesprochene Choreografie passte, jeder in dem Fahrzeug merkte, dass die Stimme des Malers zitterte.

Pauline tippte Karl auf den Arm: „Fahr einfach mal los, wir müssen in Bewegung bleiben."

Arthur Boudin saß auf der Mittelbank des Kleinbusses. Neben sich Katharina und Bille. Bille, die schon ein gewisses Vertrauensverhältnis aufgebaut hatte, übernahm das Gespräch.

„Arthur, du weißt, was da gerade abgelaufen ist? Wir haben deinen Arsch gerettet und haben unser eigenes Leben riskiert. Zwei Menschen sind gestorben, und ich sage nicht, dass sie es nicht verdient hätten. Wir haben bis jetzt alles richtig gemacht, außer bei deinem Bruder, da kamen wir zu spät. Warum? Weil wir keine Informationen hatten, beziehungsweise zu spät bekommen haben. Deine

Wohnung ist ein Schlüsselpunkt. Wir werden dir nicht erklären warum, sondern werden es dir zeigen. Wo warst du heute Morgen, bis 14.55 Uhr?“

„In der Stadt und habe eingekauft.“

„Warst du davor in deiner Wohnung?“

„Nein.“

In dem Moment klingelte Paulines Handy.

„Louis.“

„Der Samurai hatte recht, der eine Tote ist einer der Legionäre, die von der Bildfläche verschwunden sind. Die Frau ist polizeilich nicht registriert. Wir wissen aber, wer sie ist und wo die beiden wohnen? Habt ihr die Adresse von Boudin schon?“

„Nein, aber es dauert nicht mehr lange. Nimm dir ein Team und durchsucht die Wohnungen der beiden. Wir bleiben in Verbindung.“

Die Verbindung wurde unterbrochen, und Pauline konzentrierte sich wieder auf das Gespräch.

Bille hatte solange gewartet und stellte wieder die Frage: „Arthur, wo wohnst du?“

„Ich sage euch meine Adresse nicht.“

Die Stimme zitterte immer mehr, und Bille wusste, dass er bald gar war.

„Ich will dir einmal etwas erklären. Uns gibt es gar nicht. Wie wir arbeiten, ist denen oben vollkommen egal. Wir können machen, was wir wollen. Es ist schwer zu verstehen, aber so ist es. Denkst du, sonst hätte die Grand Nation es zugelassen, dass fremde Polizisten in ihrem Land herumarbeiten? Ich möchte dir eine andere Frage stellen. Mit welchen Fingern malst du? Ich habe deine Vita gelesen, malen ist dein ein und alles. Es gibt nichts, was dich mehr erfüllt.“

Ohne eine Antwort abzuwarten, fragte sie Katharina: „Katharina, hast du dieses widerlich scharfe, übergroße Messer bei dir?"

„Bille, kein Messer. Es ist ein Wakizashi."
Mit einer schnellen Bewegung hatte sie diese traditionelle Waffe der Samurai gezogen und strich zärtlich mit der flachen Hand über die blanke und glänzende Klinge.

„Sieh, Arthur, diese beiden Geschwister können damit virtuos umgehen. Hinter mir sitzt unsere wunderschöne Ärztin, Dr. Karla Schmidt. Sie ist spezialisiert darauf, blutende Wunden zu behandeln. Du weißt, worauf ich hinauswill? Ich frage dicht nicht noch einmal."

„Das wagt ihr nicht."
Mit samtweicher Stimme erwiderte Bille: „Du hast nicht zugehört, Arthur, uns gibt es nicht. Keiner wird dir glauben."
Unsicher schaute er jeden einzelnen an, dann schien er zu einem Entschluss gekommen zu sein.

„Rue Cortot. Da vorne rechts und dann links. Es ist eine Einbahnstraße."
Bille legte ihren Arm um den fast gleichgroßen Maler, drückte ihn an ihre opulent Oberweite und sagte: „Arthur, das war der erste Schritt zur Rehabilitation. Weißt du, was mein Chef Bernd Rassmussen immer sagt? Das Leben ist wie ein Tauschhandel, du gibst mir, ich gebe dir."

„Da vorne, dass Rund-Tor. Öffnen Sie es und fahren Sie rein. Es ist genug Platz für den Bus da."
Katharina stieg aus, öffnete das Tor und war überrascht, wie groß der Innenhof war. Schnell schloss sie das Tor und legte den Balken, in die dafür vorgesehene Halterung. Als sie ausstiegen, kam ihnen eine ältere Dame entgegen.

„Meine Mama."

„Oh, Arthur, du hast Besuch mitgebracht. Da freue ich mich aber. Sie müssen wissen, er bringt nie Besuch mit. Was darf ich Ihnen anbieten? Ach Arthur, heute Morgen war ein Pärchen da, dass wollte dich sprechen. Ich hatte ihnen gesagt, dass du gleich vom Einkauf zum Place de Tertre gehst, um dort deiner Lieblingsbeschäftigung nachzugehen."

Bille beugte sich zu Arthur Boudin: „Ist es nicht schön, dass du deine rechte Hand noch hast?"

Ein vernichtender Blick traf die Ermittlerin. In der Zwischenzeit hatte Pauline die Adresse des Malers an Louis weitergegeben.

„Madam, wir würden gerne etwas mit Ihnen und Ihrem Sohn besprechen."

„Muss meine Mama mit dabei sein?"

„Arthur, was hast du wieder angestellt?"

„Mama…"

„Das sind doch Polizisten, deutsche Polizisten. Was ist passiert?"

Jetzt sahen alle einen am Boden zerstörten Maler. Nicht mehr den beherrschten Künstler, der seine Zuschauer im malerischen Kunstgriff hatte.

„Madam, war das das Pärchen in der Wohnung Ihres Sohns?"

„Ja, sie wollten ihm ein Päckchen persönlich geben. Da er nicht da war, habe ich es sie ins Büro stellen lassen."

Pauline zückte ihr Handy, suchte zwei Fotos heraus und zeigte sie der alten Dame.

„Waren es diese beiden? Es sind nicht so gute Aufnahmen."

Die Frau warf nur einen kurzen Blick darauf und sagte sofort:

„Das waren sie. Hat es etwas mit dem Anschlag auf dem Place du Tertre zu tun? Die sind ja beide tot.“

„Ja Madam, Ihr Sohn ist da in eine Sache verstrickt, die nicht ganz ungefährlich ist.“
Abrupt drehte die alte Dame sich zu ihrem Sohn und gab ihm eine schallende Ohrfeige.

„Aua“, konnte sich Bille nicht verkneifen.

„Du bist wie dein Vater und dein Großvater, ein brillanter Fälscher, aber ein lausiger Entführer. Was ist mit Gabriel?“

„Er ist tot.“
Karla flüsterte Karl zu: „Ein Familienunternehmen.“
Seltsam gefasst, schaute sie ihren Sohn an: „Weiß Isabella von deinen Entführungs-Job?“

„Nein.“

„Und, was jetzt?“
Hilflos hob der Mann die Schultern und sagte: „Ich weiß es nicht.“
Vorsichtig berührte Pauline den Arm der Frau: „Madam, wir werden einen Weg finden.“

„Was soll ich denn machen, Mademoiselle? Ein Sohn tot, der andere geht für mindestens 20 Jahre in das Gefängnis. Dabei hat Arthur seinem Bruder immer wieder geholfen, um auf die Beine zu kommen.“
Sie klammerte sich hilfesuchen an Pauline.

„Madam, jetzt werden wir erst einmal an das Nächstliegende denken. Das Pärchen waren die Attentäter, wenn ich es richtig sehe, haben sie eine Bombe im Büro ihres Sohnes platziert. Wir werden jetzt erst einmal die französischen Experten benachrichtigen, die werden die Bombe entschärfen. Ich nehme an, dass sich hier im Hof zwei Wohnungen angliedern? Einmal die

Linke, aus der sie kamen, das ist ihre? Die Rechte, das ist die Ihres Sohnes?"

„Richtig."

„Sie gehen mit meinen Kollegen in ihre Wohnung. Ein starker Kaffee würde uns guttun. Karl, Arthur und ich gehen in die Wohnung Ihres Sohnes und schauen uns einmal das Paket an."

„Danke, Mademoiselle."

„Katharina, rufe bitte Louis an, er soll Spezialisten hierhin schicken."

Katharina nickte nur, griff zum I-Phone und stellte die Verbindung zu Louis her.

Karl und Pauline griffen sich Arthur Boudin, nahmen ihn in die Mitte und gingen zum Eingang seiner Wohnung. Rechts von der Eingangstür befand sich ein halbrundes Fenster mit einer eingebauten Tür. Alles, jede Tür, jedes Fenster, die blühenden Blumen, passten in ihrem Arrangement in den Hof.

Pauline schaute sich erstaunt um, und Arthur Boudin, der den Blick wahrnahm, lächelte verstohlen.

„Meine Mutter hat den Geschmack in der Familie, sie ist eine liebenswerte und tolle Frau."

„Sie schien über den Tod Ihres Bruders nicht so erschüttert zu sein?"

„Halbbruder, Mademoiselle Pauline. Er war älter, sein Vater ist bei einem Unfall ums Leben gekommen. Meine Mutter hat dann wieder geheiratet."

„Sagen Sie Pauline zu mir, dass vereinfacht alles ein bisschen."

Die Wohnung war sehr geschmackvoll eingerichtet und lag über dem Atelier. Hohe Räume suggerierten den Anschein, dass die Wohnung größer war, wie sie in

Wirklichkeit war. Eine Einrichtung, angeführt von antikem Mobiliar, gab den Räumen etwas Ruhendes.

„Auch der Geschmack ihrer Mutter?"

„Nein, mein eigener Geschmack. Ich liebe die Verbindung von alt und neu."

„Sie hätten Innendesigner werden sollen, anstatt Fälscher und Entführer."

„Dafür ist es jetzt zu spät. Das ist mein Büro, da ist das Paket", Arthur Boudin schaute sich suchend um: „Mein Lap Top fehlt."

Pauline, die keinen Blick für das Paket hatte, schaute sich im Raum um und sagte: „Finger weg von dem Paket."

Dann holte sie ein kleines elektronisches Gerät aus der mitgeführten Tasche, schaltete es ein.

„Der Raum ist verwanzt, das klären wir später. So, lasst uns jetzt einen Kaffee trinken und auf die Sprengstoff-Spezialisten warten."

Gemeinsam betraten sie die Wohnung von Madam Boudin, als das I-Phone von Pauline sich meldete. Zwei Nachrichten waren angekommen, sie las sie durch und ihre Mine verfinsterte sich.

„Was ist los, Pauline?"

„Zwei Nachrichten. Eine von Georg, sie haben eine Najuma de Boer aus Johannesburg entführt, eine von vier Profilern aus Afrika, damit haben wir gerechnet. Die zweite Nachricht ist von Benno. Ich lese sie euch am besten vor: Hallo Pauline, ich habe gesagt, dass ich mich melde, wenn ich etwas weiß. Die Drähte im Netz laufen heiß. Es sind zwei Meldungen, zum ersten, die Profiler, die damals in Melbourne dabei waren, haben sich zusammengetan, sie wollen Bernd helfen. Die Anführerin ist eine Najuma de Boer. Sie sind auch soweit, dass sie gemerkt haben, dass euer Gegner aus jedem Kontinent einen Profiler entführen, um ihre Macht zu demonstrieren. In Afrika gibt es ganze vier. So bestand die Möglichkeit 1:4, dass sie entführt wird, was dann auch passierte. Die zweite Information, die Ratten sammeln sich anscheinend in Russland, sie nennen es die Jagd. Es fallen keine Namen, oder nur Decknamen. Sie selbst nennen sich die Spezialisten, es sind circa 135 Männer und auch Frauen. Das passt ungefähr mit der Zahl der Soldaten, die bei irgendwelchen Kriegen verschwunden sind. Im Dark Netz hat sich eine Wettgemeinschaft gebildet, auf der einen Seite die, die auf den Kopf des Drachen wetten und auf der anderen Seite die Spezialisten. Ich weiß nicht, was es bedeutet, aber die westliche Hemisphäre wettet fast ausschließlich auf die Spezialisten, 85% der Japaner auf den Kopf des Drachen. Wenn ich mehr weiß, melde ich mich."

„Weißt du, was das bedeutet, Pauline?"

„Ich kann es mir denken. Verdammt, wenn ich nur wüsste, wo die Jagd stattfinden wird, Russland ist so verdammt groß."

Dann wandte sich Pauline an Arthur Boudin: „Monsieur, wie sah ihr Lap-Top aus?"

„Ich habe auf den Deckel mein Lieblingsporträt von Gauguin gemalt. Van Gogh malte Sonnenblumen."

Pauline rief Louis an: „Louis, seid ihr schon bei der Durchsuchung?"

„Ja."

„Siehst du irgendwo einen Lap-Top mit einem Bild von Gauguin drauf?"

„Kleinen Moment, ja hier. Ich glaube das ist er, Van Gogh, der irgendwelche Blümchen malt."

„Bring ihn bitte mit.“
„Klar.“

Puschkin, die Jagd.

Bernd hatte ausnehmend gut geschlafen. Die Katas, die er am Abend vorher durchgeführt hatte, hatten ihn stabilisiert und ruhig schlafen lassen. Als er aufstand, klopfte es an der Tür.

„Herein. Hallo, Manni, was liegt an?“

„Gleich geht es zum Frühstück, Bernd.“

„Alle zusammen?“

„Normal, ja. Aber, was ist hier schon normal?“

„Ich mache mich eben fertig.“

Manni hatte seine ihm eigen flapsige Art verloren und bewegte sich nicht vom Türrahmen weg und sah seinen Chef an.

„Was ist los, Manni?“

„Verdammt, wie kannst du so ruhig sein? Du weißt doch, was heute passiert. Du wirst ganz einfach zum Schafott geführt, dabei ist es egal, ob du direkt unter dem Fallbeil stehst, oder in der Wildnis ausgesetzt wirst.“

„Manni, ich weiß deine Führsorge zu schätzen, es ist aber erst vorbei, wenn es vorbei ist.“

„Was war das gestern für ein Tanz, den du geschlagene zwei Stunden durchgezogen hast?“

„Das waren spezielle Katas, die mehr aus dem Bereich der Inder kommen. Man bereitet sich auf einen aussichtslosen Kampf vor, den man überleben will. Es geht auch um euer Überleben.“

„Ich weiß, das macht mich ja so kirre. Selbst unser Neuzugang Najuma geht trällernd durch die Räume.“

„Manni“, jetzt ging Bernd auf seinen Ermittler zu und legte ihm die Hand auf die Schulter: „Manni, mach dir keine Sorgen.“

Manni verließ kopfschüttelnd den Raum und ließ einen entspannten, in sich lächelnden Profiler zurück.

Wie er es gewohnt war, räumte er sein Zimmer auf und ging dann nach draußen. Im Aufenthaltsraum saßen alle bei dampfendem Kaffee und schauten den großen Mann an, der sich aber nichts anmerken ließ.

Die Stille wurde von dem leisen Surren des Aufzugs unterbrochen. Sofort richtete sich die Aufmerksamkeit der Gefangenen auf die Aufzugstür. Die Tür ging auf und aus einem Lautsprecher hörten sie eine Männerstimme: „Frühstück.“

Der Aufzug war groß genug, dass alle hineinpassten. Im Frühstücksraum angekommen, wurden sie schon von drei Wärtern empfangen, die sie zur Ausgabestelle des Frühstücks dirigierten. Jeder nahm sein Tablett in die Hand und setzte sich auf einen Platz in einem abgegrenzten Areal.

Mit Heißhunger aß der Profiler sein Frühstück und trank seinen Kaffee, als Snider den Raum betrat und direkt auf Bernd Rassmussen zukam.

„Mr. Rassmussen, ich hoffe, Sie haben gut geschlafen. Das Frühstück scheint ihnen ja zu schmecken, wie ich sehe.“

Der Mann, der mit Snider gekommen war, legte Armee-Kleidungsstücke neben den Profiler und ein paar Springerstiefel.

„Probieren Sie die Stiefel bitte an und sagen Sie uns, ob sie passen. Sie sollen sich ja keine Blasen laufen.“

Bernd probierte die Stiefel an und nickte: „Passen.“

„Sehr gut“, Snider rieb sich die Hände: „Wenn Sie gefrühstückt haben, nehmen sie die Sachen bitte mit und ziehen sich um. Sie werden dann abgeholt.“

Wieder im Gefängnis angekommen, zog sich Bernd um. Es passte alles. Kurz nach dem Umziehen wurde er abgeholt. Bernd nickte seinen Mitgefangenen noch einmal zu und verschwand im Aufzug. Oben angekommen, erwartete ihn schon Snider.

Er nahm ihn am Arm und sagte leutselig: „Mr. Rassmussen, Sie sind jetzt ein Medienstar. Sie werden im Netz als Kopf des Drachen geführt und man setzt horrende Summen auf Sie und gegen Sie. Ich erkläre Ihnen die Spielregeln. Wir haben 175 Mann unter Waffen, wir haben sie extra einfliegen lassen. Jeden Tag, also alle 24 Stunden sucht Sie ein Team aus 25 Männern und Frauen. Die ersten 25 sind schon vor Ort und warten auf Sie. Wer sie erledigt, bekommt 1 Millionen Dollar.“

„Bekomme ich Waffen?“

„Herr Rassmussen, was für eine Frage. Wir wollen Ihre Chancen nicht unnötig erhöhen. Sie werden über einem menschenleeren Gebiet mit dem Fallschirm abgeworfen. Kommen Sie zu nah an unsere gesteckte Grenze, zeigt Ihr Sender, den Sie am Arm haben grün, kommen Sie gefährlich nah, dann rot. Wenn Sie dann noch zwei Schritte weitergehen, explodiert die Sprengkapsel, die Sie im Arm haben.“

„Was ist, wenn ich die sieben Tage geschafft habe, ohne dass man mich gefangen nimmt?“

„Dann blinkt Ihr Armband und Sie begeben sich in die Hände des Teams, dass Sie sucht. Erst hier kann der Sprengkörper entschärft werden.“

„Gut, das habe ich alles verstanden.“

„Nutzen Sie die Zeit, und denken Sie darüber nach, ob Sie uns nicht die Adresse des Verstecks mitteilen. Vielleicht auch eine Umorientierung Ihres Berufes, um in unseren Reihen in die Zukunft zu planen, käme in Frage. Sie haben sieben Tage Zeit, um darüber nachzudenken. Denken Sie immer daran, jeder hat nur ein Leben, auch Sie."

Bernd nickte nur.

„Mr. Rassmussen, eine Frage habe ich noch. Wissen Sie, warum man Sie unter dem Namen Kopf des Drachen führt?"

„Snider, da man mich nicht töten soll, werde ich das kleine Geheimnis noch für mich behalten. Wenn wir uns wiedertreffen, erzähle ich Ihnen die Geschichte, wie ich zu dem Namen kam."

„Ok, die Wachen nehmen Sie jetzt mit und bringen Sie zum Flugplatz. Da bekommen Sie einen Fallschirm. Sind Sie schon einmal gesprungen?"

„Ja."

„Das war auch nicht anders zu erwarten. Geben Sie sich Mühe, ich habe auf Sie gewettet, dass Sie die ersten drei Tage überstehen. Bitte machen Sie keinen Ärger auf dem Weg zum Flugplatz, die Männer haben die Order rigoros vorzugehen."

„Sie können sich auf mich verlassen, Snider. Über welchem Gebiet werde ich denn abgeworfen?"

„Karelien, in einem menschenleeren Naturschutzgebiet. Da, wo Menschen sind, sagt Ihnen ihr Gerät am Arm. Wenn Sie sich zu weit nähern, explodiert ihr Arm. Sie sind nicht der Erste, der die Ehre hat, gejagt zu werden. Freuen Sie sich, es ist nicht Winter, dafür gibt es aber Mücken."

Snider nickte dem Profiler zu und gab den Wächtern einen Wink.

Ohne den Wächtern Probleme zu bereiten, erreichten sie eine kleine Militärmaschine. Er nahm den Fallschirm in

Empfang, und sie stiegen in die Maschine. Sofort wurden die Motoren gestartet. Die Männer, die den Profiler bewachten, waren Profis, sie ließen ihn nicht aus den Augen. Über dem Zielgebiet angekommen, gab der Pilot seinem Co-Piloten ein Zeichen. Der Co-Pilot kam nach hinten, öffnete die Tür und schaute Bernd auffordernd an, zu ihm zu kommen. Bernd verstand, stellte sich an die geöffnete Tür, und unverhofft gab der Co-Pilot dem Profiler einen Schubs.

Bernd, der vor hatte, so tief wie möglich zu sinken, um dann erst die Reißleine des Fallschirms zu ziehen, sah sich getäuscht, der Co-Pilot hatte, indem er ihm einen Schubs gab, die Reisleine des Schirms gezogen und so trudelte er, weit sichtbar, dem Erdboden entgegen.

Bernd kannte sehr wenig über die Geschichte Kareliens, er wusste nur, wo es lag, ein riesiges Sumpfgebiet beherbergte und das sich weit im Westen die finnische Grenze befand.

Was er jetzt aus der Höhe von 2000 Metern sah, waren dichte Wälder, kleine Flüsse und riesige Seen.

Snider hatte ihm keinen alten Armeeschirm gegeben, sondern einen modernen, mit dem er in etwa ein Ziel ansteuern konnte.

Am Horizont sah er eine Rauchsäule aufsteigen, und er konnte sich gut vorstellen, dass es das Lager der Jäger war. Langsam konzentrierte er sich auf die Landung und steuerte ein Felsenplateau an, das neben einem kleinen Fluss lag.

Ihm war durchaus klar, dass er schnell handeln musste, denn der Co-Pilot hatte nicht umsonst die Reißleine gezogen. Er sollte gut sichtbar für die Jäger sein, und die waren mit Sicherheit schon auf dem Weg.

Die Temperatur war tagsüber angenehm, aber nachts sanken sie doch empfindlich ab. Auf dem Plateau gelandet, machten sich sofort die kleinen Quälgeister über ihn her. Da er an dem kleinen Fließgewässer gelandet war, das er aus der Luft gesehen hatte, waren sie noch nicht so zahlreich, wie sie an einem See sein konnten. Bernd ließ sich von den Plagegeistern nicht stören. Er trennte sich von dem Tragegestell des Fallschirms, dann beförderte er das kleine Keramikmesser aus dem Schaft seines Stiefels und brummte vor sich hin: „Das war dein erster Fehler, Snider" und schnitt einen fingerdicken Ast von einer Kiefer.

Dann zog er die beiden Stiefel aus und untersuchte die Absätze: „Auch das ist nicht gut gemacht, Snider. Aber den Sender will ich noch etwas behalten."

Schnell hatte er den Oberkörper von Hemd und Unterhemd befreit, dafür hatte er den Sender vorsichtig in eine Mulde des Plateaus gelegt. Den fingerdicken Ast, den er von einer Fichte abgeschnitten hatte, bearbeitete er jetzt so, dass eine Pinzette entstand. Das Griffstück der Pinzette ummantelte er mit den dünnen Seilen des Fallschirms, so entstand in den beiden Gabeln eine Spannung, ohne dass der Ast brach.

Dann betrachtete er die geklammerte Wunde an seinem Oberarm. Ohne lange zu fackeln, setzte er das Keramikmesser an und machte einen tiefen Schnitt in seine Wunde, bis er einen Widerstand spürte, die Pinzette, die neben ihm lag, nahm er mit Daumen, Mittel- und Zeigefinger so, dass an der Spitze der Pinzette von Spitze zu Spitze ein Abstand entstand, so führte er die Pinzette in die Wunde ein, bis er auf den Widerstand des Sprengkörpers stieß. Mit viel Gefühl handhabte er den

Greifmechanismus und beförderte den kleinen Sprengkörper aus der Wunde. Erleichtert legte er ihn neben den Sender. Aus dem Fallschirm, der neben ihm lag, schnitt er einen langen Streifen des Materials heraus, legte ihn neben sich. Den unteren Teil des Unterhemdes schnitt er in zwei lange Streifen. Einen legte er so zusammen, dass er ein Viereck bildete und presste ihn auf die Wunde, den fixierte er dann mit dem zweiten Stück Stoff und darüber deckte er alles mit dem Tuch des Fallschirms ab, das neben ihm lag.

„So, das dürfte langen. Jetzt wollen wir einmal sehen, wie gut ihr wirklich seid."
Jetzt nahm sich Bernd erst einmal die Zeit, sich die Gegend, in der er gelandet war, genauer anzusehen. Das Plateau, auf dem er gelandet war, säumte das Ufer einen kleinen Baches, der sich dann in wilden Stromschnellen seinen Weg in tiefere Bereiche suchte. Jetzt sah er auch die Abbruchkante, die er aus der Luft nicht so wahrgenommen hatte. Diese Abbruchkante war nicht tief, zog sich aber, soweit wie Bernd sehen konnte, weit nach zwei Seiten., um dann in der Tiefe eine Ebene abzugrenzen.
Er hatte von dem Plateau aus einen perfekten Blick über die Ebene, der aber an zwei Seiten von Bäumen eingegrenzt wurde. So machte er sich daran, eine hinter ihm stehende Fichte zu besteigen. Fast an der Spitze angekommen, konnte er die ganze Tiefebene überblicken, die von vielen kleinen und großen Seen unterbrochen war, an den sich dann dichte Wälder anschlossen, die wieder von Sumpfflächen unterbrochen waren. Dann sah er das, was er sehen wollte, aufsteigenden Rauch, der in einer geschätzten Entfernung von circa 5 Kilometer in den

Himmel stieg. Dazwischen surrten als kleine Punkte, drei große Drohnen über die Ebene. Er beobachtete sie und stellte ein gleichbleibendes Muster ihrer Bewegung fest.
Viel Zeit blieb ihm nicht mehr. Eine der Drohnen war noch ungefähr einen Kilometer entfernt. Schnell stieg der Profiler von dem Baum herunter und traf seine Vorbereitung. Dazu zog er sich bis auf die Unterwäsche aus, drapierte seine Hose, Hemd und Schuhe mit Moos, dass man meinen könnte, da läge eine Person ohne Kopf. Den Körper legte er so hinter einen Baum, dass die Füße und ein Teil des Unterkörpers heraussahen. Vorher hatte er der Puppe noch das Tragegeschirr des Fallschirms übergezogen und den Fallschirm so gelegt, dass der Oberkörper unter dem Schirm lag. Den Schirm hängte er so hin, dass man meinen könnte, dass er im Geäst des Baumes hängen geblieben wäre.

„Jetzt kommt nur noch die Sahnehaube auf den Rassmussen Dummy.“
Bernd legte den Sprengstoff, den er aus seinem Arm operiert hatte, unter den Dummy, den Sender legte er so weit vom Dummy entfernt, bis die Lampe blinkte. Dann verband er den Sender mit einem abgeschnittenen Band, das er noch einmal mit einem Band, dass er vom Fallschirm hatte, verlängerte. Er versteckte alles unter Laub und Moos, bis dieses Band, das in etwa 20 Metern Entfernung, hinter einem dicken Baum endete. Dort hockte er sich hin und wartete.
Der Profiler brauchte nicht lange warten, als er das Summen der Drohne hörte, die langsam immer tiefer kam. Vorsichtig lugte er um den dicken Baum herum und grinste, als er sah, dass die Drohne den Dummy über die angebaute Kamera beobachtete. Vorsichtig landete das

Flugobjekt in einigen Metern Entfernung, und die Propeller stellten ihre Funktion ein.

Die Natur hielt den Atem an, und die Stille tat in den Ohren weh, als diese jäh von dem Knacken eines Astes unterbrochen wurde.

Bernd musste sich erst einmal auf sein Gehör verlassen.

„Alpha an Zentrale, ich glaube, die Jagd hat sich erledigt. Ich näher mich jetzt vorsichtig. Er ist mit dem Fallschirm im Baum hängen geblieben und dann mit der Birne gegen den Baum geschlagen. Entweder ist er tot oder ohnmächtig."

Bernd wagte einen Blick und sah einen der Legionäre sich über den Dummy beugen. Mit einem Ruck zog er den Sender zu sich, und die Technik funktionierte. Mit einem lauten Knall explodierte der Sprengsatz, aber ohne großen Schaden anzurichten. Der Schock, den der plötzliche Knall auslöste, genügte Bernd, die Strecke im Laufschritt zu überwinden und den Mann mit einem gezielten Schlag, aus seinem Repertoire, niederzustrecken.

Schnell hatte er die Handschellen gefunden und fesselte den Mann, der in etwa seine Größe hatte. Dann zog er ihm Schuhe, Hose, Hemd und Jacke aus und zog sie selber an. Seine Kleidung konnte er nicht mehr benutzen, außerdem war die Tarnkleidung, die der Mann trug, für das Sumpfgebiet, indem er sich jetzt befand, optimal geeignet.

„Sie an, ein Waffenarsenal für einen Kleinkrieg."

In dem Moment quäkte das Sprechfunkgerät: „Zentrale an Alpha 1, wie ist ihr Status?"

Bernd beachtete das Sprechfunkgerät nicht und legte es auf die Seite, danach schüttete den Rucksack aus, den der Soldat mit sich führte. Interessiert schaute er sich den

Inhalt an. Zu Ersatzbatterien für Taschenlampe und Funkgerät, waren Lebensmittel, Verbandsmaterial, eine Creme gegen die Mücken, Wasserflasche, Energieriegel, Feuerzeug noch allerlei Kleinkram, der mehr oder weniger nützlich war. Er steckte alles wieder in den Rucksack, dann widmete er sich den Waffen. Zu einem riesigen Messer, das mehr als Bärentöter anzusehen war, gesellte sich eine Revolver im Beinhalfter mit genügend Ersatzmunition. Als große Waffe hatte er eine Armbrust mit 10 Pfeilen. Dann kontrollierte er die Taschen der Hose und der Jacke, in der Hoffnung ein Handy zu finden. Was er fand, war ein kleines Ortungsdisplay, auf dem er sich bewegende Punkte sah, die immer näher an seinen Standort kamen.

Jetzt hieß es, sich zu beeilen. Schnell hatte er das Messer in der Hand, nahm den Schuh, indem der Peilsender war, löste die Hacke und entnahm den Peilsender.

Mit einem schnellen Schnitt löste er vorsichtig ein Kabel, sofort verschwand der rote Punkt auf dem Ortungsdisplay.

Mit einem wölfischen Grinsen steckte er das kleine elektronische Gerät ein.

Die quäkende Stimme im Sprechfunkgerät wurde immer dringender, aber Bernd achtete immer noch nicht darauf. Mit ein paar Ohrfeigen brachte er den Mann wieder zu Bewusstsein. Bernd wartete einen kleinen Moment, dann schaute er dem Mann in die Augen.

„Jungchen, das hast du dir einfacher vorgestellt. Sag deinem Boss, dass ich mich in sieben Tage festnehmen lasse, und er kann sich darauf verlassen. Wo hast du dein Handy?"

„Handy-Verbot."

„Angst vor den Russen oder Angst, dass ich es nutzen könnte.“

„Beides“, kam die gepresste Antwort zwischen den Zähnen hervor.

„Du bist Amerikaner?“

„Ja.“

„Also fahnenflüchtig.“

„Fick dich.“

Ohne auf die Bemerkung des Mannes einzugehen, drehte der Profiler den Mann und sagte: „Es ist nichts persönliches, Jungchen“, mit festem Griff hielte er ein Bein fest und zog das Keramikmesser mit einem schnellen Schnitt über die Achillessehne, die mit einem leisen Knall riss. Dasselbe wiederholte er beim anderen Bein. Der Schrei, den der Amerikaner von sich gab, beachtete der Profiler nicht mehr. Er steckte das kleine Ortungsgerät ein, zerstörte die Drohne so, dass sie nicht mehr zu reparieren war, stellte sie aber so hin, dass die Kamera auf den Verletzten zeigte. Ein weiterer Blick auf das Ortungsdisplay zeigte ihm, dass die Häscher nicht mehr weit entfernt waren. Er entnahm die Batterien aus dem Sprechfunkgerät und sah, wie der Punkt, der ihre Stellung verriet, verschwand.

„Jetzt wissen wir auch das“, mit einem schnellen Griff, steckte er das Ortungsdisplay ein und verschwand leichtfüßig in der Tiefe des Waldes.

Arthur Boudin, Teil 2

„Arthur, was weißt du über die Jagd? Was weißt du überhaupt?"

Arthur Boudin hatte schon wieder einen dreisten Blick und meinte, aufsässig sein zu können: „Was springt für mich dabei heraus?"

Die schallende Ohrfeige, die er von Bille bekam, hatte er nicht kommen sehen. Bille hatte sich mit einer fast graziösen Bewegung an Pauline vorbeigedrückt und den Franzosen ins Visier genommen.

Die Mutter des Künstlers nickte zustimmend: „Mademoiselle, das ist die Sprache, die mein Junge versteht."

„Danke Madam", dann wandte sich Bille wieder dem Franzosen zu, der sie mit einem erschreckten Ausdruck in den Augen anschaute. Innerlich wie ein Vulkan, wirkte die Flensburgerin äußerlich gefasst: „So, Monsieur, eine kleine Geschichte. Ich sage Ihnen jetzt, was Sie uns schulden, und dann werde ich Ihnen sagen, wie mein Chef das händeln würde. Einverstanden?"

Arthur Boudin nickte nur konzentriert.

„Sie schulden Bernd Rassmussen zwei Leben. Ihres, dass wir gerettet haben und seins, dass Sie entführt haben. Mein Chef sagt immer: Ein Gefallen gegen einen Gefallen. Sie können jetzt ein Leben abbezahlen, Sie sagen uns alles, was Sie wissen und vor allen Dingen, wo die Jagd stattfindet und das pronto."

Boudin schaute die Ermittlerin schon fast verliebt an, als er sagte: „Einverstanden. Ich kann Ihnen aber nicht sagen, wo die Jagd stattfinden wird. Ich weiß nur, dass es Russland ist."

Dann fing Arthur Boudin an zu erzählen. Vieles wusste das Team schon, aber es waren auch interessante Neuigkeiten, die sie aufhorchen ließ. Sie gaben dem Puzzle einige weitere Steine, um das Bild zu vervollständigen.

In dem Moment klingelte es an der Haustür. Karl öffnete sie und zeigte dem Sprengkommando den Weg. Das Spreng-Team bat die Anwesenden, die Wohnung zu räumen. Dasselbe veranstaltete ein anderes Team mit den umliegenden Häusern.

Als die Häuser im Umkreis von 100 Metern geräumt waren, begannen die Spezialisten mit der Entschärfung. In der Zwischenzeit war Louis eingetroffen und brachte den Lap-Top mit. Pauline machte sich sofort daran, den Inhalt zu überprüfen, während sich Bille mit Karl zusammen mit dem Franzosen unterhielten.

Die Ohrfeige hatte wohl geholfen, Arthur Boudin gesprächig werden zu lassen. So teilte er dem Team mit, dass er Snider aus früheren Zeiten kannte. Irgendwann hatte es keinen Kontakt mehr zu ihm gegeben. Dann ging das Telefon, und Snider war wieder dran. Er bat ihn darum, einen Auftrag für ihn zu erledigen. Der Auftrag lautete, Professor Tara Aggarwal zu einem Treffen zu überreden.

Pauline, die mit einem Ohr zuhörte, setzte sich gerade auf und sagte: „Da schließt sich ein Kreis. Wie ist das Gespräch ausgegangen?"

„Obwohl es eine Nacht- und Nebelaktion war und ich über sehr wenig Informationen verfügte, ich aber bekannt für meine Überzeugungskraft bin, konnte ich Professor Aggarwal überzeugen, mit mir mitzukommen. Ich brachte sie noch in der Nacht zu einem Privatflieger. Da wurde sie von Snider übernommen. Wohin die Reise ging, kann ich nicht sagen. Ich bekam für den Auftrag einen Haufen Geld."

„Was für wichtige Informationen hatten Sie zu ihrer Überzeugungsarbeit?"

„Es ging um ihr Fachgebiet, Genetik der Zukunft. Man hatte ihr in Aussicht gestellt, mit einem freien Budget, wir sprechen hier von Milliarden, vier Labore und viele Unterlabore zu kontrollieren und deren Forschungsarbeit zu steuern."

„Wie viele Firmen hängen da drin?"

„Was ich mitbekommen habe, zwei mittlere Pharma-Konzerne und ein Gerätehersteller."

„Womit arbeiten die Pharmakonzerne hauptsächlich?"

„Pflanzengenetik."

„Sogenannte Tarnforschung also."

„Haben die Firmen sich zusammengeschlossen?", warf Karla mit einer Frage ein.

Arthur drehte etwas den Kopf, um die Fragerin anzusehen: „Ja, Mademoiselle. Sein Name ist, Institut of Genetik Control."

„Habe ich noch nie gehört."

„Das kann ich mir vorstellen. An einem launigen Tag, ich hatte Snider getroffen, erzählte er mir von seinem Sohn. Das ganze Projekt ist auf seinem Mist gewachsen. Sein Name ist Bill Snider, er tritt kaum in Erscheinung, ist aber der führende Kopf. Der alte Snider bringt die nötigen militärischen Voraussetzungen mit, während Bill hochintelligent, ein Biotechstudium mitbrachte, das er in Stanford abschloss. Danach schob er noch ein Bioinformatik Studium hinterher. Um sein Studium zu finanzieren, hat er vielen Pharmakonzernen kleine

Gefallen getan, indem er sich in andere Firmen eingehackt hat. Je tiefer er in die Materie einstieg, umso mehr verstand er, dabei setzte er das Wissen umgehend um. Schnell hatte er unter ihm eine kleine, aber schlagkräftige Biohacker-Community gegründet, die dann ohne zu zögern, Forschungsergebnisse anderer Pharmakonzerne ausspionierten und weiterverkauften. Eine durchaus lukrative Art des Informationshandels. Es hat der Pharmaindustrie Millionen gekostet, aber Milliarden eingespart. Forschungsergebnisse wurden so nach vorne gepowert, dass sich die Konzerne gegenseitig überboten. Dann kam 2012 CRISPR, Snider meinte, dass jetzt das Aus des Informationshandels war, aber sein Junior gab jetzt erst richtig Gas und sprang auf den Zug auf. Er verkaufte genetische Informationen, und gleichzeitig hielt er wichtigere Informationen zurück. Er wollte sehen, wie flexibel einige der Pharmakonzerne waren, wenn sie nur Teilinformationen bekamen und den Rest erforschen mussten. Er wusste, dass die großen Konzerne in ihrer Entwicklungsarbeit zu statisch waren, während kleiner Unternehmen flexibler sein mussten, um auf dem Markt zu bestehen. Es bildeten sich 4 Firmen heraus. Bei diesen vier Firmen begann er in der Geschichte zu graben, ob es gesetzeswidriges Verhalten gab. Bei zwei der vier Firmen hatte er Anhaltspunkte gefunden. Er machte ihnen den Vorschlag, viel Geld zu verdienen oder unterzugehen. Daraus ist dann das Institut of Genetik Control geworden. Die Ergebnisse, die sie erarbeiten oder ausspionieren, verkaufen sie als Patente scheibchenweise. Das war alles, was ich weiß."
Das gesamte Team hatte gespannt zugehört. Pauline überlegte einen Moment.

„Dann kam die Idee Sniders, Gefahrengut aus dem Weg zu räumen, dafür hatte Snider die IPA gegründet. Hat sich alle nötigen Informationen über die Profiler geben lassen und hat die fünf ausfiltriert, die Profiling in die Zukunft denken können, aber er wollte auf Nummer sicher gehen und alle führenden Profiler umbringen. Die Spinne hatte ein Netz gesponnen.“

Die französischen Polizisten, die bei den wartenden Menschen standen, hörten in ihrem Sprechfunk, dass die Bombe entschärft war. Daraufhin gaben sie den Bewohnern das Zeichen, dass die Menschen wieder zurück in ihre Wohnung konnten. Als das Team den Innenhof erreichte, kam ihnen das Kommando schon entgegen. Louis ging direkt zu dem Leitenden, der das Päckchen in der Hand hielt und Arthur Boudin anlächelte: „Monsieur Boudin, ich würde Ihnen ja gerne das Paket überlassen, aber es war voll Sprengstoff.“

Arthur Boudin hob abwehrend die Hände: „Danke, Monsieur, dass wird Ihrem Team eine großzügige Spende einbringen.“

Diesmal gingen alle in die Wohnung des Künstlers, und Pauline entfernte alle Mikros und Kameras. Arthur Boudin schaute blass und sprachlos zu.

„Ja, Monsieur Boudin, wie stehen Sie jetzt zu Snider? Er wusste alles über Sie und jetzt wurden Sie ein Sicherheitsrisiko. Es gibt zwei Möglichkeiten, Sie gehen in den Knast, da findet Snider Möglichkeiten Sie umzubringen, oder Sie treten als Kronzeuge gegen die Bande auf. Damit kommen wir zu ihrer Entscheidung.“

Arthur brauchte nicht lange zu überlegen, nach einem kurzen Blickkontakt mit seiner Mutter, hatte er die Entscheidung getroffen.

„Da bleiben mir nicht viele Möglichkeiten, Mademoiselle. Ich schulde jemanden ein Leben, und einem Verräter stehe ich nicht mehr im Wort.“

„Gut, dann werde ich mich jetzt darum kümmern, dass Sie und ihre Mutter in ein Safe-House kommen und das so lange, bis der Fall abgeschlossen ist. Ab jetzt, keine Telefonate mehr, keine Kontakte, nichts mit Freunden und Bekannten. Was ist mit Isabella?“

„Die muss mit.“

„Louis, Karl, holt sie.“

Pauline nahm ihr I-Phone und wählte die Nummer von Sergio Chessa: „Hallo, Sergio.“

„Hey, Pauline. Wie weit seid ihr mit Bernd.“

„Auf dem Weg, Sergio. Aber es ist alles sehr schwierig.“

„Was kann ich für dich tun, Pauline?“

„Ich brauche ein Safe-House, hier in Frankreich.“

Sergio wusste, wie dieses Team arbeitete und fragte nicht nach, sondern sagte nur: „In einer Stunde kommt ein Kontaktmann und bringt Sie weg. Sonst noch etwas?“

„Natürlich, mein italienischer Freund, für einen Gefallen lohnt es sich nicht bei dir anzurufen.“

„Hört, hört, sag schon.“

„Bernd ist sehr wahrscheinlich in Russland, und er spielt das Opfer bei einem Spiel, das sie Jagd nennen. Keiner weiß, wo es stattfindet. Ihr habt stationäre Militär-Satelliten über Russland, ich könnte mich reinhacken, aber das dauert zu lange.“

„Ich verstehe, Mädel, euch gehen die Argumente aus. Weißt du, wie groß dieses Land ist? Denk noch nicht mal daran. Auch wenn Bernd mein Freund ist, geht das über meine Kompetenzen. Gib mir einen Ort, oder einen Landstrich, dann reden wir noch einmal.“

Keineswegs enttäuscht, erwiderte die junge Frau: „Ich verstehe das, also gehen wir weiter und suchen uns Puzzle Teil zu Puzzle Teil."

„Melde dich, Pauline, auch wenn du Verbindungen nach Russland brauchst."
Die Verbindung wurde unterbrochen, und die junge Frau saß einen Moment zusammengesunken auf dem Stuhl, kraftlos und verzweifelt, dann kam auf einmal Leben in die freie Ermittlerin.

„Arthur, wie hieß der Bioinformatiker?"

„Bill Snider, er ist der Leiter des Instituts of Genetik Control. Was haben Sie vor Mademoiselle?"

„Hackerangriff auf das Institut, aber so, dass sie das merken. Wir beschäftigen sie in den nächsten sieben Tagen. Allein, um ihren Entscheidungsspielraum einzugrenzen."

„Wie willst du das hinbekommen, Pauline?"
Karla schaute sie fragend an.

„Meine Freunde im Netz werden dafür sorgen. Sie versuchen auch herauszubekommen, wo die Jagd stattfindet."

„Was für einen Zeitrahmen gibst du deinen Freunden?"

„48 Stunden. Ich traue Bernd eine ganze Menge zu. Ich schätze, dass er 48 Stunden überleben kann."

„Dein Wort in Gottes Ohr."
Pauline machte sich sofort an die Arbeit, als sich ihr I-Phone meldete. Ohne sich über den Display auf die Nummer des Anrufers zu informieren, meldete sie sich: „Pauline Chen."
Dann hörte sie nur zu, und ihr Gesicht wurde immer länger. Die anderen, die ihre Überraschung bemerkten, warteten gespannt auf eine Erklärung. Dann beendete sie

den Anruf und lehnte sich, vielleicht erleichtert, nach hinten.

„Was ist, wer war das, erzähl schon?"
Pauline räusperte sich und suchte nach Worten: „Ich kenne so wenig von Bernd Rassmussen, wenn wir ihn wiederhaben, dann wird er mir erst einmal ein paar Antworten geben müssen."

„Was weißt du nicht, was wir auch nicht wissen. Bernd ist wie ein offenes Buch. Wir wissen alle, dass er eine besondere Art des Borderline-Syndrom hat, wir wissen, dass er weltweit Kontakte unterhält, wir wissen fast alles über ihn, vor allen Dingen manipuliert er gerne Menschen. Wir gehen jeden Tag mit diesem extremen Homo Sapiens Kriminalistik um. Erzähl uns, was wir nicht wissen, Pauline."

„Da fängt das Problem an, wir wissen nicht, was wir nicht wissen. Dieser Anrufer war ein hochrangiger Yakuza, er interveniert bei uns, dass wir uns nicht um den Kopf des Drachen kümmern sollen. Wir sollen nur herausfinden, wo die Jagd stattfindet, das wäre unsere einzige Aufgabe. Er sagte Wort wörtlich, der Kopf des Drachen ist frei, nehmt ihm nicht die Freiheit, bevor seine Aufgabe erfüllt ist."
Katharina hatte mit einem Ohr zugehört und eine Nummer in ihr I-Phone getippt. Sie sagte nur: „Hier ist Katharina."
Auf der anderen Seite hörte sie nur leise gesprochene Worte: „Gib mir Pauline."

„Pauline, Oma Hu", dann hielt sie der jungen Halbchinesin das I-Phone hin. Pauline machte eine fragende Geste, nahm das I-Phone und hörte zu. Jedesmal, wenn sie versuchte, einen Satz zu beginnen, wurde sie unterbrochen, dann sagte sie nur noch: „Ja, Oma Hu, du kannst dich auf mich verlassen.“

„Was war, Pauline?“

„Oma Hu, ich habe euch von der alten Frau erzählt. Sie hat mir klare Order gegeben, nur herauszufinden, wo die Jagd stattfindet. Dann sagte sie noch: Lass den Kopf des Drachen sich entfalten und lachte. Dann sagte sie noch: Die werden ihr blaues Wunder erleben, sie haben sich mit dem Teufel angelegt.“
Pauline schaute ihre Schwester an und fragte: „Wieso hast du Oma Hu angerufen?“

„Ich weiß es nicht, Schwester. Es war wie ein Zwang, es hatte den Anschein, als hätte Oma Hu darauf gewartet.“

„Ok, da sind Strömungen im Gange, von denen wir nichts wissen. Wir werden uns an die Order halten, Oma Hu wird uns nicht ins offene Messer laufen lassen.“
Die anderen nickten nur verstehend, und Karla sagte für alle anderen: „Das schränkt unseren Aufgabenbereich ein und erhöht unsere Bewegungsfreiheit. Lasst uns an die Arbeit gehen.“

Der Kopf des Drachen 1.Tag

Bernd hatte absichtlich den Weg genommen, der dem Söldner zeigte, dass er sich von dem Mann entfernte. Sie sollten ruhig meinen, dass er flüchten wollte. Er lächelte in sich hinein, als er sich umdrehte und den verletzten Amerikaner nicht mehr sah, schlug er eine weite Kurve, die ihn hinter die Gegner führte. Ab und zu schaute er auf das Display des Ortungsgerätes und konnte so sehen, dass er langsam hinter die Verfolger kam. Einige hatten den Verletzten erreicht, andere sicherten den Platz, die dritte Gruppe hatte die Verfolgung aufgenommen. Es war genau so, wie es sich Bernd gedacht hatte.
Er genoss dieses Gefühl der Freiheit, das mit jedem Schritt, den er machte, seine Batterien auflud. Nicht, dass er Pauline und die anderen nicht vermisste, es war etwas anderes. Er brauchte keine Rücksicht nehmen, ein Gefühl, dass er zuletzt in Japan hatte, wo er sich diesen Namen gemacht hatte. Er wurde zum Kopf des Drachen und blendete alles aus, denn es ging um sein Leben.
Vorsichtig, das Umfeld sichernd, bewegte sich der Profiler so, dass er sich den letzten Mann schnappen konnte. Als er seine gewünschte Position erreicht hatte, versteckte er sich hinter einen umgefallenen Urwaldriesen. Bernd brauchte nicht lange warten, als er gedämpfte Schritte hörte. Gleichmäßig bewegten sie sich vor ihm, als er das Gefühl hatte, dass die Schritte leiser wurden, wagte er einen Blick und sah einen Mann in Tarnkleidung, der aufrecht gehend, ohne sich zu sichern, in die Richtung ging, in der Bernd den Amerikaner liegen gelassen hatte. Es trennte sie ungefähr 15 Schritte, und er sah, dass der Mann ihm schon den Rücken zuwandte. Bernd machte

ein paar schnelle Schritte und war noch 10 Schritte von dem Legionär entfernt, als dieser sich, durch seinen Instinkt gesteuert, vorsichtig umdrehte und in der Bewegung erstarrte, als er den Profiler sah.

In einer Hand die Armbrust im Anschlag, in der anderen den Zeigefinger zum Mund genommen, deutete er dem Mann an, ruhig zu sein.

„Ganz ruhig, mein Freund. Bewegst du dich, war es das. Hände nach oben und dann setzt du dich auf deinen Hintern. Vorher legst du das Gewehr ab, nimmst die Pistole aus dem Holster und legst das Messer, das an deiner Seite steckt, zu der Pistole. Keine schnelle Bewegung, ich habe keine Lust, dich jetzt zu töten.“

Kalt und präzise kamen die Anweisungen des Profilers, die der Mann ruhig befolgte. Bernd sah keine Angst in den Augen des Soldaten, dabei wurde er das Gefühl nicht los, dass er sich noch etwas ausrechnete.

Leise, fast flüsternd, sagte er zu ihm: „Jungchen, du willst leben, dann lass irgendwelche irrwitzigen Gedanken. Bevor du einen Schritt gemacht hast, bist du tot.“

Bernd merkte, wie sich sein Gegenüber entspannte und jetzt ganz aufrichtete, seine Waffen ablegte und sich dann hinsetzte.

„Rucksack abnehmen und auf die Seite legen.“

Schnell hatte der Legionär den Rucksack abgelegt und neben die Waffen gelegt.

„Du weißt, wo deine Handschellen sind. Also raus mit denen und die Hände vorne zusammenbinden.“

Immer noch hatte der andere kein Wort gesprochen, befolgte er die Befehle des Profilers, die immer noch unerbittlich und mit einer Kälte herüberkamen, die den Probanden gehorchen ließen.

„Jetzt ziehst du deine Schuhe aus, aber fix, ich will hier nicht übernachten."

Als die Schuhe neben den Kleidungsstücken standen, machte sich der Profiler daran, den Rucksack und die Waffen zu untersuchen. Die Pistole entlud er, nahm sie auseinander und warf die Einzelteile in verschiedene Richtungen. Das Gewehr und die Reservemunition stellte er an einen Baum, dann untersuchte er den Rucksack, entnahm ihm Lebensmittel, Energieriegel und lange Knicklichter.

Der Mann hatte bis jetzt immer noch kein Wort gesprochen, Bernd schaute ihn an und sagte: „Auf den Bauch drehen."

„Warum das? Ich habe doch alles gemacht, was du wolltest."

„Mach es einfach. Du willst doch leben? Ich bin heute in Geberlaune."

Mit Panik in den Augen, drehte sich der Mann um, er ahnte, was ihm bevorstand.

Mit zwei schnellen Schnitten durchtrennte der Profiler die Achillessehnen des Mannes, der laut aufschrie.

„Stell dich nicht so an, das kann man wieder reparieren. Was hättet ihr denn mit mir gemacht, wenn ihr mich erwischt hättet?"

Ohne eine Antwort abzuwarten, stellte der Profiler das Sprechfunkgerät in fünf Schritten Entfernung auf den Boden.

„Damit du deine Leute erreichen kannst. Du schuldest mir ein Leben."

Bernd nahm das Gewehr auf, steckte die Ersatzmagazine in den Rucksack und verschwand in der Tiefe des Waldes. Wieder nahm er eine Richtung ein, die von den Verfolgern wegführte, aber als er den am Boden liegenden Mann nicht mehr sah, schlug er wieder den Weg zurück zu dem Ersten Verletzten ein.

Den Monitor beobachtend, konnte er genau sehen, wo sich die Männer befanden. Zwei waren bei dem Verletzten geblieben, die anderen hatten seine Verfolgung aufgenommen.

Jetzt hatte der Legionär, dem er zuletzt die Achillessehne durchgeschnitten hatte, die Nachricht über Sprechfunk herausgegeben, dass er verletzt sei. Sofort drehten die Verfolger um, um dem Mann zu helfen. Bernd wartete, bis der letzte ihn passiert hatte, dann machte er sich weiter auf den Weg zu dem Amerikaner. Immer noch warteten zwei Kameraden bei dem Verletzten. Bernd war gespannt, wie sie ihn abholen wollten, dabei rechnete er stark mit einem Hubschrauber.

Als der Letzte die Höhe, in der Bernd lag, passiert hatte, wartete er noch fünf Minuten, dann bewegte er sich wieder auf den Amerikaner und seine beiden Helfer zu. Die Bäume als Deckung nehmend, war er bald in dem Bereich, wo er die Männer sehen musste. Auf allen vieren kriechend, näherte er sich den drei Männern, die anscheinend nicht damit rechneten, dass er zurückkommen würde. Sich unterhaltend, saßen sie auf gefallenen Baumstämmen. Den unteren Teil der Beine des Amerikaners, hatten sie verbunden. Bei dem Gespräch machten sie sich über ihren Kollegen lustig, dass er so dämlich war, sich erwischen zu lassen.

Vorsichtig robbte sich der Profiler immer näher an die beiden Sitzenden heran, die ihm den Rücken zuwandten. Das Gewehr hatte er an einem Baum zurückgelassen und war nur mit Pistole Messer und Armbrust bewaffnet, die auf der kurzen Entfernung, die er bis jetzt erreicht hatte, eine leise und effektive Waffe war.

Er nahm die Pistole in eine Hand, die Armbrust in die andere, dann stand er auf und räusperte sich. Erschreckt fuhren die beiden Unverletzten herum. Der eine reagierte sofort und griff nach seiner Pistole, die aber noch im Holster steckte, der andere ließ nur die Hand fallen und hatte das Micro des Sprechfunkgerätes in seiner Hand, bevor er die Sprechtaste drücken konnte, hatte Bernd reagiert und jagte ihm den Pfeil so in die andere Schulter, dass er reflexartig das Sprechfunkgerät losließ und mit der Hand zum Pfeil griff. Der Pfeil war durch die Schulter durchgegangen und war auf der anderen Seite sichtbar.

Bernd ließ die Armbrust fallen und richtete die Pistole auf den, der zur Pistole gegriffen hatte. Er hatte sie schon halb aus dem Holster, da war der Profiler bei ihm und zog ihm den Lauf über den Nacken.

„Nicht doch, Jungs. Töten steht heute nicht auf dem Programm. Muss ich mich immer wiederholen?"

Dem Amerikaner hatten sie anscheinend Medikamente gegeben, denn der bekam von all dem nichts mit und lag ruhig unter einer Thermofolie.

„Schnall deine Waffen ab. Dann holst du Verbandszeug aus deinem Rucksack, aber ich warne dich, keine falsche Bewegung. Dann nimmst du die Pistole von deinem Kollegen und schmeißt alles auf einen Haufen. Gut so. Jetzt nimm dein Messer, das du an der Seite hast und schneidest den hinteren Teil des Pfeils ab."

Der Soldat erkannte die Entschlossenheit in den Augen des Profilers und reagierte entsprechend vorsichtig. Dann zog er mit einem Ruck den Rest des Pfeils aus der Schulter, presste gleich einen Druckverband darauf und verband die Wunde. Der Verletzte schaute verbissen zu und gab nur ab und zu ein Stöhnen von sich.

Bernd hatte die Sprechfunkgeräte beiseitegelegt.

„Und was jetzt?", fragte der Unverletzte.

„Jetzt nimmst du eure ganze Ausrüstung, außer dem einen Sprechfunkgerät und wirfst es in den Bach."

Bernd hatte sich noch nicht von der Stelle bewegt. Ab und zu schaute er auf das Display und sah, dass die Reste der 25 Mann-Einheit sich immer noch von ihm entfernten und bald bei dem anderen Verletzten angekommen waren. Der Soldat warf alles in den Bach, der sich an der Stelle, in den Jahrtausenden zu einer 2-3 Meter tiefen Klamm entwickelt hatte.

„Wann kommt der Hubschrauber?"

„In 30 Minuten."

„Zuerst ziehst du die Schuhe deines Kumpels aus und dann deine."

„Willst du uns auch die Achillessehne durchschneiden?"

„Was willst du, soll dein Kadaver hier verrotten, oder möchtest du in einem frischen Bett liegen und dich von einem Karbolmäuschen versorgen lassen? Es ist ganz allein deine Entscheidung."

Hilflos und wütend drehten sich die beiden Soldaten um, und Bernd Rassmussen schnitt ihnen schnell die Sehnen durch. Bevor sich die beiden Männer wieder umdrehen konnten, war der Profiler schon mit leisen Schritten im Wald verschwunden.

Diesmal entfernte er sich von dem Ort in Richtung Norden. Als er weit genug von der Stelle, wo er die drei zurückgelassen hatte, entfernt war, setzte er über den Bach rüber, der an der Stelle nur breit war und nicht das Wesen einer Klamm hatte. Dann verschwand er im tiefen

Dunkel des Waldes und lief dann parallel zu dem Gewässer, wieder zurück.

Ein Blick auf den Display zeigte ihm, dass einige der Männer zurückliefen, um zu den drei Verletzten zu kommen. Er kümmerte sich nicht weiter um die drei und lief weiter am Bach entlang. Je weiter er dem Gewässer zur Hochebene folgte, um so breiter wurde der Bach. Es war genau die Stelle, die er suchte, das Gewässer mäanderte nicht und lief auf 600 Meter nur gerade aus. In der Ferne nahm er die Rauchsäule wahr, die er aus der Luft gesehen hatte. Es war auch genau die Richtung, aus der seine Verfolger gekommen waren.

Was jetzt ablief, war reine Spekulation. Bernd hoffte, dass der Hubschrauber den Bach als Orientierungshilfe nehmen würde, um zu den Verletzten zu kommen. Er setzte sich in die Sonne, dass Gewehr auf dem Schoß und genoss die Wärme des Tages, dabei verzehrte er einen Energieriegel.

Dann war es soweit, Bernd sah, dass ein Hubschrauber zu der Hütte flog und dann landete. Kurze Zeit später stieg er wieder auf und nahm, genauso wie der Profiler gedacht hatte, den Bach als Orientierungshilfe. Das Wummern der Rotoren nahm zu, und der Profiler verschwand von der Bildfläche.

Vorsichtig, sich nach vorne tastend, kam das Fluggerät immer näher. Bernd wusste genau, dass der Überblick aus der Kanzel extrem gut war, so blieb er so lange hinter einem der Urwaldriesen versteckt, bis der Hubschrauber an ihm vorbei war. Dann trat er, mit dem Gewehr im Anschlag, vor, zielte auf den Motor und gab vier gezielte Schüsse ab. Obwohl er sah, dass der erste sein Ziel gefunden hatte, setzte er noch drei Schüsse nach. Sofort fing der Motor an zu stottern, und der Hubschrauber begann an sich zu drehen.

Ohne sich von der Stelle zu bewegen, hatte er jetzt den kleinen Rotor im Visier und beschoss auch diesen. Das Ergebnis ließ nicht lange auf sich warten. Der Hubschrauber drehte sich immer schneller. Der Pilot musste verdammt gut sein, denn er versuchte, kontrolliert zu landen. Nachdem er einigen Bäumen die Kronen rasiert hatte, schaffte er es, blieb aber in Schräglage liegen, während sich die Rotorblätter verselbstständigten.

Obwohl der Unfall nur 100 Meter von ihm passiert war, vermied der Profiler es, hinzugehen, um der Besatzung die Achillessehne durchzuschneiden.

Er lächelte grimmig, drehte sich um, verschwand im Wald und ging den Weg zurück, den er gekommen war. Aus der Entfernung hörte er die Männer fluchen. Als er 400 Schritte weit gegangen war, schaute er auf das Display und sah, dass sich die Soldaten in drei Gruppen aufgeteilt hatten. Jeweils drei befanden sich bei den Verletzten, um sie zu bewachen, während die anderen zu dem abgestürzten Helikopter rannten.

Bernd, der immer noch im Wald stand, suchte sich jetzt eine geeignete Stelle aus, und legte sich auf eine Erhöhung des Ufers, direkt neben den Bach, nahm zwei Steine, legte sie so, dass die Seiten ein V bildeten. Da hinein fixierte er den Lauf, stellte Kimme und Korn auf 350 Meter ein, nahm den Unglücksort in Augenschein und wartete. Es dauerte nicht lange und die ersten Soldaten erschienen, setzten über den Fluss und unterhielten sich mit den Piloten. Bernd zählte nach, 15 Soldaten. Er suchte sich fünf Opfer aus, dann zielte er auf die Knie und schoss mit der Präzision eines Killers. Drei traf er in der Höhe der

Kniee, dann stoben die anderen auseinander und suchten Deckung. Aber da hatte der Kopf des Drachen schon auf Dauerfeuer umgestellt. Er schoss das Magazin leer, legte das zweite Magazin ein, rollte sich wieder in Richtung des Waldes und verschwand. Wieder ging er den Weg zurück, dabei hatte er das Display in der Hand und konnte sehen, wie sich der Feind bewegte. Wie es den Anschein hatte, hatte er zu den drei kontrollierten Treffern noch drei unkontrollierte Treffer erzielt.

„Damit minimiert sich die Besatzung auf neun Soldaten. Das ist doch einmal ein Verhältnis, mit dem es sich leben lässt. Dann wollen wir uns einmal größeren Aufgaben widmen“, mit den Worten auf den Lippen, wandte er sich in Richtung der Rauchfahne.

Kommandozentrale Puschkin, derselbe Tag, abends

In der Diplomaten-Villa, das mehr einem Schloss glich, in Puschkin, war eine hochmoderne Kommandozentrale aufgebaut, mit der Robert Paul Snider weltweit agieren konnte. Sogar den Einsatz von Satelliten war von hier aus möglich. Diese Kommandoeinheit war 24 Stunden am Tag besetzt und wurde in drei Schichten gefahren.
Jetzt stand der Mann am Plotter, beide Hände aufgestützt und schaute sich Karelien aus der Vogelperspektive an.
Mit äußerlich ruhiger Stimme, aber innerlich wie ein Vulkan, fragte er in den Raum: „Kann mir einmal jemand sagen, was hier abläuft? Wir haben 10 Soldaten verloren, vier mit Achillessehnenschnitt, sechs mit Schussverletzung, einen Hubschrauber, einen verletzten Piloten und das in einem Zeitrahmen von vier Stunden.“
Mit gesenktem Kopf, wie ein Stier, stand er da und fixierte den Plotter. Die Anwesenden machten sich klein und vermieden es, den Mann anzusehen.

„Swetlana, ich möchte alle Informationen haben, die wir über diesen Mann bekommen können. Was sagt das Dark Netz?“

„Die Wetteinsätze überschlagen sich, besonders aus Asien wetten sie auf den Profiler. Bei uns haben sie noch nicht wahrgenommen, was der Mann verursacht hat. Aber ich sehe eine Tendenz zu dem Kopf des Drachen.“

„Erwähne in meiner Gegenwart nie wieder diesen Namen, sonst mache ich dich um einen Kopf kürzer. Sorge dafür, dass der Rest der Mannschaft sofort nach Karelien gebracht wird. Wir verändern die Bedingungen etwas zu unseren Gunsten. Sie sollen ihn jagen, aber darauf achten, dass er keine der wenigen Straßen oder

Jagdhütten erreicht. Es darf zu keinem Kontakt mit der Außenwelt kommen. Ich bin oben und kümmere mich um die Aktionäre."

In dem Moment klingelte das I-Phone des Mannes.

„Was ist, Bill?"

„Was ist bei euch los, Pa? Hast du wieder mit einem deiner bescheuerten Jagdspielen angefangen. Das Netz überschlägt sich."

„Wir bekommen ihn schon wieder. Ich habe gerade meine ganze Mannschaft losgejagt."

„Wer ist das überhaupt, den du da jagst?"

„Der Mann, der den Anschlag in Montreal vereitelt hat."

„Macht ihn platt, wir können keine Störfeuer in dieser Phase gebrauchen. Brauchst du Satellitenunterstützung?"

„Das wäre hilfreich."

„Ok, ich sorge dafür, dass du sie bekommst und lass dir den Code zukommen. Außerdem wird Karim mit seinen beiden Männern bei dir aufschlagen. Ich möchte, dass das Problem so schnell wie möglich bereinigt wird."

„Den Inder? Sag ihnen, dass ich den Mann lebend brauche. Wann sind die drei da?"

„In zwei Stunden. Du wartest mit deinen Leuten so lange, bis meine Jungs da sind, dann können sie gleich mitfliegen."

„Ok."

Die Verbindung wurde unterbrochen. Snider stand noch einen Moment da und überlegte, dann raffte er sich auf und bewegte sich ein Stockwerk höher, um mit den Aktionären zu sprechen.

Paris, derselbe Tag, abends

Arthur Boudin, seine Freundin und seine Mutter waren abgeholt worden und befanden sich auf dem Weg in das Safe-House.

Da das Team um Pauline noch kein Hotel hatte, stellte der Franzose seine Wohnung zur Verfügung, dabei beseelte ihn natürlich der Hintergedanke, dass man milde mit ihm verfuhr.

Das Team hatte es sich in der Wohnung schon fast häuslich eingerichtet. Sie nannten es ihre bewegliche Einsatzzentrale.

Pauline, hatte im Laufe der Zeit die Mitglieder des Teams so geschult, dass sie mit ihr in die Geheimnissen des Netzes eintauchen konnten. So waren sie jetzt hilfreiche Assistenten und konnten ihrer Spezialistin Informationen zuarbeiten und damit viel Zeit ersparen.

Louis, der laut einen Espresso schlürfte, setze die kleine Tasse ab: „Pauline, komm mal bitte.“

Louis hatte die Aufgabe, dass Dark Netz zu durchforsten und dabei auf Hinweise zu achten, die mit der Jagd zusammenhingen. Das auf die Jagd gewettet wurde, dass wussten sie. Aber sie hatten noch nicht herausgefunden, woher die Wetter die Informationen bekamen, die sie nutzen konnten.

„Die Wetten überschlagen sich. Es muss irgendetwas passiert sein, das die Wetten zu Gunsten des Kopf des Drachen beeinflusst hat.“

„Ich weiß, Louis. Es muss eine eingeschworene Gruppe von Wettern oder Buchmachern sein, die dann die speziellen Informationen bekommen. Ich habe mit meinen Leuten aber noch keinen Zugang gefunden. Es muss eine verdammt gute IT-Gruppe sein, die das aufgebaut hat.“

„Ich sage mal als Polizist, dass wir etwas übersehen haben. Wenn ich darüber nachdenke, dass der Sohn von Paul Snider ein Bioinformatiker ist, dann haben wir einen Ansatzpunkt für eine IT-Gruppe. Ihr seid mit dem Institut of Genetik Control auch noch nicht weitergekommen.“

„Du meinst, wir sollen uns um den Lebenslauf dieses Bill Snider kümmern?“

„Nicht nur seinen, sondern auch den seines Vaters. Jeder hat Dreck am Stecken, man muss diesen Dreck nur finden. Wichtig sind die Geld-Wege. Betty Broer ist doch Spezialistin darin.“

„Wir haben schon alles versucht, kommen aber nicht in die Konten rein.“

„Wir haben noch nicht alles versucht. Du warst doch mit Bernd bei diesem Spezialisten aus der Spezialklinik, da habt ihr die Konten gesichtet. Wenn ihr eine Verbindung von den Laboren zu den Spezialkliniken herstellen könnt, habt ihr die Banken. Dann muss Betty die Konten durchforsten und die Wege des Geldflusses vervollkommnen. Es ist mit Sicherheit eine scheiß Arbeit, aber für einen Spezialisten wie Betty dürfte das kein Problem sein. Die Frage ist, wo läuft das ganze Geld zusammen?“

„Im Institut of Genetik Control.“

„Genau. Das Institut hat auf ihren Briefbögen doch auch Bankverbindungen stehen, es werden nicht die sein, die wir suchen, aber es muss eine Verbindung zu den richtigen Konten geben. Denn irgendwie müssen sie ihre Einnahmen transferieren.“

Pauline überlegte einen Augenblick, lachte dann und sagte: „Ein kleiner Lichtblick. Es wird dauern, aber das bekommen meine Leute hin."

„Das ist aber nicht alles. Es ist eine amerikanische Firma, also werden auch Steuern in die USA bezahlt. Du hast doch noch Sergio Chessa. Er hat alle Möglichkeiten, denen auf den Zahn zu fühlen."

Pauline nickte nur und meinte: „Wenn es um das eigene Schicksal geht, sieht man das Nächstliegende nicht. Danke Louis."

Pauline rief Betty Broer an und erklärte ihr die Vermutungen des Franzosen. Die Mulattin aus dem Staat Florida überlegte einen Moment.

„Ihr habt doch Verbindungen zu diesem Sergio Chessa. Frage ihn, ob er Listen von Buchmachern hat, die nur über das Internet arbeiten. Da sind bestimmt schwarze Schafe dabei. Er soll ihnen auf den Zahn fühlen."

Der Kopf des Drachen, erster Tag, abends

Bernd hatte die Rauchfahne erreicht, die aus einer der drei Hütten quoll, die er gerade beobachtete. Zwei große Holzhütten standen links und rechts neben einer kleineren Hütte, aus der die Rauchfahne kam. Ein gepflegter Innenhof zeigte, dass dieser Ort oft genutzt wurde. Das sich bildende U der drei Hütten präsentierte sich mit der offenen Seite zu einem großen See, an dem eine Bootsschuppen stand. Die Hütten konnten nur schnell von einem Wasserflugzeug erreicht werden. Ansonsten führten zwar Autospuren von der Hütte weg, die dann nach Südwesten in das Sumpfland zeigten, aber sie schienen nicht oft benutzt zu werden.
Bernd selber lag auf einem Hügel, der in einiger Entfernung seitlich von den Hütten, als einer unter vielen, aufragte. Zwischen dem Hügel und den Häusern befand sich Urwald, wie er in den nördlichen Gebieten unseres Globus vorkamen und der Bach, den Bernd schon zweimal überquert hatte, war hier zu einer beachtlichen Breite herangewachsen, der dann in den See mündete.
Bernd schaute seinen Monitor an und entschloss sich, gerade den Hütten einen Besuch abzustatten, als lautes Gebelle ihn aufhorchen ließ. Angestrengt durch das Fernglas schauend, sah er einen Einheimischen. Er nahm an, dass es ein Same war, der mit einer Horde von sechs Hunden vor der Hütte erschien. Er konnte nirgendswo sehen, dass der Mann mit einem Fahrzeug gekommen war. Der in der Landestracht der finnischen Samen gekleidete Mann trat mit einer Selbstsicherheit auf den Hof, die zeigte, dass er nicht zum ersten Mal hier war. Ein, mit Schürze gekleideter älterer Mann trat aus der kleineren

Hütte und begrüßte den Samen. Anscheinend kannten sich die beiden. Die sechs Hunde gebärdeten sich wie toll und wurden ruhiger, als der Same sie mit einem scharfen Wort anfuhr, trotzdem waren sie nicht ganz zu beruhigen. Trotz der späte des Tages, war es noch hell und warm, so machte sich Bernd bereit, den Abend auf dem Hügel zu verbringen, den Gedanken, zu dem Haus zu gehen, ließ er erst einmal sausen. Mit den Hunden im Hintergrund hatte es keinen Zweck.

Nach ungefähr 30 Minuten, die Hunde hatten sich immer noch nicht so richtig beruhigt, begann Bernd seine Vorbereitungen. Wieder zog er seine Hose, Hemd, Schuhe und Mütze aus, drapierte sie so auf dem Hügel, dass jemand, der heranschlich, meinen konnte, dass derjenige, der da lag, die Hütten beobachtete. Das Gewehr legte er daneben, und die Pistole steckte genauso im Halfter, wie das Messer am Gürtel befestigt war.

Er hatte zwar nicht gesehen, dass der Same die Hütte verlassen hatte, aber die Hunde hatten einen kurzen Moment eine andere Witterung aufgenommen und das aus einer Ecke, die der Profiler nicht einsehen konnte. Bernd legte sich auf den Boden, tarnte sich mit Moos, Laub und Zweigen, hatte dabei die Armbrust im Anschlag und wartete bewegungslos. Er hatte sich nicht die ideale Lage ausgesucht, anscheinend lag er genau auf einer Ameisenstraße. Die ersten Bisse merkte er noch, wie auch die Erkundungsspaziergänge der kleinen Insekten, aber anscheinend hatte sie sich schnell daran gewöhnt, auf ihrem Weg zur Futterstelle, einen weiteren Berg zu erklimmen, um zu ihrem Bau zu kommen.

Für einen Menschen war es eine anstrengende Lage, und so fing er schnell an zu schwitzen. Sich an seine Kata des

Überlebens zu erinnern, sagte ihm, die momentanen Strapazen zu erdulden, so bewegte er sich nicht und schwitzte.

Gefühlte zwei Stunden später, sah er die ersten Schatten des späten Abends über den Hügel schleichen und hatte das Gefühl, dass alle Insekten Kareliens es auf ihn abgesehen hatten. Leise lächelnd nahm er wahr, dass sich jemand näherte.

Seine Intuition hatte ihn wieder nicht betrogen, und im Stillen lobte er seinen Mentor für die intensive Ausbildung, die er so genossen hatte.

Seine Augen, nur fixiert auf den Dummy, nahmen nichts mehr von der Umgebung wahr. Keine Insekten, nichts lenkte ihn ab, als der Same mit vorsichtigen Schritten auf die kleine Lichtung trat, immer hinter dem Dummy bleibend, hatte er eine alte Flinte auf die Maskerade gerichtet. Dann sprach er, Bernd war überrascht, auf Englisch.

„Hey, Buddy, ich glaube, du bist im falschen Film, hebe langsam die Hände.“

Bernd lächelte teuflisch, als er die Worte hörte und wartete die Reaktion ab, weil der Dummy sich nicht bewegte, wiederholte der Same, jetzt schon mit einem unsicherem Timbre in der Stimme: „Du hast gehört, was ich zu dir gesagt habe?“

Dann übermannte ihn die Erkenntnis, und er hob beide Arme gegen den Himmel, wobei er das Gewehr sicherte und einfach fallen ließ.

„Komm, zeig dich.“

Bernd ließ sich Zeit, und der Same bewegte sich nicht. Dann endlich, stand der Profiler auf, immer noch die Armbrust auf den Samen gerichtet.

Es war ein kleiner Mann, mit listigen Augen, dem man keine Angst anmerkte. Es war eine Art der Freude, die diesen kleinen schlitzäugigen Mann bemächtigte, als er in seinem Englisch sagte: „Ich bin das letzte Mal als Kind so verarscht worden, danach hat es keiner mehr gewagt. Was war mein Fehler?"
Bernd mochte den Mann auf Anhieb, als er antwortete: „Du hast keinen Fehler gemacht, deine Hunde waren einen Moment irritiert, als du das Haus verlassen hast."
Ansatzlos setzte sich der Mann.

„Setzt dich zu mir und erzähle mir deine Geschichte." Dann wühlte der Same ein Stück Trockenfleisch aus seiner Umhängetasche und gab die Hälfte dem Profiler. Der entfernte erst einmal die kleinen Quälgeister von seinem Körper, zog seine Hose und Hemd wieder an und setze sich zu dem Samen.

„In Unterhose sahst du verdammt lächerlich aus." Bernd grinste und lachte leise: „Aber dein Gesicht war genauso dämlich", dann biss er ein Stück von dem Trockenfleisch ab und kaute genüsslich darauf herum.

„Hast du etwas dagegen, wenn ich meine Hunde hole?" Bernd nickte nur.
Der Same nahm eine kleine Pfeife in den Mund und pfiff. Der Ton war kaum zu hören, aber das Gebelle hörte sofort auf. Die beiden nutzten die Zeit, bis die Hunde kamen, um den anderen zu taxieren.

„Jetzt erzähle mir deine Geschichte." Bernd begann und erzählte dem Samen die Geschichte. Als er geendet hatte, wurde es einen Moment ruhig, in der man das Gefühl hatte, dass die Natur Luft holte. In diesem Augenblick traten die Hunde auf die Lichtung und liefen direkt auf den kleinen Mann zu, der verschmitzt lächelte und die Tiere herzte: „Die einzigen, auf die ich mich wirklich verlassen kann."

„Vielleicht gibt es noch jemanden, auf den du dich verlassen kannst?"
Der Same schaute den Profiler prüfend an.

„Du meinst dich."
Bernd schaute den Samen nur an und lächelte.

„Was hast du vor, Bernd Rassmussen?"

„Dich töten, dir die Achillessehne durchschneiden, dich laufen lassen? Wähle."
Der Same senkte den Kopf: „Töten ist besser, als vor die Götter zu treten, ohne gerade stehen zu können. Noch besser ist es, zu überleben. Ich würde dir mein Leben schulden."

„Richtig, Sumpfmann."
Die beiden schauten sich wieder eine Weile an, dann unterbrach der Same das Schweigen.

„Ich danke dir, Kopf des Drachen. Lass den Koch leben, er ist einer von uns. Ich verschwinde jetzt wieder und wünsche dir, dass die Geister des Waldes mit dir sind."

„Wie ist dein Name, Sumpfmann?"

„Nenn mich Sumpfmann, der mit den Hunden."
Mittlerweile hatten sich die Hunde auch an Bernd seine Seite gelegt, und er hatte die Hände auf ihre warmen Körper gelegt, dabei übernahm er eine Art der Energie, die er bis dato noch nie so erlebt hatte.

„Die Hunde sagen mir, dass du besonderes bist. Es wird Zeit, dass du deine Aufgabe erfüllst."
Mit einem leichten Schnalzen stand der Sumpfmann auf, nahm seine Waffe und verschwand mit seinen Hunden in der Tiefe des Urwaldes.

Bernd blieb noch einen Moment sitzen, dann nahm er seine Sachen auf und begab sich zu den Hütten. Er verschwendete keine Gedanken mehr an den Samen, es langte, dass er ihm in die Augen gesehen hatte. Es war keine Falschheit in ihnen zu erkennen, so wie Naturmenschen lebten, mit dem Jetzt, im Einklang mit dem Leben und der Natur. Es war eine Assoziation zu Bernd Rassmussens Leben, einfach gerade und schnörkellos, immer auf das Wesentliche beschränkt, zu überleben.

Ohne die übliche Vorsicht walten zu lassen, stapfte er durch den Fluss und ging offen zu der Hütte, aus der der Rauch quoll.

An dem Türrahmen gelehnt, stand ein älterer Russe und griente ihn an: „Hunger, Bernd Rassmussen?"

„Kann man wohl sagen."

Wortlos drehte sich der Mann um und gab dem Profiler ein Zeichen, ihm zu folgen.

„Setz dich, heiß und gut. Du wirst es in den nächsten Tagen brauchen. Wenn ich dich abgefüttert habe, verschwinde ich, seitdem du hier bist, hat sich alles geändert. Es gibt hier keine Zukunft mehr für mich. Ich werde weiterziehen."

„Das tut mir leid."

Ein zahnloser Mund lächelte ihn an, und der Russe sagte lapidar: „Braucht es nicht, die Uhr war abgelaufen. Es wird Zeit sich umzuorientieren."

Bernd deutete auf das Essen.

„Elch, sehr zu empfehlen."

„Was ist in den andere Hütten?"

Geringschätzig antwortete der Russe: „Betten und viel Material."

„Ich schaue mir das einmal an. Im Bootsschuppen gibt es auch ein Boot dazu?“

„Zwei, eins gehört mir. Das Kleinere. In zwei Stunden kommen noch 150 Männer mehr. Du musst den Boss ordentlich geärgert haben, dass er seine ganze Mannschaft auffährt.“

„Das glaube ich auch. Wenn du jetzt verschwindest, nimm mit, was du brauchst und komm nicht wieder. Haben die auch Sprengstoff im Lager?“

„Alles, was das Herz begehrt.“

Bernd stand auf und ging in eine der Hütten. Geräumig eingerichtet, mit zweistöckigen Feldbetten ausgestattet, war im hinteren Teil noch ein anschließender Raum, der durch ein festes Drahtgitter verschlossen war. Der Russe war dem Deutschen gefolgt und warf ihm den Schlüssel für das Vorhängeschloss zu.

Bernd sah schon von außen, dass alles da war, was er brauchte, um den Standort der Bande in die Luft zu jagen. Er arbeitete schnell, legte Sprengfallen aus und brachte überall Zünder an. Dann packte er noch Munition, Dynamit, Plastiksprengstoff, Isolierfolie und ein Einmanntarnnetz ein, legte in einiger Entfernung mehrere Depots an, in denen er alles Nötige einlagerte, um jederzeit Zugriff darauf zu haben. Dann nickte er dem Russen zu, der im geholfen hatte.

„Wie wird das Wetter die nächsten Tage?“

„Wenn es nach meinen Knochen geht, sehr schlecht.“

„Was bedeutet schlecht, hier in Karelien?“

„Regen und kalt, aber weniger Mücken.“

„Wie kommen die 150 Mann hierhin, mit Lkw?“

„Um mit Lkw hierhin zu kommen, brauchst du von einer vernünftigen Straße aus, schon zwei Tage. Die

Männer, die jetzt kommen, werden mit Fallschirmen abgeworfen. Material brauchen sie nicht, du hast das Lager ja gesehen."

„Also werden sie mich über Satelliten auch nicht orten können. Der Schlüssel für das Boot steckt?"

„Ja, ich verschwinde jetzt."

Bernd gab dem Russen die Hand und sagte: „Danke, für die Hilfe."

Der Russe nickte nur, wandte sich ab und verschwand im Bootsschuppen. Kurze Zeit später hörte Bernd das gleichmäßige Brummen eines großen Bootsmotors. Der Profiler schaute einen Moment dem verschwindenden Boot nach. Als das Boot nicht mehr zu hören war, genoss er noch einen Moment die Ruhe der Natur.

Ein Blick auf den Monitor zeigte ihm, dass die Männer mit den Verletzten noch eine Stunde brauchen würden, um die Hütten zu erreichen.

Jetzt hörte er das gleichmäßige Brummen von Flugzeugmotoren. Er setzte das Fernglas an und suchte den Himmel ab. Schnell hatte er die beiden Militär-Maschinen ausgemacht, die in circa 2000 Metern Höhe auf die Hütten zukamen. Bernd ging behäbig zum Bootsschuppen, sie sollten ihn ruhig sehen, er setzte sich in den Sessel des Bootes, das schon eine ansehnliche Größe hatte. Mit einer kleinen Kajüte und einer Pantry ausgestattet, bot es Schutz vor schlechtem Wetter.

Die beiden 125 PS starken Motoren hatten einen satten Sound. Bernd machte die Leinen los und glitt langsam auf das offene Wasser. Der Blick zurück zeigte ihm, dass die ersten schon abgesprungen waren. Nach und nach tropften die Soldaten aus den Maschinen, die, nachdem sie ihre Last abgeworfen hatten, im Tiefflug über den See flogen. Bernd beachtete sie nicht weiter, wie sie dann schnell hinter dem Horizont verschwanden. Er hatte sich außerhalb der Schussweite auf dem See positioniert und schaute dem Schauspiel der landenden Soldaten gelassen zu. Wie es sich für gute Soldaten gehörte, sammelten sie sich auf dem Platz, zwischen den Häusern und schauten neugierig in die Richtung des Bootes.

Bernd hatte sich in der Zwischenzeit einen Tee gemacht und stand jetzt mit einer dampfenden Tasse am Steuerrad, den elektronischen Auslöser vor sich auf der Konsole liegend.

„Es gibt zwei Möglichkeiten, Bernd Rassmussen, du wartest, bis sie ihre Klamotten in der Hütte verstaut haben, oder du zündest jetzt."

Ohne weiter über seine leisen Worte nachzudenken, griff er zum Auslöser und sprengte genüsslich, ein Haus nach dem anderen. Als er als letztes das Haus mit dem Lager sprengte, zündeten auch noch der zurückgelassene Sprengstoff und die Munition.

„Silvester könnte nicht besser sein."

Schon bei der ersten Explosion, warfen sich die Soldaten auf den Boden oder suchten Deckung hinter den anderen Häusern. Als er das letzte Haus mit dem Materiallager sprengte, sah er, dass viele der Soldaten verletzt wurden.

„Das wird euch erst einmal etwas beschäftigen."

Bernd startete den Motor und fuhr weiter auf den See hinaus. Als das Ufer, an dem die drei Häuser gestanden hatten, außerhalb der Sichtweite des Gegners war, steuerte er das Ufer an und ankerte in einer geschützten kleinen Bucht. Mittlerweile war es Mitternacht, und Bernd merkte eine bleierne Müdigkeit in seinem Körper. Er legte sich in die Koje und schlief unter leichtem Schaukeln sofort ein.

Paris, einen Tag später

Paulines I-Phone riss sie aus ihrem unruhigen Schlaf. Sie stellte die Verbindung her: „Sergio, was ist?"

„Du hörst dich nicht gerade frisch an. Schau auf deinen PC, ich habe dir eine Liste von Buchmachern geschickt, die im Internet arbeiten. Ich habe nicht die Zeit, schnelle Überprüfungen durchzuführen. Du verstehst, was ich meine? Dann habe ich noch einen verbesserten Lebenslauf von Paul Snider. Ihr hattet recht mit dem Gedanken, dass jeder eine tote Oma im Keller hat. Der Kerl ist spielsüchtig gewesen, oder immer noch. Wonach sieht das ganze denn aus? Nach einem Spiel, und er ist der Buchmacher. Wenn er zu den Buchmachern genauso eine Verbindung aufgebaut hat, wie sein Sohn über die Labore, werdet ihr keine großen Summenbewegungen auf deren Konten finden. Hörst du mir noch zu?"

„Entschuldigung, Sergio", Paulin war in der Zwischenzeit aufgestanden und hatte sich den PC auf den Schoß gelegt.

„Ich habe hier eine Nachricht von Benno Faller."

„Und, was schreibt er?"

„Unser Ziel ist Karelien. Benno hat irgendwelche Informationen bekommen, die aufzeigen, dass die Jagd in Karelien stattfindet."

Sergio brummte: „Karelien, kleinen Moment."

Pauline ließ ihm Zeit und forstete die Datei durch, die Sergio geschickt hatte, als sich der Amerikaner wieder meldete: „Du bekommst deinen Satelliten, wenn es wieder aufklart. Die haben für die nächsten Tage Bewölkung angesagt. Ich versuche, einmal unsere Kontakte in der Gegend zu aktivieren, damit wir weiterkommen."

„Ok, Sergio, ich gebe die Datei weiter, aber es wird bestimmt so sein, wie du gesagt hast. Die Bande ist extrem vorsichtig.“

„Das ist sie, Pauline. Halte mich auf dem Laufenden.“ Die Verbindung wurde unterbrochen, und die junge Frau saß noch eine Weile da, bevor sie unter die Dusche ging, um sich frisch zu machen und mit neuen Energien zu versuchen, ihren Freund zu finden. Dazu gehörte, sich erst einmal über Karelien zu informieren. Von einem Land, von dem sie nichts wusste.

Es war noch früh am Morgen, und sie ließ sich Zeit, die anderen zu wecken. Sie brauchten alle ihren Schlaf, und sie wusste nicht, inwieweit sie ihre Freunde in den nächsten Tagen belasten konnte. Dann rief sie das Safe-House an. Jeanne Batiste gab den Hörer gleich weiter an Pjotr.

„Hallo, Pjotr, was weißt du über Karelien?“

„Hey, Pauline, es ist ein Teil des russischen Reiches. Man spricht russisch, finnisch und die Samen haben ihre eigene Sprache. Von der Geschichte her, ein gebeuteltes Sumpfland, mit viel Wildnis, einem riesigen Naturschutzreservat. Das war aber schon alles. Warum fragst du?“

„Die Jagd soll da stattfinden.“ Pjotr überlegte einen Moment, dann sagte er: „Taktisch gesehen, eine sehr gute Lage. Nahe am Baltikum, Moskau ist leicht mit dem Flieger zu erreichen, und Finnland ist auch nur einen Katzensprung weg und dünn besiedelt.“

„Ich möchte, dass du dich in den Flieger setzt und zu uns kommst. Wenn es mit Karelien stimmt, brauche ich einen Verbindungsmann zur Regierung.“

„Ich bin auf dem Weg.“

„Danke, Pjotr. Gib mir bitte Betty.“

Pjotr reichte den Hörer weiter, und Betty meldete sich. Pauline erzählte ihr, was sie mit Sergio besprochen hatte.

„Das ergibt Sinn, Pauline. Ich hatte schon öfters Fälle mit Spielern, die fast nach dem gleichen Schema gearbeitet haben. Ich weiß, worauf ich achten muss. Gib mir die Bankverbindungen der Buchmacher rüber, ich sehe, was ich tun kann.“

„Danke, Betty, sobald ich die habe, bekommst du die Informationen.“

Pauline unterbrach die Verbindung, zog ihre Sportsachen an und lief ziellos durch die Straßen der Stadt. Mittlerweile war es soweit, dass die ersten Menschen zur Arbeit fuhren und der Moloch Paris erwachte. In der Nähe ihrer Unterkunft befand sich ein kleiner Park, in dem sie sich eine Wiese aussuchte und ihre Katas durchführte. In ihrem eigenen Universum gefangen, begann sie mit langsamen Übungen, die im Laufe der Zeit immer spezieller und schneller wurden. Längst hatten Rentner, Geschäftsleute, Spaziergänger oder andere Sportler am Spazierweg angehalten und beobachteten die schöne Halbasiatin, die in ihren Bewegungen eine symmetrische Abfolge einhielt, die die Kata zu einem Tanz werden ließ. Die Anwesenden hatten das Gefühl, als würde das Umfeld vor Energie knisterten, als Pauline abrupt aufhörte, ins Leere starrte und weinend in sich zusammenfiel.

Bille, Katharina und Louis hatten sich zusammengetan und waren Pauline sicherheitshalber gefolgt. Sie schauten, als die junge Frau ihre Kata begann, fasziniert zu, bis Pauline in sich zusammenfiel und erschöpft weinend am Boden liegen blieb.

„Das musste ja einmal so kommen“, bemerkte Bille mütterlich, ging zu ihrer Partnerin, die schon längst ihre Freundin geworden war und nahm sie in den Arm.
Katharina, die langsam auf ihre Schwester zuging, schaute sie ernst an, fixierte Pauline so, dass sie hochschauen musste und sagte leise, als sie ihre Hände nahm: „Was hätte unsere Mutter gesagt?“
Die Augen Paulines klärten sich, und sie sagte mit fester Stimme: „Kämpfe.“

Der Kopf des Drachen, 2. Tag

Bernd Rassmussen wurde wach, als das Boot anfing zu schaukeln. Ein Blick aus dem Seitenfenster zeigte ihm, dass auf dem See leichter Wellengang war. Die ersten Böen trieben das Wasser gegen das Boot, während gleichzeitig der Regen begann.

Der junge Profiler ließ sich Zeit, er wusste ganz genau, dass die Verfolger erst einmal genug damit zu tun hatten, ihre Verletzten wegzuschaffen, als er ein leises Brummen hörte. Er ging aufs Deck und sah ein Wasserflugzeug, das sich näherte.

Dass es im Landeanflug war, konnte er sehen, dann gab der Pilot Vollgas und gewann wieder an Höhe. Eine leichte Kurve nehmend, kam er in Richtung des ankernden Bootes und kreiste einen Moment über dem Schiff.

Bernd blieb aufreizend auf dem Deck stehen, dann ging er unter Deck, während die Maschine ihren Landeanflug erneut begann.

Der Profiler wusste jetzt, dass die Botschaft, dass das Boot in einer Bucht ankerte, weitergetragen wurde. Es passierte genau so, wie er es sich gedacht hatte und wie er es wollte. Schnell hatte er sich einen weiteren Tee gemacht und aß zwei Energieriegel dazu. Dann durchsuchte er das Boot noch einmal und fand eine Karte der Gegend. Sofort hatte er sich auf der Karte orientiert und seinen jetzigen Standort eingetragen. Den Kompass, den er im Lager gefunden hatte, hatte er in seine Armeehose gesteckt. Dann legte er sich das Tarn-Cape an, das gleichzeitig als Regen-Cap diente. Die Waffen geschultert, ging er aufs Deck und startete den Motor des Bootes und fuhr langsam aufs Land. Als er das leichte Schaben des Rumpfes, auf dem weichen Moorboden hörte, stellte Bernd den Motor aus und sprang an Land. Er befestigte die Leine an einem Ast, dann schaute er sich interessiert die Gegend an und beschloss, in 50 Meter Entfernung zum Ufer, wieder in Richtung des Lagers zu gehen. Diesen Gedanken legte er aber zu den Akten, denn die Bodenbeschaffenheit ließ ein solches Unterfangen nicht zu.

Bald bemerkte er, dass er sich wesentlich weiter vom Ufer entfernte, wie er es eigentlich vorgehabt hatte und das Gelände immer schwieriger wurde. Er orientierte sich anhand der Karte, legte den Kompass an und teilte die Strecke in Etappen ein, dabei richtete er sich nach originellen Geländepunkten, wie Buchten, Erhöhungen, kleine Flüsse, oder eingezeichnete Moorgebiete.

Auch den sich auferlegten Zeitplan musste er umwerfen, denn die Gegebenheiten des Geländes ließen eine schnelle Bewegung nicht zu. Trotzdem bewegte er sich im Zick-Zack Kurs auf das Lager zu, als er einen altbekannten Ton hörte.

Er duckte sich und war in seiner Tarnkleidung aus dem Flugzeug nicht zu erkennen, als dieses über ihn, in Richtung des Bootes, hinwegflog. Er verfolgte das Wasserflugzeug mit dem Fernglas und sah, wie sich 10 Fallschirmspringer aus relativ geringer Höhe, vom Rumpf der Maschine lösten.

Es zeichnete die Gefährlichkeit der Gruppe aus, dass sie so schnell reagierte und den Ersatzschirm für ihr Manöver nutzten.

Damit hatte der Profiler nicht gerechnet. Er wusste, dass er jetzt Spürhunde auf den Fersen hatte, aber konnten sie sich denken, dass er wieder zum Lager zurückkam? Die Maschine indes flog wieder in Richtung des Lagers.

Der Deutsche rechnete die zurückgelegte Entfernung aus und kam auf circa 4 Kilometer. Er nahm sich die Zeit, darüber nachzudenken, wie er reagieren würde und kam zu dem Ergebnis, dass der Pilot den Auftrag hatte, weitere Fallschirmspringer zu laden und sie vor ihm und auch weit hinter der ersten Gruppe abzuladen.

Keineswegs beunruhigt, setzte er seinen Weg fort, dabei orientierte er sich anhand der Karte und beschloss, die Hälfte des Weges zu gehen, um sich dann einen Unterschlupf zu suchen.

Kurze Zeit später, der Weg wurde leichter und ab und zu schauten Felsen aus dem Moor, hörte er wieder die Maschine. Das Fernglas in der Hand, sah er, wie 5 Springer vor ihm aus der Maschine geworfen wurden, dann flog das Flugzeug weiter, bis es weit hinter der ersten Gruppe war und warf die restlichen 5 Söldner ab. Die Maschine flog eine langgestreckte Kurve, um wieder im Lager zu landen. Bernd konnte sich gut vorstellen, dass sie noch mehr Soldaten abwerfen würden. Ein guter Leiter einer Einheit konnte sich errechnen, wie weit man in diesem Gelände laufen konnte. Er überlegte noch einmal, ob er etwas vergessen hatte und fluchte leise vor sich hin. Er hatte das Teewasser nicht ausgeschüttet. Es war bestimmt noch lauwarm, als sie das Boot überprüften. Als ihn ein weiteres leises Brummen aus dem Gedanken riss. Er nahm das Fernglas und sah, wie sich das Boot in Richtung des Lagers bewegte, sehr wahrscheinlich, um noch mehr Soldaten zu holen.

Innerlich verfluchte er sich, weil er so nachlässig agiert hatte.

Mittlerweile war schon früher Vormittag. Wenn er den Weg weitergehen würde, hätten sie ihn bald in der Zange und bestimmt würde es nicht lange dauern, bis sie ihn sehen konnten. So gab er sein Vorhaben auf, direkt zum Lager zu gehen. Er orientierte sich noch einmal an der Karte und drehte sich dann 90° Grad und bewegte sich schnell auf die finnische Grenze zu.

Zwei Möglichkeiten standen ihm offen, in drei Tagen die finnische Grenze zu erreichen, oder noch einmal unter den Soldaten aufzuräumen, um dann zu verschwinden. Auch diese Entscheidung wurde ihm abgenommen. Wieder hörte er die Maschine, die in einer Entfernung von 2 Kilometern die nächsten 10 Fallschirmspringer abwarf, die damit den Riegel zur finnischen Grenze geschlossen hatten.

Grimmig lächelnd begrüßte der Profiler in seiner sarkastischen Weise den Kommandeur des Gegners für diese Entscheidung, er wusste, wie man Wild jagt, und sehr wahrscheinlich hatte er seine Leute auf die Gefährlichkeit des Gegners eingeschworen.

Momentan sprach alles gegen ihn. Zu dieser Jahreszeit wurde es kaum dunkel, er war in einer schnellen taktischen Art eingekreist worden, der Gegner war überlegen. Dagegen stand, dass sie ihn nicht töten durften, da Snider noch etwas wissen wollte, und sie nicht genau wussten, wo er sich befand.

Bernd beschloss, zu dem ältesten Trick in der Kriegsführung zu greifen, der Tarnung. Mit dem Fernglas beurteilte er das Gelände und es blieb auf einer bestimmten Stelle stehen. Zwei kleinere Seen grenzten das Gebiet so ab, dass eine schmale Furt entstand, die durch einen kleinen Bach, der diese Furt in der Breite teilte, durchschnitt. Der Bach fütterte den einen See, mit dem Wasser des anderen Sees. Mündung, wie Ablauf des kleinen Baches, wurde von einem breiten Reet-Gürtel geschützt, der ihm anzeigte, dass das Flachwasser bis tief in den See ging. Da mussten alle durch.

Es dauerte nicht lange, da war ein Plan in seinem Kopf entstanden. Mit schnellen Schritten hatte er die Stelle erreicht, die er sich ausgesucht hatte. Er deponierte den Rucksack so, dass man ihn sah, entnahm ihm noch zwei Handgranaten, legte das Gewehr so darauf, dass es den Anschein erweckte, dass alles in Hast weggeworfen worden war, damit sich das Wild schneller wegbewegen konnte.

Die 10 Soldaten, die in Richtung der finnischen Grenze abgeworfen worden waren, mussten durch die Engstelle, um zu ihren Kameraden zu kommen, und das würde ihre Aufmerksamkeit einschränken. Er entledigte sich des Regen-Capes und ging an einer steinigen Stelle in den See, an der man seine Spuren nicht nachverfolgen konnte. Dann ging er zu dem weitesten Teil des Schilfgürtels, wo das Wasser schon brusttief war und drang von da aus in den Schilfgürtel ein. Er bewegte sich wie eine Schlange zwischen den einzelnen Halmen hindurch, so dass sie nicht brachen und sich auch kaum bewegten.

Durch die Konzentration bemerkte er nicht, wie sich die durchdringende Kälte des Wassers durch seine Kleider fraß. Je höher er zum Ufer kam, um so wärmer wurde das Wasser. Er blieb im knietiefen Wasser liegen, als er die ersten Stimmen hörte.

Ein guter Truppführer hatte mindestens zwei Scharfschützen, die die Furt mit ihren Gewehren überwachten. Mindestens 3 Soldaten waren das

Vorauskommando, die die Furt querten, so blieben 5 Soldaten über, die sich sichernd, ihrem Vorauskommando in Richtung des Rucksacks folgten.

Nur Augen, Nase und Ohren schauten aus dem Wasser, als er den Schatten eines Soldaten an sich vorbeistapfen sah. Ein vorsichtiger Blick nach oben zeigte ihm, dass der Blick des Mannes allein auf den Rucksack gerichtet war. Sich nicht bewegend, atmete er auf, als die drei Männer vorbei waren und er den einen sagen hörte: „Der hat sich erst einmal leichter gemacht, dann ist er verschwunden, als er uns hat springen sehen. Gib den anderen das Zeichen durch, dass die Gegend sicher ist.“

„Was ist, wenn der Rucksack vermint ist?“

„So viel Zeit hatte er nicht. Lassen wir das aber den Leader entscheiden.“

Der Soldat hatte das Zeichen gegeben und nach und nach, im Abstand von wenigen Schritten, trafen die fünf Soldaten ein. Einige Minuten später, die beiden Scharfschützen.

Einer der beiden Scharfschützen musste der Anführer sein, denn, als er eintraf, gab er nur den kurzen Befehl: „Alain, untersuche den Rucksack.“

Ohne zu zögern, trat der junge Franzose an den Rucksack heran, während im gleichen Moment die anderen Männer einige Schritte von dem Objekt wegtraten. Mit einem schnellen Griff hatte er einen Cutter in der Hand und schnitt vorsichtig, mit dem scharfen Werkzeug, den Rucksack der Länge nach auf. Dann setze er den Cutter noch einmal an und schnitt ein Kreuz hinein. Die vier Enden nahm er mit zwei Fingern hoch und klappte sie auf und betrachtete sich den Inhalt, den er dann Stück für Stück ans Tageslicht beförderte.

„Der Rucksack ist sauber, er hat eine Menge Sprengstoff mitgenommen."

Die anderen traten wieder zu Alain und unterhielten sich, während der Leader, dessen Namen Bernd noch nicht gehört hatte, über sein Sprechfunkgerät, einem anderen Soldaten Meldung erstattete. Als er fertig war, wandte er sich an die Soldaten: „Er kann hier nicht raus, er ist mit Sicherheit wieder zurück in Richtung des Sees, vielleicht zum Lager zurück. Er hat eine Armbrust, ein Messer und eine Pistole mit sehr wahrscheinlich 18 Schuss. Denkt daran, der Mann ist nicht zu unterschätzen."

„Wie geht es jetzt weiter?"

„Wir verfahren wie bisher. Drei Mann Vorhut, Haupttrupp fünf Mann und John und ich sichern. Das Gelände ist recht übersichtlich, bei 400-500 Metern kommen wir nach und ihr sichert uns. Also los, wir nehmen die Sachen aus dem Rucksack mit, falls wir ihn doch verpasst haben, dass er nichts mehr vorfindet. Aber ich glaube, wir treiben ihn vor uns her."

Die ersten drei nahmen ihr Gepäck auf und trabten los, kurze Zeit später folgten die fünf Mann, während die beiden Scharfschützen sich in einiger Entfernung in Stellung brachten und die Gegend mit ihrem Fernrohr beobachteten.

Bernd wartete noch einen Moment, bevor er aus dem Wasser kroch. Die beiden Männer lagen hochkonzentriert in leicht erhöhter Position. Bernd, der immer noch im Schilf in Deckung lag, zog leise seine Schuhe aus, die beim Gehen leise Geräusche von sich gegeben hätten, dann stand er auf, in der linken Hand die gespannte Armbrust und in der Rechten das riesige Messer.

Bernd entschied sich für den Leader, der neben sich das Sprechfunkgerät liegen hatte, mit der er die übergeordnete Leitstelle erreichen konnte. Mit leisen Schritten, darauf achtend, kein Geräusch zu verursachen, bewegte er sich auf den Anführer zu, dabei hatte er die Armbrust immer auf den zweiten Mann gerichtet, der sich einem unerfindlichen Grund umdrehte und verdutzt den Profiler ansah. Bevor er einen Ton von sich geben konnte, erreichte ihn schon der Pfeil der Armbrust und nagelte den Unterarm am Boden fest. Der Anführer drehte sich blitzschnell zu dem Angreifer, sah aber nur noch den Kolben der Armbrust, die wie eine Axt auf ihn niederfuhr, bevor er sich ins Land der Träume verabschiedete.

Dieser Sekundenbruchteil der Unaufmerksamkeit langte dem Soldaten, sich den Pfeil aus dem Arm zu ziehen und mit seiner gesunden Hand die Pistole zu greifen. Da war Bernd aber schon wie ein Schatten über ihm und trat ihm die Pistole aus der Hand.

Bis dahin war noch kein Wort gefallen. Der Profiler stand über dem Soldaten, wie ein leibhaftiger Geist und sagte nur leise: „Junge, versuche es nicht, du bist viel zu jung, um zu sterben."

Gehetzt schaute sich der Soldat um, um nach einer Chance zu sehen, aber alles hatte sich hinter einer kleinen Erhöhung abgespielt und keiner hatte etwas gesehen oder gehört.

Bernd dirigierte den Mann von seiner Waffe weg, steckte das Messer weg und nahm dagegen die Pistole.

„Deine Handschellen gehen an die Hände deines Kollegen, jetzt."

Der junge Mann stand vorsichtig auf und bewegte sich langsam auf seinen ohnmächtigen Kollegen zu.

„Auf den Rücken binden.“
Vorsichtig nahm er die Hände seines Vorgesetzten und fixierte sie hinter dem Rücken.

„Schuhgröße?“

„46.“

„Ausziehen, Hose, Jacke, Socken und Unterhemd auch, aber fix.“
Der Soldat entledigte sich seiner Kleidung, und Bernd zog sie an. Sofort wurde ihm wärmer.

Sein aufgeschnittener Rucksack lag noch immer mit allen ausgeräumten Utensilien auf dem Boden.

„Alles in deinen Rucksack einladen.“
Ab und zu schaute der Profiler sichernd über die kleine Erhöhung und sah nach den acht Soldaten, die sich immer weiter von ihrer Stelle entfernten. Bernd nahm das zweite Paar Handschellen auf und band die Hände des Soldaten auf dem Rücken fest und zerstörte das Sprechfunkgerät. Das Ortungsgerät, das jeder Soldat dabeihatte, nahm er an sich, genauso wie die detailliertere Karte des Anführers, der anfing, sich leicht zu bewegen. Mit einigen schnellen Griffen hatte er die Armeestiefel des Mannes ausgezogen und ihm mit dem Keramikmesser die Achillessehne durchgeschnitten, dasselbe machte er mit dem Soldaten, der ihn entsetzt musterte.

„Tja, mein Junge, es ist immer schlecht, auf der Seite der Verlierer zu stehen. Sage Snider, dass ich mich nach dem 7. Tag stellen werde, alles, was jetzt passiert, ist für beide Seiten nicht von Vorteil, und er hat es ganz alleine zu verantworten.“
Dann nahm Bernd den Rucksack auf, warf die restlichen Waffen ins Wasser und bewegte sich, ohne ein weiteres Wort zu sagen, in Richtung der finnischen Grenze.

Nachdem er den ersten Kilometer hinter sich gebracht hatte, warf er einen Blick auf das Display, das ihm zeigte, dass alle Soldaten der Gruppe wieder zusammen waren. Genauso konnte er die anderen Soldaten anhand der sich bewegenden Punkte erkennen, die das Netz immer weiter zuzogen. Bernd fiel in einen leichten Trab und bewegte sich immer weiter von der Stelle weg, wo die kleine Gruppe immer noch zusammenstand.

Die Armbrust hatte er liegen gelassen, da er sie in Ermangelung von Pfeilen nicht mehr nutzen konnte. Es tat ihm leid, denn es war eine lautlose und genaue Waffe, mit der er auf kurze Distanz genau arbeiten konnte. Dafür hatte er das Scharfschützengewehr des Leaders mitgenommen. Nach einer kurzen Kontrolle kam er zu dem Urteil, eine gute Waffe mitgenommen zu haben.

Der leichten Trab fiel ihm nicht schwer, und die Kontrolle des Displays zeigte ihm, dass die Soldaten noch nicht alle zusammengefunden hatten, aber es war jeden Augenblick soweit und dann begann die Hetzjagd von neuem.

Der späte Nachmittag war angebrochen, und Bernd hatte sich bisher circa 8 Kilometer von der Gruppe entfernt, als die einzelnen Gruppen sich zusammengefunden hatten und nach einer kurzen Beratung die Verfolgung aufnahmen.

Der Profiler wusste, dass es jetzt eng werden konnte. Es war aber nur eine Sache der Sichtweise mit dem Problem umzugehen. Aus der Erfahrung kannte er das Problem, das der Moment maßgebend war. So versuchte er, die Entfernung zu der Gruppe zu erhöhen, um Zeit zu gewinnen.

Bernd befand sich jetzt auf festem Untergrund. Auch wenn Karelien platt, wie ein Blatt Papier war, war es von leichten Erhöhungen durchzogen, die aber kaum in diesem flachen Land auffielen. Der Untergrund dieser Erhöhungen war Granit, der nur von kleinen und großen Flüssen durchzogen war.

Für den jungen Profiler gab es zwei Möglichkeiten. Den Weg nach Finnland, oder sich dem Kampf stellen. Er schaute auf das Display und sah, dass die Gruppe sich schnell in seine Richtung bewegte. Anhand der Punkte auf dem Display konnte er feststellen, dass vier Soldaten zurückgeblieben waren. Zwei, die verletzt waren und zwei zur Bewachung oder zum Transport abgestellt worden waren. Ein Soldat hatte das Boot zurückgebracht. Nach seiner Rechnung blieben dann noch 25 Männer übrig, die ihn verfolgten. Eine durchaus vertretbare Menge, wenn er es schlau anfing.

Langsam merkte er die Belastung am Wadenmuskel und musste sich etwas einfallen lassen. Zur finnischen Grenze waren es noch circa 50 Kilometer.

Er analysierte das Terrain und kam zu dem Schluss, den Weg durch die Sümpfe zu gehen. Der Weg war schwieriger, aber nicht nur für ihn. Also drehte er sich in Richtung Westen und begab sich ins Sumpfland. Der Regen hatte aufgehört, aber die Wolken hingen tief, und der junge Profiler nahm mit einer gewissen Befriedigung den Geruch seiner Umgebung war. Mit sicherem Blick fand er den Weg durch den Sumpf und verschwand immer wieder unter den dichtstehenden Bäumen. Er war gespannt, ob sie das Gerät mit dem Display modifiziert hatten und schaute auf das Display.

Grimmig lächelnd sah er, dass die Soldaten schon weit vor ihm den Weg in den Sumpf gefunden hatten. Sie hatten das Gerät also auf Ortung eingestellt.

Bernd ging in die Menüfunktion, suchte und fand den Schalter unter Einstellungen, um das Ortungssystem auszuschalten. Danach beobachtete er das Display, und nach und nach gingen die leuchtenden Punkte aus, und die Gruppe Soldaten war genauso blind wie er.
Da die Soldaten den Weg abgekürzt hatten, waren sie ihm soweit nähergekommen, wie er es eigentlich nicht wollte, und er musste sich dringend ausruhen. So ging er noch 500 Meter in Richtung Westen, dann änderte er seine Richtung nach Norden zur finnischen Grenze. Weitere 5 Kilometer mutete er seinen Waden zu, dann suchte er sich einen versteckten Platz auf der nördlichen Seite einer großen Lichtung und richtete sich für die Nacht ein. Den Rucksack nahm er als Kopfkissen, und in das Regen-Cape wickelte er sich ein. Soweit er sich erinnern konnte, lag Karelien auf einem Breitengrad, der auf der Höhe Trondheims war, und zu dieser Jahreszeit, zu der fortgeschrittenen Tageszeit war es noch hell, aber die Dämmerung kündigte sich schon an und auch die Tierwelt nahm sich die Zeit der Ruhe.

Der Kopf des Drachen, 3. Tag

Sich auf seine Instinkte verlassend, war er schnell eingeschlafen und schlief einen traumlosen Schlaf. Als es dämmerte, wachte er auf und fühlte sich erfrischt. Im Regen-Cape eingewickelt, hörte er erst einmal auf die Natur, aber es war alles normal. Die Vögel erwachten mit wildem Gezirpe, das aus dem hohen Geäst der Birken kam und ein Rudel Rehwild querte die Lichtung in nicht allzu großer Entfernung.

Er wartete, bis das Rudel im Wald verschwunden war, dann wickelte er sich aus und sah nach seinen Waden. Der Arzt hatte ganze Arbeit geleistet, denn die Wunden bluteten nicht mehr und sahen gut aus. Er rieb die genähten Wunden mit entzündungshemmender Creme ein, die er im Rucksack gefunden hatte und verband sie aufs Neue. Dann aß er drei Energieriegel und spülte alles mit einem Schluck Wasser aus der Feldflasche hinunter.

Er entspannte sich noch einen Moment und genoss den Morgen, dann nahm er sein Ortungsgerät, stellte seinen momentanen Standort fest und übertrug es auf die Karte. Nicht weit vor ihm, musste es einen großen See geben, den er eigentlich nur in Richtung Westen umrunden konnte, um von seinem Ziel nicht zu weit abzudriften. Bernd nahm sich den Kompass, legte ihn auf die Karte und verschob alles so, dass die Karte und die Kompassnadel nach Norden zeigten. Anhand der Nadel sah er, welches die kürzeste Entfernung zur äußersten Ecke des Sees war. Schnell hatte er alles verstaut, seine Waffen gecheckt, den Rucksack aufgenommen und so ging er, nach allen Seiten sichernd, zur äußersten Ecke des Sees. Er kam gut voran und mache sich Gedanken um seinen Gegner, dem er jetzt wieder die Möglichkeit gegeben hatte, näher an ihn heranzukommen. Wenn sie, in der Zeit, in der er geschlafen hatte, weitergegangen wären, müssten sie jetzt eigentlich vor ihm sein, aber das würde er schnell feststellen.

In der Ferne konnte er den See sehen, und mit dem Fernglas erkannte er auch die Nase, die er erreichen sollte. Konzentriert beobachtete der Profiler die Baumwipfel und das freie Terrain, dann sah er in einer Entfernung von ungefähr 1500 Metern einen Schwarm Vögel erschreckt auffliegen.

„Na, da sind sie ja, seid wohl die Nacht durchgelaufen. Jetzt stellt sich nur die Frage. Wie weit habt ihr euch aufgeteilt?"

Bernd faltete noch einmal die Karte auseinander und entschloss sich, den Weg der Soldaten nach Westen so weit zu kreuzen, dass sie ihn nicht mehr so schnell erreichen konnten, bevor er sich wieder nach Norden wandte.

Er ging weiter, keine Hast ausstrahlend, immer vorsichtig, keine Tiere aufzuschreckend, gelangte er an die Stelle, wo er die Spuren des Trupps queren sollte. Einem Instinkt nachgehend, folgte er den Spuren auf einer Strecke von 500 Metern. Schon nach 100 Metern sah er die Fußabdrücke eines einzelnen Soldaten, die sich nach Westen wandten. 400 Meter weiter sah er im moorigen Untergrund das nächste Paar Fußabdrücke.

Ihm war sofort klar, dass er diesen Gegner nicht unterschätzen durfte, so ging er die 500 Meter zurück und drehte sich dann nach Westen. Er war gespannt, was ihn erwartete. Die Gewissheit, dass sie ihn nicht töten durften, ließ eine gewisse Art der Sicherheit in ihm aufkeimen.

Langsam, sich nichts anmerken lassend, dass er nach allen Seiten sicherte, ging er seinen Weg in Richtung Westen.

Es mussten zwei besondere Leute sein, die der Anführer alleine in der Wildnis zurückließ, um einen Gegner zu stellen, der bis jetzt keine Schramme davongetragen hatte, aber ihnen selber viel Schaden zugefügt hatte.

Die Landschaft änderte sich nicht, Moorgebiete, die unterbrochen von kleinen Wäldern und Seen sich bis zum Horizont verloren, ließen die Welt eintönig erscheinen. Aber der Profiler wusste, dass das Leben hier boomte. Ob es das Schnattern der Enten, oder das Brechen von Ästen, wenn ein Elch davoneilte, zu hören war, es war pure Energie, die ihn umgab, man musste sie nur verstehen.

So ging er konzentriert weiter und hörte auf das schmatzende Geräusch, wenn er einen Fuß vor den anderen setzte. Er hatte gerade einen kleinen Teich hinter sich gelassen und versuchte, auf trockeneres Terrain zu kommen, als das Zwitschern der Vögel erstarb, sofort ging er in die Kniee und sein Instinkt rettete ihm vor einer Verletzung.

Der Pfeil, der ihn treffen sollte, war von rechts gekommen. Sein Körper, der sowieso im Anspannungsmodus war, reagierte instinktiv. Zuerst musste er einmal die zähe Masse unter seinen Füssen hinter sich lassen. Gehetzt schaute er sich nach einem Baum um, der ihm den ersten Schutz geben konnte. Seine Bewegungen kamen ihm langsam, fast wie in Zeitlupe vor, als er die Birke erreichte, die ihm den ersten Schutz bot, bohrte sich, mit einem dumpfen Klack, der nächste Pfeil in das Holz.

Mit einem schnellen Blick hatte Bernd erkannt, dass es ein Armbrustpfeil war, also musste sich der Gegner in einem ungefähren Bereich von 40-50 Metern nach Nordwest befinden. Nicht dass er darüber nachdachte, es waren Algorithmen, die ihm durch den Kopf gingen, ohne dass er sich dessen bewusst war, aber das Ergebnis stimmte. Er sah eine schattenhafte Bewegung hinter einer Birke. Den Rucksack hatte er schon abgelegt. Sein Gewehr wollte er nicht benutzen, da er durch den Knall keine anderen Gegner auf ihn aufmerksam machen wollte, also verharrte er hinter der Birke, die ihm einen mäßigen Schutz bot.

Der Profiler rechnete seine Chancen aus und kam zu dem Ergebnis, dass er nicht viel Zeit hatte. Ein kurzer Blick auf den Display seines Ortungsgerätes zeigte ihm, dass sein Gegner dieses wieder eingeschaltet hatte und Bernd sah die vielen Dips, die sich langsam, aber stetig auf seine Position zubewegten. Der unbekannte Gegner hatte es also schon weitergegeben, dass er das Wild gestellt hatte. Bernd reagierte instinktiv. Er warf sein Gewehr weg, stand auf und zeigte dem Gegner an, dass er vortreten wollte. Er wollte sehen, mit wem er es zu tun hatte. Was er dann sah, war ein baumlanger Sikh, der hinter einer starken Birke hervortrat.

Das einzige, was ihn von einem westlichen Soldaten unterschied, war der mächtige Turban auf seinem Kopf und der wilde, aber gepflegte Bart.

Der Mann hatte verstanden, was Bernd wollte, einen Zweikampf. So hatte er auch seine Armbrust weggeworfen und kam mit zwei ungewöhnlich großen Kirpan, dem traditionellen Dolch der Sikhs, hinter dem Baum hervor. Der Profiler erkannte sofort die Gefährlichkeit seines Gegners und erinnerte sich der Worte seiner Freundin Pauline, keine unnötige Gefahr einzugehen. Er konnte es sich nicht leisten, sich zu verletzen, also warf er den Gedanken des Zweikampfes weit von sich.

Mit einem Lächeln zeigte er seine leeren Hände und ging auf den Mann zu, der wachsam vor ihm stand und den Profiler belauerte.

„Wie wollen wir es machen?"

„Du bist also der Kopf des Drachen. Wie ein Drachen siehst du nicht aus."

„Das ist ja das Problem. Also, wie wollen wir es machen?"

„Messer?"

Bernd deutete mit seiner Linken auf die beiden Kirpan und sagte verächtlich: „Das nennst du Messer, das sind Kurzschwerter."

Der Inder warf einen kurzen Blick auf seine beiden Waffen. Das genügte dem Profiler, als der Inder wieder hochsah, sah er in die Mündung einer 45 er.

„Es tut mir leid, mein Freund, aber mit einem Zweikampf wird es heute nichts. Lass die beiden wunderbaren Waffen fallen und komm fünf Schritte nach vorne. Eine falsche Bewegung und du hast ein Loch im Kopf, und das muss nicht sein."

Abschätzend sah der Inder den Profiler an. Bernd wusste, dass solche gefährlichen Männer einen ausgeprägten Überlebensinstinkt hatten, so war es auch bei diesem Mann. Fast unmerklich ließ er die Schultern sinken.

„Schuhe ausziehen."

„Du willst doch nicht?"

Bernd schaute den Inder ohne eine Regung an: „Tot oder leben, deine Entscheidung?"

Schwer aufatmend zog der Mann seine Stiefel aus.

„Umdrehen und auf den Bauch legen."

Der Inder hatte die Position noch nicht ganz erreicht, da hatte Bernd schon beide Achillessehnen durchgeschnitten.

„Es ist nichts Persönliches, mein Freund."
Dann durchsuchte er den Mann noch nach Waffen und warf diese ein paar Meter weg. Schnell hatte er seinen Rucksack und das Gewehr aufgenommen und wollte im Wald verschwinden, als mehrere Schüsse aufbellten, und die Kugeln kleine Erdfontänen aufspritzen ließen.

Mit einem Schritt war er hinter einer Birke, sah vorsichtig an der gefleckten Rinde vorbei und nahm eine huschende Bewegung in circa 200 Meter Entfernung wahr. Bernd nahm sein Fernglas zur Hand und sah einen zweiten Inder, jede mögliche Deckung ausnutzend, auf ihn zulaufen. Es war ein Abbild des ersten Inders, von dem er immer noch nicht den Namen wusste.

„Dein Bruder?", fragte er den auf dem Boden liegenden."
Der Inder nickte nur.

„Sag deinem Bruder, er soll stehen bleiben, sonst bekommt er und du eine Kugel."
„Rahul, bleib stehen."
Sofort blieb der Inder hinter einer schmalen Birke stehen. Bernd hatte mit seinem Gewehr die Birke anvisiert, hinter der sich der Mann versteckte und gab einen Schuss auf die Birke ab.

„Sag Rahul, er soll seine Waffen in den Sumpf werfen."
„Rahul, wirf deine Waffen weg, sonst tötet er mich."
„Dann stirbt auch er", kam es zurück.
Bernd lehnte sich lässig an die Birke und feuerte einen Schuss auf den am Boden Liegenden, die Kugel ging knapp vorbei.

„Sag ihm, die nächste trifft.“

„Verschonst du ihn mit der Achillessehne?“

„Ich schenke ihm sein Leben.“

Jetzt fing Bernd an, mit Rahul direkt zu kommunizieren: „Rahul, wirf einfach deine Waffen in den Sumpf. Ich habe keine Lust und keine Zeit zu verhandeln. Das läuft hier schnell ab, oder gar nicht. Zwei Kugeln wären der einfachste Weg, aber die Zeit, dass ihr sterbt, ist noch nicht da. Also wirf die Waffen weg und komm her.“ Rahul überlegte einen Augenblick, dann kam er zu dem Ergebnis, seinen Bruder zu retten und warf die Waffen in den Sumpf.

„Ich komme jetzt.“

„Ja.“

Der Inder trat vor und kam langsam auf den Profiler zu. Jetzt sah er, dass Rahul jünger als sein Bruder war. Bernd war entspannt, denn er sah die Verbundenheit der beiden Männer.

„Warum macht ihr so etwas? Als ich im goldenen Tempel von Amrisar ein Mahl zu mir genommen habe, habe ich mich lange mit einem Nihang unterhalten. Dieser Krieger war alt, aber sehr weise. Er erzählte mir viel von der Religion der Sikhs. Sie passt so gar nicht mit euere Tätigkeit, die ihr hier ausübt, zusammen. Guru Nanak würde sich im Grab umdrehen, wenn er euch hier sehen könnte. Oder seid ihr Ungläubige, dass ihr die Lehren eures geistigen Führer missachtet?“

„Du warst im goldenen Tempel von Amrisar, Kopf des Drachen?“

„Ihr wisst, dass die Lehre der Sikh-Religion davon ausgeht, dass jede Tat und jeder Gedanke eine Konsequenz haben wird, so auch hier. Ihr gehört der

Kriegerkaste an, benehmt euch also auch wie Krieger, so will es euer Glaube."

Bernd sah, dass er die beiden Männer getroffen hatte und fasste gleich nach.

„Ihr gehört nicht zu der normalen Legionär-Truppe. Zu wem gehört ihr?"

Die beiden Männer schauten den Profiler fasziniert an, als sich Rahul mit seinem Bruder durch einen Blick verständigte. Der nickte nur.

„Bernd Rassmussen, du bist der Kopf des Drachen, eine Bezeichnung, die nur außergewöhnlichen Kriegern zuteil wird. Ja, auch wir kennen diese Bezeichnung. In Asien und Vorderasien gab es nur ganz wenige Männer und Frauen, die dieses Privileg tragen durften. Ich habe noch nie gehört, dass es einem westlichen Krieger gelungen ist, in die besondere Kaste der Krieger aufzusteigen. Anscheinend ist es dir gelungen."

„Dann wisst ihr auch, was einen Kopf des Drachen Krieger ausmacht?"

Die beiden schüttelten verneinend mit dem Kopf und schauten den Deutschen fragend an.

„Es ist nicht nur die Härte des Handelns, es ist auch das Verständnis anderen Kriegern gegenüber. Teilt Snider und den anderen Kriegern mit, dass die Zeit der Geduld vorbei ist. Jeder, der mich töten will, wird ab sofort getötet, erbarmungslos, und nach 7 Tagen werde ich mich bei ihm melden. Es gibt keinen Grund mehr, mich zu jagen. Nimm deine Handschellen und mache dich an deinem Bruder fest."

Der Sikh griff vorsichtig nach hinten und holte eine Handschelle hervor, mit der er sich an seinen Bruder festkettete.

„Ihr schuldet mir zwei Leben und zwei Achillessehnen, wenn ich euch noch einmal sehe, seid ihr tot."
Bernd warf einen Blick auf das Display und sah, dass die andere Gruppe noch gute 2 Kilometer vor sich hatte, bis sie die jetzige Position erreicht hatte. Er nahm seinen Rucksack und seine Waffe auf und wollte sich abwenden, als er merkte, dass der jüngere Sikh noch etwas sagen wollte.

„Was ist noch?"

„Ich möchte die Schuld der Achillessehnen einlösen."

„Ich höre."

„Wir haben dir die Frage noch nicht beantwortet, von wem wir kommen. Der Sohn von Snider hat uns beauftragt, dich zu töten, weil du das ganze Geschäft, das Sniders Sohn aufgebaut hat, destabilisierst. Die ersten Kunden sind abgesprungen, weil sie im Dark Netz mitbekommen hatten, dass du länger lebst als vorgesehen. Das Problem liegt darin, dass Snider ein Spieler ist und gewettet hat, dass du nur 3 Tage in Karelien schaffst. Mittlerweile besteht eine Tendenz, dass du länger am Leben bleibst. Bei 4 Tagen würde Snider viel Geld verlieren. Bei sieben Tagen wäre er pleite. Das würde bedeuten, die Gläubiger würden sich das Geld bei seinem Sohn holen. Wenn sie es bei seinem Sohn nicht bekommen, dann bei den Firmen, mit denen Bill Snider verbunden ist. Deshalb scheißt Bill Snider auf die Order seines Vaters und will dich tot sehen, damit er in Ruhe weiterarbeiten kann."

„Das würde bedeuten, das ganze Problem würde sich in Luft auflösen, weil andere Mächte die Initiative übernehmen. Also ist Bill Snider die Spinne?"

„Ja."

„Mit wie vielen von euch habe ich es hier zu tun?“

„Wir sind 3 Sikhs. Der Dritte kommandiert den Trupp.“

„Überzeugt euren Commander, dass es gesünder ist, mich nicht weiter zu verfolgen. Wo hat Bill Snider sein Hauptquartier?“

„Das wissen wir nicht, wenn es brennt, werden wir nur telefonisch kontaktiert.“

„Habt ihr ihn überhaupt schon einmal gesehen?“

„Nein.“

„Denkt daran, was ich euch gesagt habe.“

Rahul nickte dem Profiler verstehend zu, der aber sah die Bewegung schon nicht mehr. Bernd hatte sich umgedreht und verschwand in der Tiefe des Sumpfes. Den Kompass in der Hand, ging er weiter nach Westen. Ab und zu kontrollierte er das Display und sah, dass die Gruppe die beiden Inder erreicht hatte. Er blieb stehen und beobachtete die Punkte auf dem Display. Nach geraumer Zeit hörte er einen Schuss, dann sah er, wie sich die Gruppe von drei Punkten löste, um ihn weiterzuverfolgen. Ein Blick auf die Karte zeigte ihm, dass er noch immer nach Westen gehen musste, sonst würde er auf die breite Seite eines Sees stoßen, bevor er weiter zur finnischen Grenze abbiegen konnte.

Er war in einen leichten Trott verfallen und vermied es, soweit es ging, Spuren zu hinterlassen. Mittlerweile war er 3 Stunden unterwegs und kontrollierte das Display, aber der Gegner hatte seine Geräte ausgeschaltet, so konnte er nur vermuten, wo sich die Gruppe Söldner befand. Durch den dichten Baumbestand war es auch ihm nicht möglich, mit dem Fernglas irgendwelche Bewegungen wahrzunehmen. Er rechnete aber damit, dass die Söldner 2 Kilometer hinter ihm waren.

Bernd blieb kurz stehen, verglich Kompass und Karte und wandte sich dann nach Norden. Wieder nahm er einen leichten Trott ein, der ihn stetig vorwärtsbrachte, als er nach 2 weiteren Stunden menschliche Rufe und das Knurren eines Tieres hörte. Er blieb stehen, orientierte sich und ging dem Knurren nach.

Nach einer kurzen Strecke durch den Wald, kam er an eine Lichtung und sah einen Braunbären mit einem Jungen, der aufgeregt um ein Moor-Loch herumlief, das junge Tier immer hinterher. Vorsichtig schaute der Profiler hinter einem Baum hervor und sah einen jungen Samen, bis zur Brust im Moor stecken. Die Kleidung auf der rechten Brustseite waren zerfetzt und blutdurchtränkt. Das Gesicht hatte zwei tiefe klaffende Wunden, die stark bluteten.

Bernd sah, dass der junge Same am Ende seiner Kraft war. Ohne zu überlegen, übernahm er das Geschehen, stellte sein Gewehr auf Dauerfeuer und schoss den beiden Raubtieren vor die Füße. Das Junge flüchtete sofort hinter seine Mutter, die sich aufrichtete und ihren Gegner suchte. Bernd wechselte das Magazin und ging hoch aufgerichtet, immer wieder auf den Boden feuernd, auf die beiden Tiere zu, dabei schrie er laut und fing an, auf die Tiere zuzulaufen. Das Muttertier war durch den überraschenden Angriff irritiert und flüchtete mit dem Jungen auf den dichten Wald zu, nicht ohne immer wieder nach hinten zu sehen. Bernd hatte das Feuer schon eingestellt und lief auf das Moorloch zu.

Eilig hatte er den Rucksack im Laufen ausgezogen und den Inhalt ausgekippt. Die Waffe legte er daneben, dann löste er beide Schultertrageriemen, hielt das eine Ende fest und warf dem jungen Mann das andere Ende zu.

„So, mein Freund, jetzt reißt du dich zusammen, greifst den Gurt und hälst ihn fest."

Der junge Mann nickte nur schwach, griff aber nach dem Gurt.

„Keine unnötige Bewegung, haben wir beide uns verstanden?"

Wieder gab es ein schwaches Nicken, und der Profiler zog langsam an. Der Same hatte inzwischen mit der anderen Hand zugegriffen und hielt mit der Kraft, die er noch hatte, den Gurt fest. Langsam löste sich der Körper aus der sämigen Masse, und Bernd bekam Stück für Stück den jungen Mann auf den festen Untergrund gezogen.

Als er ihn auf festem Grund hatte, lag er erst einmal auf dem Rücken und atmete schwer, auch der Same röchelte, um genug Sauerstoff zu bekommen.

„Wie heißt du, mein Junge?"

„Jannock, Andreas Jannock."

„Ich bin Bernd, Andreas. Wo bist du überall verletzt?"

„Bein, Brust und Gesicht. Ich hatte keine Chance."

Bernd richtete sich auf und sah sich das Bein an. Mit einem schnellen Griff hatte er sein Messer gezogen und die Hose des Samen aufgeschnitten. Was er sah, ließ ihn kurz mit dem Kopf schütteln: „Das sieht nicht gut aus, mein Junge. Du musst sofort zum Arzt. Kannst du auftreten?"

Der Same versuchte Druck auf das Bein zu bringen, verzog aber sofort schmerzhaft das Gesicht. Der Bär hatte ihm mit einem Tatzenhieb den Oberschenkelmuskel bis auf den Knochen aufgerissen. Bernd nahm sich nicht viel Zeit die Wunde zu säubern, sondern schüttete einmal Wasser über das offene Fleisch, damit der gröbste Dreck aus der Wunde war, schmierte entzündungshemmende

Salbe darauf und legte einen festen Verband an. Auf das Gestöhne des Jungen hörte er nicht, denn mit einem Ohr war er im Wald.

„So, mein Junge, jetzt müssen wir hier verschwinden. Ich werde verfolgt. Weißt du ein gutes Versteck?"

„In einem Kilometer Entfernung ist eine Jagdhütte der Samen, da habe ich ein Quad stehen, aber das schaffe ich bis dahin nicht."

„Andreas, du musst, ansonsten wird der Sumpf dein Grab." Bernd hatte leise und eindringlich gesprochen. Einen kurzen Blick zu einer Birke, zeigte ihm eine mögliche Lösung. Schnell hatte er einen stämmigen geraden Ast abgeschlagen und so präpariert, dass der Junge ihn als Stütze verwenden konnte.

„So, versuche es. Mit der anderen Seite halte ich dich." Der Same stand mit schmerzverzerrtem Gesicht auf, griff sich die Stütze und klemmte sie unter die Achsel seiner verletzten Beinseite und ließ so das Bein hängen. Bernd griff auf der anderen Seite zu und stützte ihn dort.
Die beiden sprachen nicht viel. Bernd konnte den Tod schon fast riechen. Er hatte die Legionäre so geärgert, dass sie ihn jetzt kompromisslos verfolgten und mit jeder Sekunde näherkamen. Und der Same wusste, wenn der Deutsche ihm nicht geholfen hätte, er schon längst im Sumpf versunken wäre. Außerdem hatte er das Gefühl, dass der Mann wusste, was er tat. So stapften beide, eine breite Spur hinter sich lassend, in die Richtung der Jagdhütte. Ab und zu hielten sie an, um zu lauschen, aber außer den vertrauten Geräuschen des Waldes, hörten sie nichts.
Immer tiefer führte der Same die beiden Gestrandeten in die Schwärze des Waldes. Der Boden wurde fester, und

sie kamen, für die Art der Verletzung, schnell voran. Einmal schaute Bernd auf seine mitgeführte Karte, konnte aber keinen Weg oder eine Hütte erkennen.

„Du brauchst dich nicht an der Karte zu orientieren, so etwas ist da nicht eingezeichnet."
Bernd schaute den Jungen an: „Am Wildern gewesen."

„Es langt, wenn die Russen hier wildern. Wir Samen sind die Sumpfmenschen, wir leben in eins mit der Natur. Es geht hier um Tradition, also Nahrungsbeschaffung und Kontrolle von Fallen."

„Na, viel hätte nicht gefehlt, dann wärst du in die Falle der Bären gegangen."
Der Junge grinste ihn an und sagte nur: „Die Waldgeister haben beschlossen, dass es noch zu früh für mich ist."

„Dann hoffe, dass die Geister weiter ihre Hände über uns halten."
Sie waren einen Moment stehen geblieben, um sich zu erholen, als sie leise Stimmen durch den Wald hörten.
Bernd reagierte sofort: „Tut mir leid, mein Junge", dann bückte er sich, warf sich den Samen über die Schulter, der das mit einem Stöhnen quittierte und ging los, sich immer an die Anweisungen des Samen haltend. Allmählich merkte der Profiler, dass die Waden anfingen zu schmerzen und sich die Überbelastung bemerkbar machte.

„Wie weit noch, Andreas?"

„Da, hinter den Bäumen."
Die Hütte war so gut in die Natur verbaut, dass man sie erst erkannte, wenn man einige Meter vor ihr stand. Anhand des Weges konnte man sehen, dass sie öfters angefahren wurde.

„Wo ist das Quad?"

„Hinter der Hütte.“

Ohne anzuhalten, spurtete der Profiler um die Hütte, und vor ihm stand ein Doppelsitzer-Quad.

„Schlüssel?“

„Steckt.“

Bernd lud den Jungen auf dem Sozius ab und gab ihm das Gewehr: „Kannst du damit umgehen?“

Der Junge nickte nur grinsend mit schmerzverzerrten Gesicht. Bernd gab ihm noch zwei Ersatzmagazine.

„Wenn wir hinter der Hütte vorkommen, feuerst du, was das Zeug hält.“

Wieder nickte der Junge, und Bernd schwang sich auf den Sitz, startete das Quad, das auch sofort ansprang. Mit dem Arm der verletzten Brustseite, krallte sich der Same fest in das Hemd des Profilers und in der anderen Hand hielt er das Gewehr.

Ohne Rücksicht zu nehmen, kurvte der Profiler um die Hütte, und die beiden wurden gleich mit einem Kugelhagel empfangen. Die Legionäre waren noch tief im Wald, hatten aber den Motor des Quads gehört und feuerten aus allen Rohren, dabei blieben die meisten Kugeln in den Bäumen stecken.

Der junge Same hatte das Gewehr auf Dauerfeuer gestellt und feuerte, ohne zu zielen, zurück. Nachdem das Magazin leer war, wechselte er es sofort wieder und feuerte weiter.

Bernd, der inzwischen in der Spur des Waldweges war, gab Vollgas. Die beiden unfreiwilligen Kameraden benahmen sich wie ein eingespieltes Team und entfernten sich immer weiter von der Hütte. Der rechte Arm des Samen war kraftlos geworden. Immer noch die Schussfolge des Dauerfeuers in den Ohren, verlangsamte der Profiler die Geschwindigkeit, um dann nach einigen Kilometern anzuhalten.

Bernd stieg ab, und der Same fiel sofort kraftlos auf den vorderen Sitz. Der Profiler sah das Einschussloch, das die linke Schulter zierte. Sofort schnitt er die Jacke, die Andreas trug, auf. Die Kugel steckte noch in der Schulter. Bernd nahm das letzte Verbandsmaterial konstruierte, mit dem wenigen, was er noch hatte, einen Druckverband und band den jungen Mann auf dem Sozius fest und sah ihm in die Auge.

„Andreas, nicht wegtreten. Wo müssen wir lang? Ich kenne mich hier nicht aus."

Halb ohnmächtig, antwortete der Same: „Immer gerade aus. Nach 10 Kilometern geht es links, dann fährst du, bis du zu einer befestigten Straße kommst, dann rechts, circa 30 Kilometer. Dann kommst du zu einem kleinen Ort, da ist unser Sommerlager. Pass auf, dass dich die Einheimischen Russen nicht sehen."

„Ok, mein Junge, ich bringe dich nach Hause."

Bernd schnallte den Jungen, so gut es ging, an sich fest und fuhr los. Das Gewehr hatte er wieder an sich genommen und den Rucksack vor sich. Schlaglöcher vermeidend, versuchte er so schnell wie möglich die asphaltierte Straße zu erreichen. Auf der Straße angekommen, fuhr er nach rechts. Jetzt ging es relativ schnell, und Bernd achtete immer wieder auf den Jungen, der in regelmäßigen Abständen stöhnte. Einmal hielt er kurz an, gab Andreas einen Schluck Wasser und fühlte seine Stirn. Der Junge bekam Fieber, der Profiler schwang sich wieder auf das Quad und fuhr mit maximaler Geschwindigkeit in Richtung der kleinen Ansiedlung. Wie Andreas vorhergesagt hatte, erreichte er das Lager, das vor einer kleinen Ansiedlung lag. Neugierige Blicke verfolgten ihn, als er mit dem Quad von Andreas in das Lager einbog. Als die Samen die leblose Gestalt hinter dem Fahrer erkannten, kamen sie sofort hinterher und erreichten den Deutschen, als der von dem Quad stieg, dass er vor dem größten Zelt parkte.

Eine alte Frau kam aus dem Zelt und sah sofort den Zustand des Samen. Mit kurzen Befehlen an die Umstehenden, verschaffte sie sich Ruhe. Der Verletzte wurde vom Quad genommen und vorsichtig in das Zelt gebracht.

Die Alte kam zu Bernd und fragte: „Was ist passiert?"

Bernd erklärte kurz die Verletzung des Jungen, als einer der anderen jungen Leute auf die Alte zukam und etwas auf Finnisch sagte, das der Profiler nicht verstand. Fragend sah er die Frau an, die innerlich ruhig, ihm auf Russisch sagte: „Der Arzt ist gleich da."

Bernd merkte die Müdigkeit in den Knochen und lehnte sich erschöpft an das Quad.

Paris, 4.Tag

Pauline und ihr Team saßen im Hotel beim Frühstück. Man sah der kleinen Gruppe an, dass die letzten vier Tage sie geschlaucht hatte. Dauernde Telefonate mit Sergio, Georg Bauer, Kunigunde Conradi und Informanten, wie auch Recherchen, die sie bis dato noch nicht viel weitergebracht hatte, hatten ihren Teil dazu beigetragen, dass sie blass und müde aussahen.

Keiner sprach und alle hingen ihren Gedanken nach, als das I-Phone von Pauline klingelte. Müde nahm Pauline das Gespräch an.

„Ja, Pauline Chen.“

„Mal nicht so müde, mein Schatz.“

„Bernd“, der Name war schon fast ein Aufschrei: „Wo bist du?“

Wie elektrisiert waren die anderen aufgesprungen.

„Ich bin in Karelien, irgendwo an der finnischen Grenze. Aber höre jetzt zu. Sprich mit Pjotr, wir brauchen eine Maschine, die einen Samen in eine Klinik bringt. Es geht um Leben und Tod. Er soll seine Verbindungen spielen lassen. Das nächste wäre St. Petersburg, hier sind die Koordinaten“, Bernd gab die Koordinaten durch. Die anderen, die mithörten, schrieben alles mit.

„Pjotr ist auf dem Weg zu uns.“

„Ok, dann ruf seine Chefin Swetlana an, sie soll das richten, wenn das nicht funktioniert, ruf mich zurück, aber in den nächsten 30 Minuten. Sie soll gleich dafür sorgen, dass ihr nach Puschkin kommt, mit der gesamten Ausrüstung. In irgendeiner alten Villa aus der Zarenzeit steckt die Bande. Wir brauchen einen Beobachtungspunkt, um dann das Anwesen

auszuspionieren. Ich komme zu euch und werde euch finden. Der ganzen Organisation steht ein Bill Snider vor, er ist der Sohn von Paul Snider und der Kopf der Bande. Paul Snider ist ein Spieler, der darauf gewettet hat, dass ich nur drei Tage in der Wildnis überlebe. Sorgt bei den Buchmachern dafür, dass sie Informationen für das Dark Netz bekommen, dass ich noch immer lebe und in Karelien der Sehnenschneider genannt werde. Diese Informationen streut ihr auch extra im Dark Netz, macht aus dem Kopf des Drachen einen Mythos, ich erkläre euch später warum. Bill Snider ist Informatiker und hochintelligent, keiner weiß, wo er sein Hauptquartier hat. Setz deine Leute darauf an, mein Schatz, die sollten ihn finden. Ruf das Ohr an, die Nummer hast du ja, sag ihnen, dass Sergej ein Verräter ist. Ich habe Snider ausrichten lassen, dass ich mich nach 7 Tagen bei ihm melde. Mach dich in den Krankenhäusern um Karelien schlau über Verletzte mit Achillessehnenschnitt, außerdem hat sich Sniders Armee sehr verkleinert. Ihr wisst, was zu tun ist, ich sehe euch in den nächsten Tagen in Puschkin. Beeilt euch mit der Maschine. Manni habe ich auch gefunden. Grüß mir die anderen, mein Schatz und bring mir bitte Klamotten mit, ich sehe etwas derangiert aus, sie hörten nur sein Lachen, als er schon auflegte.“
Sprachlos schaute Pauline auf das I-Phone und sagte: „Hängt er mich einfach ab“, dann lachte sie, und ihre grünen Augen hatten wieder den Glanz und die Pupillen tanzten, die ihr Freund so an ihr liebte. Jetzt war aber die Zeit gekommen, in der sie funktionieren musste, um ihren Partner wiederzusehen.
Auch bei dem Team war keine Müdigkeit mehr zu erkennen, und so hängten sich alle rein.

Karl Weber war der einzige, der sprachlos da stand.

„Was ist los, Karl?"

„Ich verstehe das nicht, Karla. Da wird der Kerl, der unser Boss ist, entführt, nach Karelien gebracht, ist bei irgendeiner ominösen Jagd die Hauptperson, ruft nach vier Tagen an und gibt uns aus der Wildnis die nötigen Informationen, die wir brauchen, um mit dem Fall weiterzukommen. Wie macht man so etwas?"

Karla lachte nur, klopfte ihrem Team-Mitglied auf die Schulter und bemerkte: „Du erinnerst dich an unseren ersten Fall, da sagte er einmal: „Du musst einen Fall leben, um Erfolg zu haben."

„Wenn das nicht irgendwann einmal schief geht."

„Beschrei es nicht, wir würden nie wieder so interessante Fälle bekommen."

Mittlerweile hatte Pauline Swetlana angerufen und ihr gesagt, wie der Fall stand und das ein Same aus Karelien in ein Krankenhaus gebracht werden musste, wie auch, dass sie ohne Probleme nach Russland einreisen mussten. Swetlana erbat sich einen Moment und rief fünf Minuten später wieder zurück.

„Ok, Pauline, ein Hubschrauber, aus einer nahen Militärbasis, ist auf dem Weg und holt den Samen ab. Er kommt in ein Militärkrankenhaus und wird da versorgt. Ihr geht jetzt zum Pariser Flughafen, da wartet eine Maschine auf euch, die bringt euch direkt nach St. Petersburg. Ich sorge dafür, dass ihr inkognito abgeholt werdet. Wie wir in Puschkin verfahren, das werdet ihr mit dem Team, das vor euch da sein wird, absprechen. Keiner der St. Petersburger Behörden erfährt von der Aktion. Wenn ihr in Russland seid, melde ich mich wieder bei euch."

„Danke Swetlana."

Das Gespräch wurde unterbrochen, und Pauline wählte die Nummer von Kettwick, dem Ohr. Es dauerte einen kleinen Moment bis abgehoben wurde und sich Sergej meldete.

„Ja."

„Ich will Kettwick sprechen."

„Das wollen viele, die wenigsten leben noch."

„Pass mal auf, du russischer Furz. Ich bin ein guter Freund von der Familie Kettwick, da ich weiß, dass der Alte mit Informationen handelt, habe ich wichtige Informationen für ihn."

„Die Informationen kannst du auch mir geben. Wie war dein Name?"

„Sag mal, bist du nur dämlich. In solch einem Geschäft gibt es keine Namen."

In dem Moment hörte Pauline, wie eine Tür geöffnet wurde und eine weibliche Stimme fragte: „Wer ist an dem Apparat, Sergej?"

„Sie will nicht ihren Namen nennen, hat aber Informationen für deinen Vater."

„Wer hat dir erlaubt, das Telefon anzufassen?"

„Ich dachte…"

„Denk nicht, Sergej. Gib mir den Hörer und verschwinde."

Es dauerte einen Moment: „Hier ist Tatjana, mit wem spreche ich?"

„Tatjana, Pauline Chen, ihr Sergej ist ein Verräter und arbeitet für Paul Snider."

Wieder dauerte es einen Moment, dann hörte Pauline die Russin rufen: „Sergej."

Die Tür klappte wieder leise: „Ja, Tatjana?"

„Hier ist jemand, der sagt, dass du ein Verräter wärst. Stimmt das?“

Die Stimme war kalt und emotionslos.

„Tatjana, es ist nicht so, wie du denkst.“

„Sergej, es ist nie so, wie ich denke, aber ich habe es geahnt, seitdem Rassmussen da war.“

Der Schuss kam trocken und laut, und ließ Pauline zusammenzucken.

Die Stimme meldete sich wieder: „Danke für die Information, das Problem hat sich gerade erledigt. Was können wir ihnen als Gegenleistung geben, Pauline?“

„Das ist etwas problematisch, Tatjana.“

„Versuchen Sie es, Pauline. Wir schulden dem Profiler eine ganze Menge.“

„Ich habe gerade mit Bernd gesprochen, das Problem liegt in Puschkin. Es gibt da anscheinend eine alte Villa aus der Zarenzeit, in der die Bande sitzt. Wir wissen aber nicht wo.“

„Ich kümmere mich darum. Sie suchen sehr wahrscheinlich ein Gebäude, aus dem sie die Villa beobachten können?“

„Richtig. In einer halben Stunde sind wir auf dem Weg nach St. Petersburg.“

„Wenn Sie auf dem Flugplatz ankommen, werden Sie kontaktiert. Haben Sie noch etwas?“

„Ja. Bernd wollte, dass in den nächsten drei Tagen ein Mythos über den Kopf des Drachen entsteht. Snider ist ein Spieler und gleichzeitig Buchmacher. Er hat darauf gewettet, dass der Profiler drei Tage in Karelien überlebt und danach geschnappt wird. Jetzt hat er schon vier Tage überlebt, dass kostet Snider sehr viel Geld, wenn er sieben Tage überlebt, ist er pleite. In Japan wetten schon 90% der

Leute, die das Dark Netz nutzen, auf den Kopf des Drachen. Es wäre schön, wenn aus Russland Informationen kämen, die immer wieder das Thema anheizen, und den Kopf des Drachen hochstilisieren. Das würde einen gewissen Druck auf Snider und seinen Sohn ausüben. Um die Idee, die Bill Snider entwickelt hat, durch seine Investoren am Leben zu erhalten, müsste er reagieren."

„Sein Sohn?"

„Ja, Bill Snider."

„Was macht er beruflich?"

„Er ist Bioinformatiker und Hacker und kontrolliert das Institut of Genetik Control."

„Hat man Aufnahmen von ihm?"

„Noch nicht."

„Fräulein Chen, Sie können mit uns rechnen. Wenn Sie sonst noch etwas brauchen, melden Sie sich bitte. Das wird ein gutes Geschäft, wir sind Ihnen zu tiefem Dank verpflichtet."

Die Verbindung wurde unterbrochen, und Pauline rief Betty Broer an: „Betty, wir haben Bernd."

Pauline erklärte ihr die Situation, und die Amerikanerin hörte geduldig zu.

„Pauline, wenn ich es recht verstehe, möchtest du, dass ich ein Trojanisches Pferd installiere und in Form einer Wette ins Netz eingebe?"

„So hatte ich mir das vorgestellt."

„Das ist kein Problem. Aber ich habe nicht das technische Verständnis, um den Geldfluss in einer so kurzen Zeit nachzuverfolgen."

„Was ist, wenn ich dir jemanden zur Seite stelle, der die Technik übernimmt?"

„Ja, dann ist das kein Problem. Über welchen Betrag reden wir hier?“

„Ihr macht euch im Netz schlau, wie hoch solche Wetten gehen. Die oberste Grenze liegt bei 100 000 $.“

„Ängstlich bist du nicht.“

„Ich finde, bei so einer Wette sollte man herausstechen. Also bist du dabei?“

„Ja.“

„Gut, es wird dich jemand kontaktieren. Er darf ins Safe House. Wenn er dich kontaktiert, das wird in der nächsten halben Stunde sein, ist das Losungswort „Der Kopf des Drachen“. Madam Hang wird dafür sorgen, dass der Mann abgeholt wird.“

„Ok.“

Pauline wandte sich an das Team, die geduldig zuhörten und fragte: „Alle Geräte zusammen?“

Die Antwort war ein Kopfnicken.

„Noch zwei Telefonate, dann können wir loslegen.“

Der Kopf des Drachen 4. Tag

Der Profiler stand am Quad und hatte einen Moment die Augen geschlossen, als eine ihm bekannte Stimme ihn von der Seite ansprach. Er öffnete die Augen und sah zur Seite und erkannte zu seiner Überraschung den Sumpfmann mit den Hunden, dessen wirklichen Namen er nicht kannte.

„Herr Rassmussen, Sie haben bestimmt Hunger und Durst und sind müde. Außerdem sollten Sie hier von der Bildfläche verschwinden. Auch wenn der Arzt, Arzt ist, ist er in erster Linie Russe. Wenn er die Schusswunde sieht, wird er Fragen stellen."

„Und, wird er die richtigen Antworten bekommen?"

„Antworten sind immer eine Sache der Sichtweise. Hier wird es so sein, dass Andreas Wilderer aufgespürt hat, die ihn angeschossen haben."

„Und wenn die Wahrheit ans Licht kommt?"

„Auch die Wahrheit ist eine Sache der Sichtweise. Auch wenn die Wahrheit ans Licht kommen sollte, was ich nicht glaube, sind Sie schon längst weg."

„Um mich geht das hier nicht, das weißt du, Sumpfmann."

„Es geht nur um dich, Bernd Rassmussen. Wenn du die Männer besiegst, wird es wieder ruhiger in den Sümpfen um Karelien, das eigentlich den Samen gehört."
Mit den letzten Worten führte er den Profiler in eines der Zelte, aus denen es verführerisch duftete.

„Hunger?"

„Kann man wohl sagen. Nach der Belastung verlangt der Körper nach Energie, da ist es mit Energieriegeln nicht getan."

„Rentierfleisch, sehr gut, da ist etwas zu trinken, Rentiermilch."

Sie setzten sich im Zelt auf eine kleine Erhöhungen und wurden von einer älteren Frau bedient, die den Profiler scheu ansah.

„Das Fleisch ist sehr gut, Sumpfmann. Was sieht mich die Frau so scheu an?"

Der Sumpfmann lachte, und seine Schlitzaugen blitzten, als er sagte: „Die Menschen hier sind sehr gläubig, vielleicht auch ein wenig abergläubig, trotzdem hängen sie noch etwas an dem alten Naturglauben. Es ist das erste Mal, dass sie einen Geist bedient."

Bernd lachte: „Ich bin gerade einmal vier Tage hier in Russland und schon ein Geist?"

„Sie wissen, wen Sie da gerettet haben?"

Bernd schüttelte verneinend den Kopf.

„Es ist der Enkel des Chiefs. Andreas soll später einmal Chief werden."

Bernd schüttelte nicht verstehend den Kopf und fragte: „Das bedeutet?"

Jetzt lachte der Sumpfmann leise: „Ihr zivilisierten Leute aus den großen Städten, ihr glaubt nur, was ihr seht. Sieh, Andreas ist ein ganz versierter Jäger, er legt sich nicht mit Bären an und geht ihnen aus dem Weg, besonders Mütter mit Jungen sind extrem gefährlich. Der Bär ist bei uns auch heilig. Was ist, wenn der Bär ihn gesucht hat, damit er ihn angreifen kann und du Andreas rettest? Der Bär ist der Herr der Tiere und Lejbolme, der Gott der Tiere, wacht über ihn."

Mittlerweile war es dämmerig geworden, und Bernd spürte die Müdigkeit in den Knochen. Der Sumpfmann sah, dass der Profiler verstohlen gähnte.

„Bernd Rassmussen, du brauchst morgen deine ganze Kraft. Hast du etwas Metallenes, was dir gehört?“ Übergangslos war der Same auf das vertrauliche Du übergegangen.

Bernd deutete auf seine schmale goldene Halskette.

„Das wird wohl langen?“

„Gib sie mir, morgen bekommst du sie wieder. Das Zelt gehört dir, da kannst du schlafen“, der Same deutete auf das Fell, das auf dem Boden lag.“

„Darf ich raten? Ein Bärenfell.“

„Ein Bärenfell“, flüsterte der Same ehrfürchtig.

„Ich verlasse dich jetzt, wir sehen uns morgen.“

Der Deutsche war dankbar, ungestörten Schlaf zu bekommen. Er gab dem Samen noch die Kette, legte sich hin und war sofort eingeschlafen.

Mit einem vielsagenden Lächeln verließ der Sumpfmann das Zelt. Draußen wartete schon die alte Frau, mit der Bernd am Anfang gesprochen hatte. Ihre Stimme war besorgt, als sie mit dem Sumpfmann sprach.

„Der Arzt hat Andreas die Kugel entfernt, aber die Verletzungen des Bären haben in seinem Körper eine Entzündung verursacht. Er hat ihm eine Spritze gegeben und dabei gesagt, dass er keine weiteren Mittel für den Jungen erübrigen kann. Er muss in ein Krankenhaus. Wenn er die Nacht übersteht, hat er eine Chance, aber es sieht nicht danach aus.“

„Hol Gierviej, die Zaubertrommel und beginnt mit dem Ritual. Es wird Zeit, die alten Rituale aufleben zu lassen, ohne Andreas haben wir in dem Teil der Welt keine Zukunft mehr.“

Der Sumpfmann gab der Schamanin die Kette, die er von dem Profiler bekommen hatte.

„Es ist lange her, dass ich das Bärenritual durchgeführt habe."

„Lejbolme wird dich leiten, Weib. Du brauchst keine Bedenken haben."

„Hast du ihm das Mittel gegeben?"
Der Sumpfmann nickte nur. Die Vorbereitungen dauerten nicht lange, und die Samen begannen die heilige Trommel zu schlagen.

Es war eine sternenklare Nacht, in der der Tag nicht weichen wollte, um Platz für die Nacht zu machen. In dieser kurzen Nacht kehrte die Mystik der alten Zeit in das Volk der Samen zurück, die einer nordischer Ethnietät zugehörig waren. Mit einer Intensität kam die alte Zeit zurück, die die jüngeren Samen nachdenklich werden ließ. Manche sprachen später darüber, dass sie die wilden Tiere des Nordens über den nördlichen Nachthimmel haben laufen gesehen, die von einem Drachen gejagt wurden. Andere wiederrum sahen Lejbolme, wie er mit dem Drachen kämpfte, um dann doch dem Stärkeren das Feld zu überlassen.

Ein eher bescheidenes Feuer brannte, in der sich die Familienmitglieder in Trance tanzten. Mittlerweile hatten sich weitere Troll-Zaubertrommeln in das Spiel der Gierviej eingereiht. Ausschließlich die Männer tanzten, während die Frauen die Trommeln schlugen.

Dann war der Zeitpunkt gekommen, dass zwei Samen den Verletzten aus dem Zelt holten und ihn auf ein Bärenfell vor das Feuer legten.

Der Sumpfmann ging mit in das Zelt, in dem Bernd in einem unruhigen Schlaf lag und flüsterte leise: „Komm, Drache, hilf uns und erkenne, dass der Bär der Herr der Tiere ist."

Ohne die Augen aufzuschlagen, bewegte sich der Profiler, er stand auf und folgte wie selbstverständlich dem Sumpfmann.

Es war eine eigenartige Stimmung, selbst die Hunde, die immer in dem kleinen Zeltlager frei herumliefen, legten sich hin, als der große Mann im Wiederschein des Feuers sich zu dem verletzten jungen Mann setzte, der vom Schüttelfrost gepeinigt, sich hin und her warf, nur gehalten von zwei alten Frauen.

Die Schamanin setzte sich summend auf die andere Seite des Feuers und hatte Gierviej in der einen Hand, sie legte mit der anderen Hand die Goldene Kette des Profilers auf die Trommel, die mit den mystischen Tieren des Nordens bemalt war. Gebannt sah sie das Drachen-Tattoo an, das Bernd auf der Schulter tätowiert hatte, und sie verstand zum ersten Mal die wahre Bedeutung dieser mystischen Figur, die den Drachen verkörperte. Die heilige Gierviej schlagend, beobachtete sie den Drachen, der auf dem nackten Oberkörper des Mannes thronte, wo er wie aus dem Nicht manifestierte und zu tanzen schien. Sie hatte das Gefühl, als beobachteten die strahlenden Augen des mystischen Reptils sie unentwegt und mit jedem Schlag der Trommel vervollständigte sich der Kopf des Drachen und verband ihn mit seinem Körper. Es war wie ein Duell, und die Schamanin wusste, dass sie nicht nachgeben durfte, denn sonst hatte sie den Respekt dieses mystischen Tieres verloren. Sie investierte ihre ganze Kraft in das Ritual und erahnte, wenn sie es bestand, sie gestärkt aus dem Kampf hervorgehen würde.

Die anderen Trommeln hatten aufgehört zu schlagen, man hörte nur die heilige Gierviej, die mit einem herben und kontrollierten Rhythmus von unten geschlagen wurde, um mit ihrem urtümlichen hohlen Ton die Nacht zu verabschieden und die Ankunft des jungen Tages zu verkünden.

Die Augen der Samen leuchteten wie hypnotisiert, ihr Pupillen waren nur auf die kleine goldene Kette gerichtet, und sie sahen nicht die glühenden Augen der Schamanin, die sich selbst in einem ekstatischen Tanz, um das Feuer bewegte und langsam mit jedem Schlag die Verbindung zweier Tierzeichen schuf. Als sich die Verbindung geschlossen hatte, hörte der Schüttelfrost des jungen Mannes langsam auf und die Schamanin schaute erstaunt auf die Trommel, da sie das eine Zeichen nicht erkannte. Erschöpft hatte sie aufgehört zu schlagen und war neben dem Jungen zusammengesunken.

Die anderen Samen schauten die Schamanin fragend an. Mit tonloser Stimme antwortete sie auf die nicht gestellte Frage: „Der Herr der Tiere hat sich dem Drachen untergeordnet. Es ist das Zeichen, das auf der Trommel nicht zu erkennen ist. Bring Andreas zurück, der Drache wird dem Jungen morgen helfen.“

Die Bestimmtheit, mit der sie das sagte, ließ keinen Widerspruch zu. Bernd hatte von allem nichts mitbekommen und immer noch die Augen geschlossen. Der Sumpfmann brachte den Profiler zurück und wurde von seinen Hunden begleitet, die dann, wie selbstverständlich, vor dem Eingang Wache hielten.

Das Leben im Lager erstarb und wurde erst durch das Aufheulen von Quadmotoren unterbrochen, die sich vom Lager entfernten.

Als Bern aufwachte, ging es ihm, außer dass er einem leichten Brummschädel hatte, gut. Er stand auf und zog sich an, als die Leinwand des Zeltes zurückgeschlagen wurde, und der kleine Sumpfmann den runden Raum betrat.

„Na, Herr Rassmussen, wie war die Nacht?“

„Außer wilden Träumen und einem leichten Brummschädel, kann ich nicht klagen. Was macht der Junge?“

Ohne auf die Frage des Deutschen einzugehen, fragte der Same: „Was für Träume hatten Sie denn?“

„Ein Drache war da und unterhielt sich mit einem Bären über die Zukunft. Dann verschwamm alles.“

„Kam es zum Kampf?“

„Nein, sie führten eine friedliche Lösung herbei. Der Bär verschwand in der Wildnis, dafür musste der Drache ihm etwas geben. Aber ich habe die Bedeutung noch nicht begriffen.“

„Wenn Sie hier raus sind, beschäftigen Sie sich einmal mit der Mythologie der Samen, das wird Ihnen beim Verstehen helfen. Kommen Sie bitte mit, der Junge bekommt wieder Schüttelfrost. Er hat zwar die Nacht überstanden, aber ob er die nächsten Stunden übersteht, dass weiß keiner.“

Bernd folgte dem Sumpfmann, und die Hunde schlossen sich ihm an. Es war wie eine Prozession, die von stummen Augen, aus der Dunkelheit der Zelte, scheu verfolgt wurden. Sie betraten ein weiteres Zelt, in dem der Junge neben einem Feuer auf dem Boden lag. Der Profiler sah sofort, dass Andreas kurz vor der Pforte des Todes stand und die Nacht ihm nur einen Aufschub gegeben hatte. Die Schamanin saß neben ihrem Enkel und sang beschwörende Riten und befeuchtete die glühende Stirn mit einem nassen Tuch. Den Kopf des Jungen in den Händen haltend, sah sie Bernd bittend an.

Bernd bückte sich und fühlte die Stirn des Jungen, die heiß war.

„Sumpfmann, habt ihr Handys?“

„Wir sind zwar ein Naturvolk, aber wir gehen mit der Technik.“

Mit den Worten hielt er dem Profiler ein I-Phone hin. Bernd wählte sofort die Nummer seiner Freundin und sprach mit ihr. Das Gespräch dauerte nicht lange, als sich Bernd wieder an den Sumpfmann wandte und mit einer Bestimmtheit sprach, die keinen Widerspruch zuließ.

„Der Junge wird gleich abgeholt, er kommt in ein Krankenhaus.“

An die Schamanin gewandt: „Du wirst ihn begleiten und auf den Jungen aufpassen. Das I-Phone nimmst du mit, da ist jetzt eine Nummer gespeichert. Sobald Schwierigkeiten auftreten, rufst du da an.“

Die Schamanin lächelte ihn dankbar an und gab ihm seine Kette wieder. Bernd nahm sie entgegen und sagte lapidar zu der alten Frau: „Du weißt, wie gefährlich es ist, den Geist des Drachen zu beschwören?“

Die Frau lächelte überrascht: „Du wusstest es?“

Bernd nickte nur lächelnd und ging ins Freie, wo er sich erst einmal herzhaft streckte. Der Sumpfmann folgte ihm und fragte: „Was hast du jetzt vor, Bernd Rassmussen?“

„Ich muss zurück in die Sümpfe, das Bild vervollständigen, um mich dann nach dem siebten Tag festnehmen zu lassen. Es geht um die Rettung meiner Freunde.“

„Du hast heute Morgen die vier Quads gehört, sie vervollständigen das Bild des Sehnenschneiders. Wir bringen dich nach Puschkin, da kannst du deinen Namen unter das Bild schreiben.“

Die Bemerkung war so absolut und so leicht daher gesagt, dass Bernd sofort seine Möglichkeiten, die sich ihm jetzt eröffneten, im Kopf überschlug.

„Wie soll das ablaufen?"

„Wir bringen dich nach Finnland, fahren parallel zur Grenze bis nach Lappeenranta und bringen dich über die russische Grenze. Dann wirst du abgeholt und nach Puschkin gebracht."

„Wisst ihr auch bis dahin, wo meine Leute untergekommen sind?"

„Ja."

„Alles unbemerkt?"

„Du bist der Schatten."

„Jetzt sag mir noch eins, Sumpfmann. Du bist der Chief, richtig?"

„Ja."

„Wieso kannst du deutsch? Ich habe das Gespräch mit meinem Team auf Deutsch geführt."

Jetzt wechselte der Same in die deutsche Sprache.

„Ich habe in Deutschland Ethnologie studiert. Es geht dabei um die Erforschung indigener Völker. Wenn man die Weite und die Freiheit gewohnt ist, kann man sich in einer Stadt nicht wohl fühlen. So habe ich alle Zelte abgebrochen, was für einen Samen nicht so schwer ist und bin wieder in meine Heimat geflüchtet."

Jetzt lachte Bernd: „Das erklärt einiges."

Sie wurden von einem leisen Wummern unterbrochen.

Ihr Blick ging nach Nord-Ost, wo sie am Himmel einen kleinen Punkt wahrnahmen, der immer größer wurde.

„Taxi, Sumpfmann."

Der riesige Armeehubschrauber landete etwas außerhalb des Lagers und eine Frau in Uniform, mit zwei Sanitätern sprangen heraus. Zielsicher ging sie auf die Gruppe Samen zu, in deren Mitte der Deutsche stand.

„Gibt es hier einen Bernd Rassmussen?"

Sie schaute dabei Bernd auffordernd an.

„Das bin ich ja wohl."

Ohne weitere Floskeln kam die Frau zur Sache.

„Ich bin die Ärztin, die bestellt worden ist, Sie haben einen Verletzten, der versorgt werden muss?"

„Kommen Sie bitte mit."

Bernd ging voran, schlug die Zeltbahn zurück und zeigte auf den jungen Andreas, der immer noch mit hohem Fieber da lag.

Die Frau kniete sich zu dem Jungen, schlug die Decke zurück und öffnete die Verbände. Sofort machte sich stinkender Geruch breit, der sehr stark an faulendes Fleisch erinnerte.

„Wer hat denn hier dran gearbeitet?"

„Der Arzt aus dem Ort."

Die Ärztin hob nur geringschätzend die Augenbrauen und sagte in bestimmender Weise: „Alle sofort raus hier."

Der Befehl kam klar und endgültig. Man merkte ihr an, dass sie es gewohnt war zu kommandieren. Alle verschwanden sofort aus dem Zelt und warteten draußen ab.

Es dauerte eine ganze Zeit, bis die Ärztin wieder aus dem Zelt kam, die Pfleger im Schlepptau, die Andreas auf einer Trage hatten und zum Helikopter brachten.

Die Frau blieb bei dem Profiler stehen, schaute ihm in die Augen und fragte: „Und was jetzt?"

„Ich denke, Sie haben eine Order bekommen, Doktor."

„Nenn mich nicht Doktor, sondern Darja. Ich will nur deine Analyse zum weiteren Vorgehen wissen."

Bernd lächelte und fing an, mit seiner Stimme zu spielen.

„Darja, medizinisch kann ich nichts dazu sagen. Taktisch gesehen, gehe ich zu meinem Zielort zurück."

„Swetlana ist eine Schulfreundin von mir, sie hat mich gebeten, Stillschweigen zu bewahren, weil du in geheimer Mission unterwegs bist. Russinnen sind immer sehr neugierig. Was ist das für eine geheime Mission?"

„Darja, wenn ich dir das sage, ist es keine geheime Mission mehr."

Die Russin lächelte hintergründig und sagte: „Swetlana hat mich gewarnt, ich sollte nicht zu neugierig sein", jetzt lachte sie, dass sie das durchaus noch sympathischer erscheinen ließ.

„Vor wem hat sie dich gewarnt?"

„Vor dir, Bernd Rassmussen. Sie sagte, du würdest mir nichts sagen. Was läuft da zwischen der deutschen Polizei und den Russen?"

„Kann ich mich darauf verlassen, dass du nichts sagst, Darja?"

„Ich bin nur neugierig."

Bernd erzählte es der Ärztin mit wenigen Worten, die mit jedem weiteren Wort stiller wurde. Als der Profiler geendet hatte, sagte sie nur: „Fass die Schweine. Es ist uns nicht gegeben, Gott zu spielen."

Sie drehte sich um und ging zum Hubschrauber, nach zwei Schritten drehte sie sich noch einmal zu den beobachtenden Samen und sage laut: „Der Junge wird es schaffen. Ich kümmere mich selber darum."

Bernd grüßte noch einmal kurz, dann drehte er sich um und ging zu dem Sumpfmann: „Der Junge kommt durch."

Der Sumpfmann nickte nur und sagte: „Ich weiß, komm, ich möchte dir etwas geben."

Sie gingen zusammen zu dem Zelt, in dem Bernd übernachtet hatte. Der Same kramte in der hintersten Ecke des Zeltes und holte aus einem Lederbeutel eine Bärenkralle hervor, die er dem Profiler gab.

„Es ist eine Leihgabe, sie wird dir helfen, die richtigen Entscheidungen zu treffen."

Puschkin 5. Tag

Das Team wurde schon auf dem Flugplatz in St. Petersburg erwartet. Pjotr, der auf dem Pariser Flugplatz zu dem Team gestoßen war, übernahm die Kommunikation mit dem Kontaktmann von Tatjana.

„Er bringt uns zu einer Villa, die in direkter Nachbarschaft zu der Villa von Snider liegt."

„Ok, Pjotr, was ist mit den Kontaktleuten von Swetlana."

„Ich weiß es nicht, Pauline. Aber ich rufe sie gleich an." Pjotr telefonierte kurz.

„Es hatte einige kleine Verzögerungen gegeben, die aber jetzt behoben sind. Ich habe Swetlana die Adresse gegeben, sie gibt sie weiter. Sie kommen nach."

„Ich hoffe, sie sind vorsichtig?"

„Mach dir keinen Kopf, Pauline, es sind Profis."
Der Flugplatz von St. Petersburg lag südlich der Stadt und fast genau zwischen St. Petersburg und Puschkin. Daher hatten sie es nicht weit zu ihrem Bestimmungsort. Sie wurden in zwei Kleinbusse gesteckt und fuhren in Richtung Puschkin.
Das kleine Team war von dem Umland von St. Petersburg begeistert, als sie dann nach Puschkin hereinfuhren, nahmen sich die Fahrer die Zeit, um ihren Gästen einen kleinen Ausschnitt aus der Baukultur der Zarenzeit zu zeigen. Dann fuhren sie von hinten an ein gewaltiges, aber gepflegtes Grundstück heran.
Von hinten sahen sie einen Teil einer riesigen Villa, die von uralten Bäumen eingerahmt war.

„Unsere Kontakte kommen auch von hinten an die Villa heran."

Ein schmales Eisen-Tor, das für die Bediensteten gedacht war, unterbrach die Mauer, an der der Zahn der Zeit zu nagen schien. Das Tor stand offen, und der Weg führte zum Gesindehaus, das seitlich hinter der Villa stand. Dort wurden dann die beiden Kleinbusse abgestellt.

„Das Grundstück, in dem Paul Snider residiert, befindet sich genau gegenüber. Ihr müsst keine Bedenken wegen des Besitzers haben, er wurde von Herrn Kettwick kurzfristig anderswo untergebracht. Alles steht also zu unserer Verfügung.“

„Respekt, Pjotr, hier kann man leben.“

„Die Menschen in der Zarenzeit, die wussten, was gut war, Karla.“

„Ok, Leute, alles in den großen Schuppen, dann wollen wir einmal sehen, wo wir uns stationieren.“

Der Schuppen, wie Pauline ihn nannte, konnte man auch nicht als Villa bezeichnen, es war mehr ein kleines Schloss, mit kleinen begehbaren Türmchen. Alles wirkte gepflegt, groß und üppig. Jeder hatte sein eigenes Schlafzimmer, das bis auf das Modernste ausgestattet war, ohne die Pracht der Geschichte zu verändern.

Als Pauline mit Karl Weber einen der Zwiebeltürme bestieg und hinaussah, meinte sie nur zu Karl Weber: „Was meinst du zu dem Standort?“

„Perfekt, Pauline, wir haben genaue Sicht auf das andere Grundstück. Ich sorge dafür, dass das Equipment hier hochgebracht wird und übernehme mit Karla die erste Wache.“

„Ok, ich schaue mich unten noch einmal um. Wie ich bemerkt habe, sind überall Kameras, da muss es auch einen Zentralraum für geben, wo dann alle Informationen zusammenlaufen.“

Sie verließen beide den Turm wieder und trafen im unteren Stockwerk den Samurai und Bille, die zusammen das Grundstück gecheckt hatten.

„Und?"

„Alles ist sicher, Pauline."

„Ok, ich suche die Zentrale."

„Neben der Küche", antwortete der Samurai übergangslos.

„Dann lasst uns mal sehen."

Als die drei den Raum betraten, waren sie überrascht. Alles war auf dem neuesten technischen Level. Mehrere Bildschirme zierten eine Wand und zeigten das Grundstück aus verschiedenen Perspektiven. Einige Bildschirme waren noch ausgeschaltet, und alles machte den Eindruck eines Hochsicherheitstraktes."

„Da hatte einer aber ein hohes Sicherheitsbedürfnis. Wer hat uns die Räume besorgt?"

„Die Tochter von Kettwick."

Pauline überlegte einen Moment und schaute sich im Raum um. Eine kleiner Raum grenzte an die Zentrale an. Pauline ging hin und sah mehrere Regale, die mit Kameras, Teleskopen und weiteren Equipment bestückt war. Interessiert nahm sie ein Teleskop zur Hand, sichtete es und stellte es dann auf den Boden. Mit einem Griff hatte sie ihr I-Phone in der Hand und rief Karl Weber an.

„Ja, Pauline."

„Ist da oben ein Anschluss für ein Koaxialkabel?"

„Ja, hier an der Seite."

„Bring alles wieder mit herunter, wir haben hier besseres Equipment gefunden. Wir sind neben der Küche."

Kurze Zeit später kam Karl in die Zentrale. Pauline zeigte ihm das Teleskop und wies ihn ein. Dann schlossen sie zusammen das Gerät an und richteten es ein. Mit wenigen Griffen hatten sie einen weiteren Bildschirm aktiviert und sahen über die Zentrale auf das andere Grundstück.

„Mit diesem Joy Stick könnt ihr die Position verändern."

Karl hatte auf die anderen Bildschirme geachtet und zeigte auf einen Ausschnitt, der den hinteren Eingang zeigte.

„Wir bekommen Besuch."

Die Auffahrt herauf, kam ein alter russischer Lada, der eine weiße Qualmwolke hinter sich herzog.

„Der macht es nicht mehr lange", kam die phlegmatische Bemerkung von Karl.

Neugierig schauten die Beobachter auf den Bildschirm, als Pauline einen erleichterten Seufzer ausstieß und schon durch die Tür verschwunden war.

„Der verlorene Sohn. Das wurde aber auch Zeit."

Bernd war aus dem alten Auto ausgestiegen bedankte sich beim Fahrer, der gleich den ersten Gang einwarf und wieder vom Grundstück verschwand. Neugierig schaute sich der Profiler um, als Pauline schon in seine Arme flog. Nach der herzlichen Begrüßung kamen beide Arm in Arm in die Villa und stießen in der Küche auf die anderen, die sich mittlerweile alle dort versammelt hatten, um eventuelle Neuigkeiten von ihrem Chef zu hören. Es wurden Hände geschüttelt, sich umarmt und Fragen beantwortet. Es war eine Energie in das Haus eingekehrt, die alle negativen Einflüsse in den Orbit jagte.

Nachdem er oberflächlich seine Erlebnisse erzählt hatte, nahm er Pauline in den Arm und sagte: „Hast du mir Klamotten mitgebracht?"

„Wie du mir befohlen hast, Massa. Geh erst mal duschen, du stinkst wie eine Herde himalayischer Yaks."

„Bären, mein Schatz, Bären, aber die Geschichte erzähle ich euch später mal. Da ich eine ganze Zeit brauche, mir die karelischen Gerüche vom Körper zu schruppen, fangt ihr mit der Beobachtung an. Dann will ich wissen, was für Operationen in den Krankenhäusern durchgeführt wurden und das in den letzten 5 Tagen. Wie stehen die Wetten um mich, und wie sieht der Informationsfluss über meine Zeit in Karelien aus. Schreibt auf, wer das Grundstück verlässt oder betritt. Was haben unsere Mädels im Safe House herausbekommen. In 30 Minuten will ich alles auf dem Tisch haben.“

„Der Chef ist wieder da.“

„Genau, die faule Zeit hat ein Ende“, dabei grinste der Profiler die anderen anzüglich an.
Pauline, die ihrem Freund bis ins Bad folgte, fragte: „Das mit dem Operationen war doch nur ein Scherz?“

„Nein, mein Schatz, jeden, den ich erwischt hatte, habe ich die Achillessehnen durchgeschnitten. Irgendwo müssen sie operiert werden. Das wird die russischen Behörden auf den Plan rufen. Ich glaube, Russland wird kein gutes Pflaster mehr für die Bande sein.“

„Was hast du, ihnen die Achillessehnen durchgeschnitten? Wie pervers ist das denn?“
Jetzt nahm er sie in den Arm: „Ich fand es war eine annehmbare Alternative zum Umbringen. Außerdem, einen Mythos zu schaffen, das minimiert die Gegner. Wenn ihr zwei Inder aus dem Palast kommen seht, hak dich in ihre I-Phons ein, sie wissen zwar auch nicht, wo ihr Chef ist, aber, vielleicht kann man die Verbindung zurückverfolgen.“

„Warum hast du ihnen nicht die Achillessehnen durchgeschnitten?“

„Es war so ein Gefühl es nicht zu tun. Sie haben mir ein Leben versprochen."

„Ein Leben, gegen ein Leben."

„Richtig."

„Ich mach mich an die Arbeit, die Klamotten sind noch im Koffer."

Bernd gab ihr einen Kuss und wandte sich zur Dusche, so sah er den Schlag, auf sein nacktes Hinterteil, nicht kommen.

„Warte bloß, kaum bin ich in deinen Armen, schon wirst du wieder frech."

Aber Pauline war mit einem befreienden Lachen schon wieder verschwunden.

Keine 30 Minuten weiter, kam der Profiler, frisch gestylt und gut riechend in die Küche, die sich mittlerweile in das Lagezentrum verwandelt hatte. Die Küche war keine Küche in dem Sinne, sondern mehr ein großes Wohnzimmer mit anhängendem Esszimmer, also genug Platz für alle, mit ihrem Equipment.

Bille hatte sich bereiterklärt zu kochen und stöberte in den Schränken herum: „Also, einkaufen müssen wir nicht. Da hat einer für uns vorgesorgt."

„Wie sieht es aus, schon Ergebnisse?"

„In St. Petersburg ist es zum Stau bei Achillessehnen-Operationen gekommen. Es gibt überdurchschnittlich viele zerschnittene Achillessehnen. Da keine Informationen von den Verletzten kommen, hat sich die Krankenhausverwaltung entschlossen, die Behörden zu informieren."

„Sieh an, das Schiff fängt langsam an zu schwimmen. Es wurde aber auch Zeit."

„Alte chinesische Weisheit?"

„Eine alte chinesische Weisheit würde so gehen, leg dich auf den Fluss und sieh, ob er dich trägt.“
Verständnislos schauten die anderen ihn an.

„Erklär uns das bitte, Bernd.“

„Sicher, Karla. Mittlerweile hat sich ja herumgesprochen, dass ich den Männern die Sehnen durchgeschnitten habe. Die Zahl musste ungewöhnlich hoch werden, dass die Behörden durch die vermehrten Operationen davon erfahren. Lässt man die Soldaten in der Wildnis verrotten, bestände natürlich die Möglichkeit, dass keiner etwas erfährt, aber die ist sehr gering, denn auch die Wildnis hat Ohren, wenn auf einmal eine ganze Einheit verschwundener Söldner von der Aktionsschwelle verschwindet. Denn es wissen immer einige etwas, was andere nicht wissen. Außerdem habe ich zwei Inder aus dem Inneren Kreis des Sohnes von Snider verschont und dafür Dankbarkeit gefordert. Der Konstrukt um Snider beginnt sich aufzulösen. Dann haben wir noch einen Mythos, um den Kopf des Drachen geschaffen. Die Wetten um mich werden ins Utopische gehen, denn wir sind erst am 5. Tag. Das bedeutet, Snider als Spieler wird alle auszahlen müssen, sonst überlebt er nicht, weil ich mehr Tage überlebt habe, wie seine Wettfirma prognostiziert hat. Finden sie bei ihm nicht genug Kohle, werden sie bei seinen Partnern suchen und das sind die Pharmaunternehmen, die ihm das Geld für diese Aktion geliehen haben, und die seinen Sohn unterstützen. Sie haben genug Geld Also wird es auch die Ratte aus dem Loch treiben.“

„Verständlich, jetzt suchen wir nur noch das Rattenloch.“

„Die Wetten auf dich sind nach oben geschossen.“

„Danke, Schatz. Was haben die Mädels herausbekommen?"

„Wir haben natürlich mit 100 000 € mitgewettet und das Geld mit einem Trojaner markiert. Momentan stockt es in Madrid."

„Madrid, da war doch mal etwas."

„Du meinst den Frauenarzt?"

„Überprüft ihn bitte noch einmal."

„Wir bekommen Besuch, Bernd"

Der Profiler ging zu seinem Ermittler und sah auf die Bildschirme. Zwei Kleinbusse und ein 500 er Mercedes fuhren auf die Parkplätze.

Tatjana, Swetlana und ein Team von zivilen Einsatzkräften verließen die Autos und bewegten sich in Richtung des Hauses.

„Pjotr, dein Chef kommt."

„Dann will ich ihn doch einmal begrüßen."

Die Crew beobachtete die Geschehnisse auf dem hinteren Parkplatz, über die Kameras. Pjotr kam aus der Tür und begrüßte Swetlana herzlich.

Karl Weber, dessen Gehirn manchmal langsamer war als sein Mund, bemerkte nur trocken: „Da war doch mal etwas zwischen den beiden."

Den bösen Blick, den er von Pauline erntete, bemerkte er nicht, denn seine Augen hefteten sich auf Tatjana und wieder sprudelte es aus ihm heraus: „Verdammt, was ist denn das für ein scharfes Geschoss? Ich glaube, da bemühe ich mich."

„Tatjana Kettwick, Karl, ich glaube, die ist eine Nummer zu scharf für dich."

„Bernd, was zu beweisen wäre."

Bernd lächelte nur und begrüßte die Neuankömmlinge.

Ludmilla, die Bernd noch nicht kannte, wurde dem Profiler und die anderen von Pjotr vorgestellt. Artig gab man sich die Hand, und Swetlana kam sofort zur Sache.

„Herr Rassmussen, es ist schön, dass Sie wohlbehalten aus Karelien zurückgekommen sind. Wie mir meine Kontakte mitgeteilt haben, haben Sie da ja mächtig aufgeräumt. Was uns als russische Nation sehr gut passte, da wir es nicht gerne sehen, wenn ausländische Para-Militärs auf russischem Boden ihre Übungen zur finnischen Grenze abhalten. Wir sehen es auch nicht gerne, wenn fremde Polizei in unserem Land operieren. Es ist eben die allgemeine politische Denkweise, der ich persönlich nicht immer ganz folgen kann. Trotzdem müssen wir ihr Rechnung tragen. Das Problem ist, das wir es nicht zulassen können, das fremde Polizei hier irgendwelche Teams führen. Der Vorgang, hinter dem Sie her sind, geht uns aber alle an, und ich glaube, dass der Mensch noch nicht soweit ist, um in dem Umfang damit hantieren zu können. Das habe ich versucht, meinen Vorgesetzten begreiflich zu machen, die mir daraufhin freie Hand gaben, um im Interesse Russlands zu arbeiten. Freie Hand bedeutet, in Russland nicht unbedingt freie Hand zu haben. Somit erbitte ich Vorschläge, wie wir das Problem lösen können, um eine gegenseitige Zufriedenheit zu erreichen.“
Bernd ließ einen Moment verstreichen, um seinen Worten Nachdruck zu verleihen. Er schaute Swetlana in die Augen und fing an, mit seiner Stimme zu spielen. Pauline, die merkte, dass ihr Freund in seinem Element war, hob nur kurz die Augenbrauen.

„Swetlana, ich darf doch Swetlana sagen? Sagen Sie einfach Bernd zu mir.“

Das kurze Nicken sah der Profiler als Einverständnis an und sprach weiter: „Ich hatte in Karelien genug Zeit, mir über das Problem Gedanken zu machen. Ich weiß, dass die russische Seele manchmal kompliziert ist und nach einfachen Lösungen sucht. Meine Freundin Pauline war so umsichtig, Pjotr Kusuczow wieder aus den USA hierhin zu beordern. Er wird die Aktion führen, und wir werden ihm zur Seite stehen. Heute ist der 5. Tag, an dem ich wieder frei bin. Paul Snider habe ich gesagt, dass ich mich am 7. Tag festnehmen lasse. Aber ich werde morgen, das wäre der 6. Tag, mit Pjotr und ihrem Team, das sie dankensweise mitgebracht haben, die Villa stürmen. In der Zwischenzeit sorgen meine Freunde dafür, dass Karelien von Para-Militärs fremder Länder befreit wird. Wäre das ein Lösungsansatz, der der russischen Regierung passen würde? Außerdem muss ich Ihnen sagen, dass es uns nicht gibt, somit bekommt diese Aktion einen internationalen Anstrich, der durch die russische Führung noch untermauert wird.“

„Welche Freunde haben Sie in Karelien, Bernd?“

„Sehr wahrscheinlich dieselben, die Sie als Informanten nutzen.“

Ein kurzes Lächeln huschte über das Gesicht der Russin.

„Eine durchaus akzeptable Vorgehensweise. Wie verfahren wir mit den Gefangenen und den Informationen?“

„Da Pjotr der Leiter der Aktion ist, wird er die vollständigen Informationen Ihnen zukommen lassen. Bei den Gefangenen bitte ich um die Entscheidungsfreiheit, es vor Ort entscheiden zu dürfen.“

„Sehr gute Lösung. Ich habe mit unseren gemeinsamen Freunden aus den USA darüber gesprochen, die sagten mir schon, dass Sie mir so eine Vorgehensweise vorschlagen würden. Da wir das geklärt haben, kann ich beruhigt nach Moskau zurückfliegen. Ich bedanke mich bei Ihnen und Ihrem Team. Wenn die Politik manchmal so einfach wäre, wie wir uns jetzt geeinigt haben, wäre alles viel einfacher."

Dann wandte sie sich an Pjotr.

„Pjotr, du hast alles mitbekommen. Wenn unsere Freunde etwas brauchen, sorgst du dafür. Es steht alles zur Verfügung."

Mit einem kurzen Nicken verabschiedete sich die Russin und wurde von Pjotr wieder zu ihrem Wagen gebracht.

„Das war kurz und schmerzlos. Schatz, wenn wir morgen da reingehen, bist du derjenige, der sich um die Dateien kümmert. Vielleicht bekommen wir darüber eine Verbindung zu Bill Snider. Ansonsten müssen wir uns etwas einfallen lassen."

Pauline nickte, als Pjotr mit dem Einsatzkommando kam. Er stellte den Leiter des Kommandos kurz vor und sagte dann: „Das ist eine Einheit, der Swetlana absolut vertraut. Sie sind zweisprachig, manche auch dreisprachig. Also englisch gehört zu ihrem Repertoire. Wie hast du dir das weiter gedacht, Bernd?"

„Zuerst einmal werden wir beobachten. Ich will wissen, mit wieviel Wachen wir es zu tun haben. Heute Nacht geht der Samurai auf das Gelände, wird die Kameras lahmlegen und das Geländer erkunden, dann entwickeln wir einen Schlachtplan."

„Gut, das Beobachten können meine Leute erst einmal machen."

„Ok, dann werden deine Leute erst einmal einziehen. Dann will ich wissen, wer das Gelände verlässt und wer es betritt. Die Aufnahmen gebt ihr Pauline, die vergleicht sie mit den nötigen Dateien der Leute, die in den Armeen dieser Welt abgängig sind."

Tatjana, die immer noch teilnahmslos dastand, machte mit einem kurzen Räuspern auf sich aufmerksam.

„Tatjana, entschuldige, ich hatte noch keine Zeit dich dem Team vorzustellen."

„Kein Problem, Bernd. Ich wollte eigentlich nur fragen, wie ich mich einbringen kann?"

Bernd stellte die junge Russin dem Team vor und überlegte einen kleinen Moment.

„Mit was für Talenten kannst du denn aufwarten, Tatjana?"

„Tja, das ist etwas schwierig zu beschreiben. Mein Vater sagt immer, dass es langt, wenn man von allem etwas kann."

Bernd grinste und überlegte kurz: „Da ich ja weiß, dass dein Vater mit Informationen handelt, kannst du bestimmt mit Computern umgehen."

Jetzt grinste die junge Frau: „So für den Hausgebrauch langt das gerade."

Bernd schaute Pauline an, die auch sofort nickte.

„Dann gehst du bitte Pauline zur Hand, sie wird dich einweisen. Ich nehme an, dass du mit Waffen umgehen kannst."

„Ganz passable."

„Wenn wir reingehen, bildet ihr zwei ein Team. Jeder Computer, der euch wichtig erscheint, ist euer Ziel. Ich nehme an, dass sie da mit mindestens drei Systemen arbeiten. Das wichtigste System wird sein, dass nach außen geht. Die Daten dürfen auf keinen Fall gelöscht werden. Ich nehme an, dass wir darüber die meisten

Informationen bekommen werden. Das zweite System ist das wissenschaftliche System, das dritte ist das interne System.

Tatjana schaute Pauline an, die sich auf ihr Lap-Top konzentriert hatte, aber mithörte. Pauline hob nur den Daumen.

„Ach, da hätte ich doch beinahe etwas vergessen.“

„Tatjana?“

„Mein Vater hat mir noch etwas mitgegeben“, sie gab Pauline einen USB-Stick.

Neugierig geworden, steckte ihn Pauline in ihren Lap-Top und öffnete ihn.

„Bernd, schau dir das an. Den kennen wir doch.“

„Prof. Dr. Rodrigo Jesus Ruiz, unser Frauenarzt.“

„Kleinen Moment, ich öffne einmal seinen Lebenslauf. Zwei Lebensläufe, einmal Bill Snider und dann noch als Jesus Ruiz. Der Junge hat richtig etwas auf dem Kasten. Bioinformatikstudium, Frauenarzt, noch einen Abschluss in Genetik. Er hat alles, was man braucht, um so etwas hochzuziehen.“

„Und eine ganze Menge krimineller Energie.“
Bernd schaute Tatjana an und fragte: „Wie kommt dein Vater an diese Informationen, Tatjana?“

„Du weißt doch, er handelt mit Informationen. Nachdem du da warst, hat er sich um das Problem gekümmert. Du weißt, keine noch so geheime Sache ist wasserdicht. Betrachte es als Geschenk. Ihr kennt den Kerl?“

Pauline erzählte der jungen Russin die Begegnung. Die daraufhin lachte und sagte: „Da hattet ihr den richtigen Gedanken, aber nicht daran gedacht, dass der Hai so nah ist.“

„Wie wahr. Jetzt kennen wir unser Ziel.“

„Wie soll es jetzt weitergehen?“

„Pauline, du hast einen Vorschlag?“

„Wir sind ja hier noch bis mindestens morgen gebunden. Ich rufe unsere drei Mädels im Safe House an, und die treffen sich in Madrid mit dem Samurai zusammen. Dann observieren die vier den Kerl, bis wir ankommen. So haben wir auch Zeit, über Georg die spanische Polizei zu organisieren. Wenn er verschwinden will, hat er unsere 4 Spürhunde am Hals.“

„Was sagt ihr dazu?“
Bernd schaute jeden einzelnen in seinem Team an. Kollektives Nicken war das Ok für den Plan.

„Ich rufe Sergio an, vielleicht hat die NSA einen Flieger für die drei Mädels.“

„Versuche es, Schatz.“

Puschkin 6. Tag

Das erweiterte Team um Bernd Rassmussen saß in der Küche, um die Ergebnisse der letzten 24 Stunden zu besprechen.

Von Sergio Chessa hatten sie das Ok bekommen, eine Maschine der NSA nutzen zu dürfen, um die drei Profilerinnen, die in San Franzisko im Safe House saßen, nach Madrid zu bringen. Die hatten sich mittlerweile in Madrid mit dem Samurai getroffen und observierten mit der spanischen Polizei zusammen die Praxis von Prof. Dr. Rodrigo Jesus Ruiz, alias Bill Snider.

Als der russische Soldat des Einsatzkommandos, der die Kameras, die auf das Grundstück auf der anderen Straßenseite gerichtet waren, sich meldete.

„Da passiert etwas.“

Sofort umringte das Team den Sprecher. Autos fuhren vor den Eingang des kleinen Schlosses, und Angestellte fingen an, die Autos zu beladen.

„Snider wird es zu heiß, sie wollen verschwinden. Wir müssen jetzt sofort rein, bevor sie alle Geiseln erschießen.“

Bernd hatte ohne Emotionen gesprochen. Kalt und geschäftig sprach er weiter: „Jeder kennt seine Aufgabe.“ An Pjotr gewandt: „Pjotr, du weißt Bescheid, ihr geht von vorne rein, wir von hinten. Ihr wartet auf mein Zeichen. Die Drohnen sind soweit?“

„Die Drohnen sind startklar.“

„Dann bringt sie in die Luft.“

Dann wandte sich Bernd noch einmal an alle: „Damit wir uns klar verstehen, das ist keine Aufforderung zu einem Massaker.

Ich brauche die Gefangenen, also macht ihr das, was ihr gelernt habt, schnell und leise. Wenn dort zwei Sikhs sind, sorgt dafür, dass ihnen nichts passiert. Aber sie sind mit Vorsicht zu genießen. Wenn ich das Zeichen gebe, geben die Kameras auf der Mauer ihren Geist auf. Der Samurai hat sie in der letzten Nacht präpariert."

Bernd hatte in den letzten 24 Stunden gemerkt, dass er es nicht mit den üblichen Einsatzkräften zu tun hatte. Es waren allesamt Spezialisten, die es gewohnt waren, leise und still zu arbeiten.

„Ok, dann los."

Schnell leerte sich der Raum, und die Teams zogen ihre Ausrüstung an. Bernd und sein Team wurden zum Hinterausgang des Grundstücks gebracht, wo der Deutsche dann in sein Mikrophon sprach.

„Pjotr, wie sieht es aus?"

„Wir sind bereit, Bernd."

„Ok, dann jetzt."

In diesem Moment drückte Bernd den Auslöser. Mit einem leisen Zischen verdampften die Kameras, die um das Grundstück aufgestellt waren. Karl hatte schon vorher eine Sprengpatrone am Stahlgitter angebracht.

„Vorsicht."

Alle traten zwei Schritte zurück, und die Patrone zündete mit einem leisen Knall. Leise schwang das Gitter des Tores auf, und das Team betrat vorsichtig das Grundstück.

„Katharina, wie sieht es aus?"

„Die Verteidigungslinie hat sich zum vorderen Tor formiert, die haben noch nicht gemerkt, dass ihr von hinten kommt. Wenn ihr schnell seid, erreicht ihr unbemerkt das Haus."

Alle hatten mitgehört, und Bernd sagte nur: „Los.“
Sofort lief das Team im Schutz der Bäume auf das Haus
zu, als die Gruppe vom vorderen Bereich einen intensiven
Schusswechsel wahrnahm.

„Wieviel Gegner habt ihr, Katharina?“

„Ich sehe sieben. Unser Russenteam hat sich
verschanzt, sie kommen nicht näher ans Haus heran. Ich
werde von hier oben welche ausschalten, vielleicht
kommen sie dann zur Vernunft.“

„Pass auf, dass keiner mehr ins Haus kommt, wir helfen
dir von hinten.“

„Nicht nötig, Bernd, das bekomme ich alleine hin.“
Bernd kannte das Geräusch von Katharinas Waffe und
hörte in regelmäßiger Reihenfolge den harten trockenen
Knall.

„Hörst du, meine Schwester ist bei der Arbeit?“
Karl Weber schaute vorsichtig um die Ecke und sah vier
Gegner sich am Boden wälzen. Der Beschuss des Gegners
hatte nachgelassen.
Karl drehte sich zu Bille um, die direkt hinter ihm stand
und sagte: „Komm, wir räumen die Reste weg.“
Schon traten die beiden Ermittler, mit gezogener Waffe,
aus dem Schatten des Hauses und Karl mit sonorer
Stimme sagte: „Jungs, legt einfach die Waffen weg, dann
passiert euch nichts.“
Einer der Männer versuchte, mit einer schnellen Reaktion,
den Gegner hinter sich auszuschalten, aber Bille hatte den
Ansatz der Bewegung gesehen, und der Schuss kam
trocken und traf den Legionär im Oberschenkel. Der ließ
seine Waffe sofort fallen und sank stöhnend auf den
Boden. Daraufhin ließen sich die anderen widerstandslos
festnehmen. Das russische Team beendete den Rest.

„Grundstück ist sauber.“

„Danke, Katharina, aber weiter beobachten, wir haben noch das Nebengebäude.“
Mit den letzten Worten öffnete sich die Nebeneingangstür des kleinen Schlosses, die sich genau hinter dem Team befand. Wie in Zeitlupe wirbelten das Team herum, und zum Vorschein kam der Kopf des Inders Rahul.

„Kommt herein, schnell.“
Überrascht, Bernd anschauend, der verstohlen grinste und mit dem Kopf zur Tür nickte, schlichen sie, unbemerkt von den Bewohnern des Hauses, in das Gebäude.

„Und Rahul, wo ist Snider?“

„Als die Schießerei anfing, ist er durch den Geheimgang abgehauen.“
In dem Moment kam der zweite Inder auf den Flur. Er stockte einen Moment und kam dann auf die kleine Gruppe zu.

„Ich nehme an, das ist Karim.“

„Ja, mein Vater.“

„Aha, wieder mal ein internationales operierendes Familienunternehmen“, bemerkte Karla süffisant.

„Wo ist euer Bruder?“

„Im Krankenhaus von St. Petersburg. Die Operation verlief gut.“
Bernd kam gleich zur Sache und wandte sich an Karim, der unschwer als Anführer zu erkennen war.

„Karim, wie geht es jetzt weiter?“
Der Sikh, verbeugte sich leicht vor dem Profiler: „Es ist mir eine Ehre, einen Kämpfer ihres Profils kennenlernen zu dürfen. Es gibt nicht mehr viele Männer, die mit der Ehre umgehen können.“

„Karim, kommen Sie zur Sache.“

„Herr Rassmussen, ich möchte ein Menschenleben einlösen und Ihnen helfen.“

„Wie wollen sie uns helfen, Karim?“

„Mein Sohn erzählte ihnen ja schon, dass Snider verschwunden ist. Wir sollen das ganze Schloss in die Luft jagen und dann nachkommen. Treffpunkt ist Helsinki.“

„Helsinki?“

„Ja, Snider rechnet damit, dass die Flughäfen überwacht werden, deshalb nimmt er seine Jacht, die im Hafen von Sankt Petersburg liegt und fährt damit nach Helsinki.“

„Hat Snider noch irgendwelche Informanten hier in Russland?“

„Wir wissen nur, dass er einige Polizisten hier in Puschkin schmiert.“

„Wer ist sonst noch an Wachen in diesem Palast?“

„Nachdem sie vorne die Jungs ausgeschaltet haben, nur noch wir beiden“, dabei deutete er auf seinen Sohn und sich.

„Dann war das ja ein leichter Gang. Lasst uns erst einmal die Gefangenen befreien.“

„Und wir, Herr Rassmussen?“

„Ihr entfernt alle Sprengladungen. Ich gebe euch ein paar russische Spezialisten mit.“

Das kurze Intermezzo mit den beiden Sikhs dauerte nicht lange, und obwohl die beiden Inder sagten, dass kein Verteidiger mehr da war, sicherte das Team die nähere Umgebung. Zuerst gingen sie zur Eingangstür und öffneten diese. Pjotr kam als erster in den großen Vorflur und schaute erstaunt auf das Team und die Inder. Bernd informierte den russischen Profiler über alles, der dann sofort seine Leute einteilte und das Haus Raum für Raum durchsuchen ließ.

„Ich brauche einen der Gefangenen, die Zugang über den Augenscan zu den Gefangenen haben."

„Bekommt du sofort."

„Karla, kümmre dich bitte um die Verletzten."
Karla nickte nur und verschwand. Bernd und sein Team machten sich auf den Weg zum Keller, und sie betraten die erste Etage des Kellers, die Aufenthaltsräume, Küche und Lagerräume beinhaltete. Raum für Raum arbeiteten sie sich durch die erste Etage und kamen zu einer verschlossenen Tür des Lagers. Bernd legte sein Ohr an die Tür und hörte leise Geräusche.

„Da sind welche eingesperrt, holt mir den Sprengstoffexperten und öffnet die Tür. Wir gehen ein Stockwerk tiefer."
Pjotr, der das Gespräch mitbekommen hatte: „Er ist gleich da, Bernd."
Sie gingen ein Stockwerk tiefer, auch da untersuchten sie Raum für Raum, wie in der oberen Etage, war auch hier ein abgeschlossener Raum, aus denen man Geräusche hörte.

„Wenn der Sprengstoffexperte fertig ist, soll er sich um die nächste Tür kümmern."

„Roger, Bernd."

„Wo ist mein Gefangener für den Augenscan? Wir gehen jetzt in die dritte Etage."

„Ist schon auf dem Weg."
Die dritte Etage mit den Gefangenen war nur über den Aufzug zu erreichen, so wartete die Crew einen Moment, bis der Gefangene gebracht wurde. Pjotr, brachte ihn persönlich."

„Ist ein ganz schön großer Komplex, hier unten."

„Die Inder?"

„Funktionieren. Das Haus ist gesichert, meine Leute sind jetzt im Nebengebäude und entfernen die Ladungen."

Bernd wandte sich an den Gefangenen.

„Nationalität?"

„Engländer."

„Mein Junge, mach den Aufzug auf. Du hast schon von mir gehört?"

Der Soldat nickte nur.

„Dann weißt du, was dir blüht, wenn du irgendetwas nur ansatzweise versuchst."

Wieder nickte der Soldat. Dann schaute er in den Scan, gab den Code ein und die Tür öffnete sich leise.

„Wir nehmen ihn mit. 6 Personen passen rein. Louis, Karl, der Gefangene, Pjotr und ich gehen da runter. Pauline, du bist die Feuerwehr, sollte etwas passieren, dann weißt du, was zu tun ist."

Pauline nickte nur, und die 5 stellten sich in den Aufzug, der sofort, nachdem sich die Türen geschlossen hatten, leise ein Stockwerk tiefer schwebte. Wieder öffnete sich die Tür, und Bernd fiel ein Stein vom Herzen, als er Enzo, Ruben, Abegail, Yuki, Najuma und Manni quicklebendig vor der Tür stehen sah.

Grinsend stieg der Profiler aus dem Aufzug.

„Die Feuerwehr ist da."

Dann ging er zu der Afrikanerin Najuma, griff in die Tasche und gab ihr das Keramikmesser zurück.

„Mit dem Messer war alles sehr einfach, danke, du hast ein paar Menschenleben gut bei mir."

Sprachlos schaute die Afrikanerin den Profiler an: „Wie hast du das so schnell hinbekommen?"

„Das erzähle ich dir später, Najuma."

Manni, der als zweiter da stand, hatte Tränen in den Augen, nahm seinen Chef in den Arm und brachte kein Wort heraus.

„Alles gut, Manni?"

„Ich glaube, mir ging es nie besser."

„Machen wir erst einmal, dass wir hier herauskommen. Zuerst unsere 6 Befreiten."

Als alle ein Stockwerk höher angekommen waren, kam ein russischer Spezialist auf Pjotr zu und sagte: „Die Gefangenen der beiden Stockwerke sind frei."

„Etwas Besonderes?"

„Die Gefangenen haben alle einen Sender implantiert, um den Arm dann eine Uhr, der Sender ist mit einer kleinen Sprengladung versehen. Stark genug, dass sie den Arm abreißen, aber einen nicht töten."

„Ist der Arzt auch dabei?"

„Ja und auch das ganze Laborpersonal."

„Sie sollen alle im Labor warten, stellt zwei Wachen davor."

In dem Moment kam Karla um die Ecke und ging direkt auf Manni zu, um ihm herzhaft auf die Schulter zu klopfen. In ihrer burschikosen Art sagte sie dann zu dem Ermittler: „Na, Manni, Urlaub gemacht?"

Manni lachte laut: „Ich freue mich, auch dich zu sehen, Karla."

Bernd mischte sich ein: „Karla, die eingesperrten Leute sind frei und haben alle eine Sprengladung implantiert. Sehr wahrscheinlich dasselbe Muster wie ich es in Karelien im Arm hatte. Frag den Arzt. Er soll dir helfen, die Dinger zu entfernen. Horch ihn ein bisschen aus. Ich bin neugierig, was für eine Art Labor das war. Vielleicht hilft es uns weiter, den ganzen Fall besser zu verstehen."

Karla nickte nur: „Ich nehme mir Manni mit, der kann gleich über die Leute Buch führen.“

Pjotr, der eine Nachricht über sein Ohrmicro bekommen hatte, tippte Bernd an: „Wir sollen einmal in das Nebengebäude kommen.“

Verwundert schaute der Profiler den Russen an, der aber nur nichtwissend die Schultern hob.

„Ok, wir sind gleich wieder da.“

An die 5 Befreiten gewandt: „Ihr wollt mit Sicherheit frische Luft atmen. Da könnt ihr gleich mitkommen, vielleicht könnt ihr helfen.“

Als sie aus dem Haus kamen, empfing sie strahlender Sonnenschein und die Befreiten atmeten erst einmal tief durch, ohne ein weiteres Wort zu sagen, genossen sie die Sonne.

„Katharina, wie sieht es aus?“

„Alles Ok, Bernd. Ich bleibe hier oben, Nicht das es noch eine böse Überraschung gibt.“

„Gut, Katharina.“

Vom Nebengebäude winkte einer der Soldaten. Die beiden Inder saßen neben dem Soldaten auf einer Bank und hatten sichtlich erschüttert die Köpfe gesenkt.

Pauline, die mit einem feinen Gefühl ausgestattet war, sagte nur leise zu ihrem Freund: „Ich glaube, wir brauchen Karla, ich sage ihr Bescheid.“

Da sie noch alle über das Ohrmicro miteinander verbunden waren, stellte Pauline die Verbindung zu Karla her.

„Karla, ich glaube, wir brauchen dich hier oben.“

„Seid ihr auf dem Weg ins Nebengebäude?“

„Ja.“

„Ich bin gleich da.“

Bernd nickte nur und ging auf das Nebengebäude zu, die anderen im Schlepptau. Je näher er dem Gebäude kam, umso schneller wurde er. Als er bei den Indern ankam, sah er in deren Augen Tränen.

„Was ist?"

Karim deutete nur über die Schulter.

„Wenn du da reingehst, brauchst du Nerven."

Als Bernd und die kleine Gruppe das Gebäude betraten, schlug ihnen schon der Geruch von Urin und Fäkalien entgegen. Was Bernd dann sah, ließ ihn stocken. Durch die Tür kamen sie durch einen gläsernen Windfang, in einen großen Vorflur, der von zwei Freitreppen gesäumt wurde. Wenn man gerade aussah, konnte man auf der anderen Seite wieder durch ein Fenster ins Freie sehen. Da der Eingang genau mittig des Gebäudes lag, wurden die seitlichen Räume durch den Flur geteilt. Durch zwei Glaswände konnte man in die Räume, links und rechts des Flurs einsehen. Links war der Bereich, in denen ältere Kinder, bis 4 Jahre alt, untergebracht waren, die alle nackt herumliefen und in irgendeiner Weise behindert waren. Körperlich Behinderte waren genauso in dem Raum eingesperrt, wie geistig Behinderte. Rechts vom Vorflur waren die Neugeborenen, die in primitiven Betten lagen, dessen Laken vor Dreck starrten. Auch da waren alle Kinder behindert, das konnte Bernd mit einem Blick erfassen. Es fehlten Arme, Beine, Augen, Ohren, verformte Gesichter oder Körper.

Mit großen Augen wurden die Erwachsenen angesehen, mit Augen, die keine Hoffnung ausstrahlten, Augen, die nie etwas anderes gesehen hatten wie die Tristes des Raumes, der in seiner gekalkten Farbe schon fast steril wirkte.

„Was ist oben?“

„Labor und Küche. Wir haben oben noch Leute in einem Vorratsraum gefunden.“

Erschüttert sah sich der Profiler um und bemerkte auch die bleichen Gesichter seiner Leute, die genauso erschüttert in die Räume sahen. Jetzt verstand Bernd die beiden Inder. Es blieb ihm aber keine Zeit darüber nachzudenken, denn Karla kam mit dem Arzt im Schlepptau durch die Tür gestürmt.

Abrupt drehte sich der Profiler zu dem Mediziner, fasste ihn am Kragen, schüttelte ihn und sagte: „Wie konnten Sie das als Mediziner zulassen? Ihre Sprengkapsel im Arm zählt dabei nicht.“

Niedergeschlagen sah der Arzt zum Boden, als er erwiderte: „Sie haben gedroht, meine Familie umzubringen.“

„Bringt die anderen Eingesperrten in das Haupthaus, und Pjotr, sorge dafür, dass Swetlana das erfährt. Die Kinder müssen so schnell wie möglich versorgt werden. Wir brauchen auch ein Ärzteteam mit Psychologen vor Ort. Alles unter Geheimhaltung. Pjotr, noch eines, sorge dafür, dass die geschmierten Polizisten keine Nachricht abgeben können. Pauline, gib mir bitte Sergio ans Rohr. Ich will Aufnahmen von jedem einzelnen Kind haben.“

Mittlerweile war die Gruppe nach draußen getreten, Pjotr telefonierte schon, als Pauline Bernd ihr I-Phone reichte.

„Hallo, Bernd, ein Vögelchen hat mir geflüstert, dass du in Russland aufräumst. Was kann ich für dich tun?“

Mit einem Augenzwinkern, dass Sergio nicht sah, antwortete der Profiler: „Kann ich mir vorstellen, dass die Amerikaner es gerne sehen, wenn einer in Russland aufräumt.“

Bernd wusste, dass er mit dem Amerikaner mit italienischer Abstammung solche Scherze machen konnte, so kam auch prompt die Antwort.

„So kenne ich meinen Rassmussen, immer einen Scherz auf Lager. Hast du gerade einen Lauf?"

„Snider ist uns durch die Lappen gegangen und ist auf dem Weg nach Helsinki und das mit dem Boot. Habt ihre einen Satelliten, der jedes Gespräch, was er führt, aufzeichnet."

„Ab wann?"

„Sofort, bis wir in seinem Telefon die nötigen Equipments installiert haben."

„Habt ihr jemanden vor Ort?"

„Noch nicht, aber ich arbeite daran."

„Kleinen Moment. Kennt einer das Boot, mit dem er fährt?"

Bernd wandte sich an Karim: „Kennst du das Boot von Snider?"

„Circa 75 Fuß lang, eine Rennjacht, schwarz mit rotem Aufbau."

„Hast du mitgehört?"

„Ich bekomme gerade Bescheid, Sie fährt gerade aus dem Fjord heraus. Wir sind am Ball, Bernd. Auch wenn ihr euer Equipment installiert habt, bleiben wir dran. So können wir den Funkverkehr mithören."

„Danke, Sergio. Wenn wir fertig sind, erzähle ich dir alles."

„Ok, Bernd, wir wollen ja auch nicht, dass die blütenweiße Weste der Amerikaner beschmutzt wird. Es sind doch Amerikaner?"

„Es sind Amerikaner."

„Dann habe ich alle Möglichkeiten."

Die Verbindung wurde unterbrochen, und Bernd war froh, so einen Mann an seiner Seite zu haben, dem er blind vertrauen konnte.

Wieder wandte Bernd sich an den Arzt: „Was läuft hier in Puschkin eigentlich wirklich ab?"

„Die Kinder kommen aus den 4 Laboren, die Snider unterhält. Es sind die missgebildete Geburten, bei denen die Genschere nicht funktioniert hat."

Bernd wandte sich an Karla: „Erkläre es mir, Karla. Bitte keine wissenschaftliche Abhandlung."

„Das, was du hier an den Kindern siehst, nennt sich OFF-Target. Die Genschere wurde falsch angesetzt. Du musst dir das so vorstellen. Eine Gensequenz besteht aus 4 Buchstaben, A C G T, damit die Leiter funktioniert, stellt sich unter das A das T, unter das C das G, unter das G das C, unter das T das A. Jetzt hast du eine Sequenz, die irgendeine Bedeutung in deinem Körper hat. Wie zum Beispiel, Augen- oder Haarfarbe. Du willst ein Designerbaby haben, dann tauschst du, wenn du blonde Haare bei deinem Kind haben willst, die Buchstaben aus. Wenn da etwas falsch gemacht wird, entsteht so etwas, wie in diesem Haus. Man darf dabei nicht vergessen, dass so etwas wie Haarfarbe als profan zu bezeichnen ist, es geht hier vielmehr um geförderte Begabungen, wie Sport, Auffassungsgabe, Sprachen, Größe, eben der perfekte Homo sapiens."

„Und ihr habt die Kinder untersucht und habt versucht herauszufinden, wo der Fehler lag."

Den Profiler nicht ansehend, nickte der Mediziner.

„Karla, sorge bitte dafür, dass die Leute von ihren Sprengladungen befreit werden. Pauline, du und Tatjana sichtet die Computer und ladet alles ab, was relevant ist."

An die 5 befreiten Profiler gewandt: „Ihr helft Manni bei der Befragung der Befreiten und schreibt alles auf. Pauline, wenn du und Tatjana Informationen über die Herkunft der Kinder findet es, möchte ich, dass ihr sie zuordnet, damit wir auch etwas über ihre Eltern erfahren können."

Dann wurde Bernd von Sirenengeheul unterbrochen, und ohne das Pjotr gefragt wurde, antwortete er.

„Unsere Hilfe, Bernd, Ärzte, Pfleger, Psychologen, Krankenschwestern. Die kümmern sich um die Kinder."

Dann hörte Bernd die Stimme Katharinas in seinem Ohr.

„Ich habe mit meinem Zielfernrohr das ganze Grundstück abgesucht. Links hinten, in der Ecke, da, wo die großen Bäume stehen, sind viele kleine Erdhügel."

Der Arzt, der immer noch neben dem Profiler stand, schaute erschreckt hoch, als sich der Profiler mit eisenharter Stimme an ihn wandte: „Was sind das für Erdhügel hinter den Bäumen?"

„Die Grabstellen der Kinder, die gestorben sind."

„Die bei den Versuchen gestorben sind. Das haben Sie vergessen zu erwähnen. Gehen Sie mir aus den Augen, ich kann Sie nicht mehr ertragen."

Karla nahm den Arzt wieder mit, Pauline verschwand mit Tatjana in den Büros des Haupthauses und Bernd wandte sich an die beiden Inder.

„Was sagt ihr dazu?"

„Das wussten wir nicht. Wir sind Familienmenschen, mit vielleicht im westlichen Sinne, einem anrüchigen Beruf, aber wir lieben Kinder."

Ohne zu überlegen, antwortete der Profiler: „Das genügt mir, Karim. Seid ihr bereit, für mich zu arbeiten, und nicht nur, weil ihr mir noch zwei Leben schuldet?"

„Ja.“

„Gut, mit dieser Arbeit werdet ihr die Schuld eines Lebens abarbeiten.“

„Einverstanden.“

„Ihr fliegt nach Helsinki und schließt euch Snider an. Ihr lasst euch von meiner Freundin ein kleines Gerät geben, das implantiert ihr in seinem I-Phone. Sie wird euch mehrere von den kleinen Dingern geben, falls er mehrere I-Phons nutzt. Wir treffen uns dann in Madrid, denn ich nehme an, dass er zu seinem Sohn will. Geschieht etwas Unvorhergesehenes, ihr bekommt meine Nummer und informiert mich. Hat er Besatzung auf dem Schiff?“

Karim nickte und erklärte: „Einen Kapitän, Koch, Stewart und drei oder vier Mannschaften. Alles ausgesuchte Leute mit Kampferfahrung. Dazu noch 4 Mann als Bewacher.“

„Gut, dann trefft ihr jemanden am Flughafen in Helsinki, der euch mit Waffen ausstattet. Lasst euch etwas einfallen, warum das hier nicht in die Luft geflogen ist. Fliegt ihr weiter nach Madrid, werft die Waffen in einen Papierkorb, ihr werdet beobachtet werden. Verhaltet euch normal, so wie es sich für loyale Bewacher gehört.“

„Gut, Herr Rassmussen. Was wird aus meinem Sohn im Krankenhaus?“

„Ich sorge dafür, dass er nach Indien kommt.“

Karim gab dem Profiler die Hand: „Danke für das Vertrauen.“

„Das müsst ihr euch verdienen.“

„Was ist, wenn er einen Privatflieger nimmt?“

„Dann fliegt ihr mit. Wir haben euch auf dem Schirm.“

Die beiden Männer nickten Bernd noch einmal zu und gingen zu Pauline.

„Pauline, die beiden Inder kommen, gib ihnen die kleinen Abhördinger mit, für Snider sein I-Phone.“

„Ok, Bernd. Hier sind drei separate Computer-Systeme. Wir konnten die Löschvorgänge stoppen und reproduzieren jetzt alles. Wird noch einen kleinen Moment dauern.“

„Wie macht sich Tatjana?“

„Talentierte Frau.“

„Katharina.“

„Ich höre, Bernd.“

„Du gibst deinen Posten auf und fliegst mit Louis nach Helsinki und passt auf die beiden Inder auf. Von da aus geht es sehr wahrscheinlich nach Madrid.“

„Ich habe alles mitbekommen. Auf unsere Inder aufpassen, damit sie in keine Falle laufen.“

„Genau.“

Bernd beendete das Gespräch und wandte sich an Pjotr: „Pjotr, sorge bitte dafür, dass Katharina und Louis mit ihren Waffen in den Flieger kommen.“

„Sie bekommen einen Privat-Flieger. Ich habe Swetlana einige Aufnahmen geschickt, sie war sehr erschüttert. Die russische Regierung steht voll hinter euch. Ihr könnt über alle Recourcen verfügen. Das mit den Waffen in Helsinki übernehmen wir.“

„Danke, Pjotr.“

Die Synergien, die der Profiler von seinen Leuten bekam, gaben ihm Kraft, den Flow, in den er jetzt eingestiegen war, in einer Perfektion durchzuführen, die ihn nicht zweifeln ließ, etwas vergessen zu haben. Genauso gab er die positive Stimmung an alle wieder, die mit dem Fall beschäftigt waren. Für die Neuen im Team war es eine ganz neue Erfahrung, und sie genossen es, etwas zu bewirken, ohne großen Hürden aus dem Weg räumen zu müssen.

„Tatjana, wie sieht deine weitere Planung aus?“

„Ich wollte ganz gerne den Fall mit euch zu Ende bringen.“

„Du weißt, dass du keine Vorteile daraus ziehen darfst.“

„Schon längst geschehen, Bernd. Wir haben so viel mit dem Kopf des Drachen verdient, dass wir nur noch wissen wollen, wie wir an unser Geld kommen. Wie mein Vater dich eingeschätzt hat, hast du schon einen Plan dafür.“

„Akzeptiert, Tatjana, lass dich von Pauline informieren, wie das bei uns läuft. Es ist eine Sache des Vertrauens, missbrauchst du es, bist du draußen.“

„Habe ich mir gedacht.“

Bernd wusste, dass alle mithören konnten, was er sagte.

„Pjotr, ich brauche einen Wagen und einen Fahrer.“

„Wo soll es hingehen?“

„Karelien.“

„Karelien?“

„Ja, ich muss noch etwas zurückgeben.“

„Ich besorge dir einen Hubschrauber. Wann soll es losgehen?“

„Jetzt.“

„Ok.“

„Ich komme mit, mein Schatz.“

„Ich habe voll mit deinem Einsatz gerechnet. Bille, du übernimmst den Rücktransport der ganzen Mannschaft, inclusive aller Profiler. Wir treffen uns dann übermorgen in Madrid. Ich nehme nicht an, dass unsere Gäste viel Wäsche mithaben, also machst du mit dem Team zusammen eine Shopping Tour durch Madrid.“

„Schatz, das ist Folter. Warum darf die Bande shoppen gehen und ich muss mit nach Karelien?“

„Es war deine Entscheidung. Ich verdanke euch allen mein Leben, und da ist es das Wenigste, dass ich mich auf subtile Art revanchieren kann. Dann sind es doch die Kleinigkeiten, mit denen man Menschen Freude bereiten kann. Außerdem jubeln wir die Rechnung Georg unter, der wird erst mal meckern, dann schiebt er sie weiter an die UN. Aber wir holen das nach.“

„Ich komme mit nach Karelien.“

„Es war nicht anders zu erwarten.“
Bernd hatte sich gesetzt, nahm sein I-Phone und rief seinen Freund Dr. Georg Bauer an.

„Ach, der verlorene Sohn. Wo hast du die ganze Zeit gesteckt, Bernd?“

„Mein Freund, das ist eine lange Geschichte.“
Hier unterbrach der Staatssekretär des Innenministeriums den Profiler und sagte mit näselnder Stimme: „Ich weiß, ich weiß, der Herr schwebte zwischen Leben und Tod.“

„So kann man das sagen, Georg.“

„Bei mir laufen die Telefone heiß, gerade von der UN hatte ich eine Anfrage, wie weit ihr mit dem Fall seid. Wo bist du überhaupt? Von Pauline bekam ich bisher noch keine Antwort.“

„Ich bin in Puschkin/Russland und muss jetzt gleich nach Karelien. Der Fall steht vor dem Abschluss und du schlägst morgen in Madrid auf. Mein Team braucht einen politischen Vertreter gegenüber der spanischen Regierung, und wir brauchen Unterkünfte. Setz dich mit Bille in Verbindung und regelt das.“

„Wer ist noch in den Fall involviert, Bernd?“

„Das willst du nicht wissen, Georg.“

„Das glaube ich schon, Herr Rassmussen.“
Bernd stöhnte genervt in das I-Phone und lächelte: „Du
wolltest es nicht anders. Die Yakuza, die Samen, die
russische Mafia, die NSA…“
„Ist gut, ist gut, ich will es nicht wissen.“
„Kann ich mich auf dich verlassen?“
„Ja.“
„Bis übermorgen.“
Bernd unterbrach die Verbindung, als er in der Ferne das
leichte Wummern eines Helikopters hörte. Pauline kam
aus dem Haus, Pjotr im Schlepptau. Als sie ihren Freund
erreichte, gab sie ihm einen Kuss und meinte, indem sie
fragte: „Alles gut, oder kann ich etwas für dich tun?“
„Pack deine Sachen, wenn wir in Karelien fertig sind,
bringt uns der Hubschrauber nach St. Petersburg, dann
fliegen wir alle zusammen nach Madrid.“
„Ok, ich bin gleich wieder da.“
„Pjotr, was ist?“
„Der Junge ist heute wieder ins Dorf gebracht worden.
Darja wartet dort. Du gibst ihr das. Da stehen
Informationen und Anweisungen von Swetlana drin.“
Mit den Worten gab er dem Profiler einen USB-Stick.
„Ja, mach ich.“
Die beiden mussten laut sprechen, da der Hubschrauber
gerade landete. Pauline kam mit einer kleinen Tasche um
die Ecke gehetzt und stieg schon in den Hubschrauber.
Bernd gab Pjotr die Hand.
„Wir sehen uns in Madrid.“

Karelien

Das Paar genoss den Flug über die weiten Wälder Kareliens, dieser schönen Gegend, das beinahe das Grab des Profilers geworden wäre.

Bernd nahm sich die Zeit und erzählte seiner Freundin, dass was er erlebt hatte, als er aus dem Flugzeug geworfen wurde, und die junge Frau hörte aufmerksam zu. Dann kam die entscheidende Frage, auf die sich die junge Frau vorbereitet hatte.

„Mein Schatz, wie bist du zu dem Namen ‚Kopf des Drachen' gekommen? Ich weiß anscheinend gar nichts über dich, und das müssen wir ändern."

Bernd lächelte sie verliebt an und wusste, dass er ihr sein bisheriges Leben erzählen musste. So setzte er zum Erzählen an, wie er zu dem Namen „Kopf des Drachen" gekommen war. Der Gesichtsausdruck der jungen Halbasiatin wurde immer erstaunter, als sie sagte: „Du bist ein gefährlicher Mann, Bernd Rassmussen. Es wird der Tag kommen, dann wirst du mein Samurai sein."

Ein Satz, der lapidar daher gesagt war, sollte Pauline noch oft an diesen Moment erinnern. Verliebt kuschelte sie sich an ihren Freund, der gedankenverloren auf die weiten Wälder Kareliens schaute und über den Fall nachdachte, der sich dem Ende neigte.

Als sie landeten, sahen sie einen Militärhubschrauber auf der Wiese stehen.

Erst als die Rotoren erstarben, wachte die junge Frau auf, gähnte herzhaft und fragte: „Ich habe noch gar nicht gefragt, was wir hier wollen?"

„Ich muss den Samen ein Relikt zurückgeben."

„Mit der Post wäre das nichts geworden?"

Der Profiler sah seine Freundin erstaunt an, erkannte aber dann den Schalk, der diese Frage beinhaltete und lachte, ohne eine Antwort zu geben.

Die ersten, die zur Begrüßung kamen, waren die Hunde, die zwar respektvoll Abstand hielten, aber schwanzwedelnd und bellend um Aufmerksamkeit buhlten. Dahinter kam mit langsamen Schritten der Sumpfmann, der seinen Enkel, der noch stark humpelte, am Arm stützte.

Bernd ging auf die beiden zu, nicht ohne ab und zu anzuhalten und die Hunde zu streicheln.

„Na, Andreas, fast wieder auf dem Damm?"

„Noch nicht ganz, aber Darja hat sich gut um mich gekümmert. Ich verdanke dir mein Leben, Herr Rassmussen."

„Sag einfach Bernd zu mir, das hättest du auch für mich gemacht. Das ist meine Freundin, Pauline."

Sie gaben sich alle die Hand, und der Sumpfmann fragte den Profiler: „Was führt dich wieder zu uns, Bernd Rassmussen?"

„Wir müssen eine Seelenreise machen und diesmal führst du mich. Außerdem sollt ihr euer Relikt zurückbekommen."

Der Sumpfmann schaute dem großen Mann in die Augen und nickte.

„So sei es. Heute Abend, wenn die Sterne anfangen zu leuchten, fangen wir an. Soll sie mit auf die Reise gehen?"

Bernd nickte nur bejahend.

„Gut, dann wollen wir erst einmal etwas essen und trinken. Meine Frau wartet im Zelt, die Ärztin ist noch zu Besuch.

„Ich weiß, Sumpfmann."

Im Zelt angekommen, begrüßte man sich und aß gemeinsam. Dann gab Bernd den USB-Stick an Darja weiter, die ihn ohne weitere Kommentare einsteckte.

„Hast du Gierviej zur Hand?“

„Ich kann sie holen.“

„Bitte.“

Pauline schaute ihren Freund erstaunt an.

„Was ist denn eine Gierviej. Da bricht man sich ja die Zunge.“

In dem Moment kam die Schamanin mit der Zaubertrommel, und gab sie mit einer ehrfürchtigen Verbeugung dem Profiler. Der sie sich genau ansah und dann zu dem Sumpfmann sagte: „Das ist keine typische Samitrommel. Woher habt ihr sie?“

„Wir wissen es nicht, sie ist seit Urzeiten in unserem Stamm und wurde von Generation zu Generation weitergegen.“

„Ihre Kraft ist fast verbraucht.“

„Was weißt du über diese Zaubertrommel, Bernd Rassmussen?“

Die Frage des Samen klang erstaunt.

Jetzt lachte Bernd die beiden Samen an: „Alles, Sumpfmann.“

Die Samen im Zelt schauten ihn irritiert an.

„Die Trommel kommt von der Insel Hokkaido in Japan und wurde extra zum Bärenfest gebaut. Auf Hokkaido lebt ein Volk, es sind die Ainu, die bauen diese Trommeln. Aber das Besondere an dieser Trommel ist die Bespannung. Während das Holz vom Kejaki-Baum stammt, eine Ulmen-Art, ist die Bespannung die Haut eines Drachen.“

„Die Haut eines Drachen.“

„Ja, eine sehr seltene Machart und wurde sehr wahrscheinlich für den Tenno hergestellt. Es ist die Haut des Komodo-Warans. Wie sie zu euch kommt, weiß ich nicht, aber sie ist heilig, verliert aber bald ihre Kraft, da sie sehr alt ist. Der Bärenkult ist bei vielen indigenen Völkern ein großer Bestandteil der kulturellen Entwicklung eines Volkes. Der Bärenkult bei indigenen Völkern hat sich entwickelt, weil man meint, dass der Mensch vom Bären abstammen soll.“

Bernd schaute in die Runde und sah erschreckte Gesichter der Samen.

„Und was jetzt, Bernd Rassmussen? Wenn sie ihre Kraft verliert, verlieren wir unseren Glauben.“

„Ich habe keine Bedenken, Sumpfmann, wir werden die Kraft der Zaubertrommel wieder erneuern.“

„Und das kannst du?“

„Es geht nur mit dem Blut des Drachen. Heute Abend, wenn wir das Bärenfest feiern, werde ich dem Bär seinen angestammten Platz wiedergeben und der Trommel neue Kraft geben.“

„Was brauchst du dafür?“

„Ich brauche einen Pinsel aus Bärenhaar. Die Schamanin weiß, wie man ihn herstellt.“

„Gut, dann übernachtet ihr beiden in dem Zelt, das du schon kennst.“

Bernd lachte und antwortete auf Russisch: „Das wird ihr gefallen“, damit deutete er auf Pauline, die es nicht mitbekam, weil sie sich angeregt mit der Schamanin und Darja unterhielt.

Bernd und der Sumpfmann standen auf und verließen das Zelt, um sich die Beine zu vertreten.

„Das Lager ist größer geworden, Sumpfmann.“

„Verwandtschaft, sie wollen alle den Sehnenschneider sehen. Wenn sie dich berühren, mach dir nichts daraus, sie wollen etwas von deiner spirituellen Kraft haben. Ich habe dir ja gesagt, dass meine Leute etwas abergläubisch sind.“

„Und du?“
Jetzt grinste er den Profiler an: „Warum hast du mich denn ausgewählt, das Bärenritual durchzuführen?“

„Weil bei den Sami die Männer den Schamanen stellen. Dass deine Frau das letzte Mal durchgeführt hat, ging nur, weil ihr mir eine bewusstseinserweiterte Droge gegeben habt. Diesmal braucht es wesentlich mehr spirituelle Kraft, den Bär aus dem Wald zu locken. Gebt mir Andreas zur Seite, ich werde ihn in die Welt der Geister einführen, und der Bär wird entscheiden, ob er würdig ist.“
Ohne den Profiler anzusehen, bemerkte der kleine Same: „Du bist wirklich außergewöhnlich, Bernd Rassmussen. Dein Geist erkennt sogar unsere geheimen Wünsche.“
Sie gingen noch eine Zeitlang zusammen durch das Lager, und Bernd bemerkte die rege Betriebsamkeit, die im Lager herrschte. Wie unabsichtlich, kamen die Samen vorbei und berührten den Profiler kurz, dabei hielten sie den Blick immer gesenkt.

„Das wird ein mächtiges Feuer werden.“

„Ein mächtiges Feuer, für einen mächtigen Zauber.“
Bald verließ der Sumpfmann den Profiler und kümmerte sich um die Vorbereitungen, während Bernd Rassmussen noch etwas durch das Lager schlenderte.
Langsam kam der Abend, und Bernd ging zum Zelt. Darja und Pauline kamen ihnen entgegen und unterhielten sich angeregt.

„Na, Schatz, wie fühlst du dich?“

„Wenn du mich so fragst, Bernd Rassmussen, dann hast du irgendetwas vor. Außer dass ich nach Rauch stinke, wie ein alter Sami, geht es mir gut.“

„Möchtest du mich in die Geisterwelt der Sami begleiten?“

Pauline sah ihren Freund erstaunt an: „Warum willst du mich dabei haben?“

Jetzt schaute der Profiler seine Freundin verschmitzt an.

„Wir nehmen Andreas mit, und ich brauche jemanden, auf den ich mich spirituell verlassen kann.“

„Was muss ich machen?“

„Dein Geist wird dich leiten.“

„Langsam wirst du mir unheimlich, Bernd Rassmussen.“

„Fliegst du heute noch, Darja?“

„Nein, die Schamanin hat mich zum Fest eingeladen, als Dank für ihren Enkel. Und ihr glaubt doch nicht, dass ich mir das entgehen lasse. Glaubst du an den Bärenkult?“, kam die Frage, die aus ihrem Mund wie ein Gewehrschuss klang.

„Darja, was ist Glaube? Der Schritt zum Wissen, oder der Schritt zur Unwissenheit?“

„Ich habe mir noch nie Gedanken darüber gemacht.“

„Warte den heutigen Abend ab. Ich glaube, wir müssen langsam zum Feuer.“

Sie gingen langsam zum Feuer und unterhielten sich über den Ablauf des Abends.

„Was für Mittel bekommt ihr, um in Trance zu kommen?“

„Keine, da wir es alle freiwillig machen, werden die Trommeln die Trance einleiten.“

„Wie funktioniert so etwas?“

„Beim Trommeln entstehen Theta-Wellen von 4-8 Herz, die dann zur Schläfrigkeit führen und Traumbilder hervorrufen können. Der psychische Effekt rhythmischer Trommelschläge auf das Zentralnervensystem wurde mehrfach durch Messung von Gehirnströmen bewiesen. Schamanen legen dann noch eine zweite Linie auf, den sie durch Gesang und Tanz verstärken können. Man muss seinen Geist öffnen, um es zuzulassen, dann wird dem Wunsch entsprochen, den Drachen oder den Bären zu sehen."

„Ich habe mir sagen lassen, dass so etwas wie bei einem Drehbuch abläuft, nur dass man keinen Einfluss darauf hat."

„Da sind wir wieder beim Glauben, Darja."
Inzwischen waren sie beim Feuer angekommen, und es wurden ihnen ihre Plätze zugewiesen. Pauline saß rechts neben dem Profiler, während Andreas die linke Seite einnahm.

Der Abend war frisch, trotzdem zog Bernd sein Hemd aus. Der muskulöse Oberkörper des Mannes fing an zu glänzen, und die Anwesenden merkten, dass sich der Fremde mental vorbereitete. Das Feuer hatte schon eine beachtliche Größe erreicht und wärmte die Menschen, die drum herumstanden. Leises und langsames Trommeln erfüllte den windstillen Abend, und der Platz füllte sich immer mehr. Die Zuschauer wurden immer konzentrierter und richteten ihre Aufmerksamkeit auf die drei Probanden, von denen der Profiler seine Vorbereitungen durchführte. Die ersten standen auf und begannen zu tanzen und den Samen eigenen Gesang, den Joik durchzuführen. Ein Gesang, der versuchte, den Menschen der Tierwelt näher zu bringen.

Ein Holzklotz wurde vor den Profiler gestellt, auf dem ein typisches Samenmesser lag, mit einer gekrümmten Klinge und kunstvoll verzierter Scheide, dazu der frisch angefertigte Pinsel und eine kleine Holzschale. Einen Moment später brachte die Schamanin Gierviej, gab die Trommel Andreas, der sie zögerlich und fast ängstlich annahm.

Pauline, die sich mental öffnete, merkte, wie der Klang der Trommeln von ihr Besitz ergriff. Sie legte sich auf den Fluss der Töne und ließ sich treiben.

Andreas, der anscheinend Schwierigkeiten hatte, sich aus der realen Welt zu lösen, schaute Bernd hilflos an. Bernd fing den Blick auf, beugte sich zu dem jungen Mann, der immer noch unter seinen Verletzungen litt, und sprach mit ihm. Der junge Same nickte und gab sich wie Pauline dem Klang der Trommeln hin, die immer drängender wurden.

Der Zeitpunkt schien erreicht. Bernd nahm das Messer in die rechte Hand und schnitt sich quer über die Innenhandfläche, presste die Hand zusammen und ließ das Blut in die Schale tropfen. Dann nahm er die Hand von Andreas und wiederholte den Vorgang, genauso wie Pauline, bei der ihr Freund merkte, dass sie sich schon auf der mentalen Reise befand.

Mit dem Pinsel rührte er das Blut, nahm Andreas die Gierviej aus der Hand, der sichtlich erleichtert die Trommel abgab. Dann malte er das verschwommene Bild des Drachenkopfes nach, das sich verblichen auf der Drachenhaut befand. Der Kopf ähnelte der Tätowierung auf seiner Schulter, der bei den Beobachtern den Anschein erweckte, dass der Drachenkopf auf der Schulter des Profilers die Arbeit aufmerksam kontrollierte. Das flackernde Licht gab diese Sinnestäuschung vor, die in diesem mystischen Moment keiner wahrhaben wollte.

Nachdem der Drachenkopf sich in seiner ganzen Schönheit auf der heiligen Trommel befand, malte er den Bären nach. Der Gesang der Samen wurde immer kryptischer, hatte aber ein System, dass die Tänzer wilder werden ließ. Langsam merkte auch der Profiler die Theta Wellen, und er musste sich konzentrieren, um den Bären zu Ende malen zu können. Zufrieden mit seiner Arbeit, gab er dem Mann mit den Hunden die Trommel, der sich mittlerweile vor ihn gesetzt hatte. Ohne auf die neubemalten Tierbilder zu achten, begann der Same die Trommel zu schlagen, dazu benutzte er einen gebogenen Stock, der an der Spitze mit Stoff umwickelt war.

Der dumpfe fordernde Ton führte die anderen Trommeln und ließ ein Stakkato von Tönen in die Dämmerung erschallen, das von dem Jaulen der Hunde noch unterstrichen wurde.

Darja, die Ärztin, die ungläubig das ganze Geschehen beobachtete und filmte, lief ein kalter Schauer über den Rücken, als sie die drei in Trance Sitzenden, sich hin und her wiegend, vor sich sah. Auch sie konnte sich dem mystischen Moment nicht entziehen. Irgendwann steckte sie das Handy in die Tasche und tanzte mit, getrieben von der unterbewussten Sehnsucht, ein Teil der Gemeinschaft zu werden.

Von dem Mann mit den Hunden genau beobachtet, begann der Profiler seine mentale Reise und sah im Inneren seine Freundin vor sich, die mit leichten Schritten auf einen imaginären Ort zulief, verfolgt von Andreas. Bernd, der in diesem mystischen Traum den Körper des

Drachen angenommen hatte, sah die Waldlichtung, die die Form der Heiligen Gierviej hatte, an dessen Rand Pauline und Andreas anhielten. Bald hatte der Drache die beiden erreicht und überschritt auch nicht die Grenze der Lichtung. Immer wieder veränderte sich das Bild vor ihnen, aber die Lichtung blieb.

Das Feuer, das die Lichtung ergriff, kam aus dem Nichts und der Schatten, der sich auf der anderen Seite der freien Fläche bildete, war der Bär, der Herr der Tiere.

Der Drache bedeutete den beiden mitzukommen, und sie gingen zusammen durch das lodernde Feuer auf den Bären zu, der seinerseits auch den Platz betrat. Zögernd, ohne von dem Feuer erfasst zu werden, trafen sie sich in der Mitte. Das Feuer ging aus, und der Bär richtet sich auf. Was dann passierte, war ein reiner Gedankenaustausch zwischen den beiden Tieren, dem sich der Drache zuerst beugte. Mit einer linkischen Geste schob der Drache Andreas auf die Seite des Bären, der immer noch hoch aufgerichtet dastand. Der Drache und Pauline drehten sich um und verließen den Platz, dabei sahen sie nicht, wie sich der Bär mit Andreas auch umdrehte und im Wald verschwand.

Der Mann mit den Hunden hatte aufgehört, die heilige Gierviej zu schlagen und sah gespannt auf die drei aus der Trance aufwachenden Reisenden. Auch die anderen Trommeln hatten aufgehört, die Tanzenden setzten sich wieder auf ihre Plätze und beobachteten die drei Probanden fragend.

Bernd hatte sich als erster gefangen, er wartete, bis sich Pauline und Andreas aus ihrer Trance erholt hatte, dann gab er dem Mann mit den Hunden die Hand und sagte ohne Theatralik: „Es ist vollbracht, wir haben dem Bären sein Territorium zurückgegeben, und er hat Andreas akzeptiert.“

„Und die Heilige Gierviej?“

„Sie ist so stark wie nie zuvor.“
Emotional überwältigt, stand der kleine Same auf und umarmte den großen Mann: „Danke, Bernd Rassmussen.“
Als die Anwesenden sahen, wie sich der kleine Same bei dem Profiler bedankte, brach Jubel bei den sonst reservierten Samen aus.
Mit einem Blick auf Andreas, der am Platz eingeschlafen war, bemerkte Bernd nur: „Legt ihn auf ein Bärenfell, es war eine anstrengende Reise für ihn.“
Der Mann gab einigen anderen einen Wink, und sie führten Andreas in ein Zelt.
Pauline, die noch unbeteiligt neben ihrem Freund stand, schaute ihren Freund fragend an: „Haben wir jetzt alle dasselbe gesehen?“

„Was hast du denn gesehen, mein Schatz?“
Pauline erzählte es ihm.

„Dann haben wir dasselbe gesehen. Es war die Gierviej, auf der wir uns befanden.“

„Hast du so etwas schon einmal gemacht?“

„So etwas Ähnliches, in Japan. Aber lass uns etwas essen, ich habe einen Bärenhunger.“
Wieder gab es Rentierfleisch und wieder waren es die Hunde, die dem Profiler und Pauline nicht von der Seite wichen. Es wurde eine lange und fruchtbare Nacht für die beiden Liebenden. Als beide morgens aus dem Zelt kamen, verabschiedete Darja sich gerade. Einige der Samen waren schon abgereist, als die Ärztin noch einmal zu den beiden ging, Pauline in den Arm nahm und Bernd

die Hand gab, sagte sie: „Ich hoffe, euch beide wiederzusehen. Es war eine lehrreiche, aber zu kurze Zeit mit euch.“

„Das hoffen wir auch.“

„Wie geht es jetzt bei euch weiter?“

„Wir wollen gerne den Fall abschließen, und dafür müssen wir nach Madrid.“

„Fasst die Schweine, sie sollen ihre gerechte Strafe bekommen.“

Bernd sagt leise und tiefsinnig: „Das werden sie, und sie wissen noch nicht, wie diese Strafe aussehen wird.“

Andreas, sichtlich erholt, kam zu der kleinen Gruppe: „Der Bär wird immer über dich wachen.“

„Ich weiß, mein Freund, wie der Drache über dich. Die das Blut getauscht haben, sind für immer Brüder.“

Der Mann mit den Hunden und die Schamanin kamen, um sich zu verabschieden. Still gaben sie sich die Hand, und mit einem Blitzen in den Augen bemerkte der Mann: „Ich hätte nie gedacht, dass ein zivilisierter Mensch so etwas kann.“

Pauline, die sich bei der Schamanin verabschiedete, schaute Bernd bestürzt an.

„Was ist, Schatz?“

„Die Schamanin fragte mich, wie ich den Jungen nennen werde.“

„Welchen Jungen?“

„Den wir heute Nacht gezeugt haben sollen.“

Bernd, keineswegs überrascht, drehte sich zu der alten Frau und flüsterte ihr ins Ohr: „Kopf des Drachen.“

Listig schaute die Schamanin den Profiler an und antwortete: „Denke daran, es kann nur einen Kopf des Drachen geben. Ein langes Leben.“

„Bernd Rassmussen, was hast du ihr gesagt?“

„Das erzähle ich dir später, zuerst bringen wir den Fall
zu Ende.“

483

Madrid

Der Helikopter hatte sie zurück nach St. Petersburg gebracht, wo schon die Maschine wartete, die sie nach Madrid bringen sollte. Pjotr hatte alles bestens organisiert, und so wurden sie vom Samurai abgeholt, der sie auch gleich ins Hotel brachte.

Pauline war während des Rückfluges in sich gekehrt, und kurz bevor sie landeten, stieß sie Bernd an: „Was würdest du sagen, wenn ich wirklich schwanger wäre?"

Bernd sah sie an, grinste nur und meinte in seiner Art, lapidar: „Herzlichen Glückwunsch."

„Idiot. Meinst du, die Schamanin hat Recht?"

Jetzt antwortete ihr Freund so ernst, wie ihn Pauline selten erlebt hatte: „Was diese Frauen sagen, dass kannst du ruhig glauben. Die haben einen Blick dafür."

„Und was sagt der Herr Rassmussen dazu?"

„Eine Herausforderung, auf die ich mich freue."

„Unser Leben wird sich ändern."

„Das wird es."

Die Maschine setzte zur Landung an, und als der Samurai, mit seinem wahren Gesicht, seine Tochter sah, hellte sich die Mine auf, die sonst eher verdrießlich war. Pauline selbst fiel ihrem Vater um den Hals: „Ich freue mich, dich zu sehen, Pa."

Der Samurai schaute verdutzt den Profiler an und hob fragend die Schulter.

„So sind Töchter nun mal, Schwiegervater."

Pauline, die ihre Keckheit wiedergefunden hatte, ging in der Mitte der beiden Männer, hatte ihre Arme eingehakt und sagte nur: „Lasst uns das Schwein fertigmachen. Da habe ich jetzt richtig Lust zu."

Ohne sich emotional auszulassen, fragte der Profiler: „Habt ihr schon etwas erfahren?"

„Kann man wohl sagen. Mit Sergio Chessa und dem Satelliten, das war eine gute Idee. Snider versucht Geld aufzutreiben und hat einige Pharmaunternehmen, Gerätehersteller und Labore kontaktiert. Wir haben alles gelistet, es ist eine ansehnliche Liste von Unternehmen, die in irgendeiner Art und Weise mit der Bande zusammenarbeiten."

„Kann man etwas über die Wertigkeit der Anrufe sagen?"

„Das musst du mit Betty besprechen, sie ist dabei den Geldfluss zu analysieren."

„Was geht in deinem Kopf vor, Schatz?"

„Es geht um die Bestrafung."

„Wir übergeben sie der Justiz."

„Das ist nicht so einfach, Schatz. Was passiert, wenn wir sie der Justiz übergeben? Gut, sie werden vielleicht bestraft, kommen aber wieder frei und machen weiter. Geldgeber gibt es immer wieder, die in diese Technologie investieren wollen. Eine Technologie, die, wenn ich Karla richtig verstanden habe, noch lange nicht spruchreif ist, obwohl wir CRISPR haben. Die Ergebnisse haben wir ja in Puschkin gesehen."

„Wie würde deine Bestrafung aussehen?"

„Gefährlich ists den Leu zu wecken."

Pauline vervollständigte den Satz: „Verderblich ist des Tigers Zahn. Jedoch der schrecklichste der Schrecken. Das ist der Mensch in seinem Wahn."

„Du kennst Schillers Glocke?"

„Meine Zieheltern haben mir eine fundamentale Ausbildung zukommen lassen."

„Respekt“, lachte der Profiler, als sie den Wagen erreicht hatten und einstiegen.

„Jetzt sag schon, wie denkst du dir die Bestrafung der Bande?“

„Wir lassen sie laufen und bedienen uns bei Tatjana und ihrem Vater. Aber ich habe noch nicht zu Ende gedacht.“ Pauline wusste, dass sie nicht weiter auf ihren Freund eindringen durfte. Zur gegebenen Zeit würde er sie informieren.

Routiniert fuhr der Samurai durch die Straßen von Madrid und hielt vor einem Hotel.

„Wo habt ihr euer Hauptquartier eingerichtet?“

„Hier. Ich dachte, eine ganze Etage ist genau das Richtige.“

„Sehr gut, An Wong.“

Als Pauline ihren Geburtsnamen Wong hörte, kamen ihr die Tränen in die Augen und sie sagte zu ihrem Vater: „Wir müssen Ma noch ein kleines Denkmal setzen.“

„Das werden wir, Paulinchen. So hat dich deine Mutter immer genannt, weil du immer so vorwitzig warst. Und du, Bernd Rassmussen, nennt mich ab sofort An.“

Bernd grinste, ging aber nicht weiter darauf ein, sondern richtete seine Gedanken auf das Wesentliche.

„Wenn ich mich recht erinnere, müsste die Klinik von Dr. Rodrigo Jesus Ruiz alias Paul Snider, ein oder zwei Straßenzüge weiter sein.“

„Ein Straßenzug weiter. Das Hotel geht bis zu der anderen Straße, die Etage auch. Die spanische Polizei hatte uns den Tipp gegeben. Dr. Georg Bauer hat da sehr gut interveniert, und der Besitzer des Hotels war sofort damit einverstanden, denn die ganze Etage wird renoviert. Da wir nicht lange bleiben werden, haben wir für den mittleren Teil der Etage einen Sonderpreis bekommen. Dieser mittlere Teil ist ein in sich geschlossener Bereich. Wir werden von keinem gestört."

„Dann ist es ja genau das Richtige für uns."

„Wundere dich nicht, wer alles da ist."

„An, Hauptsache, sie halten alle dicht."

Schnell waren sie an der Rezeption vorbei und bestiegen den Aufzug. In der dritten Etage angekommen, öffnete sich die Tür, und die drei traten auf einen breiten Flur. Links und rechts war der Gang mit Folie verhangen, so blieb ihnen nur die Möglichkeit, die Tür, die vor ihnen war, zu nehmen. Bernd sah sofort, dass der Eingang ein Provisorium war und den Bereich, den An Wong gemietet hatte, abriegelte. Ohne zu zögern, ging Bernd auf die Tür zu und wollte sie öffnen, aber sie war verschlossen. Der Profiler schaute An an, der aber nur lächelte und auf die Kamera zur linken zeigte.

„Ich habe ein sehr hohes Sicherheitsbedürfnis bei der Bande. Es wird uns keiner überraschen."

Es dauerte einen Moment, und die Türe wurde geöffnet. Vor ihnen stand Bille Brodersen und im Gefolge Dr. Georg Bauer.

Sie begrüßten sich herzlich, als Bille die schöne Halbchinesin umarmte: „Was müffelst du eigenartig?"

Bevor Pauline antworten konnte, kam ihr Freund, grinste sie an und sagte: „Bestimmt nach Bärenfell."

Bille hob nur irritiert die Schultern, während Bernd sich einen bösen Blick seiner Freundin einfing, den er aber ignorierte.

„Komm, ich führe euch in die Kommandozentrale. Alle Zimmer sind noch im ursprünglichen Zustand und nutzbar. Dusche, Bettwäsche, Zimmerservice, alles da."

Am Ende des Ganges angekommen, waren links und rechts zwei offene Türen, in der sich die Kommandozentrale befand.

Sie wurden von allen laut begrüßt, als Bernd Sergio Chessa seinen Freund wahrnahm.

„Sergio, was machst du denn hier?"

Sergio nahm seinen Freund in den Arm und sagte: „Befehl von ganz oben. Du hast ein Segment von höchster Priorität angefasst und bist dabei, unbescholtene amerikanische Menschen in eine prekäre Situation zu bringen", dabei zwinkerte der NSA-Agent mit einem Auge.

„Wer ist denn diese höchste Stelle?"

Jetzt verzog Sergio angestrengt das Gesicht.

„Aha, keine Antwort ist auch eine Antwort."

„Es gab da wohl ein paar Planspielchen der Strategen, die nur die Aufgabe hatten, deine Reaktionsart zu analysieren."

„Zu welchem Ergebnis sind sie gekommen?"

„Wie würdest du jetzt sagen, „Sergio, das ist etwas kompliziert"."

„Dann erkläre es mir?"

„Können wir das hier vor deinen Leuten besprechen?"

„Sergio, Sergio, du weißt doch, ich bin der Leader. Wenn ich kein Vertrauen zu meiner Mannschaft habe, haben sie kein Vertrauen zu mir", jetzt wurde die Stimme des Profilers glashart: „Du erklärst es uns, ich mache einen Vorschlag, die Mannschaft stimmt ab."

Jetzt sah er erst seine Tante und ging auf sie zu: „Hallo Tante Kunigunde, es sind ja wohl alle hier?"

Herzlich nahm er sie in den Arm: „Ich bin froh, dass du wieder gesund zurück bist. Ich wollte beim Finale dabei sein.“

Sergio war nachgekommen und tippte den Profiler an die Schulter: „Bernd, ich habe klare Direktiven.“

„Sergio, du bist hier in Spanien, nicht in den USA. Wie oft habe ich den Amerikanern geholfen? Ist jemals ein Schaden aufgetreten, der die Nation beschädigte? Nein. Hab Vertrauen, mein Freund.“

Kunigunde nahm Sergio am Arm und führte ihn weg. So hatte Dr. Georg Bauer Zeit, Bernd den Polizeichef der Guardia Zivil vorzustellen. Ein großer hagerer Mann, mit einem leicht gebräunten Teint. Die beiden Männer gaben sich die Hand und taxierten sich: „Bernardo Silva, Señor Rassmussen.“

„Sie sind genau der Mann, den wir hier brauchen. Sie haben mit Sicherheit die Befindlichkeiten der Amerikaner mitbekommen. Ich bin auch fremd in diesem Land und als Gast habe ich gar nichts zu sagen. Wenn Sie mir sagen, was ich darf, bin ich zufrieden.“

„Worum geht es eigentlich richtig. Ihr Staatsekretär hat mir nur eine vage Auskunft gegeben.“

„Pauline, kommst du bitte einmal mit deinem Lap Top. Ich möchte dir Bernardo Silva, den hiesigen Polizeichef vorstellen.“

„Señorita“, charmant gab der Polizeichef der Halbchinesin einen angedeuteten Handkuss.

„Zeige bitte Señor Silva die Aufnahmen, die wir in Puschkin gemacht haben.“

Pauline schlug den Lap Top auf und zeigte dem Spanier die Aufnahmen, Bernd gab die Erklärung dazu. Er sah, wie der Polizeichef blass wurde, dann stellte er sich gerade hin, streckte sich noch einmal und sah den Profiler auffordernd an.

„Señor Rassmussen, Sie haben alle Möglichkeiten, die wir Ihnen zur Verfügung stellen können.“

„Señor Silva, ich würde es gerne sehen, wenn Sie uns die kurze Zeit, in der wir hier sind, begleiten und an den Entscheidungen mitarbeiten.“

„Ich glaube, der Fall geh uns alle an, ich bin dabei.“

„Gut. Wie ist die Küche in diesem Hotel?“
Etwas erstaunt schaute der Polizeichef den Profiler an.

„Sehr gute spanische Küche.“

„Leute, hört mal zu. Spanische Küche, spanischer Wein, einverstanden?“

„Von überall kam zustimmendes Nicken.“

„Herr Rassmussen, habe ich das richtig verstanden. Sie haben einen wichtigen Fall und denken über essen und trinken nach?“

„Machen Sie sich keine Gedanken, Señor Silva, wir machen das immer so, und es funktioniert. Ich habe bei dem Fall einige Profiler mehr in das Team bekommen und da sollte man zeigen, wie das in unserem Team abläuft. Aber eine wichtige Frage habe ich noch. Ich nehme an, dass wir den Schuppen in den nächsten zwei Tagen stürmen werden, kann ich mich da auf ein gutes Team von Ihnen verlassen?“

„Natürlich, Herr Rassmussen.“

„Gut, dann wäre ich Ihnen verbunden, wenn die Jungs heute schon zu uns stoßen, dass wir uns aneinander gewöhnen können.“

„Ich werde das gleich veranlassen. Wer bezahlt das alles eigentlich?“

„Machen Sie sich um Kosten keine Gedanken, die UN trägt die Kosten. Entschuldigen Sie mich bitte. Pauline kommst du bitte mit.“

Bernd hatte gesehen, dass Sergio wartete und ging zu ihm.

„Sergio, jetzt mal unter uns Klosterbrüdern. Wie ist die Verhältnismäßigkeit im amerikanischen Senat, wegen unserer Intervention? Es gibt doch mit Sicherheit Senatoren, die das nicht gerne sehen, was wir machen, und wie wir es machen.“

„Sie geht von zwei Senatoren aus.“

„Gib mir die Namen.“

„Das kann ich nicht, Bernd.“

„Du weißt doch, wie so etwas läuft. Ich gehe jetzt, und Pauline zeigt dir ein paar Bilder. Ein kleiner Augenaufschlag würde langen.“

„Was sagt Karla einmal zu mir, ihm kann man nichts abschlagen. Ich verlasse mich auf eure Diskretion.“

„Sergio, habe ich dich jemals enttäuscht. Schatz, du weißt, was ich will. Bekommst du das bis zur morgigen Besprechung geregelt.“

„Ich glaube, das ist kein Problem. Die amerikanische Regierung hat über jeden Senator eine lückenlose Vita.“

„Pauline, du willst da doch nicht reingehen und wieder die amerikanische Regierung hacken?“

„Sergio, sei nicht so genervt, es geht um nur zwei Senatoren. Ich bin in den Dateien drin und schon wieder draußen. Erinnerst du dich an Bluffdale, Admiral Lawrenz hat damals beinahe eine Herzinfarkt bekommen.“
Bernd hatte sich schon abgewandt und griff sich Bille.

„Bille, spanische Küche und Wein, es kommen noch 10 Männer von der Spezialeinheit dazu. Weißt du, welches Zimmer Pauline und ich haben?“

„Ok, Bernd, für Wein und Essen sorge ich. Pauline scheint mit Sergio fertig zu sein, ich zeige euch euer Zimmer.“

Ein Tag später

Es war ein langer Abend, mit Wein und der spanischen Küche.

Das Team hatte auf das Einsatzkommando gewartet, und Bernd hatte die Sachlage noch einmal erörtert, damit alle wussten, worum es ging. Die Abhörstation war rund um die Uhr besetzt, wie auch der Beobachtungsposten. Bernardo Silva hatte daran gedacht, auch hinter dem Gebäude Sniders, Posten aufzustellen.

Bernd lag noch mit geschlossenen Augen im Bett, es machten sich die Strapazen der letzten Tage bemerkbar. Die Wunden an seinen Waden hatten sich gut entwickelt, so dass Dr. Karla Schmidt zufrieden den Verband entfernte.

Langsam, mit der linken Hand zum anderen Bett greifend, sagte er leise: „Guten Morgen, Schatz.“

Der Griff ins Leere ließ ihn seine Augen öffnen. Das Bett neben ihm war leer, wie auch das Schlafzimmer. Schnell schwang er sich heraus und sprang unter die Dusche. Kurze Zeit später stand er auf dem Flur und sah schon reges Treiben auf der Etage.

Der Hotelier hatte auf dem breiten Flur ein Frühstücks-Buffet aufgebaut, was sich sehen lassen konnte. Im Vorbeigehen griff er sich eine Tasse Kaffee und einen Croissant und ging in die Zentrale.

Pauline, die schon über ihrem Computer saß, bemerkte ihn und winkte ihren Freund zu sich. Bernd gab ihr einen Kuss und fragte: „Na, schon etwas Neues.“

„Kann man wohl sagen, mein Schatz. Wir haben die beiden Senatoren isoliert. Sie gehören zur ganz rechten Seite des Senats. Dann haben wir eine

Verwandtschaftsüberprüfung durchgeführt und mit der Patientenliste Sniders verglichen.“

„Ihr seid in die Patientenliste reingekommen?“

„Wenn ich nach Bluffdale komme, ist so etwas nur eine Zeitfrage, egal wie gut der Bengel ist. Beide Senatoren haben Töchter, die sich ein Designerbaby haben mache lassen. Sie hatten jeweils einen Fehlversuch. Die beiden behinderten Kinder befinden sich noch in Gewahrsam ihrer Betreuer, die Pjotr organisiert hat. Hier sind die beiden Bilder dazu.“

„Dann hat Snider ja exzellent Buch geführt.“

„Ich denke eher, nicht aus buchhalterischen Gründen, sondern aus erpressungstaktischen Gründen. Jetzt weißt du, warum er die Profiler weghaben wollte. Weil er genauso wie ihr denkt, in die Zukunft.“
Sergio, der sich inzwischen dazu gesellt hatte, hatte alles mitbekommen.

„Die Schweine, es geht immer nur um ihr Eigenwohl.“ Bernd drehte sich zu seinem Freund, legte seine Hand schwer auf dessen Schulter: „Sergio, wir müssen mit dem Fall emotionslos umgehen. Du wirst in Richtung des Senats nichts unternehmen. Du wirst die Füße stillhalten und lässt uns das machen. Der Bericht an den Senat wird so aussehen, dass du uns die Order gegeben hast, so zu handeln, wie der Senat es wünschte. Dann haben sich die Ereignisse überschlagen und wir mussten handeln, ohne dass du noch Einfluss nehmen konntest. Ich möchte, dass du nach der folgenden Besprechung zurückfliegst und dem Senat Bericht erstattest. Dann informierst du Admiral Dalton von der United States Special Operation Command und sagst ihm, dass durch den Fall die Innere Sicherheit der USA gefährdet ist, weil die Senatoren nicht mehr frei urteilen können und es, wenn diese Genmanipulation zur Mode wird, es zum gesellschaftlichen Gau kommen kann. Pauline lädt die Bilder auf deinen Lap-Top herunter."

„Was soll er machen?"

„Warten, Sergio, nur warten. Du wirst es verstehen, wenn wir die Besprechung gemacht haben."

„Was hast du vor, Bernd Rassmussen?"

„Etwas, womit keiner rechnet. Das wird ein Spaß. Da sind die beiden Haudegen Dalton und Lawrenz genau die Richtigen. Du sagst Dalton und Lawrenz, dass ich mich melden werde."

Sergio nickte nur zweifelnd.

„Du zweifelst, Sergio?"

„Du weißt, dass ich unbegrenztes Vertrauen zu dir habe, aber das ist eine Hausnummer."

„Wenn du die Besprechung hinter dir hast, fragst du deine Frau und holst dir ihre Meinung ein. Da bin ich mal gespannt, was sie sagt."

„Vergiss es, sie steht voll auf deiner Seite."

In dem Moment unterbrach Karl Weber die beiden Männer. Karl saß mit Kopfhörern neben einer Frau der spanischen Polizei, die auch Kopfhörer auf hatte und die Telefonate mit dem Deutschen zusammen abhörte.

„Bernd, ausgehender Anruf an einen Karim, sie sollen Snider umbringen."

„War das alles?"

„Ja."

In dem Moment klingelte das I-Phone des Profilers.

„Ja, Bernd Rassmussen."

„Karim."

„Karim, was ist passiert?"

„Wir bekamen gerade einen Anruf. Wir sollen Snider umbringen.“

„Ihr seid immer noch in Helsinki?“

„Ja.“

„Hat er gesagt, was er vorhat?“

„Er will nach Madrid, zu seinem Sohn und den Einflussbereich der Russen so schnell wie möglich verlassen.“

„Wann geht der Flieger?“

„Morgen, 0930 Uhr.“

„Ok, Morgen um 0900 Uhr gebt ihr die Meldung an Sniders Sohn, dass Snider auf dem Grund des Hafens von Helsinki liegt und dass ihr zurück nach Indien fliegt. Ihr begleitet aber Snider nach Madrid und werdet am Flugplatz abgeholt. Alles verstanden?“

„Verstanden, Mr. Rassmussen. Was erwartet uns in Madrid?“

„Karim, ihr müsst keine Angst haben. Ihr schuldet mir noch ein Leben, und das möchte ich irgendwann bei euch einlösen.“

„Wie ihr wünscht, Sahib.“

„Ich bin nicht dein Besitzer, Karim. Du bist ein freier Inder.“

Die Verbindung wurde unterbrochen, und Dr. Karla Schmidt fragte: „Was war das jetzt mit dem Sahib?“

„Sahib ist auch eine Bezeichnung für Besitzer. Dadurch, dass er mir ein Leben schuldet, fühlt er sich als mein Sklave.“

Bernd wandte sich an Bille: „Bille, sorge bitte dafür, dass wir in 15 Minuten alle hier im Flur zur Besprechung haben.“

„Ok, Bernd.“

„Señor Silva, ich brauche Haftbefehle gegen die beiden Sniders. Können Sie das arrangieren und dann Snider am morgigen Tag auf dem Flugplatz in Madrid abholen?“

„Natürlich, Señor Rassmussen.“

„Karl, ab morgen 0800 Uhr kommt kein Anruf von Snider an seinen Sohn mehr durch.“

Karl Weber nickte nur verstehend.

„Bernd, alle sind versammelt.“

„Danke, Bille.“

Die Besprechung dauerte 30 Minuten und wurde ziemlich einseitig geführt. Bernd informierte die Mannschaft über den Stand der Dinge und wie er weiter verfahren wollte. Als es zur Abstimmung kam, meldete sich Dr. Georg Bauer zu Wort.

„Das grenzt hart an Selbstjustiz, Bernd.“

„Aber auch nur hart, Georg. Es geht hier auch um das Wohl der Kinder und um eine verbale Bestrafung. Du glaubst doch nicht, dass die Pharmaindustrie und die Hersteller hart bestraft werden. Und wo tut es am meisten weh, im Portemonnaie. Außerdem müssen die Kinder versorgt werde. Wenn wir mit dem Fall durch sind, denkt niemand mehr an sie. Du weißt doch, wie schnelllebig unsere Zeit ist.“

Dr. Georg Bauer schaute Sergio Chessa an, der nur grinste und Bernd und dem Staatssekretär des Innenministeriums zunickte.

Georg Bauer tat sich noch etwas schwer, aber schließlich nickte er zustimmend.

„Gut, dann ist das einstimmig. Es wird kein Protokoll gemacht, gibt es Schwierigkeiten, und das hoffe ich, werden alle sagen, dass das eine einsame Entscheidung von mir war.“

Alle nickten, aber bevor sie sich verteilten, sprach der Profiler weiter.

„Wir werden heute, kurz vor Feierabend reingehen. Der Bau hat oben die Penthouse-Wohnung von Sniders Sohn. Das heißt, wir müssen oben und unten gleichzeitig herein. Das Wichtigste dabei ist, keiner darf in irgendeiner Beziehung einen Computer erreichen, oder Handys aktivieren. Der Ansatz muss passgenau sein. Señor Silva, haben Sie etwas dagegen, wenn der Samurai mit dem Einsatzkommando die obere Etage nimmt. Wieviel Leute brauchst du An?"

„Einen."

„Kein Problem, Señor Rassmussen."

„Den unteren Bereich übernimmt der Einsatzleiter, in Abstimmung mit Señorita Chen. Die bestimmt ganz bestimmte Wünsche hat."

Pauline, die sich entspannt bei ihrem Freund untergehakt hatte, nickte nur und sagte: „Ich spreche das mit dem Sonderkommando ab, Señor Silva."

Der Polizeichef nickte nur zustimmend. Bernd wandte sich an Pauline: „Schatz, sag Katharina und Louis Bescheid, sie können zurückkommen."

„Mach ich."

1700 Uhr, der Einsatz beginnt

Sergio Chessa und Dr. Georg Bauer brachten es nicht fertig, kurz vor Ende dieses außergewöhnlichen Kriminalfalls wieder zurückzufliegen und warteten im Hauptquartier ab, als der Einsatz begann.

Der Einsatz lief ab wie ein Uhrwerk. Punkt 1700 Hundert drangen die Ermittler mit dem Einsatzkommando in das Haus ein und besetzten alle Räume. An Wong der Samurai und ein Spezialist der spanischen Polizei stürmten in die Penthouse Wohnung von Bill Snider und nahmen ihn widerstandslos fest.

Die Mitarbeiter wollten gerade nach Hause gehen, als die Polizei das Haus stürmte und alle Terminals besetzte.

„Sergio, Georg, ihr könnt kommen. Wir haben das Haus gesichert.“

Bernd, der die Örtlichkeiten kannte, folgte langsam den Ermittlern. Pauline hatte sich mit Betty, Dakota und Jeanne abgesprochen. Sie hatten gemeinsam das Chefbüro besetzt und war am Arbeiten.

Bernd, so wie es seine Art war, betrat jeden Raum und nahm ihn in sich auf. Er war erstaunt über die Größe der Anlage, als er im Vorflur Señor Silva traf.

„Hallo, Herr Rassmussen, das war ja wohl ein Treffer.“

„Wir werden sehen, Señor Silva. Mal sehen, was Señorita Chen mit ihren Kolleginnen aus dem Computer holt.“

Bernd hatte bemerkt, dass An Wong mit dem Spezialisten, Bill Snider in der Mitte, die große Freitreppe hinunterkam. Abrupt hielt Bill Snider an, als er Bernd Rassmussen sah und ihn einen Moment fixierte.

„Sie kenne ich doch?“

„Tja, Mister Snider, alias Professor Rodrigo Jesus Ruiz,
Bernd Rassmussen, Sonderermittler. Bevor Sie anfangen
zu diskutieren, Mr. Snider, uns gibt es nicht. Wir werden
in keinem der offiziellen Berichte der Polizei vorkommen.
Die Ethikkommission der UN hat uns den Auftrag
gegeben, diesen Fall zu untersuchen. Fast gleichzeitig, wie
ihr Vater den Anschlag auf uns verüben wollte. Wir wären
nie auf Sie gekommen, wäre der Anschlag nicht gewesen."
„Herr Ketteler und Frau Shuang", kam die erstaunte
Feststellung."
„Richtig, Mr. Snider."
„Von mir erfahren Sie nichts."
„Nicht nötig, Mr. Snider, wir haben Ihr internes System
geknackt."
Alle wandten sich zu Pauline, die lässig im Türsturz stand.
„Betty, Dakota und Jeanne werten die Daten aus und
separieren Firmen, Labore und Probanden, wie auch
Zahlungen aus. Wir haben auch eine Datei über ihren
Vater mit seinen Angestellten Legionären, gefunden, die
wir natürlich an die zuständigen Behörden weitergeben
werden."
„Sie haben Fräulein Chen gehört, Mr. Snider."
„Von mir erfahren Sie nichts, auch von meinem Vater
nicht."
„Sie meinen, weil Ihr Vater auf dem Grund der Ostsee
schwimmt. Gefehlt, Mr. Snider, Ihr Vater kommt morgen
in Madrid an, gesund und munter. Der Mordauftrag an
Ihren Vater ging leicht daneben."
Die Anwesenden sahen, wie die Gesichtszüge des
Amerikaners entgleisten, als er noch einen Versuch
unternahm, dagegenzuhalten.
„Wegen was wollen Sie mich eigentlich anklagen?"

„Mehrfacher Mord, Entführung, Bandenkriminalität und dann kommen noch die Kleinigkeiten, die die Ethikkommission für Sie hat, wie zum Beispiel, der Verstoß gegen das Artenschutzabkommen.“

„Damit bekommen Sie mich nicht. Sie wissen selber, wie löcherig das Cartagena-Abkommen ist.“
Bernd setze sich in einen der wertvollen Sessel und grinste den Amerikaner an.

„Mr. Snider, sie unterschätzen die Situation. Ich will es ihnen erklären. 1999 begann das Cartagena-Abkommen, wurde 2000 in Montreal verabschiedet, 2003 war es rechtskräftig. Mittlerweile haben es 156 Staaten ratifiziert. Die USA und Australien sind nicht darunter. Die letzte Sitzung zur Verbesserung der Ratifizierung war 2014 in Pyeongchang in Korea. Die Amerikaner sind immer noch nicht dabei“, jetzt wurde die Stimme des Profiler klirrend wie Eis: „Pauline, zeig ihm die Bilder.“
Für Pauline war es nur ein Sensordruck, dann hielt sie die Bilder der behinderten Kinder dem Amerikaner unter die Nase.

„Wissen Sie, was für einen Stellenwert Kinder in den USA haben, Snider? Wissen Sie, wie die Öffentlichkeit darauf reagiert? Da wird Mord und Mordversuch, oder Entführung in den Hintergrund treten.“
Die Anwesenden merkten, dass die Sichtweise dem Amerikaner gar nicht gefiel und Bernd ließ ihm keine Zeit zum Luftholen.

„Ich will wissen, wo Professor Tara Aggarwal sich befindet.“
Sofort veränderte sich der Gesichtsausdruck des Verbrechers wieder und bekam einen arroganten Ausdruck.

„Zuerst einmal, Mr. Rassmussen, meine Partner werden sich auf das Cartagena-Abkommen berufen und kommen vielleicht mit einer Geldstrafe weg, aber auch nur vielleicht. Und Professor Tara Aggarwal werden Sie nicht finden.“

Bernd überlegte einen Moment, bevor er darauf ausführlich antwortete: „Sie wissen, wie nachtragend Pharmakonzerne sein können? Aber das ist nicht unser Problem. Es geht hier nicht nur um Tara Aggarwal, sondern auch noch um ein paar andere. Wir werden sie finden. Bringt ihn weg und sorgt dafür, dass er keinen Kontakt mit anderen hat.“

Der Polizeichef schaute den Profiler an: „Was jetzt, Señor Rassmussen, wir haben auch noch Wöchnerinnen in der Entbindungsstation?“

„Ich glaube, die verlegen wir in ein normales Krankenhaus“, dann wandte er sich an Pauline: „Wo ist Karla?“

„Die untersucht die Schwangeren.“

„Ich brauche sie und euch. Kannst du für einen Grundriss sorgen, Pauline?“

„Die Ämter haben schon geschlossen, Señor Rassmussen.“

„Dafür brauchen wir keine Ämter, dass macht meine Assistentin, Señor Silva.“

„Aber, Mr. Rassmussen.“

Sergio und Georg Bauer nahmen den Polizeichef am Arm und Sergio sagte nur lapidar: „Das macht er dauernd mit uns, Señor Silva.“

„Ach, Señor Silva, ich brauche noch einen zuverlässigen Bauingenieur und das in der nächsten Stunde.“

„Besorge ich Ihnen, Señor Rassmussen.“

„Was will er mit einem Bauingenieur?“

„Er hat einen Verdacht, dem geht er jetzt nach.“

Es dauerte keine 45 Minuten, da kam ein älterer Bauingenieur durch die Tür. Der Polizeichef, der ihn anscheinend persönlich kannte, stellte ihn der Crew vor.

„Das ist Cesar Moreno, ein guter Freund unserer Familie.“

Man gab sich die Hand und stellte sich vor.

„Señor Moreno, ich hätte gerne ihre Einschätzung als Ingenieur und Techniker über die Be- und Entlüftungsanlage und der Energieversorgung für dieses Haus.“

„Dazu brauche ich einen Grundriss des Gebäudes.“

„Pauline.“

Pauline gab dem Bauingenieur den Grundriss.

„Langt das, Señor Moreno?“

„Wo haben Sie denn den so schnell herbekommen?“

Pauline lächelte ihr bezauberndes Lächeln und meinte schnippisch: „Wenn Sie uns ein zufriedenes Ergebnis bringen, sage ich es Ihnen.“

Der Polizeichef verdrehte nur die Augen, während Señor Moreno ihn verständnislos ansah.

Inzwischen war Karla eingetroffen und ging direkt auf die Gruppe zu.

„Vier Schwangere, drei mit behinderten Kindern, ein gesundes Kind. Ich würde auf eine recht hohe Fehlerquote tippen. Was kann ich für euch tun?“

„Señor Silva sorgt dafür, dass die Schwangeren in ein Krankenhaus verlegt werden. Wir machen jetzt alle einen Spaziergang durch das Haus.“

„Die neuen Mitglieder des Teams schauten den Profiler merkwürdig an, während die anderen herumflachsten.

„Worauf sollen wir achten, Bernd?“

„Das überlasse ich euch, merkt euch alles, was euch auffällt.“

„Gib uns wenigstens einen Tipp.“

„Dakota, würde ich machen, aber es ist bei mir nur so ein Gefühl, dass das Haus seine Geheimnisse noch nicht preisgegeben hat.“

„Bernd, schau dir das einmal an. Hier ist eine Liste von Laboren, die für Snider arbeiten. Alle machen nur partiell etwas mit Genetik für Menschen, zu ihren Versuchen mit Pflanzen.“

„Karla, wirf mal einen Blick darauf.“
Karla nahm das Tablett in die Hand und setzte sich.

„Wenn du die ganzen Versuche zusammennimmst, gibt das ein riesiges Labor. Genialer Gedanke. Keiner weiß etwas genaues. Aber mir fehlt eines, die Endkontrolle. Es sind zwar alles Bausteine, die dann in bestimmten Versuchsreihen hier zusammenlaufen, aber diese Bausteine müssen zusammengesetzt werden.“

„Seht ihr, genau das suche ich.“

„Wir haben das Haus doch schon von oben nach unten durchkämmt und nichts gefunden. Der Plan des Hauses sagt auch nichts anderes aus, wie die Stockwerke, die hier vorhanden sind.“

„Alles richtig, Najuma, trotzdem, lasst uns einmal zusammen den Gang durch das Haus machen.“
Es war wie die Besichtigungstour durch ein Museum. Es wurde wenig gesprochen und wenn dann leise. Nach zwei Stunden hatten sie noch einmal alle Räume besichtigt und auf sich wirken lassen. Dabei kamen sie zu keinem Ergebnis.

„Señor Rassmussen.“

„Señor Moreno, was kann ich für sie tun?“

„Ich habe die Pläne durchgearbeitet und daraus die Energiekosten berechnet. Es gibt nichts Auffälliges. Der Energieverbrauch für das Haus ist als durchaus angemessen zu bezeichnen.“

Bernd atmete tief durch und bedankte sich bei dem Mann.

„Was jetzt, mein Schatz?“

„Mal sehen, wie weit Señor Silva ist, dann sehen wir weiter. Hast du alle Dateien abgeladen?“

„Ja, das habe ich. Meine Leute stellen die Listen von Laboren, Pharmafirmen, Zulieferern, Senatoren, Eltern, Angestellten zusammen. So dass du morgen alles auf einen Blick hast.“

„Danke, mein Schatz.“

„Was bedrückt dich, Bernd Rassmussen?“

Ohne seiner Freundin zu antworten, wandte er sich an Karla: „Karla, wie groß muss ein Labor sein, um eine Endkontrolle aller Versuche durchzuführen?“

„Theoretisch nicht groß. Es kommt darauf an, was dir für Gerätschaften zur Verfügung stehen. Was du haben musst, das sind gute Leute.“

Der Polizeichef war inzwischen dazu getreten und signalisierte dem Profiler, dass seine Mannschaft soweit fertig war.

„Señor Silva, ich brauche eine Liste vermisster Personen, inclusive ihrer Befähigung eine Endkontrolle durchführen zu können, der letzten 5 Jahre. Pauline, dasselbe aus allen europäischen Staaten wie auch Canada, USA, China und Korea. Dazu eine Liste der Gerätschaften, die hier in den letzten 5 Jahren angeschafft wurden.“

„Ok, und was machst du?“

„Ich besorge mir eine Flasche Wein und übernachte hier.“

„Ok, aber nicht alleine. Bille und Karl bleiben bei dir. Ich nehme mir die Mädels und verschanzen uns im Hotel und arbeiten die Listen durch.“

„Also, drei Flaschen Wein.“

„Fünf Flaschen, Bernd. Ich bin dabei, genauso wie Georg Bauer. Ich will es nicht verpassen, wenn dich dein Instinkt einmal betrügt.“

Pauline war es ziemlich klar, was ihr Freund dachte und sorgte dafür, dass die Vorkehrungen getroffen wurden, die ihrem Sicherheitsverständnis entsprach. Sie erntete manch spöttischen Blick der Spezialisten, aber es wurde alles so ausgeführt, wie sie es wollte. Am Ende hatten sie das neue Quartier im ersten Stock auf dem Gang zwischen den beiden Freitreppen bezogen, und schauten jetzt, ohne selber gesehen zu werden, auf den Vorflur im Parterre hinunter. Die Straßenlaternen und die Monitore der Computer spendeten genug Licht, dass sie alles erkennen konnten.

„Ich habe dir zwei Kameras in das Labor installiert und an den Schlüsselstellen im Haus. Ihr könnt also jeden Winkel einsehen.“

„Danke, mein Schatz. Was denkst du?“

„Ich denke, dass du recht hast. Wenn ich so ein Unternehmen geplant hätte, hätte ich das Labor gerne im Haus gehabt und über eine andere Leitung wird es mit Energie befeuert. Wenn diese Nacht nichts passiert, ziehen wir noch einen Tiefenscann durch. Das bedarf aber einiger Vorbereitung, dann wissen wir genau, ob sich unter dem Haus ein Energieverbraucher befindet.“

Bernd gab ihr einen Kuss: „Wir sehen uns morgen.“

Die Nacht

Es war eine warme Nacht in Madrid, aber die Häuser waren so konstruiert, dass sie die angenehme Kühle in den Mauern behielten. Die dicken Teppiche verschluckten jedes Geräusch im Ansatz, so vergingen auch die leisen Gespräche, der kleinen Gruppe um Bernd Rassmussen, so, als wären sie nie gesprochen worden.

Es war eine nette aber oberflächliche Unterhaltung, die nicht vermuten ließ, dass die fünf auf etwas warteten, was nur durch den Instinkt des Profilers Bernd Rassmussen entstanden war.

Sie wechselten sich beim Beobachten der Bildschirme ab, und als die Uhr zwölf war, wurde Dr. Georg Bauer müde und legte sich in eines der Schwesternzimmer. Kurz danach war auch Sergio Chessa müde, der dem spanischen Wein zugesprochen hatte. Sergio, der die kurze Zeit mit seinem Freund genoss, legte sich in ein weiteres Zimmer, nicht ohne vorher noch ein paar lästerliche Bemerkungen von sich zu geben.

Bille und Karl Weber, die ihren Chef kannten, hatten keinen Alkohol getrunken und waren dementsprechend fit. Karl Weber schlief im Sessel und hatte zu Bille gesagt, dass er die Hundewache übernehmen würde. Bernd saß hinter ihr und beobachtete die flackernden Bildschirme, die jede Bewegung aufnehmen sollten. Das Gespräch war schon längst eingeschlafen, und jeder hing seinen Gedanken nach. Bernd dachte über den Fall nach, während Bille versuchte, den Fall von der Betrachtungsweise ihres Chefs zu sehen.

Mittlerweile war es 0200 Uhr nachts, als sich Pauline über das Ohrmicro meldete.

„Das Haus wird beobachtet. Zwei Männer in einem alten Mercedes.“

„Hast du Señor Silva angerufen und gefragt, ob das seine Leute sind?“

„Ja, es sind nicht seine Leute. Das Einsatzkommando ist wieder da. Silva meinte, es wäre besser.“

„Ist von den Bildschirmen etwas zu sehen?“

„Von hier oben betrachtet, nein. Von da unten, das weiß ich nicht.“

„Ist dein Vater da?“

„Ja, er steht neben mir.“

„Gib ihn mir bitte“, kurz raschelte es, dann war An am I-Phone: „Bernd.“

„Geh mal unauffällig vorbei und sondiere die Lage.“

„Ok, ich komme dann von hinten herein. Falls da nicht auch einer steht.“

„Gut, ich schicke Karl durch das Haus, da kann er die Eingänge einmal überprüfen.“

„Ich mach mich auf den Weg.“

„Karl, aufwachen.“

Der Ermittler hatte einen leichten Schlaf und schreckte sofort hoch.

„Was ist?“

„Wir werden beobachtet.“

„Von wo?“

„Vordereingang.“

Karl überprüfte seine Waffe: „Ich checke den hinteren Teil, ich fange im Parterre an.“

„Der Samurai kommt von hinten herein. Ich sage dir Bescheid, wenn du ihn hereinlassen kannst. Bille, wecke unsere beiden Schläfer auf, damit sie das Beste nicht noch verpassen.“

Karl nickte nur verstehend und machte sich auf den Weg. Es bedurfte nicht vieler Worte zwischen den beiden Ermittler, sie verstanden sich blind.

Bernd beobachtete auf dem Monitor, wie der Samurai an dem alten Mercedes vorbeitorkelte, kurz verharrte und dann langsam weiterwackelte. Kurze Zeit später hörte er in seinem Ohrmicro: „Das sind keine Legionäre, das sind Profis, smarte durchtrainierte Typen."

„Danke An, Karl lässt dich hinten herein."

Ohne ein weiteres Wort zu verlieren, wurde die Verbindung getrennt. Bernd, der Karl beobachtete, nahm zufrieden wahr, dass der Ermittler nirgends Licht machte, sondern sich vorsichtig von Raum zu Raum bewegte. Eine Zeitlang beobachtete er Karl Weber, als Sergio und Georg Bauer erschienen.

„Was ist los, Bernd?"

„Wir werden beobachtet."

„Bernd, ich bin es, An. Hier machen sich gerade 9 Leute fertig. Ich nehme an, sie wollen von hinten einsteigen."

„Halt dich zurück, An. Karl, hast du alles mitbekommen?"

„Alles klar. Ich bräuchte aber dann Verstärkung."

„Ich schicke dir Sergio. Schatz, wir brauchen etwas Hilfe."

„Wir sind schon unterwegs. Die Jungs vom Einsatzkommando kommen von hinten und helfen meinem Vater und Karl. Wir kümmern uns um die beiden vorderen Banditen."

Bernd lugte vorsichtig aus dem Fenster nach vorne heraus und sah schon von weitem, Pauline in der Mitte, Betty, Dakota, Jeanne, Najuma mit Yuki Takahashi die Straße herauftorkeln.

Yuki Takahashi mimte vor den Frauen den Clown und vollführte irgendwelche springenden Bewegungen, die die Frauen belachten. Ein unkoordinierter Haufen junger Leute bewegte sich auf den Mercedes zu. Dakota und Pauline hatten jeweils eine Flasche Sekt in der Hand, die sie übermütig schwenkten.

Die beiden Männer aus dem Mercedes stiegen aus dem Auto und öffneten die Hintertüren. Zwei weitere Typen stiegen aus, die der Samurai durch die verdunkelten Scheiben nicht gesehen hatte und begaben sich zum Kofferraum, den sie öffneten.

„Scheiße, das geht daneben.“

„Was ist Scheiße, Bernd?“

„Georg, du übernimmst die Bildschirme und sagst Bescheid, wenn sich etwas tut.“

Georg Bauer, der Bernd schon lange genug kannte, fragte nicht weiter und bemerkte nur: „Ok.“

Bernd wollte die Außentür öffnen, als sich die Ereignisse überschlugen. Im hinteren Bereich des Gebäudes klirrten Scheiben und wurden von einem Stakkato von Schüssen begleitet. Bernd erkannte am Ton der Schüsse, dass Karl Weber nur ganz differenziert Schüsse abgab und sich so den Gegner vom Leib hielt.

Sein Blick hatte sich nicht von den beiden Gruppen gelöst, die, als die ersten Schüsse ertönten, sofort in hektisches Treiben überging. Die Gruppe Männer, immer noch am Kofferraum beschäftigt, zogen sich schusssichere Westen an, steckten sich in gefährlicher Langsamkeit Pistolen in die Schulterhalfter und nahmen kurzläufige Schrotflinten in die Hände.

Yuki, der immer noch den Clown spielte, hatte die Männer fast erreicht, als er sich in ein koordiniertes

Energiebündel verwandelte und den ersten Angreifer annahm.

Bernd stand immer noch am Fenster, das sich direkt neben der Tür befand und schaute fasziniert auf die Szene, die so schnell ablief, als wäre jede Bewegung einstudiert.

Die ersten beiden Männer erledigte Yuki im Alleingang, die anderen beiden wurden von Dakota Jones und Jeanne Batiste übernommen. Völlig überrascht, von den sich überschlagenden Ereignissen, hatten die vier Männer ihre Waffen gestreckt.

Bernd hörte nur kurze Befehle, konnte aber nicht verstehen, was die beiden Gruppen miteinander sprachen. Die vier Männer wurden gefesselt, und Pauline begab sich mit der Gruppe zum Haus.

Zufrieden drehte sich der Profiler um und sah zu seinem Freund Georg Bauer, der sich in der Gewalt von drei Männern befand. Eine scharfe Klinge am Hals des Kieler Staatsekretärs, ließ den Profiler einen Moment stocken, dann zeigte er den Männern die offenen Hände.

„Was kann ich für Sie tun, Gentlemen?"

Ohne Aggressivität in der Stimme, antwortete einer der drei Männer: „Mister Rassmussen, sorgen Sie bitte dafür, dass die Ballerei aufhört. Nicht, dass noch einer zu Schaden kommt. Das wollen wir alle nicht."

Ohne zu zögern, führte der Profiler den Befehl aus: „Leute, streckt eure Waffen und kümmert euch um die Verletzten. Pauline, du und dein Team auch."

Er hörte von allen Seiten die Bestätigungen.

„Wir sind in Ihrer Hand, Señor."

„Sehr gut. Legen Sie bitte alle Ihre Waffen auf den Tisch."

„Ihre ist gut. Herr Dr. Bauer hat keine, und ich bin alleine in dem Raum.“

„Dann legen Sie ihre Waffen ab, Mr. Rassmussen.“

„Meine Pistole liegt oben, ansonsten brauche ich keine Waffen. Ich gehe recht in der Annahme, dass Sie nicht zu Sniders Leuten gehören?“

„Sehr richtig, Herr Rassmussen. Wir haben unseren eigenen Auftraggeber.“

„Wie darf ich Sie nennen?“

„Namen sind so unwichtig, und Sie brauchen meinen nicht mehr zu wissen.“

Mittlerweile wurden die anderen Crew-Mitglieder in den großen Vorflur gebracht, während ein Stockwerk höher sich ihre Gegner aufhielten und sie mit ihren Waffen in Schach hielten.

Bernd Rassmussen stand immer noch lässig zwischen seinen Leuten, als Señor de Silva neben dem Wortführer erschien und mit einem aufgesetzten arroganten Tonfall den Wortführer fragte: „Was passiert jetzt mit denen?“

Ohne den Blick von den Gefangenen zu lassen, antwortete der Angesprochene mit schneidender Stimme: „Das entscheidet Mr. Cornwall.“

„Señor, Silva, das ist ja eine richtige Überraschung. Wie kommt es, dass Sie so schnell die Seiten gewechselt haben?“

„Tiefe Verbundenheit zu einem Freund, Mr. Rassmussen.“

„Dieser Freund heißt Bill Snider, der Sie sehr wahrscheinlich schmiert?“

„Hart ausgedrückt, aber richtig rekapituliert

„Dann nehme ich an, dass Bill Snider wieder frei ist und das Einsatzkommando von Ihnen bezahlt wird?“

„Wie kommt es, dass sie so ruhig sind, Mr. Rassmussen? Sie irren aber, nicht ich bezahle das Einsatzkommando, sondern die Pharmaindustrie. Es sind allesamt Spezialisten, die für schwierige Einsätze ausgebildet sind.“

„Es ist mein norddeutsches Temperament, um ihre Frage zu beantworten. Ich werde an der Situation nicht mehr viel ändern können. Ich versuche, das Problem mit dem Kopf zu lösen. Lassen Sie Dr. Bauer frei, er ist Ihnen jetzt nicht mehr von Nutzen.“

Der Wortführer des Einsatzkommandos ließ Georg Bauer frei, der auch sofort die Treppe herunterkam, im Schlepptau einige der Männer, die zum anderen Team gehörten. Sie drängten die kleine Gruppe in eine Ecke und bewachten sie, als die Eingangstür aufging. Wie ein Pfau stolzierte Bill Snider in den Raum, im Schlepptau den grauhaarigen Cornwall.

Bill Snider baute sich vor dem Profiler auf: „Tja, Mr. Rassmussen, vorausdenken ist eine Kunst. Es konnte mit dem, was ich mache, nicht lange gut gehen, deshalb fing ich an, rechtzeitig die Polizei zu schmieren.“

„Ihre Organisation in allen Ehren, Mr. Snider, da muss ich meinen Hut ziehen. Was mich noch ein wenig interessiert, wo haben Sie ihr großes Labor versteckt?“

„Vorausgedacht, Herr Rassmussen, natürlich unter der Klinik. Der Zugang geht über die Tiefgarage, auf der anderen Straßenseite. Es ist ein autarkes System und von hier aus nicht zu erreichen.“

Bernd reagierte nicht weiter auf Bill Snider, trat einen Schritt nach vorne, sofort hoben die Bewacher ihre Waffen und richteten sie auf den Profiler. Bernd zeigte die offenen Hände und blieb stehen. Jetzt stand er vor seinen Leuten und schaute Cornwall in die Augen.

„Sie sind also die graue Eminenz, die nur aus dem Hintergrund arbeitet?“

„So ist es, Mr. Rassmussen, ich vertrete die Firmen, die hinter uns stehen. Sie haben uns sehr viel Ärger bereitet, aber damit ist jetzt Schluss. Wir werden unsere Reihen neu formieren, einen anderen Platz suchen und mit dem Programm weitermachen.“

„Und was passiert mit uns?“

„Sie werden unter den Trümmern dieses altehrwürdigen Hauses begraben werden. Sie werden verstehen, dass Sie zu gefährlich sind, dass man Sie am Leben lässt.“

„Da kann ich durchaus Gefühle für entwickeln, Mr. Cornwall.“

Snider hatte schon den Weg nach oben eingeschlagen, und Cornwall wandte sich ab, um denselben Weg nach oben zu gehen, als der Profiler nur leise sagte: „Jetzt.“

Erstaunt drehte sich Cornwall um, als er die stahlharten gepflegten Nägel von Dr. Karla Schmidt am Hals spürte, die wie Dolche seinen Hals umschlossen, um ihm dann wie nebenbei eine Automatik an den Hinterkopf zu halten. Sie war wie ein Schatten aus einer kleinen Besenkammer, die an den Vorflur anschloss, herausgetreten und gab der ganzen Situation die entscheidende Wende.

„Sag mir einen Grund, warum ich einer Ratte wie dir, nicht eine Kugel in den Kopf jagen soll?“

Cornwall versteifte sich sofort, ihm war sein süffisanter Gesichtsausdruck in eine Art der Bestürzung gewichen.

„Ups“, bemerkte Bernd Rassmussen laut genug, dass alle es hören konnten.

Die Gegner waren von Geschehnissen so überrascht, dass sie einen Moment die Übersicht verloren, dieser Moment langte, um die vier Gegner, die sich im Parterre befanden, unschädlich zu machen. Das Team um Bernd Rassmussen hatte nur auf diesen Moment gewartet, und sich so positioniert, dass sie ohne Probleme zuschlagen konnten. Silva fasste sich als erster und bemerkte angespannt: „Mr. Rassmussen, was soll das, wir stehen hier oben und haben alle im Visier.“

„Wie wahr, Señor Silva. Sagen Sie mir, wer ist die wichtigste Persönlichkeit in diesem Raum? Außer Ihnen natürlich.“

Irritiert antwortete Silva: „Mr. Snider, natürlich.“

„Falsch, Señor Silva. Mr. Cornwall. Als Vertreter der Firmen, von denen Sie das Geld beziehen. Und meine nette Kollegin ist Ärztin und hat nur aus dem einen Grund nicht abgedrückt, weil sie die Blutgruppe von dem Drecksack nicht verträgt.“

Die Stimme des Profilers hatte an Lautstärke zugenommen.

Bernd hatte sich wie selbstverständlich von seinem Team gelöst und war auf halben Weg zum ersten Stock stehen geblieben, als die hysterische Stimme von Bill Snider durch den Vorraum hallte: „Legt ihn einfach um und Cornwall auch, die Firmen werden uns einen anderen Vertreter schicken.“

Missbilligend schüttelte Bernd mit dem Kopf: „Snider, Sie haben nicht weit genug gedacht. Wenn ich so eine Aktion, wie diese hier aktiviere, habe ich auch einen gewissen Background. Das bedeutet, dass alle ihre Einsatzkräfte, außerhalb dieses Raumes, schon nicht mehr aktiv werden können. Deshalb fordere ich Sie jetzt auf, alle ihre Waffen niederzulegen.“

Unsicher geworden, schauten ihn die Männer an.

„Ich helfe euch etwas auf die Sprünge. Jungs, macht die Laser an."

Wie aus dem Nichts entstand auf jedem Kopf ein heller Punkt.

An Snider gewandt: „Sehen Sie, Mr. Snider, das verstehe ich unter retrogradem Denken. In die Zukunft planen, ohne auch noch die Vergangenheit aus dem Blickfeld zu verlieren."

Die Männer legten vorsichtig ihre Waffen weg und standen mit erhobenen Händen da.

„Ihr dürft jetzt herunterkommen, einer nach dem anderen. Pauline, übernimmst du bitte Karlas Opfer, bevor sie ihn mit bloßen Händen erwürgt."

In dem Moment ging die vordere Tür auf, und Admiral Lawrenz kam lachend über die Schwelle.

„Hallo, Bernd, das kostet dich ein paar Flaschen."

„Das soll mich nicht abhalten, Lawrenz", lachend gab er dem Mann die Hand, der ihm schon öfters geholfen hatte.

„Wie soll ich diesen Kindereinsatz gegenüber Dalton vertreten?"

„Sag ihm, eine Übung zum Schutz amerikanischer Staatsbürger. Die innere Sicherheit Amerikas war gefährdet."

Der Staatssekretär, der zu den beiden Männern getreten war, fragte fassungslos: „Wieso hast du mir nichts davon gesagt, Bernd Rassmussen?"

„Dann hättest du nicht so ein betroffenes Gesicht gemacht, als dich die drei Männer in der Mangel hatten."

„Wo sind die eigentlich hergekommen?"

„Das Oberlicht war der einzige Weg zu uns, und da haben wir denen einen Korridor gelassen."

Pauline hatte Cornwall übernommen und ging mit dem Mann an den drei Männern vorbei. Cornwall stoppte auf Höhe des Ermittlers: „Damit kommen Sie nicht durch, Mr. Rassmussen. Mir können Sie keine Unregelmäßigkeit nachweisen."

Bernd drehte sich vollends zu dem Mann: „Mr. Cornwall, das will ich auch gar nicht. Schatz, denke bitte an die Aufnahmen."

„Natürlich."

„Noch eins, Mr. Cornwall, uns gibt es gar nicht und die Einheit um Admiral Lawrenz genauso wenig, das wird die Sache für Sie sehr kompliziert machen. Sie müssen es der Öffentlichkeit und ihrem Arbeitgeber erklären."

Wieder ging die Tür auf und ein kleiner Mann in Uniform der spanischen Polizei betrat den Vorraum. Er schaute sich kurz um, dann ging er auf Silva zu und schlug ihm rechts und links seinen Handschuh ins Gesicht.

„Silva, du bist eine Schande für die Polizei. Abführen."

Er wandte sich an die drei Männer, sofort stellte Admiral Lawrenz den Mann vor: „Darf ich euch vorstellen, General Antonio Perez, ein alter Freund aus schwierigeren Zeiten. Er ist der Leiter der Sondereinsatzgruppe GEO, die vor allem spezialisiert auf Terrorabwehr sind."

„Señor Perez, vielen Dank, dass Sie die Zeit gefunden haben uns zu unterstützen."

„Señor Rassmussen, es ist mir eine Freude, einem Vertreter der UN helfen zu können."

„Señor Perez, ich habe nur einen Auftrag der UN, mehr nicht. Denken Sie daran, uns gibt es nicht."

Entspannt nickte der Spanier und fragte dann den Profiler: „Es gibt ein Problem mit den Amerikanern, wie auch mit dem Schotten Cornwall, wir haben keine direkte Handhabe gegen Sie."

„Señor Perez, das Problem werden wir ganz unbürokratisch lösen."

„Sie machen mich neugierig, Señor Rassmussen."

„Die beiden Sniders werden von den Amerikanern übernommen, das wird Sergio Chessa bestimmt gerne übernehmen. Wie Sie mit ihren Leuten verfahren, das überlassen wir Ihnen."

„Ja, und Cornwall?", unterbrach ihn der kleine Spanier neugierig.

„Cornwall lassen Sie, nachdem er die maximalen Zeit, die Sie ihn festhalten dürfen, frei."

„Ihre Freundin, Señorita Chen, hat mich ein bisschen aufgeklärt, wenn Sie mir den Rest sagen, bin ich zufrieden."

Bernd nahm sich die Zeit und erzählte dem Spanier einen Teil der Geschichte, so, dass er einen kleinen Überblick über den Fall hatte.

„Ja, es gibt doch genug Ansatzpunkte, um ihn festzusetzen."

„Was wird mit dem Mann passieren? Er wird frei gelassen, natürlich gegen einen hohen Geldbetrag. Im Endeffekt ist er auch nur Mittler zu den Firmen, die an dem Projekt arbeiten. Jetzt kommt der Gedankensprung. Snider hat immense Spielschulden, die werden die Schuldner eintreiben wollen. Was machen wir, wir veröffentlichen das Bild Cornwalls im Darknet, natürlich mit den nötigen Informationen. Bei Snider können sie kein Geld bekommen, da wird die amerikanische Regierung für sorgen, dass diese Konnten gesperrt werden, aber über Cornwall kommen sie an die Firmen heran, die mit dem Fall involviert sind. Also wird Cornwall bald der Geschichte angehören."

Perez schaute den Profiler an und meinte nur: „Da ist doch noch etwas? Meine Menschenkenntnis hat mich selten im Stich gelassen."

„Da sind noch die Kinder in Russland. Señorita Chen war in der Lage, den Code zu knacken, den Bill Snider in das System installiert hatte, so kamen wir an alle Firmen, wie auch Privatpersonen, die mit dem Fall zu tun haben. Das ergibt für alle Beteiligten ungeahnte Möglichkeiten. Die Firmen sind wohlhabend, die Familien sind es auch, die sich durch die genetischen DNA- Sequenzierung ein Designerbaby haben machen lassen. Ich habe die Fehlversuche gesehen, das kostet allen das Geld, das nötig ist, um solchen Kindern ein menschenwürdiges Dasein zu geben."

„Sie gründen eine Stiftung?"

„Richtig und dann nicht nur für die Kinder, die genetisch manipuliert sind, sondern auch für Kinder, die die Natur so erschaffen hat."

„Ein weitreichendes Projekt. Mit welcher Einlage rechnen Sie denn?"

Jetzt lächelte Bernd leise: „Wir sprechen hier von Milliarden und einem dauernden Zufluss von frischem Geld."

Perez Gesicht nahm einen listigen Ausdruck an: „Unter den Voraussetzungen, lassen wir Cornwall gerne frei. Wie sind Sie an die Information gekommen, dass Silva ein Verräter ist?"

„Bill Snider hat sich nach allen Seiten abgesichert, außerdem hat er eine begnadete Buchführung. Jede Zahlung ist dokumentiert. Aber, ich denke, jetzt sollten wir uns einmal um das Labor kümmern. Wenn Sie nichts dagegen haben, Señor Perez, möchten wir dabei sein?"

„Ich habe schon veranlasst, dass die Tiefgarage gesperrt wird. Wenn Sie wollen, können wir loslegen. Lawrenz, bist du dabei?"

„Das werde ich mir nicht entgehen lassen, mein Freund. Mein Team kann euch unterstützen."

In dem Moment kamen Pauline und Katharina durch den Haupteingang, Bill Snider in der Mitte. Katharina hatte immer noch ihr Scharfschützengewehr in der Hand, machte aber einen durchaus zufriedenen Eindruck, wie auch ihre Schwester. Snider war nicht mehr der arrogante Spezialist, er sah etwas derangiert aus. Zu seiner Kleidung konnte man nicht mehr Kleidung sagen, sie hing ihm in Fetzen vom Leib.

„Snider hatte das Bedürfnis, dir zu sagen, wo der Eingang zum Labor ist, Bernd. Die Gelegenheit ließen wir natürlich nicht verstreichen."

Admiral Lawrenz sah die erstaunten Augen von Señor Perez und beugte sich zu ihm und flüsterte: „Das machen die beiden immer so, ich habe sie einmal erleben dürfen. So etwas im Team zu haben, ist eine Bereicherung."

„Von Señorita Chen gibt es zwei?"

Bevor Admiral Lawrenz antworten konnte, deutete Pauline, die immer noch das kurze Wakizashi in der Hand hielt, auf Snider: „Ein großes Maul, aber ein Weichei."

„Wo habt ihr Louis gelassen?"

„Er holt die beiden Inder mit Sniders Vater vom Flugplatz ab."

Von der Klinik zur Tiefgarage gab es keine direkte Verbindung. Sie mussten den Weg über die Tiefgarage nehmen, in der Snider zwei Parkplätze gemietet hatte, an denen sich ein Serviceraum anschloss. Die Tür war elektronisch gesperrt. Pauline erfragte den Code und öffnete die Tür. Dahinter befand sich ein kleiner Raum, an dem sich eine weitere Tür anschloss.

„Der Herr hat ein hohes Sicherheitsbedürfnis, Augenscan, dann wollen wir einmal", mit einem Griff hatte die junge Frau den Verbrecher so positioniert, dass er mit seinem rechten Auge den Scan durchlaufen lassen konnte. Ohne einen weiteren Sensor zu bedienen, scannte das Gerät das Auge Sniders und ohne ein Geräusch zu verursachen, öffnete sich die Tür.

Das Team um Bernd Rassmussen, hatte sich mit Lawrenz und Perez abgesprochen, wie die Aktion durchgeführt werden sollte. Sie kamen in einen weiteren Vorraum, der nach Innen mit Glas abgeteilt war. So hatten die Neuankömmlinge einen perfekten Blick über ein riesiges Labor, in dem circa 20 Leute arbeiteten. Jeweils links und rechts befanden sich durchsichtige Räumlichkeiten, in denen insgesamt 6 Legionäre Wache hielten. In der hintersten rechten Ecke befand sich eine Treppe, die noch ein Stockwerk tiefer führte.

Lawrenz Leute und Perez Männer waren gut geschult und erkannten sofort, dass die Männer in den abgetrennten Räumen die Zielpersonen waren.

Schnell, ohne viele Worte stürmten sie die Räume. Drei der Legionäre versuchten, noch einen Knopf zu drücken, kamen aber nicht mehr dazu. Kompromisslos erschossen die Männer vom Einsatzkommando die Männer.

Bernd seine Leute nahmen sich der Labormitarbeiter an, die sprachlos dastanden oder hysterisch schrien. Schnell hatten sie sie separiert und in eine Ecke gebracht, wo sie beruhigt und befragt wurden.

Bernd sah mit Freude, wie sich die neuen Teammitglieder in seine Gruppe einbrachten. Das Einsatzkommando hatte mittlerweile die Treppe erreicht, die genau ein Stockwerk in die Tiefe führte. Als der erste versuchte, nach unten zu kommen, schlug ihm wütendes Pistolenfeuer entgegen. Am Oberschenkel getroffen, sackte er nach hinten weg und wurde sofort aus der Schusslinie genommen.

Bernd wagte einen Blick zu Bill Snider und sah nur dessen höhnisches Gesicht.

„Pauline", der Ruf kam hart und kompromisslos. Ohne seine Freundin anzusehen, wusste er genau, wie sie reagieren würde.

Paulines Kopf flog in Richtung ihres Freundes, sie hatte immer noch ihr Wakizashi in der Hand: „Was?"

Ihre Stimme war aggressiv und unnahbar.

Bernd nickte zu Snider, und Pauline verstand sofort. Mit wenigen Schritten war sie bei ihm.

„Lawrenz, wartet."

Der Befehl kam glashart. Lawrenz Gesichtsausdruck verklärte sich und machte einem Lächeln Platz, an dem die Augen nicht beteiligt waren.

„Wartet", gab er den Befehl weiter.

Seine und Perez Leute stoppten sofort jede Aktion. Katharina sicherte die Treppe, von dem sich das Einsatzkommando zurückgezogen hatte, und Karla stoppte die Blutung im Oberschenkel des Soldaten.

Eine merkwürdige Stimmung machte sich breit, als Pauline Snider an den Haaren fasste, zu sich herunterzog und in einem Ton, als wollte sie ein Brot kaufen, ansprach: „Snider, was ist da unten im Keller? Sprich schnell, sonst verlierst du etwas."

Snider schaute die Halbchinesin an und spuckte ihr ins Gesicht. Eine quälend lange Sekunde verstrich, in der alle nur das grinsende Gesicht des Verbrechers sahen: „Du Ratte, was soll ich noch verlieren?“

Pauline hatte sich mittlerweile die Spucke vom Gesicht gewischt, dabei den Verbrecher losgelassen und mit einer fast unscheinbaren Bewegung des Wakizashi dem Verbrecher zwei Finger der linken Hand abgeschnitten. Mit schon fast kriegerischer Langsamkeit fielen die Gliedmaßen kaum hörbar auf den Boden.

Immer noch war kein anderer Ton zu hören, weil alle, außer Katharina mit Spannung die Szene zu beobachtet schienen.

„Weißt du, Snider, das waren nur zwei Finger“, die Stimme Paulines war dunkel, leise und brutal: „Du bist doch Arzt, du weißt doch, wie man jemanden zurichten kann, ohne dass viel Blut fließt. Wir haben es in Puschkin gesehen, da war es die Gen-Schere, heute bin ich es. Ich habe es gelernt, jemanden so zu verletzen, dass kein Organ betroffen ist, aber du dann das Gefühl hast, dass deine Eingeweide sich selbständig machen. Mach also dein Maul auf.“

„Fick dich.“

Pauline schüttelte traurig mit dem Kopf, als sie ihm zwei weitere Finger der anderen Hand abschlug.

„Ich mache es so Snider, dass du überlebst und von deinen Zellengenossen gefüttert werden musst, vorher musst du ihnen aber zu Diensten sein. Noch kann es verheilen, die vier Finger sind zwar weg, aber du kannst dich noch wehren.“

„Hilft mir hier keiner?“, schrie der Mann und hielt die beiden Hände hoch.

Perez wollte etwas sagen, aber die schwere Hand von Admiral Lawrenz legte sich auf seine Schulter. Er sah ihn an und nahm nur das verneinende Nicken wahr.

Pauline, fast so groß wie Snider. Pauline, die Domina spielend, fasste den Mann an den Haaren und bat ihn mit zuckersüßer Stimme, während ihre Handlungsweise sie Lügen strafte: „Komm Snider, sag es mir, und ich höre sofort auf.“

Der Tritt zwischen seine Beine, ließ den Mann zu Boden sinken und sich übergeben. Pauline riss ihm den Kopf hoch und schaute ihm nur in die Augen, dabei legte sie die Spitze ihres Wakizashi auf seinen blassen Wangenknochen.

„Es gibt noch einen zweiten Eingang, habe ich Recht?“ Ein kaum merkbares Nicken bestätigte die Vermutung der schönen Frau.

„Ist der Laden vermint?“ Wieder merkte sie das leise Nicken.

„Wo ist der Eingang? Ein Stockwerk tiefer?“

„Ja“, kam die gequälte Antwort.

„Brauche ich dein Auge, mein Freund?“

„Ja.“

„Sei so lieb und zeig uns den Weg.“ Wieder nickte der Verbrecher.

Pauline, die jeden einzelnen des Teams um Admiral Lawrenz mit Namen kannte, bellte nur: „Michael, zwei Mann nehmen den da. Ich brauche fünf weitere Männer. Katharina und Bernd, sobald ich das Signal gebe, stürmt ihr die Treppe.“

Lawrenz, nahm Perez am Arm und dirigierte ihn zu zwei Stühlen, die an der Wand standen. Sie setzten sich: „Perez, genießen sie es. Wir haben hier nichts mehr zu tun.“

Karla Schmidt kam zu den beiden Männern: „Señor Perez, ich brauche ein kleines Team von Ärzten, am besten Chirurgen. Die Leute, die hier gearbeitet haben, haben alle eine Sprengladung implantiert bekommen. Wir können sie nicht aus dem Raum schaffen, weil die kleinen Dinger mit einem Entfernungszünder gekoppelt sind.“

„Ich sorge sofort dafür, Dr. Schmidt.“

„Nennen Sie mich Karla, Perez“, neckisch mit dem Kopf nickend, drehte sich die Ärztin um, nicht ohne den Admiral mit einem Blick zu streifen und zu sagen: „Admiral“.

Perez sorgte für ein Ärzteteam und wandte sich dann an den Admiral: „Lawrenz, was war das eben?“

„Pauline würde dazu sagen: Beschaffung von Informationen auf subtile Art und Weise.“

„So etwas nennst du subtil. Was soll ich jetzt in meinen Bericht schreiben?“

„Ganz einfach, mein Freund. Dass du, auf Anraten der UN, das Rattennest ausgehoben hast und so auch auf die Schliche mit Silva gekommen bist. Es ist eigentlich ganz einfach.“

„Aber, das stimmt doch nicht.“

„Perez, uns gibt es nicht. Nicht die Gruppe um Bernd Rassmussen und nicht die Gruppe um mich. Haben wir uns da verstanden?“

Der Spanier nickte ergeben, hakte aber nach: „Lawrenz, was sind das für Leute?“

„Perez, ich weiß es nicht, und ich weiß alles. Ich arbeite schon eine ganze Zeit mit dem Team zusammen. Jetzt ist es anscheinend um eine spezielle Art von Profilern verstärkt worden.“

„Und wie machen die das?“

„Rassmussen hat eine Art Geschäft damit entwickelt. Nicht womit man Geld verdient. Du gibst ihm, er gibt dir. Am Ende ist es immer so, dass du ihm etwas schuldest. Er ist wie eine Spinne im Netz, und er sucht sich seine Leute selbst aus. Aber pass auf, es geht los."
Der Admiral hatte die Vorgänge über sein Ohrmicro weiter mitverfolgt und war auf dem Stand der Dinge.
Katharina hatte sich neu formiert, und das Präzisionsgewehr durch ihre Pistole ausgetauscht. Bernd, Bille und Karl hatten die Laboranten befragt und wussten jetzt, wieviel Leute sich noch ein Stockwerk tiefer aufhielten. Einer der Laboranten zeichnete eine Skizze auf, wie das untere Stockwerk gestaltet war. Die Informationen wurden problemlos weitergereicht, so dass jeder wusste, was ihn erwartete.
Diesmal ließ sich es der Profiler nicht nehmen, mit an der Spitze seiner Leute den Keller zu stürmen. Mit gezogener Waffe standen sie da und warteten, als sie auf einmal die Stimme von Pauline hörten.
„Hallo, nicht schießen. Die Jungs sind alle entwaffnet und warten auf Abholung."
Der hübsche Kopf der jungen Frau erschien um die Ecke, die Pistole hatte sie schon weggesteckt.
„War ganz leicht. Als sie merkten, dass wir den Ausgang besetzt hatten, streckten sie ihre Waffen."
Perez und Lawrenz kamen zu der kleinen Gruppe.
„Señor Perez, Lawrenz, dann sind wir hier fertig. Ab hier ist es ihr Fall."
Perez lächelte: „Die Aufräumarbeiten übernehmen meine Leute. Und wir handeln das so ab, wie besprochen, Señor Rassmussen."
„Wie besprochen, Señor Perez."

Die beiden Männer gaben sich die Hand, und Bernd stieß
den Admiral an: „Na, Lawrenz, heute Abend mit dabei."

„Du glaubst doch nicht, dass ich mir das entgehen
lasse."

Das Team um Bernd Rassmussen traf sich am Abend in
der Stadt, und sie wurden von Señor Perez geführt, der es
sich nicht nehmen ließ, die Kosten zu übernehmen.

Die beiden Sikh, Karim und Rahul hatten Snider
abgeliefert, der in einem spanischen Gefängnis darauf
wartete, um am nächsten Tag mit seinem Sohn nach den
USA ausgeliefert zu werden, wo sie einer gerechten Strafe
entgegensahen.

Cornwall wurde nach 48 Stunden Haft wieder
freigelassen, und Bernd Rassmussen handelte mit den
beiden Sikh eine Vereinbarung aus, die sämtliche
Personen, die aktiv an dem Fall mitgearbeitet hatten,
betraf.

Kunigunde Conradi, die natürlich an jenem besagten
Abend auch dabei war, beglückwünschte ihren Neffen, zu
dem Ausgang des Falls.

„Ja, Neffe, da ging der Kelch ja noch einmal an dir
vorüber. Was ist eigentlich mit der Professorin Tara
Aggarwal?"

„Sie war mit unter den Gefangenen. Wir haben ihr die
Sprengkapsel entfernt."

„Ja und?"

„Snider hat ihr angedroht, wenn sie nicht kooperiert, sie
umzubringen."

„Was hat sie genau gemacht?"

„Das ist nicht so ganz einfach, Tantchen. Sie hat die
Möglichkeit durchdacht, die Medizin theoretisch in die
Zukunft zu entwickeln. Wenn man aber keinen Austausch

mit anderen Wissenschaftlern pflegen kann, dann ist das schnell eine Sackgasse. So konnte sie ihm eigentlich nichts neues erzählen. Das hat er nicht begriffen.“

„Dann wird sie erst einmal in psychiatrische Behandlung müssen.“

„Eine starke Frau, Tantchen. Sie bat uns, Professor William Carlson ausfindig zu machen. Du weißt, dass wir erst über Carlson in dem Fall weitergekommen sind. So gab ich ihr die Telefonnummer. Er ist schon auf dem Weg nach Madrid und müsste morgen eintreffen. Liebe heilt alle Wunden.“ Bernd zwinkerte seiner Tante zu, die es mit einem Schmunzeln wahrnahm.

„Und was ist mit den beiden Sikh, die dir ans Leder wollten?“

„Ach, Karim, Rahul und der Kleine, dem ich die Achillessehnen durchschnitten habe. Ich glaube, Freunde fürs Leben. Sie lösen in 4 Wochen ihr zweites Leben ein.“

„Wie das?“

„Es liegt am Drachen, großzügig zu sein, eine meiner hervorstechenden Merkmale.“

4 Wochen später, Indien

Das Team um Bernd Rassmussen war in Amritsar im Bundesstaat Punjab gelandet. Dr. Georg Bauer war genauso dabei, wie die neuen Teammitglieder, wie Admiral Lawrenz und Sergio. Bernd hatte sogar an die kanadische Kommissarin Milva Bianchi, ihren Freund, den Feuerwehrmann Jack und Morice gedacht. Im Terminal des Flughafens angekommen, wurden sie von Karim abgeholt.
Bernd Rassmussen hatte ein Geheimnis um die Reise gemacht, nur Pauline wusste davon. Die beiden Männer begrüßten sich herzlich, und der Inder führte die Gruppe zu einem Bus.
Dakota Jones, die sich bei Karl Weber untergehakt hatte, fragte leichthin: „Also, ich habe ja schon viel von seinem Führungsstil verstanden, aber ist das immer so bei eurem Team?"

„Schon falsch, Dakota, ihr seid jetzt mit in dem Team. Das hat er euch noch gar nicht gesagt. Mit euch wertet er das Team auf. Aber um deine Frage zu beantworten, ja, er ist immer so. Er verlangt unmögliches, er gibt aber auch gerne das Unmögliche. Es ist einfach ein bestechender Führungsstil."
Najuma de Boer, die es sich durch ihren Einsatz verdient hatte, dem Team anzugehören, hakte sich auf der anderen Seite des Ermittlers ein und meinte tiefsinnig, was keinen Zusammenhang mit dem Gespräch der beiden hatte: „In Afrika wäre er ein Geist, was für ein seltsamer Mensch ist er nur."
Karim, im traditionellen Gewand der Sikh gekleidet, war sich auch als Fremdenführer nicht zu schade, und als sie

am goldenen Tempel von Amritsar vorbeikamen, erklärte er in einem ehrfurchtsvollen Ton das Heiligtum der Sikh.

Karim hatte für das beste Hotel in Amritsar gesorgt, dass zwar etwas außerhalb lag, aber im alten englischen Kolonialstil gehalten war.

Die Gäste wurden mit ausgesuchter Freundlichkeit empfangen, und Karim, der sich der aufwendigen Umgebung durchaus bewusst war, sagte nur einfach: „Wenn die Damen sich etwas frisch gemacht haben, werden sie abgeholt."

Verständnislos schauten die Frauen den Profiler an, der nur nichtssagend lächelte: „Lasst euch einfach überraschen."

Kurze Zeit später wurden die Frauen abgeholt. Die Männer der Gruppe schauten Bernd Rassmussen an: „Und jetzt?"

In diesem Moment kam Karim die Tür herein: „Wenn die Herren mir bitte folgen würden."

Der Sikh brachte die kleine Gruppe zu einem Kleinbus, und sie fuhren wieder durch die Millionenmetropole zu einem alten Gebäude. Karim ging vor und führte die Männer durch einige kühle Gänge, bis sie zu einem runden Platz kamen, der im Schatten des Gebäudes lag.

Viele Männer warteten schon auf die Gäste, und sie waren alle in der traditionellen Art der Sikh gekleidet. Als die Gruppe das Rund betrat, löste sich Bernd Rassmussen von den anderen und ging auf einen alten Sikh zu. Karim sorgte dafür, dass die anderen der kleinen Gruppe einen Sitzplatz erhielten und konzentrierte sich dann auf die beiden Männer.

Der Nihang, auf dessen Kopf ein riesigen Turban thronte, erhob sich, faltete die Hände und verbeugte sich. Dann deutete er neben sich und sagte: „Es ist uns allen eine Ehre, den Kopf des Drachen begrüßen zu dürfen."

„Die Ehre ist meinerseits, Nihang."
Bernd setzte sich neben den Sikh, und ohne Umschweife sagte der alte Mann: „Dann lasst uns beginnen."
Was die kleine Gruppe dann dargeboten bekam, war eine Vorführung der indischen Kampftechnik, der Gatka, die fast zwei Stunden dauerte.

„Du weißt, dass die traditionelle Gatka vor 10 000 Jahren ihren Ursprung in Indien hatte, und bei uns als Wissenschaft verehrt wird."

„Worauf willst du hinaus, Nihang?"
Ein feines Lächeln umspielte die Lippen des Inders, als er antwortete: „Du warst schon einmal bei uns, es ist einige Jahre her, da sprachst du mit dem Wächter des goldenen Tempels, der deine Fähigkeiten erkannte. Er brachte dir die Techniken mit dem Soti bei. Er möchte wissen, ob er ein guter Lehrmeister war."

„Er lebt noch?"

„Ja."
Der Nihang gab Karim einen Wink, der sofort verschwand und kurze Zeit später mit einem noch älteren grauhaarigen Nihang wiederzukommen.

„Als er hörte, dass du uns besuchst und du das Leben drei unserer Brüder verschont hast, musste er dich begrüßen."
Bernd stand auf, ging dem alten Nihang entgegen und verbeugte sich mit gefalteten Händen.

„Ich freue mich, den Unsterblichen wiederzusehen."
Dann nahm er den alten Mann an der Hand und bot ihm seinen Platz an. Der Nihang schüttelte mit dem Kopf, so dass jeder die Befürchtung hatte, dass der riesige Turban

vom Kopf fallen würde: „Es steht mir nicht zu, den Platz des Drachen einzunehmen."

„Wenn es jemanden zusteht, dann dir, Nihang."
Admiral Lawrenz, der neben Karim saß, stieß den Inder an.

„Was wird das jetzt?"

„Der Nihang fordert den Drachen auf, die Gatka mit dem Soti zu tanzen."

„Verdammt, was ist ein Soti?"

„Der traditionelle Kampfstock der Sikh."

„Erkläre es uns, Karim."

Karim beugte sich zu den Männern und begann: „Eine Gatka ist aus einfachen kreisenden Bewegungen zusammengesetzt. Diese Art der Bewegung kann man mit allen anderen Bewegungen kombinieren. Es sind dann die Reflexe, die die anderen Bewegungen bestimmen. Um in die Situation der Reflexe zu kommen, beginnt man mit Pentra-Übungen, die das Verhältnis von Körper und Erde ausbalancieren können. Dabei ist das Wechselspiel von Erde, Füßen und Händen, die die Haupt-Meridiane von Körper und Geist ausbalancieren, wichtig. Die linke und rechte Gehirnhälfte gleichen sich aus, und der Geist fällt in ein Vacuum. Der Kämpfer kann jetzt mit beiden Händen gleichmäßig agieren."

„Und das soll er jetzt machen?"
Der Sikh schaute den Admiral belustigt an.

„Wenn der Meister ihn darum bittet, wird er es machen. Wenn es auch nur darum geht, unseren Schülern zu zeigen, dass ein westlich orientierter Mensch, dazu nicht in der Lage ist."

„Wie kommt er dann an den Namen Kopf des Drachen?"

Karim nickte dem Admiral zu, beantwortete die Frage aber nicht direkt: „Ich habe ihn kämpfen sehen, ich bin gespannt."

Bernd sprach noch einen Moment mit dem alten Sikh, dann erhob er sich und wurde von Rahul in die Katakomben geführt.

„Wohin bringen Sie ihn?"

„Er wird traditionell gekleidet, eine Ehre."

Als Bernd Rassmussen nach kurzer Zeit wiederkam, war er kaum wiederzuerkennen. In der traditionellen blauen Kleidung ging er zum Nihang, und verbeugte sich. Dann ging er in Begleitung von Rahul und Karim in die Mitte des Platzes, und die drei begannen mit ihren Pentra-Übungen.

Es dauerte 30 Minuten, dann waren die drei Männer schweißnass. Bernd, dem es am Anfang schwer fiel, wurde mit jeder Minute lockerer, und man merkte, wie er immer mehr das psychische Gleichgewicht zurückbekam, dass diese Kampftechnik ausmachte, und es ihm Spaß machte, diese kreisenden Bewegungen zu meistern.

Die beiden Nihangs nickten beifällig. Dann kamen die drei Männer zu den Heiligen Männern, verbeugten sich ehrfürchtig und warteten auf deren Zeichen. Der Unsterbliche gab das Zeichen, und Karim, Rahul und Bernd bekamen einen Soti aus hartem Eichenholz gereicht. Sie gingen mit dem Eichenstab in die Mitte des Platzes und begannen, den Soti kreisen zu lassen, es war tatsächlich wie ein Tanz, den die drei vorführten.

Sich an das Gewicht des Stabes gewöhnend, drehten sie ihn wie teilnahmslos, als wäre es ein Teil ihres Körpers, mit einer Geschwindigkeit, dass man den Stab nicht mehr wahrnahm. Dann war es soweit, und Rahul machte aus der kreisenden Bewegung heraus einen Ausfallschritt, dabei den Stab immer vor sich kreisend lassend. Bernd kümmerte sich nicht um Rahul, machte die Bewegung aber mit, um aus dieser Bewegung heraus Karim anzugreifen. Karim, vollkommen überrascht von dem unverhofften Bewegungsablauf, bekam seinen Stab zu spät hoch, und Bernd sein Soti stoppte einen Zentimeter vor Karims Stirn.

Den Inder fixierend, sagte er leise: „Karim, du bist draußen."

Rahul meinte, als er Bernd mit dem Rücken zu sich stehen sah, die perfekte Angriffsstellung gefunden zu haben. Aber die Bewegung, die der Profiler mit dem Stab gemacht hatte, war noch nicht zu Ende.

Die Energie der Bewegung auf die andere Seite des Stabes platzierend, ließ er ihn nach hinten durch die Finger rutschen, fasste auf den letzten 20 Zentimetern zu, gab der Bewegung den letzten Schwung und der Eichenstab berührte das Brustbein des Inders. Bernd stand immer noch mit dem Rücken zu Rahul und sagte leise: „Rahul, du bist draußen."

Mit einer flüssigen Bewegung brachte der Profiler den Stab vor sich, setzte ihn so vorsichtig, als würde er Porzellan zerbrechen, auf den Boden, hatte dabei den Kopf gesenkt und sagte gerade laut genug: „Will noch jemand den Kopf des Drachen haben?"

Der Unsterbliche und der andere Nihang standen auf und der Alte sagte: „Verbeugt euch, ein wahrer Meister. Ich verleihe ihm den Rang des Farla (General)."

Alle Inder, auch die Zuschauer, die sich mittlerweile eingefunden hatten, verbeugten sich. Der Unsterbliche ging auf den Profiler zu, nahm ihn in den Arm.

„Bernd Rassmussen, du hast nichts verlernt. Du weißt, dass du jetzt ein Sikh bist?“

„Ja“, kam die einfache Antwort.

„Du hast dazugelernt. Heute Abend wird es dir zu ehren ein Fest geben, bei dem ihr alle eingeladen seid. Karim kümmert sich um alles.“

Die Gruppe wurde wieder in ihr Hotel zurückgebracht, wo die Frauen warteten. Was dann ablief, mussten die Männer einfach über sich ergehen lassen, eine Modenschau der besonderen Art. Alle hatten sich mit Saris eingekleidet, und indische Frauen halfen ihnen, diese farbenfrohe Bekleidung unter viel Gelächter anzuziehen. So verstrich der restliche Teil des Nachmittags.

Zum beginnenden Abend wurden sie wieder abgeholt und in den goldenen Tempel von Amritsar gebracht. Wieder fungierte Karim als Fremdenführer und erzählte spannend die Leidensgeschichte der Sikh, die durch viele Bilder dokumentiert worden war.

In einem ruhigeren Moment des Festes nahm Dr. Georg Bauer den Profiler zur Seite und hatte Sergio an seiner Seite.

„Bernd, jetzt standest du 4 Wochen nicht zur Verfügung. Was war?“

„Georg, langt es nicht, dass du in deinem Bericht reinschreibst, dass durch die Ereignisse das Team psychisch wieder stabilisiert werden musste. Karla schreibt dir für jeden ein Gutachten aus.“

„Das doch nicht. Das ist Banane. Was hast du in der Zeit gemacht?“

Admiral Lawrenz war dazu getreten, lachte, klopfte dem Staatssekretär auf die Schulter: „Mr. Staatssekretär, das willst du nicht wissen.“

„Admiral, worauf sie einen lassen können, das will ich wissen."

Lawrenz schaute den Deutschen zweifelnd an, dann sagte er lapidar zu Bernd Rassmussen: „Bernd, mach ihn zum Mitwisser. Wenn das herauskommt, ist auch er seinen Job los."

Irritiert schaute Georg Bauer die drei Männer an: „Habt ihr das durchgezogen, was du vorhattest?"

„Ja."

„Erzähle, ich höre zu."

Die Männer setzten sich an einen freien Tisch, und Bernd Rassmussen begann.

„Es wurde so durchgeführt, wie ich gesagt hatte. Pauline und die anderen Mädels haben die Firmen, die darin verwickelt waren, von den Familien, die sich einer Gensequenzierung unterzogen haben, getrennt. So hatten wir zwei Schlachtfelder. Zuerst haben wir eine Stiftung gegründet, dann haben wir die Firmen besucht, die verschieden schwer mit dem Fall zu tun hatten. Das haben wir natürlich über die Daten, die wir hatten, abgewogen. Interessant waren die Aktiva der Firmen, so konnten wir Beträge bestimmen, die in die Stiftung flossen, ohne die Firma ins Trudeln zu bringen."

„Und, haben sich alle Firmen ihr Schweigen erkauft?"

„Natürlich nicht. Unsere Mädels haben eine Analyse gemacht, welche Firmen nicht mitmachen würden, die wir dann als erste nahmen."

„Und weiter?"

„Dann haben wir eine schwarze Liste erstellt, die nur mit den Schuldnern zu tun hatte. Mit der Hilfe von Tatjana haben wir Kontakte geknüpft und die Schuldner auf unsere Seite gezogen. Sie waren zufrieden, einen Teil ihrer Wettgelder zu bekommen. Wir haben natürlich mit offenen Karten gespielt. Dann haben wir die Adressen der Firmen preisgegeben, die nicht mit uns mitarbeiten wollten. Die Schuldner haben sich darum gekümmert. Die Firmen, die einsichtig waren, haben wir um 40% erleichtert, davon bekamen dann die Schuldner 25%, der Rest floss in die Stiftung. War man nicht in der Lage so viel Geld auf einmal loszuwerden, haben wir einen Vertrag geschlossen. Teilzahlungen natürlich möglich. Bei den Firmen, die nicht einsichtig waren, haben wir dann die Adressen weitergegeben, so bekamen wir einen Anteil von 40%."

„Und das haben die Schuldner einfach so mitgemacht, Bernd?"

„Wenn es um Kinder geht, werden auch die härtesten Ganoven rührselig, so rührselig, dass wir sogar Patenschaften vergeben haben."

„Und die Eltern?"

„Unsere Mädels haben Überzeugungsarbeit geleistet. Schau dir an, wie zufrieden sie sind. Fast alle Mütter hatten schon lange ein schlechtes Gewissen. Sie waren regelrecht erleichtert, zu wissen, dass die Kinder in guten Hände gebracht wurden, so dass sie sie jederzeit besuchen konnten. Wir haben in der kurzen Zeit eine Einrichtung aufgebaut, die sich um die armen Wesen kümmern. Da muss ich der russischen Regierung danken, die uns schnell und unkompliziert geholfen hat."

„Wem bist du verantwortlich?"

„Ich gar nicht. Frag mal die Mädels. Alle gehören ehrenamtlich zum Kontrollgremium. Es war ihnen eine Herzensangelegenheit."

„Was wurde aus Cornwall?"

„Cornwall hat die Sache nicht überlebt. Dazu muss man sagen, er hat für die Firmen die Überzeugungsarbeit geleistet. War also der Mittler zwischen Snider und den Firmen.“

„Was ist mit dem Geld, dass die Sniders auf dem Konto hatten?“

„Es waren nicht unerhebliche Mittel. Halbe, Halbe, die Schuldner und die Stiftung.“

„Eins will ich noch wissen, Bernd. Dann darfst du das Kreuzverhör verlassen.“

„Bitte.“

„Wie habt ihr die Mittel am Finanzamt vorbeigeschleust?“

Bern Rassmussen kratzte sich verlegen am Kopf, als ihm Sergio zur Seite sprang: „Ein amerikanisches Problem, Georg. Wenn wir dir das sagen, müssen wir dich hier in Indien lassen und da hat deine Frau bestimmt etwas dagegen.“

„Alles gut, Sergio, ich bin aus der Verantwortung raus.“

„Nicht ganz, lieber Georg. Du musst noch die Spesen absegnen.“

„Spesen?“

Dr. Georg Bauer machte ein ratloses Gesicht.

„Ihr macht hier Reisen auf Kosten der Steuerzahler, dann wollt ihr noch Spesen haben?“

In dem Moment wurde der Staatsekretär von hinten angestoßen, erstaunt drehte er sich um und sah Pauline in die grünen Augen, die ihn freundschaftlich am Arm nahm.

„Georg, soll ich deiner Frau einmal die Bilder der Kinder zeigen? Sie wird dich davon überzeugen können, dass die Spesen, die wir dir hier berechnen, gerechtfertigt sind.“

Pauline, mit einem Sari gekleidet, der zu ihren grünen Augen passte, gab dem Staatssekretär einen USB-Stick: „Da steht alles drin, auch die Kontonummern der Mädels. Schatz, hast du es ihnen schon gesagt?"

Jetzt lief Bernd Rassmussen rot an, dann veränderte sich sein Gesicht und er strahlte nur noch.

„Sag schon, Bernd", drängte der Admiral.

Alle schauten ihn erwartungsvoll an.

„Ich werde Vater, Lawrenz."

„Das bedeutet, Georg", jetzt übernahm Pauline das Gespräch: „Das Bernd nach der Geburt nicht mehr zur Verfügung steht. Außerdem ist Katharina auch schwanger."

Jetzt machte der Profiler ein dummes Gesicht.

„Tja, Schatz, man braucht nicht unbedingt Bärenfelle, um schwanger zu werden."

Es war einer der schönsten Abende, die alle bisher erlebt hatten. Karim, ein großartiger Geschichtenerzähler, unterhielt seine Gäste fast alleine, aber irgendwann ging auch dieser Abend zu Ende und alle fielen todmüde ins Bett. Sie wurden wieder in ihr Hotel gebracht, wo sie sich dann für den nächsten Tag verabredeten.

Bernd schlief sofort ein und wurde am frühen Morgen vom Klingeln des I-Phons geweckt. Pauline, die schon wach war, hatte sich mit einem schnellen Griff, das Telefon gegriffen und die Verbindung hergestellt.

„Pauline Chen."

Dann hörte die junge Frau aufmerksam zu und wurde blass. Sie unterbrach fast abwesend die Verbindung und saß einen Moment reglos da.

Bernd hatte sich aufgesetzt und fragte: „Was ist passiert, Schatz?"

„Oma Hu liegt im Sterben, Katharina, Louis, du und ich sollen den nächsten Flieger nehmen. Oma Hu will uns noch einmal sehen.“
Der Profiler war aus dem Bett gesprungen: „Du organisierst die Flüge, ich sage unserem Team Bescheid. Sie müssen die zwei Tage alleine verbringen.“

San Franzisco

Pauline hatte das Glück, noch vier Plätze im nächsten Flieger zu ergattern, und so landeten sie keine 24 Stunden später in San Franzisco. Sie wurden am Flugplatz abgeholt und direkt nach China Town gebracht.
Madam Hang empfing sie schon am Eingang des China House. Ohne große Floskeln kam Madam Hang zur Sache.

„Der Drache kommt zuerst mit mir, die anderen können sich frisch machen. Danach sind Pauline und Katharina dran, dann Louis. Haltet euch bereit, ihr werdet abgeholt.“
Madam Hang gab dem Profiler ein Zeichen, ihr zu folgen. Bernd kannte den Weg nicht, der zu der kleinen Wohnung der alten Frau führte und folgte Madam Hang mit schnellen Schritten.
Vor der Tür angekommen, klopfte die Chinesin leise an der Tür. Ohne Verzögerung wurde sie von einer alten Frau geöffnet. Mit einer leichten Verbeugung bat sie die Besucher hinein.
Kerzen und Räucherstäbchen bestimmten das Bild der Wohnung. Man ließ dem Profiler die Zeit, sich zu orientieren, bis es anscheinend der alten Frau, die nackt in einem Bett lag, zu viel wurde und sie keifend, aber mit schwacher Stimme sagte: „Setz dich Langnase, wir haben einiges zu besprechen.“
Jetzt erst sah er die alte Frau auf dem Bett liegen, klein und unscheinbar, aber mit einer Ausstrahlung, die den Raum füllte.
Ein Tätowierer zeichnete ihr chinesische Symbole auf jeden freien Platz im Körper, so dass schon bald ihr

ganzer Körper mit chinesischen Schriftzeichen gefüllt war. Ohne Scham lag sie da, ein Körper, der schon durch die Geschichte gewandelt war.

„Was glotzt du so blöde, Kopf des Drachen, hast du noch nie eine hübsche Frau gesehen"
Sie kicherte, als hätte sie den besten Witz, den sie kannte, zum Besten gegeben. Unbemerkt gab sie dem Tätowierer ein Zeichen.

„Zieh dein Hemd aus, Bernd Rassmussen. Der Kopf des Drachen braucht einen Sohn."
Bernd zog sein Hemd aus, und der Tätowierer begann mit seinem Werk. Kein Wort wurde gesprochen, und der Profiler hatte das Gefühl, dass er die Hauptperson einer Zeremonie wurde.
Madam Hang hatte weitere Räucherstäbchen angezündet, und ein angenehmer scharfer Geruch machte sich breit, der dem Profiler zum Träumen brachte.
Was er wahrnahm, wurde von der keifenden Stimme Oma Hus unterbrochen.

„Es ist Zeit zu sprechen, Kopf des Drachen."
Jetzt hatte die alte Frau den Namen ehrfurchtsvoll ausgesprochen.

Epilog

Die Rote Königin Hypothese ist eine Metapher aus Carrolls „Alice im Wunderland". Sie spiegelt die Geschichte aus dem Inneren eines Campus der viktorianischen Zeit wider.

In der heutigen Evolutions-Theorie besagt die Rote Königinnen Hypothese, dass die Evolution einer Art, nicht nur im Zusammenhang mit der Umwelt korrespondiert, sondern auch direkt mit den umgebenen Arten zusammenhängt. Eine Art entwickelt sich also in unmittelbarer Wechselwirkung mit anderen Arten.

Evolution ist nämlich eine Art des Kopf-an-Kopf-Rennens.

Der Evolutionsbiologe Cockburn schreibt dazu: „Jede evolutive Angleichung an andere Arten kann durch die natürliche Selektion, die auf die Arten wirkt, aufgehoben werden. Van Valen verwendet daher die Metapher von der Roten Königin, um die biotische (Vorgänge, an denen Lebewesen beteiligt sind) Evolution zu beschreiben. Eine ständige Veränderung ist notwendig, nicht um die Angepasstheit zu erhöhen, sondern um sie überhaupt aufrecht zu erhalten, genauso wie Alice und die Rote Königin rennen mussten, so schnell sie konnten, ohne irgendwo anzukommen.

Wir erwarten daher, dass in stabilen Habitaten im Laufe der Zeit Angepasstheit erreicht wird und daher ein evolutives Gleichgewicht vorherrscht. So ein Gleichgewicht wird jedoch durch die Evolution bei anderen Arten gestört, so dass physikalische Stabilität nicht zwangsläufig ein evolutives Gleichgewicht fördert." Cockburn zitiert Leigh van Valen, der die Metapher von der Roten Königin in einem Lehrbuch zur Evolution eingeführt hatte. Van Valen hatte 1973 seine Beobachtungen zum Überleben von Spezies mit Hilfe der Figur der roten Königin beschrieben. Er bezog sich auf folgenden Passus im Buch: „Wenn sie später darüber nachdachte, kam Alice nie dahinter, wie alles angefangen hatte: alles, woran sie sich erinnern konnte, war, dass sie Hand in Hand rannten und dass die Königin so schnell lief, dass sie alles geben musste, um mitzuhalten. Und trotzdem schrie die Königin ständig: Schneller! Schneller! Aber Alice hatte das Gefühl, dass sie nicht mehr schneller rennen konnte, bekam aber nicht genügend Luft, um es der roten Königin zu sagen.

Das Seltsamste dabei war, dass die Bäume und die anderen Dinge in der Umgebung nie ihre Position änderten: wie schnell sie sich auch immer bewegten, sie schienen nie irgendetwas überholen zu können. „Ich frage mich, ob sich alle Dinge mit uns bewegen", dachte die verwirrte Alice. Und die Königin schien ihre Gedanken zu erraten, da sie schrie: „Schneller! Versuche nicht zu reden! Hier musst du so schnell rennen, wie du nur kannst, um auf derselben Stelle zu bleiben. Wenn du woanders hinwillst, musst du zweimal so schnell rennen!

In einem evolutionären System ist eine ständige Entwicklung erforderlich, damit es seine Fitness zu dem System halten kann, mit denen zusammen es sich entwickelt.

Nicht die Umweltbedingungen setzen den Rote Königinnen Effekt in Gang, sondern es ist die Lebenskraft und der Überlebensdrang jeder einzelnen

Spezies selbst. So muss die Antilope schnell laufen lernen, um nicht von Löwen erbeutet zu werden.

In der technischen Entwicklung ergibt sich dabei aber ein Problem. Verläuft die Entwicklung schneller, als sich die Spezies entwickeln können, sprich, sich an die Entwicklung anpassen kann, um die Entwicklung für die Spezies verstehbar zu machen und in Bahnen zu lenken, damit sie mit der Evolutionsgeschwindigkeit Schritt halten können, kommt es zu Auswucherungen der Evolution.

Die rote Königin und die anderen Lebewesen spornen sich beim Rennen also gegenseitig an, um nicht hinter den anderen zurückzufallen.

Es stellt sich die Frage, ob diese Hypothese in der heutigen Gesellschaft auf Dauer Bestand haben kann, denn im Endeffekt bleibt immer jemand auf der Strecke. Denn es heißt nicht, dass der Langsamere der Schlechtere ist und die Ressourcen, die dabei verloren gehen, sind auch von einer Spezies, wie den Menschen, nicht auf die Dauer zu kompensieren.